U0652026

复旦大学“985工程”二期、三期整体推进人文学科
研究项目资助（项目批准号：2011RWXKZD007）

杜威中期著作

1899—1924

复旦大学杜威与美国哲学研究中心　组译

杜威全集

Collected works of John Dewey

《逻辑理论研究》
《儿童与课程》
1902至1903年间的期刊文章、书评及杂记

第二卷

1902-1903

张留华 译　周水涛 校

华东师范大学出版社

The Middle Works of John Dewey, 1899 - 1924
Volume Two: Journal Articles, Book Reviews, and Miscellany in the 1902 - 1903 Period, and *Studies in Logical Theory* and *The Child and the Curriculum*
By John Dewey
Edited by Jo Ann Boydston

Published by agreement with Southern Illinois University Press, 1915 University Press Drive, SIUC Mail Code 6806, Carbondale, IL 62901, USA

上海市版权局著作权合同登记　图字:09 - 2004 - 377 号

目　录

中文版序

《杜威全集》中文版终于由华东师范大学出版社出版了。作为这一项目的发起人，我当然为此高兴，但更关心它能否得到我国学界和广大读者的认可，并在相关的学术研究中起到预期作用。后者直接关涉到对杜威思想及其重要性的合理认识，这有赖专家们的研究。我愿借此机会对杜威其人、其思想的基本倾向和影响以及研究杜威哲学的意义等问题谈些看法，以期抛砖引玉。考虑到中国学界以往对杜威思想的消极方面谈论得很多，在这方面大家已非常熟悉。我在此主要谈其积极方面，但这并非认为可以忽视其消极方面。

一、杜威其人

约翰·杜威(John Dewey, 1859—1952)是美国哲学发展中最有代表性的人物。他不仅进一步阐释并发展了由皮尔士创立、由詹姆斯系统化的实用主义哲学的基本理论，而且将其运用于社会、政治、文化、教育、伦理、心理、逻辑、科学技术、艺术、宗教等众多人文和社会科学领域的研究，并在这些领域提出了重要创见。他在这些领域的不少论著，被西方各该领域的专家视为经典之作。它们不仅对促进这些领域的理论研究起过重要的作用，在这些领域的实践中也产生过深刻的影响。杜威由此被认为是美国思想史上最具影响的学者，甚至被认为是美国的精神象征；在整个西方世界，他也被公认是 20 世纪少数几个最伟大的思想家之一。

杜威出生于佛蒙特州伯灵顿市一个杂货店商人家庭。他于 1875 年进佛蒙特大学，开始受到进化论的影响。1879 年，他毕业后先后在一所中学和一所乡村学校教书。这时他阅读了大量哲学著作，深受当时美国圣路易黑格尔学派刊物《思辨哲学杂志》的影响，1882 年在该刊发表了《唯物主义的形而上学假定》和《斯宾诺莎的泛神论》二文，很受鼓舞，从此决定以哲学为业。同年，他成了约翰·霍普金斯大学的哲学研究生，在此听了皮尔士的逻辑讲座，不过当时对他影响最大的是黑格尔派哲学家莫里斯(George Sylvester Morris)和实验心理学家霍尔(G. Stanley Hall)。两年后，他以《康德的心理学》论文取得哲学博士学位。

1884 年，杜威到密歇根大学教哲学，在此任职 10 年(其间 1888 年在明尼苏达大学)。初期，他的哲学观点大体上接近黑格尔主义。他对心理学研究很感兴趣，并使之融化于其哲学研究中。这种研究，促使他由黑格尔主义转向实用主义。在这方面，当时已出版并享有盛誉的詹姆斯的《心理学原理》对他产生了强烈的影响。杜威对心理学的研究，又促使他进一步去研究教育学。他主张用心理学观点去进行教学，并认为应当把教育实验当作哲学在实际生活中的运用的重要内容。

1894 年，杜威应聘到芝加哥大学，后曾任该校哲学系主任。他在此任教也是 10 年。1896 年，他在此创办了有名的实验学校。这个学校抛弃传统的教学法，不片面注重书本，而更为强调接触实际生活；不片面注重理论知识的传授，而更为强调实际技能的训练。杜威后来所一再倡导的"教育就是生活，而不是生活的准备"、"从做中学"等口号，就是对这种教学法的概括。杜威在芝加哥时期，已是美国思想界一位引人注目的人物。他团聚了一批志同道合者(包括在密歇根大学就与他共事的塔夫茨、米德)，形成了美国实用主义运动中著名的芝加哥学派。杜威称他们共同撰写的《逻辑理论研究》(1903 年)一书是工具主义学派的"第一个宣言"，它标志着杜威已从整体上由黑格尔主义转向了实用主义。

从 1905 年起，杜威转到纽约哥伦比亚大学任教，直到 1930 年以荣誉教授退休。他以后的活动也仍以此为中心。这一时期不仅是他的学术活动的鼎盛期(他的大部分有代表性的论著都是在这一时期问世的)，也是他参与各种社会和政治活动最频繁且声望最卓著的时期。他把两者有机地结合在一起。他对各种社会现实问题的评论和讲演，往往成为他的学术活动的重要组成部分。从 1919 年起，杜威开始了一系列国外讲学旅行，到过日本、墨西哥、俄罗斯、土耳其等国。"五四"前夕，他到了中国，在北京、南京、上海、广州等十多个城市作过系列讲演，1921 年 7 月返美。

杜威一生出版了40种著作，发表了700多篇论文，内容涉及哲学、社会、政治、教育、伦理、心理、逻辑、文化、艺术、宗教等各个方面。其主要论著有：《学校与社会》(1899年)、《伦理学》(1908年与塔夫茨合著，1932年修订)、《达尔文主义对哲学的影响》(1910年)、《我们如何思维》(1910年)、《实验逻辑论文集》(1910年)、《哲学的改造》(1920年)、《人性与行为》(1922年)、《经验与自然》(1925年)、《公众及其问题》(1927年)、《确定性的寻求》(1929年)、《新旧个人主义》(1930年)、《作为经验的艺术》(1934年)、《共同的信仰》(1934年)、《逻辑：探究的理论》(1938年)、《经验与教育》(1938年)、《自由与文化》(1939年)、《评价理论》(1939年)、《人的问题》(1946年)、《认知与所知》(1949年与本特雷合著)等等。

二、杜威哲学的基本倾向

杜威在各个领域的思想都与他的哲学密切相关。它们不只是他的哲学的具体运用，有时甚至就是他的哲学的直接体现。我们在此不拟具体介绍他的思想的各个方面和他的哲学的各个部分，仅概略地揭示他的哲学的基本倾向。杜威哲学的各个部分，以及他的思想的各个方面，大体上都可从他的哲学的基本倾向中得到解释。这种基本倾向从其积极意义上说，主要表现为如下三点：

第一，杜威把对现实生活和实践的关注当作哲学的根本意义所在。

在现代西方各派哲学中，杜威哲学最为反对以抽象、独断、脱离实际等为特征的传统形而上学，最为肯定哲学应当面向人的现实生活和实践。如何通过人本身的行为、行动、实践(即他所谓以生活和历史为双重内容的经验)来妥善处理人与其所面对的现实世界(自然和社会环境)，以及人与人之间的关系，是杜威哲学最为关注的根本问题。杜威哲学从不同的角度说有不同的名称，例如，当他强调实验和探究的方法在其哲学中的重要意义时，称其哲学为实验主义(Experimentalism)；当他谈到思想、观念的真理性在于它们能充当引起人们的行动的工具时，称其哲学为工具主义(Instrumentalism)；当他谈到经验的存在论意义，而经验就是作为有机体的人与其自然环境的相互作用时，称其哲学为经验自然主义(Empirical Naturalism)。贯彻于所有这些称呼的概念是行动、行为、实践。杜威哲学的各个方面，都在于从实践出发并引向实践。这并不意味着实践就是一切。实践的目的是改善经验，即改善人与其自然和社会环境的关系，一句话，改善人的生活和生存条件。

杜威对实践的解释当然有片面性。例如，他没有看到人类的物质生产活动在人的实践中的基础作用，更没有科学地说明实践的社会性；但他把实践看作是全部哲学研究的核心，认为存在论、认识论、方法论等问题的研究都不能脱离实践，都具有实践的意义，则在一定意义上是合理的。

值得一提的是：与胡塞尔、海德格尔等人通过曲折的道路返回生活世界不同，与只关注逻辑和语言的意义分析的分析哲学家也不同，杜威的哲学直接面向现实生活和实践。杜威一生在哲学上所关注的，不是去建构庞大的体系，而是满腔热情地从哲学上去探究人在现实生活和实践的各个领域所面临的各种问题及其解决办法。在杜威的全部论著中，关于政治、社会、文化、教育、心理、道德、价值、科学技术、审美和宗教等各个领域的具体问题的论述占了绝大部分。他的哲学的精粹和生命力，大多是在这些论述中表现出来的。

第二，杜威的哲学改造适应和引领了西方哲学由近代到现代转向的潮流。

19世纪中期以来，西方哲学发展出现了根本性的变更，以建构无所不包的体系为特征的近代哲学受到了广泛的批判，以超越传统的实体性形而上学和二元论为特征的现代哲学开始出现，并越来越占主导地位。多数哲学流派各以特有的方式，力图使哲学研究在不同程度上从抽象化的自在的自然界或绝对化的观念世界返回到人的现实生活世界，企图以此摆脱近代哲学所陷入的种种困境，为哲学的发展开辟新道路。西方哲学由近代到现代的这种转折，不能简单归结为由唯物主义转向唯心主义、由进步转向反动，而包含了哲学思维方式上一次具有划时代意义的转型。它标志着西方哲学发展到了一个新的、更高的阶段。杜威在哲学上的改造，不仅适应了而且在一定意义上引领了这一转型的潮流。

杜威曾像康德那样，把他在哲学上的改造称为"哥白尼革命"(Copernican revolution)。但他认为康德对人的理智的能动性过分强调，以致使它脱离了作为其存在背景的自然。而在他看来，人只有在其与自然的相互作用中才有能动作用，甚至才能存在。哲学上的真正的哥白尼革命，正在于肯定这种交互作用。如果说康德的中心是心灵，那么杜威的新的中心是自然进程中所发生的人与自然的交互作用。正如地球或太阳并不是绝对的中心一样，自我或世界、心灵或自然都不是这样的中心。一切中心都存在于交互作用之中，都只具有相对的意义。可见，杜威所谓哲学中的哥白尼革命，就是以他所主张的心物、主客、经验自然等的交互作用、或者说人的现实生活和实践来既取代客体中心论，也取代主体中心论。他也是在这种意义上，既反对忽视主体的能动性的旧的唯物主义，也反对忽视自然作为存在的根据和作用的旧的唯心主义。

不是把先验的主体或自在的客体、而是把主客的相互作用当作哲学的出发点；不是局限于建构实体性的、无所不包的体系，而是通过行动、实践来超越这样的体系；不是转向纯粹的意识世界或脱离了人的纯粹的自然界，而是转向与人和自然界、精神和物质、理性和非理性等等都有着无限牵涉的生活世界，这大体上就是杜威哲学改造的主要意义；而这在一定程度上，也正是多数西方哲学由近代到现代转向的主要意义。杜威由此体现和引领了这种转向。

第三，杜威的哲学改造与马克思在哲学上的革命变更存在某些相通之处。

西方哲学从近代到现代的转向与马克思在哲学上的革命变更的政治背景大不相同，二者必然存在原则性区别；但二者发生于大致相同的历史时代，具有共同的历史和文化背景，因而又必然存在相通之处。如果我们能够肯定杜威的哲学改造适应并引领了西方哲学从近代到现代转向的潮流，那就必须肯定杜威的哲学改造与马克思在哲学上的革命变更必然同样既有原则区别，又有相通之处。后者突出地表现在，二者都把实践当作哲学的根本意义而加以强调。马克思正是通过这种强调而得以超越旧唯物主义和唯心主义辩证法的界限，把唯物主义和辩证法有机地统一起来，建立了唯物辩证法。杜威在这些方面与马克思相距甚远。但是，他毕竟用实践来解释经验而使他的经验自然主义超越了纯粹自然主义和思辨唯心主义的界限，并由此提出了一系列超越近代哲学范围的思想。

杜威的经验自然主义并不否定自然界在人类经验以外自在地存在，不否定在人类出现以前地球和宇宙早已存在，而只是认为人的对象世界只能是人所遭遇到（经验到）的世界，这在一定程度上类似于马克思所指的与纯粹自然主义的自在世界不同的人化世界，即现实生活世界。杜威否定唯物主义，但他只是在把唯物主义归结为纯粹自然主义的唯物主义的意义上去否定唯物主义。杜威强调经验的能动性，但他不把经验看作可以离开自然（环境）而独立存在的精神实体或精神力量，而强调经验总是处于与自然、环境的统一之中，并与自然、环境发生相互作用。这与传统的唯心主义经验论也是不同的，倒是与马克思关于主客观的统一和相互作用的观点虽有原则区别，却又有相通之处。

杜威是在黑格尔影响下开始哲学活动的。他在转向实用主义以后，虽然抛弃了黑格尔的绝对唯心主义，甚至也拒绝了黑格尔的辩证法，但是在他的理论中又保留着某些辩证法的要素。例如，他把经验、自然和社会等都看作是统一整体，其间都存在着多种多样的联系；他在达尔文进化论的影响下，明确肯定世界(人类社会和自然界)处于不断进化和发展的过程之中。他所强调的连续性(如经验与自然的连续、人与世界的连续、身心的连续、个人与社会的连续等等)概念，在一定程度上就是统一整体的概念、进化和发展的概念。这种概念虽与马克思的辩证法不能相提并论，但毕竟也有相通之处。

三、杜威哲学的积极影响

杜威实用主义哲学对现实生活和实践的强调，对西方哲学从近代到现代转向的潮流的适应和引领，特别是它在一些重要方面与马克思哲学的相通，说明它在一定程度上体现了时代精神发展的要求。正因为如此，它必然是一种在一定范围内能发生积极影响的哲学。

实用主义在美国的积极影响，可以用美国人民在不长的历史时期里几乎从空地上把美国建设成为世界的超级大国来说明。实用主义当然不是美国唯一的哲学，但它却是美国最有代表性的哲学。实用主义产生以前的许多美国思想家(特别是富兰克林、杰斐逊等启蒙思想家)，大多已具有实用主义的某些特征，在一定意义上为实用主义的正式形成作了思想准备。实用主义产生以后，传入美国的欧洲各国哲学虽然能在美国哲学中占有一席之地，其中分析哲学在较长时期甚至能在哲学讲坛上占有支配地位；但是，它们几乎都毫无例外地迟早被实用主义同化，成为整个实用主义运动的组成部分。当代美国实用主义者莫利斯说：逻辑经验主义、英国语言分析哲学、现象学、存在主义同实用主义“在性质上是协同一致的”，它们“每一种所强调的，实际上是实用主义运动作为一个整体范围之内的中心问题之一”[①]。就实际影响来说，实用主义在美国哲学中始终占有优势地位。桑塔亚那等一些美国思想家也承认，美国人不管其口头上拥护的是什么样的哲学，但是从他们的内心和生活来说都是实用主义者。只有实用主义，才是美国建国以来长期形成的一种民族精神的象征。而实用主义的最大特色，就是把哲学从玄虚的抽象王国转向人所面对的现实生活世界。实用主义的主旨就在

① Morris, Charles W. *The Pragmatic Movement in American Philosophy*. New York: George Braziller, 1970, p. 148.

指引人们如何去面对现实生活世界，解决他们所面临的各种疑虑和困扰。实用主义当然具有各种局限性，人们也可以而且应当从各种角度去批判它，马克思主义者更应当划清与实用主义的界限；但从思想理论根源上说，正是实用主义促使美国能够在许多方面取得成功，这大概是一个不争的事实。

在美国以外，实用主义同样能发生重要的影响。与杜威等人的哲学同时代的欧洲哲学尽管不称为实用主义，但正如莫利斯说的那样，它们同实用主义"在性质上是协同一致的"。如果说它们各自在某些特定方面、在一定程度上体现了现代西方社会的时代特征，实用主义则较为综合地体现了这些特征。换言之，就体现时代特征来说，被欧洲各个哲学流派特殊地体现的，为实用主义所一般地体现了。正因为如此，实用主义能较其他现代西方哲学流派发生更为广泛的影响。

杜威的实用主义在中国也发生过重要的影响。早在"五四"时期，杜威就成了在中国最具影响的西方思想家。从外在原因上说，这是由于胡适、蒋梦麟、陶行知等他在中国的著名弟子对他作了广泛的宣扬；杜威本人在"五四"时期也来华讲学，遍访了中国东西南北十多个城市。这使他的思想为中国广大知识界所熟知。然而，更重要的原因是：他在理论中所包含的科学和民主精神，正好与"五四"时期中国先进知识分子倡导科学和民主的潮流相一致。另外，他的讲演不局限于纯哲学的思辨而尤其关注现实问题，这也与中国先进分子的社会改革的现实要求相一致。正是这种一致，使杜威的理论受到了投入"五四"新文化运动和社会改革的各阶层人士的普遍欢迎，从而使他在中国各地的讲演往往引起某种程度的轰动效应。杜威本人也由此受到很大鼓舞，原本只是一次短期的顺道访华也因此被延长到两年多。胡适在杜威起程回国时写的《杜威先生与中国》一文中曾谈到："我们可以说，自从中国与西方文化接触以来，没有一个外国学者在中国思想界的影响有杜威先生这样大的。我们还可以说，在最近的将来几十年中，也未必有别个西洋学者在中国的影响可以比杜威先生还大的。"①作为杜威的信徒，胡适所作的评价可能偏高。但就其对中国社会的现实层面的影响来说，除了马克思主义者以外，也许的确没有其他现代西方思想家可以与杜威相比。

尽管杜威的实用主义与马克思主义有原则区别，但"五四"时期中国马克思主义者对杜威及其实用主义并未简单否定。陈独秀那时就肯定了实用主义的某

---

① 引自《胡适哲学思想资料选》(上)，华东师范大学出版社 1981 年版，第 181 页。

些观点，甚至还成为杜威在广州讲学活动的主持人。1919 年，李大钊和胡适关于"问题与主义"的著名论战，固然表现了马克思主义与实用主义的原则分歧，但李大钊既批评了胡适的片面性，又指出自己的观点有的和胡适"完全相同"，有的"稍有差异"。他们当时的争论并未越出新文化运动统一战线这个总的范围，在倡导科学和民主精神上毋宁说大体一致。毛泽东在其青年时代也推崇胡适和杜威。

"五四"以后，随着国内形势的重大变化，上述统一战线趋向分裂。20 世纪 30 年代后期，由于受到苏联对杜威态度骤变的影响，中国马克思主义者对杜威也近乎于全盘否定了。20 世纪 50 年代中期，为了确立马克思主义在思想文化领域的主导地位，从上而下发动了一场对实用主义全盘否定的大规模批判运动。它在一定程度上达到了预期的政治目的，但在理论上却存在着很大的片面性。当时多数批判论著脱离了杜威等人的理论实际，形成了一种对西方思潮"左"的批判模式，并在中国学术界起着支配作用。从此以后，人们在对杜威等现代西方思想家、对实用主义等现代西方思潮的评判中，往往是政治标准取代了学术标准，简单否定取代了具体分析。杜威等西方学者及其理论的真实面貌就因此而被扭曲了。

对杜威等西方思想家及其理论的简单否定，势必造成多方面的消极后果。其中最突出的有两点：一是使马克思主义及其指导下的思想理论领域在一定程度上与当代世界及其思想文化的发展脱节，使前者处于封闭状态，从而妨碍其得到更大的丰富和发展；二是由于扭曲了马克思主义哲学和现代西方哲学的关系，忽视了二者在某些方面存在的共通之处，在批判杜威哲学等现代西方哲学的名义下扭曲了马克思主义哲学一些最重要的学说，例如关于真理的实践检验、关于主客观统一、关于个人与社会的关系等学说都存在这种情况。这种理论上的混乱导致实践方向上的混乱，甚至在一定程度上导致实践上的挫折。

需要说明的是：肯定杜威实用主义的积极作用并不意味着否定其消极作用，也不意味着简单否定中国学界以往对实用主义的批判。以往被作为市侩哲学、庸人哲学、极端个人主义哲学的实用主义不仅是存在的，而且在一些人群中一直发生着重要的影响。资产阶级庸人、投机商、政客以及各种形式的机会主义者所奉行的哲学，正是这样的实用主义。对这样的实用主义进行坚定的批判，是完全正当的。但是，如果对杜威的哲学作具体研究，就会发觉他的理论与这样的实用主义毕竟有着重大的区别。杜威自己就一再批判了这类庸俗习气和极端个人主义。如果简单地把杜威哲学归结为这样的实用主义，那在很大程度上就是把杜威所批判的哲学当作是他自己的哲学。

四、杜威哲学研究在当代中国的积极意义

改革开放以来，中国政治和思想文化上的“左”的路线得到纠正，哲学研究出现了求真务实的新气象，包括杜威实用主义在内的现代西方哲学研究得到了恢复和发展。以 1988 年全国实用主义学术讨论会为转折点，对杜威等人的实用主义的全盘否定倾向得到了克服，如何重新评价其在中国思想文化建设中的作用的问题也越来越受到学界的关注，对杜威等人的实用主义的研究由此进入了一个新阶段。“五四”时期，由于杜威的学说正好与当时中国的新文化运动相契合，起过重要的积极作用；今天的中国学界，由于对马克思主义哲学和现代西方哲学都已有了更为全面和深刻的理解，对杜威的思想的研究也会更加深入和具体，更能区别其中的精华和糟粕，这对促进中国的思想文化建设会产生更为积极的作用。

对杜威哲学的重新研究在当代中国的积极意义，至少包括如下三个方面：

第一，有利于对马克思主义哲学有更为全面和深刻的理解。

这是因为，杜威哲学和马克思的哲学虽有原则性区别，但二者在一些重要方面有相通之处。这主要表现在二者都批判和超越了以抽象、思辨、脱离实际等为特征的传统形而上学；都强调对现实生活和实践的关注在哲学中的决定性作用；都肯定任何观念和理论的真理性的标准是它们是否经得起实践的检验；都认为科学真理的获得是一个不断提出假设、又不断进行实验的发展过程；都认为社会历史同样是一个不断发展的过程，社会应当不断地进行改造，使之越来越能符合满足人的需要和人的全面发展的目标；都认为每一个人的自由是一切人取得自由的条件，同时个人又应当对社会负责，私利应当服从公益；都提出了使所有人共同幸福的社会理想，等等。在这些方面将马克思主义与杜威的实用主义作比较研究，既能更好地揭示它们作为不同阶级的哲学的差异，又能更好地发现二者作为同时代的哲学的共性，从而使人们既能更好地划清马克思主义和实用主义的界限，又能通过批判地借鉴后者可能包含的积极成果来丰富和发展马克思主义。

第二，有利于对中国传统文化的批判继承。

杜威哲学和中国传统文化有着两种不同的联系。以儒家为代表的中国传统文化是一种前资本主义文化，没有西方资本主义文化的理性主义特质，不会具有因把理性绝对化而导致的绝对理性主义和思辨形而上学等弊端；但未充分经理性思维的熏陶又是中国传统文化的缺陷，不利于自然科学的发展，更不利于人的个性的发展和自由民主等意识的形成。正因为如此，以儒家为代表的中国传统文化往往被历代封建统治阶级神圣化和神秘化，成为他们的意识形态，后者阻碍了中国科学技术的发展、人民的觉醒和社会历史的进步。"五四"新文化运动的主要矛头就是针对儒家文化作为封建意识形态的方面，以此来为以民主和科学精神为特征的新文化开辟道路。杜威哲学正是以倡导民主和科学为重要特征的。杜威来到中国时，正好碰上"五四"新文化运动，他成了这一运动的支持者。他的学说对于批判作为封建意识形态的儒学，自然也起了促进作用。

但是，儒家文化并不等于封建文化；孔子提出的以"仁"为核心的儒学本身并不是统治阶级的意识形态。直到汉武帝实行"罢黜百家，独尊儒术"的政策以后，儒学才取得了独特的官方地位，由此被历代封建帝王当作维护其统治的精神工具。即使如此，也不能否定儒学在学理上的意义。它既可以被封建统治阶级所利用，又能为广大民众所接受，成为他们的生活信念和道德准则。历代学者对儒学的发挥，也都具有这种二重性。正因为如此，儒学除了被封建统治阶级利用外，还能不断发扬光大，成为中华民族宝贵的思想文化遗产。儒学所强调的"以人为本"、"经世致用"、"公而忘私"、"以和为贵"、"己所不欲，勿施于人"等观念，具有超越时代和阶级的普世意义。新文化运动的代表人物并不反对这些观念，而这些观念与杜威哲学的某些观念在一定程度上是相通的。杜威哲学在"五四"时期之所以能为中国广大知识分子接受，在一定程度上正是因为中国文化传统中已有与杜威哲学相通的成分。正因为如此，研究杜威的实用主义思想，对于更清晰地理解儒家思想，特别是分清其中具有普世价值的成分与被神圣化和神秘化的成分，发扬前者，拒斥后者，能起到促进作用。

第三，有利于促进对各门社会人文学科的研究。

杜威的哲学活动的一个突出特点，是他非常自觉地超越纯粹哲学思辨的范围而扩及各门社会人文学科。我们上面曾谈到，在杜威的全部论著中，关于政治、社会、文化、教育、道德、心理、逻辑、科学技术、审美和宗教等各个领域的具体问题的论述占了绝大部分。他不只是把他的哲学观点运用于这些学科的研究，而且是通过对这些学科的研究更明确和更透彻地把他的哲学观点阐释出来。反过来说，他对这些学科的研究都不是孤立地进行的，而是通过其基本哲学观点的具体运用而与其他相关学科联系起来，从而把对这些学科的研究形成为一个有机整体，并由此使他对这些学科的研究可能具有某些独创意义。

例如，杜威极其关注教育问题并在这方面作了大量论述，除了贯彻他对现实生活和实践的重视这个基本哲学倾向、由此强调在实践中学习在整个教学过程中的决定作用以外，他还把教育与心理、道德、社会、政治等因素紧密地结合在一起，从而使教育的内容更加丰富、全面。他的教育思想也由此得到了更为广泛的认同，被公认为是当代西方最具影响的教育学家。值得一提的是：无论在中国还是在苏联，杜威在教育上的影响几乎经久不衰。即使是在政治和意识形态影响极为深刻的年代，杜威提出的许多教育思想依然能不同程度地被人肯定。陶行知的教育思想在中国就一直得到肯定，而陶行知的教育思想被公认为主要来源于杜威。

我们这样说，并不是全盘肯定杜威。无论是在哲学和教育或其他方面，杜威都有很大的局限性，需要我们通过具体研究加以识别。但与其他现代西方哲学家相比，杜威是最善于把哲学的一般理论与其他人文社会学科密切结合起来、使之相互渗透和相互促进的哲学家，这大概是不可否认的事实。在这方面，很是值得我们借鉴。

五、关于《杜威全集》中文版的翻译和出版

要在中国开展对杜威思想的研究，一个重要的条件是有完备的和翻译准确的杜威论著。中国学者早在“五四”时期就开始从事这方面的工作。当时杜威在华的讲演，为许多报刊广泛译载并汇集成册出版。“五四”以后，杜威的新著的翻译出版仍在继续。即使是杜威在中国受到严厉批判的年代，他的一些主要论著也作为供批判的材料公开或内部出版。杜威部分重要著作的英文原版，在中国一些大的图书馆里也可以找到。从对杜威哲学的一般性研究来说，材料问题不是主要障碍。但是，如果想要对杜威作全面研究或某些专题研究，特别是对他所涉及的人文和社会广泛领域的研究，这些材料就显得不足了。加上杜威论著的原有中译本出现于不同的历史年代，标准不一，有的译本存在不准确或疏漏之

处，难以为据。更为重要的是，在杜威的论著中，论文（包括书评、杂录、教学大纲等）占大部分，它们极少译成中文，原文也很难找到。为了进一步开展对杜威的研究，就需要进一步解决材料问题。

2003 年，在复旦大学举行的一次大型实用主义国际学术讨论会上，我建议在复旦大学建立杜威研究中心并由该中心来主持翻译《杜威全集》，得到与会专家的赞许，复旦大学的有关领导也明确表示支持。2004 年初，复旦大学正式批准以哲学学院外国哲学学科为基础，建立杜威与美国哲学研究中心，挂靠哲学学院。研究中心立即策划《杜威全集》的翻译。华东师范大学出版社朱杰人社长对出版《杜威全集》中文版表示了极大的兴趣，希望由该社出版。经过多次协商，我们与华东师范大学出版社达成了翻译出版协议，由此开始了我们后来的合作。

《杜威全集》（*Collected works of John Dewey*）由美国杜威研究中心（设在南伊利诺伊大学）组织全美研究杜威最著名的专家，经 30 年（1961—1991）的努力，集体编辑而成，乔·安·博伊兹顿（Jo Ann Boydston）任主编。全集分早、中、晚三期，共 37 卷。早期 5 卷，为 1882—1898 年的论著；中期 15 卷，为 1899—1924 年的论著；晚期 17 卷，为 1925—1953 年的论著。各卷前面都有一篇导言，分别由在这方面最有声望的美国学者撰写。另外，还出了一卷索引。这样共为 38 卷。尽管杜威的思想清晰明确，但文字表达相当晦涩古奥，又涉及人文、社会等众多学科；要将其准确流畅地翻译出来，是一项极其庞大和困难的任务，必须争取国内同行专家来共同完成。我们旋即与中国社会科学院哲学研究所、北京大学、清华大学、中国人民大学、北京师范大学、南京大学、浙江大学、武汉大学、北京外国语大学，以及华东师范大学和上海社会科学院哲学研究所等兄弟单位的专家联系，得到了他们参与翻译的承诺，这给了我们很大的鼓舞。

《杜威全集》英文版分精装和平装两种版本，两者的正文（包括页码）完全相同。平装本略去了精装本中的“文本的校勘原则和程序”等部分编辑技术性内容。为了力求全面，我们按照精装本翻译。由于《杜威全集》篇幅浩繁，有一千多万字，参加翻译的专家有几十人。尽管我们向大家提出在译名等各方面尽可能统一，但各人见解不一，很难做到完全统一。为了便于读者查阅，我们在索引卷中把同一词不同的译名都列出，读者通过查阅边码即原文页码不难找到原词。为了确保译文质量，特别是不出明显的差错，我们一般要求每一卷都由两人以上参与，互校译文。译者译完以后，由复旦大学杜威与美国哲学研究中心初审。如无明显的差错，交由出版社聘请译校人员逐字逐句校对，并请较有经验的专家抽查，提出意见，退回译者复核。经出版社按照编辑流程加工处理后，再由研究中心终审定稿。尽管采取了一系列较为严密的措施，但很难完全避免缺点和错误，我们衷心地希望专家和读者提出意见。

复旦大学杜威与美国哲学研究中心的工作是在哲学学院和国外马克思主义与国外思潮创新基地的支持下进行的，学院和基地的不少成员参与了《杜威全集》的翻译。为了使研究中心更好地开展工作，校领导还确定研究中心与美国研究创新基地挂钩，由该基地给予必要的支持。《杜威全集》中文版编委会由参与翻译的复旦大学和各个兄弟单位的专家共同组成，他们都一直关心着研究中心的工作。俞吾金教授和童世骏教授作为编委会副主编，对《杜威全集》的翻译工作作出了重要的贡献。汪堂家教授作为常务副主编，更是为《杜威全集》的翻译工作尽心尽力，承担了大量具体的组织和审校工作。华东师范大学出版社的编辑人员一直与我们有着良好的合作，她们默默无闻地在组织与审校等方面做了大量的工作，在此一并表示衷心的感谢。

刘放桐

2010 年 6 月 11 日

导　言

悉尼·胡克(Sideny Hook)

本卷所涉期间约翰·杜威的作品，大多数主题在随后的主要著作中都得到 *ix* 更为详细的论述。一个最明显的例外，是未述及艺术与经验的关系，以及圆满体验的本性。然而，杜威关切之广度是相当惊人的，尤其是当与其他职业哲学家的活动相比较的时候。要对这些关切进行评价，必须联系到他在公共事务方面积极而富有活力的兴趣，以及他对于行政规划与运作(不仅包括院系事务，而且有产生深远影响的教育实验倡导)的专注。

在这几年间，杜威思想中有一个特别之处尤其值得关注，而且除部分学者外尚不为人所知。我指的是杜威对于哲学史的贡献，他在鲍德温(J. M. Baldwin)主编的两卷本巨著《哲学与心理学辞典》(*Dictionary of Philosophy and Psychology*)中对诸多哲学观念和运动进行了分析。各个领域的专家们完全可以品评他对各种论题处理的重要性和有效性，但任何有识之士都不可能不对其阐释之广泛、紧凑、清晰留下深刻的印象。今天，哲学史颇受冷落；但在杜威那个时代，人们认为，哲学史是通向哲学的自然门径。虽然在以后的著作中，杜威很少涉足哲学史，但他在谈到当代某一重要问题之所以出现困难时，却往往在某种程度上追溯到其传统但又不无问题的设定所带来的持续影响——这一点，在他关于洛克、霍布斯、詹姆斯的论述中可以见到。一位长期批评杜威的人曾抱怨说，杜威处理的这些哲学问题，似乎过去从未有其他的思想家讨论过。这一评论仅有一点是对的，即杜威在介绍自己对于哲学问题的分析时，多半不倾向于长篇 *x* 大论地回顾其他人在该问题上的观点，以免问题本身反遭淹没。比较有深度的说法是：杜威对所有的问题分析都渗透着他对这些问题之历史语境的意识，以及对前人思想观点的历史意识。在他的任何一部重要著作中，几乎找不到一个章节，其辅助性、历史性旁白或参考与所论主题的某一方面毫不相关。

诚如本卷所表明的，杜威持久的哲学兴趣之一，是历史的本质、历史判断的特征和逻辑，以及认识过去对于理解现在的关系。当代文献继续表明，这些问题依然在进行大量探讨，尚未有定论。基于早期的哲学立场，杜威在思想上对于历史发展的现象很早就有敏感。虽然在撰写本卷这些论文之前，他已经丧失了对黑格尔和新黑格尔哲学的兴趣并对其进行批判，但他并不打算接受黑格尔所竭力克服的笛卡儿和康德的传统二元论，这些观点使得人类有机体的统一性以及由此形成的交互作用变得神秘起来。此外，生物进化理论的出现并被接受，强化了他对于连续性原则——根据查尔斯·皮尔士(Charles Peirce)的说法，这代表了黑格尔体系的主要线索——以及过程普遍性的信念。对于杜威来说，这意味着所有现象都具有了一种关乎其功能和组织之理解的历史性维度。

对于历史方法的依赖引起了两类问题。对此，杜威在他后来的许多著作中给予了直接和间接的关注。第一类是历史与伦理判断的关系。伦理实践以及对之进行的道德判断的有效性，在某种程度上会受到它赖以产生的历史环境和历史条件的影响吗？如果道德是客观的，它怎么与时代或过去的事件相关联呢？如果奴隶制在道德上是错误的，我们能说它在历史上有正当性而永远不陷入自
xi 相矛盾吗？在因果决定性之外，“正当的”还能意味着什么呢？但是，如果我们承认好与坏、正当的与非正当的全部是因果决定性的，那么，因果决定性与道德评价又有什么关系呢？过去狩猎经济活动中的生存困难可以解释杀婴习俗(practice of infanticide)，这一点可能是真的。然而，杜威时代的主流传统是把这种做法视为不道德的，不论它发生于何时何地。科学的历史方法可以成功地揭示出杀婴或任何其他社会习惯出现的精确环境、充分的必要条件；但可以断言的是，它不能为我们提供任何可能的结论用以指导我们作出有效的道德判断。它充其量可以确立具有历史相对性的事实——不可避免的事实。它绝不能确立道德相对性事实。根据这一立场，历史考虑对于确定何者为正误、何者应该或不应该存在是完全不相干的。

根据杜威的说法，后一观点的困难在于：它往往会从根源处切掉道德的理性(rational)方法，而将既有社会的道德判断绝对化为一种不可错的直觉(有时是圣训)。它往往会把道德现状神圣化而抑制道德成长。最重要的是，关于道德判

断何以获致，除了求助于最终宣布为自我确证的权威或直觉，它别无线索。说历史方法只能给我们描述性材料而伦理学是规范性，其中的暗示是：我们可以完全独立于现在如何或者一直如何而确定何者应该存在或应该早已存在。但是，合理性（reasonableness）的本质是要注意到作出道德要求、判断和期望时的条件。毕竟，指责一个人不去做他在物理上或生理上不可能完成之事，是不具有任何道德意义的；同样，因为一个人没有去做按其所处环境来说极其不可能完成之事而对他进行评判，也并不具有多少意义。而对于人的行为方式来说何谓可行（possible）或可能（probable），这是历史探究方面的事情。譬如，如果不确定有关 *xii*
死罪的数量或频率的历史事实、不同类型的惩罚可能有的威慑作用、司法调查体系的效能和公正性（probity），以及许多其他有关过去和现在的事实现象，我们如何能合理地评价在某一时候的死刑的道德有效性呢？

尽管有一些批评，但杜威决不认为凡在道德上有效者均可从现在或一直有效者**合乎逻辑地演绎出来**。依照有关道德的常识判断，他坚持认为，对于有关特定道德实践由之出现的先决条件及其结果的研究，不仅关系到它能否继续有效的问题，而且对任何有关其合理性的主张都是必不可少的。因为唯有这样的探究，加上特定情境下无可争议或不容置疑的某些其他价值，能为它的延续或废止提供充分的理由。杜威后来的伦理学著作表明，这些充分理由中包括有体现于采取道德行动之时道德生活模式中的某些规范性成分。但是，从他有关伦理判断的著作来看，他自始至终都坚持历史性探究对于人类操行的直接影响。因为在必须作出道德决定的具体情境下，"道德判断是有关行动方式、做事行为、习惯养成、目标培育的判断。凡是对于判断、信念、解释、准则有所改动者，操行也会改动。控制我们对于操行的判断，我们对于习惯、行事、意图的评价，就此而言，也就等于指引了操行本身"（第 38 页①）。

第二个常见的困难，是杜威强调历史学或发生学探究重要性时所必须面对的。对于杜威来说，虽然历史方法所表示的是应用于历史学的科学或实验方法，但他的许多批评家都认为，由于它是对于事物之发端、起始、发展的探索，因而与科学方法毫不相干。他们认为，把历史学或发生学方法应用于研究现象之本性，这直接就滑向了诉诸起源的谬误（the genetic fallacy）——把有效性问题与起源

① 这里标出的页码均为英文版原书的页码，即本书边码。——译者

xiii 问题相混淆。有人甚至提出，如果我们要理解事物本质的话，那么，在整个发展论或进化论观点上就有一种逻辑缺陷。因为，要是断言说我们对于某物的把握取决于能够解释"它"(不论"它"是什么)何以变成那样，则会受到反驳："我们又如何理解对于'它何以变成那样'这一问题的回答呢？除非我们已经知道或理解这个'它'的本质。"如果过去影响或因果性地决定了现在，那么有关现在之本质理应在现在从实验上得到确定而无须涉及其历史或发展。历史方法可以提供有关过去的有用信息；但是，任何有关现在的说法，必须根据关于现在所观察的结果进行检验。由此观点来看，现在更有可能是理解过去发生之事的一把钥匙，而非过去是理解现在发生之事的钥匙。

杜威不接受后面的那个批评，他有时将其视为纯粹的论辩式论证(dialectical argument)，虽然他本人时常也采取论辩式论证来驳斥其他立场。在杜威观点下更为切题的是：那种批评忽视了一种经验证据，即我们有关处于情境发展之中的东西的知识，使得我们能够对其进行一种理解和控制；而这种方式任何横向示例(horizontal cross-section)(不论这种分析的组织学细节有多么精微)，都无法成功地做到。这里作为杜威诸多兴趣点之一所反映的，正是他对儿童发展和教育过程的兴趣和关注，后者影响到他一些最重要的理论关注：他不仅试图理解儿童，而且还要理解成人；他不仅试图理解现时信念，而且还要理解社会建制和实践。杜威坚持认为，作为所与者或呈现者，并不是"自明的"或"自足的"。我们所要解决的问题——不论是儿童规训还是成人神经症问题，不论是毒品文化还是家庭纽带弱化问题——是历史因素已构成其基本特征的一种问题。有关这些历史因素的洞见或发现，提供了用以处理现象最为有效的途径。如果科学方法的规范来自解决问题和困难的成功实践，那么，有鉴于在包括医学在内
xiv 的人类事务中历史案例法不断增多的运用，我们就不能拒绝把过去发生的事作为现在结果的重要决定因素、作为未来的可能相关因素；而是应该意识到，要对历史方法之所在作更为适当的表述。当然，某事发生于过去这一点儿事实并不足以说明它在现在的延续或影响，否则就不会有任何历史变化；然而，可能除了突变性变异(mutational change)，现在所形成者从来不会不受过去之影响。这在个人经验与社会经验中尤其如此。在杜威看来，并不是说事物越是变化，它们就越是保持不变。他会说，它们经常保持不变，那是因为我们没有去对它们做某事，而有时之所以没有对它们做某事，是由于我们没有看到有关现在的相对较新

的可能性。他赞同桑塔亚那(Santayana)一句广为引用的格言:忘记过去的那些人,注定会重蹈覆辙;但他同样也意识到了一个事实,即生活于过去之人或在现在只看到过去之人,好比每一个人生而有之的劣根性(the old Adam in every fresh birth),他们常常受制于未来:这些人往往把现在还原为熟悉的过去,因而阻碍了他们看到未来之新奇性。最终我们都会死,但这并没有告诉我们任何有关生死方式的万般东西。

杜威指出,如果某一现象的历史发展是其本质完整的一部分,如果现象之本质又关系到我们在表达我们与其关系时的价值判断,那么,现象的历史和起源最终就不会是于其价值毫无重要性可言的事情。

> 我们不能把父母关爱或儿童说谎作为当前事实,将其划分成段,或者撕成物理碎片,或者进行化学分析。唯有通过历史,通过对于它何以成为其所是的考察,我们才能弄清楚它的构成部分相互之间的交织。(第9页)

这种历史研究不会使我们有关父母关爱之特质或儿童不诚实之本质的道德判断缺少可接受性,但确实会影响我们的判断到底应该采取什么办法,以使父母 xiv
或儿童的未来行为更加值得向往。根据杜威的说法,只有当原因被视为在本体论上优于结果且赋予原因的道德品质自动具有对结果或后果所被赋予品质的道德优越性时,发生学或历史学方法才导致诉诸起源的谬误。了解原因使得我们能够理解这些事情何以发生,并且能提出(从正面或反面)控制它们的办法,但是它们并没有提升原因对于其他所有东西的道德品质。自我牺牲的道德品质,并非必然还原为对于它何以发生的认识。在杜威运用"发生学的"(genetic)或"历史学的"(historical)方法一词时,该词在认识上全然等同于他后来所谓的功能性方法。他对于功能性方法的精彩运用,在他备受忽视的《原始心灵释》(The Interpretation of Savage Mind)一文中有所显示;他在文中表明,一文化中的普遍价值何以生成于游牧社会的生产方式,而并不必然认可游牧社会视为"自然"的那些价值。社会进程中道德判断的植入,通常是在功能调节失效而有必要选择或构建其他价值之时。在后期伦理学著作中,杜威更清楚地阐明了应该指导我们判断的全部道德价值都有什么。这些价值使我们可以根据其所容许的历史多样性和具体发展可能性来判定一种具有完好功能的社会秩序。结果是,对于杜威，值得反思性支持的每一种道德价值或原则都非上天（“永恒”或“绝对”或“终极”）赐予的直觉，而是根植于发展着的因而是历史性的人类和社会本性。杜威如黑格尔一样，但缺少黑格尔的形而上学唯心论。杜威既反对直觉主义，又反对只对现存秩序肯定或指责而不进行重构性判断的传统经验论。第一种路径让我们无力反对“根深蒂固的道德偏见，以及掩饰在自然道德和永恒直觉中的阶级利益”。而对于第二种路径，他以一种自然主义版本的黑格尔辩证法说道：其根本
xvi 谬误“在于没有认识到经验中的否定成分是构造超越旧经验的新经验的一种刺激力，因为其中涉及对经验进行修正，以便实现其种种需求。而历史学或发生学方法所关注的，正是这样的变化”。

现在应当明白，在杜威的早、中期著作中，仍有大量的东西有待挖掘。这不仅包括他的道德判断理论，而且包括他的认知理论或认识论（epistemology）——这个词或用语是他所试图避免的，因为它会带来误导性联想。在杜威看来，传统的认知理论形成于有关“一般思想与普遍实在的总体关系”问题。杜威否认有真正的认知问题，因为对他来说，并不存在一般思想或普遍实在这样的东西。常识和科学发端于特定的问题并追求特定的解决，其结论可得到一般化处理而用以建立探究行为与其他问题之间的联系。探究过程中所出现的区分全都是功能性的，并不反映“存在领域中的本体划分”。思想在经验中的出发点是在一情境中所感受到的困难：“其中，诸部分之间处于激烈的相互对抗——以至于它们威胁到该情境的瓦解，因而为了维持自身，需要对其紧张的诸部分谨慎地进行重新界定和重新关联。这样的重新界定和重新关联就称作思想构建的过程。”

每一位有识读者都会发现，在杜威《逻辑：探究的理论》（*Logic*：*The Theory of Inquiry*）中所形成并充分发挥的一些主要观点简要地出现在本书中，并且贯穿于杜威对洛采批评而写的章节中。在他关于思想的这个阶段，他的观点变得越来越清晰。他尚未意识到出现于哲学中的强大反对运动，后者试图把杜威的所有探究归到心理学领域，他们的数理形式化方法将奠定未来逻辑工作的基调和风格。对于视逻辑为证明（proof）理论而非探究（inquiry）理论的传统逻辑学家中自然产生的那种质疑和批评，杜威以后会努力对付。

xvii 虽然他没有使用“实用主义”一词来刻画他的立场，但却暗含在他对洛采的几乎每一处批评中。“对于观念有效性的检验，是观念在促使相对冲突性经验转变为相对整合性经验方面的功能性或工具性运用。”各种传统形式的符合论真理

观都被抛弃。观念或理论之真不在于其与先前存在的实在相符合，而在于其在产生借以重构激发思想之情境的新事态方面的“充分绩效”[adequacy of (its) performance]。

本卷中的其他作品也具有当代性影响。虽然他在《儿童与课程》(*The Child and the Curriculum*)一文中的语言反映的是世纪之交的学术用语和日常用语，但其所表达的观念尤其是关于课程中组织化教材(subject-matter)的必要性或不可或缺性，对于当前的讨论仍然具有很大的意义。他在《作为社会中心的学校》(The School as Social Centre)一文中的讨论，说明了正规教育和父母权威日渐衰落的社会环境，强调了对于寻求——不仅是未成年青少年的，而且是成年人的——道德权威新的源头和力量的必要性。这听起来就像是对我们自身一些问题的无声预见。

杜威是美国公立学校的重要倡办人之一。他声称，公立学校在同化各个种族群体文化差异方面所起到的作用，是“世人所曾看到的最具显著生命力的一种力量”。然而，他也清楚地意识到，过于轻率和呆板的同化会带来损失。这种损失就是我们今天所谓的种族意识(the sense of ethnicity)。有时，公立学校之成果会丧失，或者反过来对抗“他们各自民族传统或各自民族音乐、艺术和文学中值得保护的积极价值”。对于我们大都市中心的公立学校状况，对于当下建立经常彼此冲突而非互补的社会道德权威中心的多种族分极化社区的倾向，杜威要是到了今天极可能不会满意。但是，我们可以肯定，他不会满足于仅仅哀叹形势，他会寻求重构之法。在他自己的教育经历中，还从未遇到公立学校中大规模 *xviii*
暴力这样的问题。然而，他意识到那些难以规训的棘手学生可能会破坏其他人的教育经验，因此他不反对采取措施以阻止他们继续捣乱。但是，他坚持这样的学生要在教育上接受特别对待。他反对教学上不理智的放任自由，也反对与之相对应的随意的专制式管教。

杜威不仅对于传统的二元论表示怀疑，而且反对用以刻画一般性观点的高度抽象的轻率对比，譬如乐观主义与悲观主义、个体主义与集体主义、自由主义与保守主义、自由与权威，等等。他主要关注的是问题，并相信对某一观点的先行承诺会妨碍对问题本身及其对策的精确表述。他对教条主义立场表示担忧，因为它们忽视或否认人类事务的复杂性；另一方面，他认识到，这种复杂性并不意味着冷漠和失望。他的《学术自由》(Academic Freedom)一文是其实在主义观点的一个极好的例子：该文发表之时，正值教学与探究自由因教派、政治和社会上的影响而未能真正在许多美国高等教育机构中得到实行之时。他在描述大学理想时，以斩钉截铁的口气明确提出学术自由的理想：

> 调查真相；批判性地查证事实；通过所掌握的最佳方法获得结论，并不受外界好恶的约束，把这种真理与学生交流；向学生解释他与他在生活中必须面对的问题的关系……（第 55 页）

然而，他认识到，因为在对生物进化学说的敌意中所反映出的宗教情绪很强，公众对于当时社会学科的科学和学术特征认识很弱，这种学术自由之理想的逐步实现将会伴有暂时性的挫折。他不仅向愿意表示支持的共同体强调学术自
xix 由之理想，还向要求学术自由之利的那些人强调职业责任的重要性：那些据理要求不论他们的结论如何异常、他们的探究自由都应得到保护和保证的人，他们所要求的东西是民主社会中任何群体都别指望可以合理享受到的。如果某个公民因憎恶那些屠户、面包师、烛台制造商、律师、内科医生、生意人的观点而不去理会他们，他的这种权利在法律上可以不受任何限制，哪怕这些权利的使用会对它所指向的那些人产生严重的经济后果。在正当要求自己免于其同胞这类报复行动时，教师所要求的，正是对学术自由和学术职位来说至关重要的东西，以及我们社会中任何其他职业不可能合理地指望享有的东西。因此，教师有责任做到在教育过程中保持正直，而不能将其变成知识和道德上的不诚实行为，甚至通过无端的粗暴无礼之举伤及合理的情感（offend legitimate sensibilities）。这对杜威来说，是学术自由的伦理维度的一部分。后来，当杜威帮助组建美国大学教授联合会（他成为第一任主席）时，在联合会准则声明中，我们可以看出他对教师学术自由权利和责任的重视。

虽然杜威从不认可资本主义或社会主义之类的任何社会或经济学说，但他对现存社会经济秩序对于那些受此类学说感染的人们的生活质量所带来的破坏性影响极其敏感，言辞毫不含糊。他永远不变和第一位的关切，是使个人独特的经验得到丰富。他根据对个人生活质量的影响效果来评价各种制度。他对于作为运行体制的资本主义以及后来对于社会主义的尖锐批评都源自于他的一种信念，即它们没有为缺乏因继承而得的自然社会特权优势的普通人提供充分的自

我发展机会。他与诗人格雷[①]一样坚信：在群众中间有着大量“无声无名的弥尔 xx
顿”，他们之所以不能创造和享受精神作品，主要是由于缺乏机会而非不具有先天潜能。这种杰斐逊式的对于经验和普通大众之信仰，弥漫于他的教育哲学和社会哲学方面的著作中。他断言：“自然增值之不幸，不过就是未曾发现的资源之不幸。”此处，他指的是人力资源，是每一个人身上未曾利用的资源。他呼吁民主社会认识到，作为其义务的“自然而必要的一部分”，它不仅要为儿童提供思想、个人和道德成长所需要的教育和指导，而且要“为成人提供此种机会以使他们发现并最后实现自身独有的特殊才能”（第 92 页）。应当顺便注意的是：杜威之指责非劳动所得的增值，并不是由于他相信一种人人都同工同酬的平等主义。他感到，在生活所得到的报偿与努力和功绩不相当时，它们往往会对这种非劳动所得的自然增值的接受者有利于成长的可能性带来负面影响，除非是在异常情形下。他同时相信，土地和资本的价值增长可能不应归因于个体进取和创造，而应归因于社会群体之成长，因而应该用于社会目的，用于丰富文化生活。

今天，作为生活方式的民主观念在许多满足于务实精明的地区仍旧被视为一种浮夸的繁荣。对于他们以及许多其他人来说，民主只不过是一种用以决定谁将统治其他人的非强制性政治行为。从其职业之初，民主对于杜威就不仅仅意味着纯粹的政治过程。在用以评价社会建制的诸多理想中，民主是一种最高的道德理想。资本主义和社会主义作为生产体制，可根据它们的效率而判断；作
为分配体制，可根据某一公平原则对它们进行判断。但是，根据杜威的观点，它 xxi
们作为人类关系体制，作为文化，也可根据共同体之理想（the ideal of community）来评价。他曾说起“智识社会主义和精神社会主义”（socialism of the intelligence and of the spirit），并认为理想的学校和社会要致力于“促进这种关于艺术、科学及其他社会交往形式等无形之物的社会主义”。这种共同体之理想为杜威提供了用以对各类现存社会形态发起建设性批评的一套准则，因为这使他能够指出它们在哪一方向前进会变好、在哪一方向前进会变坏。“拓展共同体智识和精神资源的共享范围和程度，正是共同体的本义”。

① 托马斯·格雷（Thomas Gray，1716—1771），英国 18 世纪的重要诗人，其最著名的作品为《墓园挽歌》。作者通过对乡村一处墓地的描写，表达对下层默默无闻的人民的深切同情。格雷对农民纯朴善良的品质进行赞扬，为他们没有机会施展天赋和才华而惋惜。他认为，正是由于贫困，农民不能发挥自己的才能，不能成为像弥尔顿那样的文学家、像克伦威尔那样的政治家。——译者

有些人认为共同体还有其他的意思，如果我们要超出规定性定义，杜威就必须为他的概念适当地提出理由和证据。可以毫不夸张地说，在随后从事的几乎一切工作中，他一直试图以某种方式来这样做，有时是直接的，有时是间接的。自始至终，他虽然意识到其中的困难，但仍然坚信可以发现一种方法，用以担保我们有关好坏对错的判断；这种方法，相当于那些使我们能以客观理性的权威来谈论社会实践和建制的科学之方法。超出这一点的请求或期望，都是不合理的。

杜威到底在多大程度上实现了他的原定目标，这仍然是一个开放式问题。

论　　文

应用于道德的进化论方法①

I. 科学必然性

在以下这篇文章中，我打算处理的问题是把历史方法、把围绕“进化”一词所 3
形成的一组观念应用于道德问题。我不是要直接研究有关道德习俗或道德理论的发展。在最终进入更为有意义和更具重要性的有关现实而具体的道德事实的讨论之前，有一些方法问题似乎不可避免地会（在我们当前的讨论状态中）谈到。由于很难从有关进化这样综合性问题的讨论中找出线索，我打算清除掉纯粹的形而上学问题，不论它们本身有多么重要，而专注于进化理论中与方法问题有直接关系的那些方面。

一开始我不得不谈到有关进化观念的某些颇具一般性的特征，但我将努力遵循刚刚所定下的范围：对分析性工作的需要，只限于为达到确定而清楚地讨论解释道德之方法。较为一般性的讨论是不可缺少的，因为我们开始时遇到一种告诫性的说明。开始之前就得到警告，被告知：道德事实以及进化之本质这样的问题不可能求助于这一源头。

其论证大致如下：道德事实是精神性的，良心（conscience）现象是价值性材
料而非历史性材料。对于它们，可以区分高低程度，但不能区分时间早晚。问题 4
乃在于它们是什么以及本身意味着什么，而非它们的时间位置。混淆这些区分，不仅无助于理解道德，而且必定误入歧途；如此，将使得在此属于独特因素的价

① 首次发表于《哲学评论》（*Philosophical Review*），第2卷（1902年），第107—124、353—371页。

值差别模糊不清，该本质实在只是被消解掉(explain away)而非得以解释清楚。对于精神性东西的历史陈述是一种*逆序法*(hysteron proteron)，对品质或内在特性的分析与对起源的追溯是截然不同的过程，这些都已成为当代唯心主义信条中的固定条款。这样的信条被不失时机地加以复述。许多著作家提出根据历史序列(historical series)来讨论心灵或道德，正表明他们对于基本哲学区分的无知，因而认为它完全不适合于所承担的这一任务。

对于一种既定方法所可能产生的成效与积极后果进行如此广泛的否定，这使得我们有必要问一下：我们*在科学中*探究起源，是想干什么呢？我们以发生学术语来陈述问题，这*对于科学*可以得到什么呢？这样的批评方式是否实现了其他方法所无法达到的某种目的呢？或许，该方法在实践中被其反对者误用了，这是由于它在理论上被其支持者误用的缘故。后者可能认为，通过运用进化论方法，未曾完成也不可能完成的某种东西得以实现了；但是，他们却没有说出事实上所带来的深层次的巨大作用。无论如何，在我们滥用或推介发生法(genetic method)之前，应该对这些问题作出某种回答：它到底是什么？它到底可以产生出什么以及如何产生出来？

处理这些问题有一种方式看起来是迂回的，但我们最终也许会发现它是最为直接的。我认为，要得到一种恰如其分的回答，必须研究科学中实验方法的本质并弄清其在何种意义上也是一种发生法，除此之外别无他法。

在我看来，实验方法的实质就是通过揭示其在形成时所涉及的那些严格而独特的条件，对现象之分析或解释进行控制。假定问题是关于水的本质。所谓"本质"，我们的意思不是指内在的形而上的实质；水之"本质"只有在对水的经验
5 中发现。在科学上，我们所说的本质是指为从理智上和实践上控制而用的一种知识。现在，水简单地作为给定事实来看，永远固执地拒绝任何直接性的处理方式。对于它之作为所与的任何数量的检查和观察，都不能带来分析性的理解。观察只会令问题复杂化，它揭开了需要进一步解释的未为人知的性质。

实验所做的就是让我们在制造过程中对水进行细察。通过制造水的过程，我们得出水要显示为一种经验事实所必须具备的精确而特定的条件。如果这一情况具有典型性，则实验方法就有资格称为发生法；它所关心的是某物据以成为经验性存在的方式或过程。

有些人即使愿意承认这一点，却仍可能会拒绝进一步认为实验方法在真正

的意义上就是历史的或进化论的方法。对拒绝走出这一步的理由进行考察,将会有助于问题的解决。严格历史性的序列是独特的,这不仅是指序列中的任一构成分子,而且是指这一构成分子在该序列中所占据的特定地位。其自身语境对它的历史特征来说,是不可或缺的。而在实验科学所处理的物理世界中,条件项(terms)[1]的集合或组对却并不如此限于该序列中某个特定的时间部分。它们发生而又复发,却没有因为脱离既定语境而发生性质变化。水一而再、再而三地被制造出来,也可以说,它在宇宙序列的任一时间被制造出来。这使得有关它的任何解说都丧失了真正的历史性。

令我们感到犹豫的另一种考虑是,物理科学[2]的主要兴趣不在个案,而是同时出现并吸引注意的某些更进一步、更为一般的结果。我们常常说,物理科学不关注个案本身,而只关注一般规律。特殊个案只是作为样品、标本或示例来看待的。其本身并无价值,而只是作为样本。对于作为真正关注对象的一般关系,它仅仅是某种多少有点不完美的例证。

然而,对于这些理由的考察将使我们得出的结论是:虽然我们最终仍有理由 6
把实验在物理科学上的应用价值视为发生学而非严格历史性的,但这缘于我们为自身目的——更充分地控制——所引入的一种抽象。序列秩序,就其自身或实际来说,是严格历史性的;而我们只是通过一种理智抽象(可由其所促进的目的得到辩护)才得到可处处显现于该序列中的成对事实,并因而有理由为它们赋予一种一般化的或非历史性的意义。虽然它们的应用价值不是历史性的,但它们的存在依然是历史性的。

有关起源的问题,即便是就物理世界而言,也是严格特定的或个体化的事情。我们无法获致一般的水之起源。实验所处理的是在特定的时间、地点,处于特定环境下特定量的水的产生条件,一句话,它处理的必须恰好是**这片**水。界定其起源的那些条件,也必须以同样明确的场景细节陈述出来。我们会有这样特

① 英文中的 term 源于拉丁语 terminus,有“界限”、“限制”之意。杜威在运用 term 一词时可能综合了其在英语中的多重意思:既有“期间”、“条件”之意,又有“术语”之意,还有数学上的“项式”之意。——译者

② 在杜威的时代,物理科学(physical science)并不限于我们今天所谓的狭义物理学(physics),因此可作复数使用。它是在广义上与心理科学(psychological science)相对应的一种描述词,两者的差别有点类似于当代哲学话语中所用到的自然科学与精神科学之分。——译者

定的情况：在其中的某个给定时间点，某特殊事实没有显现；而接着在另一时间点，它却出现了。难题只是要发现在两个历史时期带来差别的那些个体条件。正是这些条件向我们勾画出了新事实的形成或显现，也正是它们构成了水之“起源”。这是一个极具确定性的即个体化的问题。什么样的事实必须出现，才会使得另一事实显现？今天任何科学家都喜欢说，他所谓的因果性只是指特定前件与后件之间的一种关系。然而，似乎并非每一位科学家都知晓这样一个命题的完整意义，即此概念的价值是历史性的，是一个有关给定现象得以形成之条件的界定的问题。

此外，实验所实际处理的特定的水，事实上从不会显现两次；它从不再现。其所具有的独一无二性并不亚于尤利乌斯·恺撒(Julius Caesar)或亚伯拉罕·
7 林肯(Abraham Lincoln)的经历。那一特定部分的水绝不会显现于世界史上任一其他部分，这就好比提到一个人时，其生活不会与他在任一其他时代过得完全一样。否认这一点，便会陷入大多数科学家都爱嘲讽的中世纪实在论者的错误中去。那就是承认某作为种的水(some generic water)的存在：它并非任何特殊的水，却是普通的水。

然而你会说，这是不同的。当然，这是兴趣或目的之不同，而非物理上或形而上存在之不同。尤利乌斯·恺撒的生活目的，任何其他时间的任何其他人都不会有。恺撒身上有一种独特意味的人生意义和成就，它们没有替代者或等价物。对于水，却不是这样的。虽然每一部分水在其发生时绝对是独特的，但每一份水对于我们来说都具有同样的理智或实践作用。我们可以毫无损失地进行替代。来自最近的水龙头的水，可以如比爱利亚圣泉(the Pierian spring)的水一样解渴。对于我们眼下更为重要的问题是，每一个案都同样可以用来表明那些具有科学意义的东西：水得以制造的过程，以及大量别的极其不同的物质得以产生的过程。我们在科学上不关心这部分水的历史起源，而十分关心的是：通过对于水各个部分之制造过程的个案研究，可以获得什么样的见识。构成有控制解释(the cntrolled interpretation)这一科学目标的，正是这种有关产生过程的知识。

因而，我们最终的科学陈述所采取的是我们在物理科学中所熟知的概括形式，而不是对历史科学所要求的个体化形式。因而，序列性实在之流的语境，看上去也瓦解与打乱了。当现代逻辑学家说所有全称性陈述都是假言的时候，他们正确地把握住了这种离散性结果的抽象特征：他们宣称，每当或如果某些条件被给出，则特定的结果会产生，而不是直言断定前件或后件事实的实际存在。当逻辑学家认识到这一说法及相应说法“每一直言命题都是对个体而言的”的全部 8
意义时，他很有可能会承认：实验科学所达到的陈述都属于一种历史秩序。它们产生于也应用于一个独特而变化的事物世界——进化的宇宙。

然而，这样的抽象或假言特征不应妨碍我们看到经由实验科学所达到的发生学陈述的最高价值。它向我们揭示的是一种持续进行着的过程。唯有通过对此种过程的认知，我们才能够对否则便晦涩难处理的大量事实作出理智上和实践上的控制。认知了这一过程，我们就可以分析、理解水的这一现象，不论它们何时显现，也不论它们以何种形式显现。而且，这种控制远远超出了水本身。有关发生过程的知识，成为探究和控制污染水的工具；如此，我们便可以测出其偏离标准水的程度和性质。它成为一种积极因素，成为研究非水液体甚至非液态化合物的有力工具。我们通过控制操作过程得到理论和技术控制，对此并没有衍生和应用上的设限。它不仅应用于经验逻辑学家喜欢称作的“共同”因素和“类似”情形，而且同样有助于我们处理明显的分歧和差异。在把握住该过程的更多类特征后，我们可以逐步对它作出改进和修正。借助于累积性方法，把我们有关变化多样的诸过程以及每一过程中特定的事件顺序或进程的知识集合起来，其他情况下完全不可探知的整个领域便都得以解释并可得到改进。

为了避免读者开始怀疑我们已偏离以进化论观念理解道德的价值问题，我们要迅速转向正题。我将竭力指出，在实验方法对于我们物理知识的助益与狭 9
义历史方法对于精神领域即意识价值领域的助益之间，所存在的不仅仅是类比，而是严格的等同。我的目标是要表明，历史方法向我们揭示的是一种生成过程，并从而把完全不适于一般性思辨或纯粹内省性观察的事实纳入理智和实践控制范围之内。

从进化的立场来看，历史并非是某种被固定的东西(不管是物质的还是精神的)穿越于其中的诸事件或诸外部变化的单纯集合，而是一种过程，它可以向我们揭示道德的行为观念得以产生的条件。这使得我们能够把各种道德行为和道德观念予以定位并联系起来。在看出它们来自何处、源于何种情境的同时，我们看到了它们的意义。此外，通过追溯这一历史序列，我们才能够以具体实在的整体观取代有关孤立片断的粗略图。历史是对应于个体、对应于无穷尽的宇宙过程的，这犹如实验对应于分离的物理学领域一样。对于伦理科学所关注的那些事实，我们不能应用人工的孤立法或人工的重组法。我们不能把父母关爱或儿童说谎作为当前事实，将其划分成段，或者撕成物理碎片，或者进行化学分析。唯有通过历史，通过对于它何以成为其所是的考察，我们才能弄清楚它的构成部分相互之间的交织。历史提供给我们的是对于实验中孤立法和累积性重组法的唯一可行的替代品。那些早期阶段以相对粗陋和简单的方式，为我们提供了人工实验操作法的替代品：追踪现象直至其后来所呈现的更为复杂精致的形式，这是对应于实验中综合法的替代品。

我要重申一下，任一历史进化之早期阶段的价值，犹如把一物理事实从其通常语境中人为地孤立开来。把逻辑上的优势转换为存在序列上(in the order of existence)的优越性问题，是唯物主义谬误(the materialistic fallacy)的根源。正是这种未加证实的转换引发了本文前面所提到的那些反对声；它使得唯心主义
10 者反对以进化论术语解释意识事实的做法。通常认为，早期事实以某种方式设定了实在之标准，因而对于整个序列是有价值的。实践中虽然没有以公开形式表述，但通常认为，早期阶段表示着“原因”，它们以某种方式成为对实在的一个详尽无遗的充分指示，因而所有后来的条件项只有当还原为等价条件项时才能被理解。正是这种被认为由后期向早期的还原，被唯心主义者正确地认为没有解释清楚而是消解掉了问题、没有分析清楚而是忽略和否认掉了问题。

这种做法给不同的空间部分赋予不同的价值，它是古希腊和中世纪宇宙理论的对应物。我们已不再把天体在存在层级中的等级视为比陆地更高。空间存在的同质性已然成为现代科学家工作机理中不可缺少的一部分，以至于他们很难令自己回到这种旧有观念。然而，当谈到时间而不是空间时，他们很有可能会陷入完全同类的谬误。早期的被认为在某种方面比后期的更为“真实”，或者说早期的提供了一种性质，而所有后期之实在性都必须据此得以规定。

实际上确有一种观点认为早期时间更具有价值；但它是关于方法的，而不是关于存在的。那些以序列中后期条件项呈现给我们的，其形式之复杂和混乱让人难以分解，而这却可以通过早期条件项以相对简单和透明的方式得到显示。它们相对较少而又具表面性，使得更容易获得所需要的心理孤立法(the mental isolation)。

关于早期之作为标准特征的谬误，根深蒂固而又广泛存在，以至于很难通过简单提及就能去除。有关这种情况的一个简单事实是：发生法，无论用于实验科

学还是用于历史科学，在转化成或分解为前期所发生之事的意义上，并非由前件“推导”或“演绎”出后件。后期事实就其**性质**被经验而言是独特的、不可分的和非衍生的。在表明氧气和氢气的出现乃产生水的必要条件**之后**，水还是带有其 11
全部独有特征的水，犹如之前一样。对于给定事物得以显现存在的条件进行陈述，丝毫不会影响那一事物的个体属性；它不会改变那些属性。这对于水等物质产品与对于义务感等精神产品同样适用。科学所直接处理的并非其性质而是其成形发生过程。所“推导出来”的仅仅是性质之出现及进入经验。我们一再提到，根据前提条件进行理解，其价值是为了控制：理智上的控制——能够同时解释明显有关的事实和偏离甚远的事实，表明不同条件下所运用的同种操作方式；以及实践上的控制，即能够在我们需要时得到或避免某种特定经验。

这种谬误假定，早期论据具有其自己的某种固定性和最终性。即使是极其肯定地断言因果关系是有关前件和后件的一个简单问题的那些人，他们仍旧喜欢说前件为后件提供了独特的意义和实在性印记。譬如，若前一阶段仅仅显示动物具有社会本能，则人类良心的后期显现，不论以何种形式，仅仅是伪装和虚饰的动物本能。要赋予它们任何另外的意义，都是要被严格的科学观点驱除掉的幻觉。然而，早期事实并不比后期事实在更大程度上是既成事物或完全给定的实在。实际上，实验方法的整个意义是说：注意力集中于前件或是后件，这只不过是因为在某一过程之中的兴趣。前件有价值是因为它界定了生成过程的一个条件项；后件的价值是因为它界定了另一条件项。两者都服从于它们所限定的那一过程。

与代数序列中的项(terms)之间的类比，并不仅仅是一种隐喻。在前的项并不构成在后的项。前项自身，正如后项一样，是不可理解的。放在一起来看，它们构成了通过发现连续性过程或路线所要解决的问题之原理，这一过程被极限 12
项(the limiting terms)个体化，时而显现于一种形式，时而又显现于另一形式。对于制造水的兴趣并不因为发现了 H_2 和 O 而终止。当认识到两者在一起时会产生水，我们同时也获得了有关 H_2 和 O 的重要事实。了解它们的那一点，就是通过过程并在过程之中了解**它们**，这正如把水分析成它们就等于以类术语解释了水。除了通过这种“效果”(当然还有其他类似东西)所知道的 H 和 O，它们完全不为人知——它们是代数上的 X 和 Y。

大众意识以及行家写手对这一情况不清楚，是因为：仍然存在一种旧有的、纯粹形而上的因果概念;据此,原因在等级和优越性上要多少高于结果。结果在某种程度上被视为完全孕育于原因内部的,只等待恰当时机出现。不仅仅在时间序列上而且在存在序列上,它们被认为是衍生性的、第二位的。唯物主义正是源于这种对于前件的拜物教。那些理应懂得更多的著作者告诉我们,只要我们对世界的“初始”状态具备充分知识,只要我们具有限定它的某个一般公式,我们就能极其精细地推演出世界、生活和社会的整个现存构制。然而,非常清楚的是,为了掌握有关作为“原因”的初始现象的这种充分知识,我们将不得不去了解后来作为“结果”所发生的一切。我们并不知道作为“原因”者为何物(即我们根本就不知道它),除非我们通过其“结果”去了解。某拙劣文人(penny-a-liner)的整部小说或许可以从其第一章节推演出,但对于文学大师的小说你很难做到。我们有关星空早期构成的充分知识,取决于我们在多大程度上熟知从那以后事实上所发生之物。因此,有关特定作用力之运作的综合性通用公式,完全依赖于一种经验知识,即事实上当某些条件出现时会发生某些结果。该公式纯粹是对于整个历史序列的一种概要或速写式记录——其在演绎和推导上的魔力也不过
13 如此。此推理模式是重言式的。由于我们只有通过特定的后件才知道前件之本性,有关初始条件的充分知识只不过就是指有关从始至终整个事情的全部知识。令人惊讶的是,大多数经验论者一旦崇拜上了原因就会变得何其先验。为了相信他对已逝存在的心理构造物具有更高的形而上学优越性,他放弃了他经由经验所领会的对于实在之信念。他认为,后期经验并不具有真实的被经验特征,而是由在他指称为原因者中所充分给出的实在演绎或推导出来的某种东西。

认为历史序列中的早期形式优于后期的,关于这其中的谬误我们已花费太多的时间。在结束这一话题之前,我们必须回到这一命题的正面。仍然正确的一点是,根据其早期成分来陈述任何事件或历史序列,对于科学来说有一种优点:其逻辑优越性在于,我们可以用简单化形式呈现问题,以至于那些完全消逝于混乱而复杂的成熟阶段中的诸成分可以得到离析和单独把握。我们可以从其结合体中挑选出个别事实,然后给予其更为严格和更为专门的关注。这就是所谓“历史对于道德事务、对于有关意识价值的问题犹如实践对于物理事物一样”要告诉我们的:通过相对隔离,以进行控制。

这同时也确立了序列中后期成分的重要性。开始时以早期成分作为线索,我们可以查出其在显现过程中的每一相继复杂程度。在发现历史上独自运作的

诸条件后，我们可看到当这些条件在一起到来时会发生什么。我们可把更为复杂的事实归因于条件的组合。这里我们所具有的是与综合重组法或累积性实验法相对应的东西。我们把来自不同渠道的各个线索聚集起来，看看它们如何交织成一幅无法通过直接检查进行分析的广阔而精致的图案。

基于前文讨论，我们现在来看这种优越性或逻辑价值何以能同时具有本体 14
论意义。正如唯物主义者把早期条件项分离出来并神化为实在之指数，唯心主义者对于后期条件项也是如此。对他来说，先有的形式只不过是后期条件项这一实在的表象。他根据所拥有的实在性程度不同比较序列中的各个不同成分，最为初始者则接近于零。对他来说，实在以某种形式“隐藏”或“潜伏”于早期形式，其从内部逐步转换，直到为其自身找到了相当充分的表达。他有一个公理是，在最终形式中形成的东西都包括在最初形式中。因此，对他来说，后期实在是一种持久性实在，而相比之下，最初形式如果不是幻影的话，至少也是拙劣蹩脚的东西。我们全都熟知亚里士多德形而上学在进化过程中的这些应用。这里我们不关心其中的形而上学问题，虽然它们也很重要，譬如有这样的观念：实在之物不知怎的为自己选择了不够完全的表达模式或媒介，而只有在经过一系列大量多少有点失败的尝试之后，它才成功地将自己显现为实在。就目前目的来说，只需要指出：在此我们所拥有的不过是刚刚讨论到的一般性谬误——强调序列中的某个别条件项而牺牲了对于所有条件项都有效的那一过程本身——的一个特例。

不论早期条件项还是后期条件项，都不过是用以界定所谈到的那种过程的极限。它们是勾勒轮廓的框架，是刻画所要处理之问题的那种条件项。通过引入更为详尽的中间条件项，再加上对它们彼此之间严格时间和数量关系的规定，我们就可填补这种轮廓。它们最终给了我们一个完整的整体，其构成成分彼此之间处于连贯有序的关系之中。

正如实验把非理性的物质事实转变成相对明朗的变化序列，同样地，应用于道德事实的进化论方法一方面既没有留给我们纯粹的动物本能，另一方面也没有带给我们精神上的绝对律令。它向我们揭示的是一种连续不断的过程，其中动物本能和责任感都有它们的位置。它使我们拥有了一种具体的整体。 15

与现代生物学的关注进行类比，是很有意义的。曾经，似乎只有具有固定结构的单元才具有重要性。通过物理上的简单并置和组合，这种单元被认为能解释所有更为复杂的形式和功能。就逻辑目的而言，这些单元是与有机体整体相关的“细胞”还是有关特定的神经中枢功能的大脑“中心”，并没有什么差别。通常认为，有某个特别属性居于这些单元之中并能以某种方式控制或解释其他活动和结构。如今，形态学不再高居于生理学（physiology）之上，而生理学不再仅仅事关某些功能问题。科学关注的对象是每当我们组织结构和实施功能时就运作的一种化学-物理过程。难题在于，要发现并分析这一过程，然后查出它在各种条件（这些条件要通过实验控制被明确规定）下显现时所具有的不同运作模式。正如生物学家不再将其实在性定位于某种专门的场所，定位于细胞本身，定位于大脑中心本身，同样地，道德理论家也必须不再试图在动物本能中寻找问题的关键；正如生物学家不再把某一功能视作最终的、自明的，同样地，道德理论家也必须不再试图讨论有关最终文明的某种精致的道德意识。他必须转向连续不断发生的教化过程，并努力解说其在历史提供的诸差异条件下的不同表现。

这整个问题，实际上可根据因果观念加以总结。如果我们认为此概念的意义乃前、后件的一种关系，则我们就不能轻率视之。原因并非只是前件；它是其**作为前件所是者**，而且当其与其后的东西分开后就不能被视为实在之物。对于后件也同样如此——它是其仅仅作为序列中一条件项所是者。但我们所做的不
16 只是安置前件与后件。我们得到的是连续性实在。于是，整个序列，所界定的历史事件，本身被用于解释或构建一个更大的经验领域。通过这样的序列，我们更好地把握了全域（the universe）。它就是通过并借助于此种历史所刻画的东西。历史后件是一个有关新主词的谓词。

通过调查水何以产生，我们得到了有关前件 H 和 O 以及后件水的更为彻底和充分的经验。但我们并不就此止步。前件和后件所隶属的整个序列，成为了解有关发生此类事件之世界的本质的一个重要因素。我们的戏剧反过来成为更大一出戏剧中的一段重要情节。因此，在道德事务上，当我们把动物本能和人类绝对律令作为单个连续历史中的极限条件项时，我们同时包括了两者。而奠基于此之上，我们更好地理解了全域，知道它属于那类以此种历史为标志的东西。正是根据由进化论方法得以可能的这样一种更为根本的判断，我们看到所谓“历史只能谈论发生于道德之上的外部事物”、“历史能追溯外表的偶然性却不能揭示其本质”的说法是何其局限。它向我们表明的是处于全域中特定位置上的道德，是处于特定情境所要求的道德。

由于在对过程的把握中，我们发现了当我们或以早期条件项或以后期条件项都无法寻找到的实在性，此时我们一定要提防犯进一步的错误，即**把过程的连续性与内容的同一性混淆起来**。以下引文所要说的就是我所提到的那种错误：我们可以“提出一个归纳式询问，各个地方各个时期的人们都认为什么行动分别是正确的或错误的，什么行动是有些人认为正确或不相干的而其他人认为是错误的？可以画出同异表来显示至少有什么是人类视为道德法则的基本内容的。……至于对道德领域的这种处理法所必定产生的丰富成果，我们必须等到科学精神把思辨精神从我们的伦理学派争辩中去除掉”(Schurman, *The Ethical* 17
Import of Darwinism, pp. 205 - 206)。“有关历史性伦理的科学仍旧太年轻，还不能确定何种道德原理是终极的和根本的——也就是说，何种原理是各个地方各个时期的人都认为应遵守的。”(*Ethical Import*, pp. 255 - 256)

该引文的隐含之义是，科学方法所要关心的是对于某种共同不变的内容的抽象——它所要寻找的是在各个地方、各个时期都认为应该被同样遵守的某种责任或某些责任。我谈到这一观念，是因为它十分接近于刚刚提出的那一命题，因而值得指出它们之间的差异。我一直都在强调，科学方法所要关心的是发现一种共同而连续的过程，而且这只能历史性地得以确定。现在所提出的想法是，科学所关心的是一种共同内容或信念结构，并且这可以历史性地得到把握。然而我并不认为，理论上或实践上重要的就是内容同一性。相反，此种比较和抽象的方法给我们留下的只不过是除去所有多样变化后的一种固定的共同成分，它提供给我们的只是一堆渣滓：绝对静态的、绝无条理的、未加解释的一堆剩余物。从实践上看，它并没有给我们提供用于最重要事情——控制——的杠杆。

无疑属实的是，其他历史科学已经超越了视发现共同结构成分为研究目的的那种“比较”期；但别的科学早已抛弃了那种观点。比较解剖学家非常清楚，外部相似并不能保证功能相同或器官同源；通过在外部特征上极具深远性差异的结构方式，可以发挥出相似的功能。对于比较语言学家，同样也是如此。唯有在意识领域，在讨论神话、仪式、建制以及道德实践时，仍然有人坚持认为：重要的事情是要发现处处一样的某种结构。生物学和准生物科学上所取得的进展必定 18
也会发生于社会科学。生物学家出于本能所寻求(以各种不同的形式或物种作为材料，以发现它们之间的关系作为要解决的问题)的，首先是共同祖先。这提供了一个出发点，也提出了有关所考虑的序列的一个极限条件项。现有的诸差异化形式提供了另一极限条件项。问题是，要发现运作于明显不同条件下并以这些明确不同的外部形式得以显现的那一种过程。有关差异的知识，犹如有关过程的类同一的知识，同样是重要的。运动(locomotion)之功能不过是一种抽象，但我们借助于同样产生无腿之蛇、鱼之鳍、鸟之翼以及四足动物之腿的环境条件，可以追踪并界定它何以奏效。唯有通过认识到多样化，对于过程之把握才变得重要而清楚。对于道德来说，同样如此。假定(这似乎不会属实)关于父母关爱之责或夫妻忠诚之责可以在各地各时期的人类社会中发现同一种信念，这丝毫不能说明该现象的科学意义。另一方面，完全不顾孩子或者为孩子幸福作自我奉献，以及各种程度的看重或无视夫妻间相互忠诚，充分认识这其中所表现出的历史事实却很能说明有关家庭关系的伦理学。信念上的那些差异只有在联系到致使它们发生的变化性条件时，才变得有意义。

关于实践方面，只需一句话。严格不变的共同内容对于未来毫无助益。它没有指明在某种所希望的方向上的前进方法。我们无法将其转化为对集体行动或个体教育等未来经验的控制方式。它只不过是一种完全孤立的最终事实。如果它要是能起到什么作用的话，则可能会降低所有更高级社会中道德行动的实
19 际标准。根据假设，它提供给我们的只是低级社会与高级社会共有的那种责任。然而，道德努力及道德进步的精髓正好在于这样的地方：在此，社会部门或个体群组开始意识到一种比过去所认识到的更为高级、更具一般性的理想需要。将各个地方各个时期都视为“道德律令之基本内容”的那种东西固定化，这会使实际道德有巨大的退步。

此前的讨论可以总结如下：第一，科学目的主要是进行理智上的控制，即能够解释现象，其次是进行实践上的控制，即能够获得所想要的，避免不想要的未来经验。第二，物理科学上的实验实现了这一点。它抓住一个未加分析的总事实，认为其必须在总体上根据表面价值直接接受下来，然后指出有关其起源的严格而独特的条件。借此，通过将其作为一种更大的历史连续统一体中一个独立而又联系着的部分，它让事实走出了隔离和晦涩，并获得了意义。第三，对过程的发现立即变成解释其他事实的一个工具：通过把该过程运作于略有不同的诸条件下，可以解释那些事实。第四，要弄清楚意识价值或精神价值的意义，不能通过直接检查，也不能通过直接的物理分割重组。因此，它们处于科学范围之

外，除非说可运用历史方法。第五，历史在生成或发生过程中给予我们这一类的事实，该序列中的早期条件项提供给我们的是与物理实验中的孤立法相对应的一种简化，继起的每一后期条件项符合在越来越复杂的条件下综合重组的目的。第六，对伦理观念或伦理行为之形成的一种完全历史性的解说，不仅使得我们能解释其略为素朴及更为成熟的形式，而且更为重要的是，能够给予我们对促成道德之活动和条件的认识，因而为我们提供了用以抨击其他道德事实的理智工具。
第七，类同于物理科学上由理智控制所产生的结果，我们完全有理由认为：成功 20
地运用这一处理方法也会在实践控制上获得成果，也就是说，根据有关手段的知识，个体和集体行为可在所想要的方向上得到修正。如果我们掌握了有关发生过程的知识，我们就知道了何以继而得到想要的结果。

我在本文中只是想要表明：要么道德必须待在科学范围之外，要么必须以历史方法着手处理。这就是我所谓的此种方法之"必然性"。反对者仍旧有可能采取第一种选择，认为道德是不可能进行任何类型的科学处理的，不能这样处理是道德得以存在的必需。换言之，我至今尚未直接讨论历史方法这一科学处理方式的应用与独特道德现象之价值或效力的关系问题。因此，我下一篇文章将要专攻这一问题。对于道德之作为道德，此种方法有何作用以及何以有作用？我将竭力表明，此方法不仅不损害独特的伦理价值，而且为它们提供了补充支持。

II. 对于操行之意义

在上文中，我试图表明唯有运用进化论观念即历史方法才能将道德置于科学领域内。然而，上文的讨论没有谈到所提出的理论对于独特道德价值和效力的内含关系。如果我们现在假定科学处理法遵循那些所标明的一般路线，这样一种处理会对道德本身产生什么影响呢？它会使道德性质不受影响——保持其原样吗？它会减少或损害道德意义本身吗？或者，通过增加意义、提供补充支持，它会强化和拓展伦理涵义吗？

在直接着手这些问题之前，有必要除去某些含糊与混淆。我确信，在新近有 21
关效力或客观价值的许多讨论中，作者们不加区分地采用了两种不同立场，而且不经意间由一个问题转向另一个极为不同的问题。一个问题是这样的：何谓道德观点本身的效力？或者，以当代思想中变得最为迫切的形式来说，道德观点在强调标准、理想、责任时的效力，何以与科学观点在强调所现（the presented）、事实、因果时的效力相一致？另一个截然不同的问题如下：一给定道德观点或判断的效力何以得到确定？这种关于死刑的判断是道德上有效的，而那种判断在伦理上是无效的。这种关于节制、扩张、币值问题、慈善组织等等的观点是真切的，也就是说相比于某种其他观点具有更高的客观价值。或者，这样的判断是正确的："我应追求我的艺术爱好，即使这妨碍了现有的子女孝道。"

现在，伦理科学主要关注后一意义上的有效性问题。讨论无论什么道德的有效性，这属于逻辑学，属于有关观点、范畴以及形成这些观点之方法的理论。这一类科学家并不直接关注最终有效性的问题，也不关注纯粹的显现事实。他从根本上关心的问题是，鉴定特定效力问题的方法，用以确定某某特殊判断的各个价值的方法。在客观科学取得重大进展之前，哲学著作家采用和重复经验著作家命题的程度是令人惊讶的。构成科学家工作的并不仅仅是对于给定事实的描述，而是发现、检验和阐述*探明真正所予之物*的适当方式，即摹写和界定如此所展开之物的适当方式。

22 这会显得过于琐碎和习以为常而不必提及，但当前反对在伦理学上运用历史方法的那些论证却预示着它不仅需要提及而且要强调。反对者这样说：当然，道德的确具有历史；即，我们可以追溯具有不同外显形式的各种道德行为、信念、习俗、要求、舆论。我们可能认为此处属于如此这般的道德行为，然后又在这一点或那一点上改变认识。实际上这是历史学的一个分支，而且是一个重要分支。作为历史，不言而喻它会得到科学处理，其程度犹如我们对所有关于历史方法的资源的调用。但在我们这样说、这样做之后，结果仍旧是历史学而非伦理学。伦理学所处理的是这些不同行为、信念等等的道德品格（worth）；这种品格问题完全不同于时间序列中的存在问题，也不同于对序列的精确表述。伦理历史学家所能提供的最多不过是数据；伦理著作家的所有独特工作仍旧有待进行。可以设想，我们的反对者会继续加码说：历史学是描述性的，它处理的是所与、实际、现象。伦理学是规范性的，它想知道的是标准、理想、应然之物以及是否存在或是否一直存在。

依我之见，反对者在此所作的分析陷入了松散和模糊。他没有分清有效性的两层意思。他一直在说的是，因为发生学或历史学解说不能从一开始就确定道德观点本身，因此其对于正确确定有关特定价值的问题是无必要的——这很明显是改变结论（*mutatio conclusionis*）①。

历史学不创造所谓即时的（off-hand）道德有效性，很难因而就说：有关历史 23
发展的充分知识对于成功实现某某个案下的有效性之确定是不怎么需要的。有
时反对者似乎混淆得更加厉害；常常看到，他把作为客观连续事件的历史与作为
对这些事件进行理性解说和解释的历史、把作为单纯事实与作为方法的历史混
淆起来。或许客观历史确实并不创造道德价值本身，然而除了通过历史性考察，
我们的确没有办法去处理有关具体的有效伦理涵义的问题。无论如何，所谓其
历史之名者，绝不仅仅就是一张行为、信念和舆论的清单。它关注这些习俗和观
念之起源与发展，关注有关它们产生后的运作模式的问题。它们都是事实描
述——不错！但各种行动规范、理想和规则得以产生并起作用的那些条件也正
包含在这些所描述的事实中。继续把此种考察框定为纯粹的“描述”，会令人变
得生气，如果认为其描述不外乎有关所处理之物表面的显明现象，如果认为那只
是在越来越多地累积此种未加解释、未作说明的数据。以此提供的历史科学的
一般内容，不过是犹如我们感官对于世界的第一印象作为物理科学重要内容一
样。所有这些都只是有待描述的资料，而非已被描述的资料。其作用是提供数
据，呈现问题，提出有用假说以及借以检验假说的资料。

历史方法作为一种方法，首先是为了确定特定道德价值（不论是以习俗、期
待、抱负还是以规则的形式）何以产生；其次是为了确定它们在发展中所表现出
的涵义。其设定是说：规范、理想以及未加反省的习俗都源自某些情境，是为了
顺应这些情境的要求；它们一旦存在就表现出一种或多或少的成功回报（要根据
对具体情形的研究来确定）。我们所从事的仍旧是形成规范、设置目的、构想义 24
务。如果道德具有某种建设性价值，它必须为更为充分地完成这些任务提供立
场与可用手段。难道我们能说，不考虑过去就能解决有关当下正确确定标准和
目标这一紧迫问题？难道我们能说，对于过去此种人性问题的起源、历史及命运
的明确而批判的知识，不在当前情境中留下痕迹？

① 当然，这里存在一个更为根本的问题：道德范畴本身的有效性能否在不涉及特定效力的情况下得到恰当处理。其中至少有一种实际预设是说，处理一般意义上的有效性和真理问题的逻辑，要获得资料，就必须对用于处理特殊情形下真理和品格问题的特定的证实标准和模式进行考察。譬如，脱开具体科学在自身具体领域用以区分真伪的方法问题，我们就很难明白理论科学在逻辑上到底是如何讨论理智上所及的普遍真理的可能性。

即使含蓄地采取这样一种立场，意味着我们有两个设定：其一，虽然在过去的道德信念和道德行为中可能会有合理性，但今天和未来的却没有这样的合理性。另言之，所假定的是，虽然有关人类的道德态度迄今一直都产生于特定的情境下，但现在的却完全未知，因而不可能下判断。其二所假定的是，知道规范和道德努力何以在过去产生，这并不能阐明内在的教化(moralizing)过程。对于我来说，我不能自以为是的大胆猜度此种想法；我要让那些否认历史方法的道德意义的人向我道明：如果把对道德判断形成过程的探究先置为我们此前的历史规定，我们如何能对进一步的道德判断进行指引和控制。

通过这些导言，我并非自认为已经表明历史方法具有一种定论性的道德重要性：能同时促进操行并通过引入更多合理性而为其提供补充支持；但我希望至少已经在某种程度上弄清了问题的关键，并已经指明当前对待发生学道德立场的某种颇为武断的方式的不相干性。

至于获致道德品格要义之正确判断的最好方法，这一问题必然横跨历久弥新的直觉主义和经验主义的理论地盘。即便有旧调重弹之风险，将进化论方法
25 与这些不同观点进行对比仍是可取的。然而，在作如此对比时，一定要铭记，我们所要讨论的关键仅仅在于所考察之理论对于我们道德判断之意谓和约束力(sanction)的逻辑关系。问题不在于是否有直觉，是否它们可用于特定情形，或者是否所有被认定是直觉的都可以解释为联想记忆的产物。问题并不是事实上的，而是价值上的。它是一个逻辑问题。如果我们认为“直觉”名下的此类必要而普遍的信念存在，这种存在可在一定程度上一般地或部分地确定所相信之物的效力吗？它是一个有关直觉与事实——实际上的道德秩序——之关系的问题。我们从心理状态、心理活动之类的道德直觉的存在推论出与之相应的事实，这在什么独特条件下并在何种程度上能得到证明呢？

已经被暗示的回答是：仅仅存在一种信念，即使承认它作为信念绝不可能被抛弃，这并不能绝对地确定任何有关其自身内容客观性的东西。直觉之品格取决于发生学上的考虑。就我们能根据其起源、发展以及前景的条件来陈述直觉来说，我们具有某种标准来判断其所宣称的有效性。如果我们能发现直觉乃对于那些根深蒂固的永久性条件的一种合法回应，我们就有理由赋予其品格。如果我们发现该信念在历史上对于主张社会生活之完整性并为其带来新价值方面发挥了作用，我们对于其品格的信念就另外得到了保证。但是，如果我们找不到

这样的历史起源和功用，直觉就仍旧是一种纯粹的意识状态，一种幻觉，一种假象：通过简单地增加具有直觉之人的数目，并不能令其具有更多品格。

粗略来看，我们可以说，通常所认为的直觉主义使得伦理信念成为一种因为
未加关联而显得素朴的事实。伦理信念缺少与所出现之情境的发生学关系，这
便宣告了它的孤立。这种孤立在逻辑上使得它不可能具有客观有效性。直觉主
义者在宣称其内容之必然性时，也因而宣称其指称上的客观性；但在断言其非发 26
生学特征时，却否认其有任何这样的指称。发生学理论认为，具体表现在所谓直
觉中的内容是对于既定活动情境的一种回应：它的起源、发展和运作都以某种方
式与此种情境相关。这种功能性指称预先确立了与客观条件的某种关联，因而
也预设了某种有效性。如果“直觉”继续存在，那是由于情境继续存在于某些限
定范围内。如果这种特殊的道德信念实在难以根除，这不过是因为规定它的那
些条件如此持久，总是要唤起一种与其相关的态度。可能情况是，它继续存在只
不过是因为它在功能上仍然是一种需要。

然而，对于这种预设或可能性，一定不能走得太远。众所周知的一点是，习惯在最初产生它们的那些条件消失后持续并得以突出，而在此种场景下习惯就变成了错误甚至是幻觉的源头。实际上，我们所拥有的有关假象的最具发生学意义的心理学陈述是，在绝大多数情况下都与事态相符的一种心理-物理学倾向通过习惯原则得以显示出来，尽管会有某些条件完全不同并因而产生其内容有悖于特殊情形下事实的一种判断。

于是，发生法的要义在于，它表明关系并因而同时保证与界定意义。我们必
须在两个方向上探寻有关道德意识的任何直觉或态度的历史：既在前一方面又
在后一方面。我们必须对照着产生它的那些前件来看，也要对照着它的前景和
命运来看。它产生于某一语境下，并作为对于特定环境的一种反应；它具有一种
可以得到描绘的后继历史。它维护和强化某些条件，却修改其他条件。它成了
激起行动新模式的一种刺激物。现在，在我们看到该信念何以和为何产生并知
道因之而产生的其他东西时，我们对在作为孤立直觉所出现时完全缺乏的那种 27
信念，就把握住了其品格。实际上，纯粹的直觉主义经常与彻底的经验主义难以
区分。“直觉”被称为是“理由”之内容，而理由不过是一个标签。有关理性的通
常的关系和标准，有意被去除掉。很可能，我们是把一种仅仅偶然的历史或场景
序列加以神化了。展示合理性的唯一途径就是，详细分析直觉产生的事件进程

并且更为详细地探索由之所产生的影响。约翰·斯图亚特·穆勒(John Stuart Mill)的立场中有很多都可以用来反对直觉主义——直觉主义倾向于把偏见永恒化、把保守主义神圣化,称它们为永久的理性真理,从而在道德进步之路上设置羁绊。

一给定的信念或直觉就其内容来说表现的是历史进程的断面。毋庸奇怪,当这种静态断面被认为好像就是完整的个体化实在时,它就变成了毫无用处的障碍。任一形态的截面之所以本身变得重要并且对于未来科学活动具有启发性,都是由于它在某种程度上与其他断面前后一起被用以构建一种连续性的过程或生活史。

每一位直觉主义者都承认,事实上被认为直觉之内容者有些情况下至少都会随着时间发生变化。这一点经常用作反对直觉主义的事实。然而,其逻辑上的意义要重要得多。

这种认同,作为一种无效声明(a nugatory pretense),宣告了每一种直觉都不能作为客观有效性的主张。如果我们在一种情形下弄错了,我们也会错在其他情形下,由于根据定义,任何直觉本身以外的标准都被排除掉。要么说对于个体显现的一切作为最终权威者都是如此,要么说这种现象根本就没有资格。直觉主义是普罗泰戈拉(Protagoras)式的,它相信人的观念是道德实在性的尺度。如果直觉主义者退守到无法驳倒性这一想法,那么他所依赖的只不过是纯事实
28 问题。我们有多少时间可用?当然,个体生命仅仅占据了其得以嵌入其中的有意识社会生活之连续性的一小段。对于一给定个体或对于几代人甚至对于整个民族来说挥之不去的信念,最终会慢慢消失。根据无法驳倒性来验证,这将表明,它们从来都不是直觉,因而从来都不是客观有效的——根据假说。依此来看,我们现有道德信念的内容成了怀疑对象。直觉主义一下子转身成为怀疑主义。我们拿什么来保证,我们现有的"直觉",比起无数因表明为空洞意见或顽固偏见而被抛弃的已去信念,有着更多的有效性?我们在否认起源和历史具有客观价值时,使得整个道德信念的历史成为一种幻觉——一种无用的假象。把先前的道德观念视为并非真正的直觉因而根本不具有任何道德价值,正是这种认为有必要抛弃先前道德观念的逻辑挖掉了所有道德信念的根基。

另一方面,发生学理论把某种明确的道德有效性赋予作为稳固的情境反应而生的任何一种信念,与此同时它使得我们能够通过追踪其今后前景(later

career)和命运而测度所要赋予该信念的品格。发生法给品格分出等级,而不是强迫我们要么完全神圣化要么完全谴责。我们以人生价值问题作为一种特别的测试个案。原始部落几乎普遍存在杀婴行为。他们这样做不仅不认为是不道德的,而且很多时候甚至在某种程度上认为是依照一种设定义务而为。他们的道德"直觉"告诉他们,群族中年长有力的成员的安宁比起衰弱无力者要更为重要——后者对于社区康宁是一种负担,因而要予以革除。若有一种理论否认此种信念具有某种发生学测度意义上的积极价值,则根据其自身的辩证法,它也使得我们没有理由去赋予今天的道德愿景(moral aspirations)积极的伦理涵义。而一种理论如果把杀婴看作为对其自身历史条件所作的一种反应,通过调查这些条件,它对于上述观念就给出了一种相对辩护。通过追踪其今后的持续效果, 29
它也可能最终会对其予以谴责。它可以看到,该观念的持续如何会使得群族停滞在一个低级层面,该观念的消逝又如何会符合于一种更为复杂而丰富的社会秩序并为其创造条件。这种调查可能会(实际上它也应该)揭示出有关对当今道德信念和道德行为施以优化控制的教化过程的诸多原理。

杀婴源起于游牧民族;这些部落之所以成为游牧的,只是因为他们为了获取食物而有必要迁徙各处。正是这种必要性,使得他们的居住之地不可能带有那些不便于迁徙的束缚和附件。它要保持所有生活关系体制的松散性和表面化。而且,对于游牧民族来说,一切所必须携带的都是一种负担。每一个婴儿不仅充当这样的负担,而且会额外加重社区食物资源的不足。此外,运输的负担落在妇女身上,而妇女身上已经载满各种扎营设备和器具。食物补给十分不稳定,大一点的婴儿要活下去,得长期依靠母乳喂养,甚至会连续四到五年。如果试图喂养新生婴儿,大一点的婴儿就可能饿死。况且,营地内还有各种事务需要妇女来做,以便男人有时间去狩猎。如果要照看很多小孩子,就无法完成这些活儿。

毋庸多言,问题并不在于要为杀婴作辩护。然而,发生学或历史上的考虑表明,大体上在野蛮社会里也发生着与文明社会一样的某种道德过程。在每一种情况下,根本的问题都是关于社会存在的那些最重要条件。假使社会情形如此,生活的价值更多来自对于年幼体弱无助者的保护和照顾而不是无视他们,则对于他们的养育将是一种道德责任。而假使这种保护变成一种负担,甚至会威胁社区生活的完好(integrity),则相反的信念和行为便得以确立。

这种方法为我们的直觉给出了一种相对辩护，但它同时也阻止其继续作用。30 直觉所得到的这种辩护是相对于特定类型的社会生活的。只不过，该类型，与我们所熟知的其他形式相比，显得非常粗陋而有待发展，以致令人难以容忍。我们要求废除杀婴习俗，这完全与我们对其辩护一样：它符合于特定的生活类型。它不仅源自于生活内部，而且趋于将此种生活永存。

现在如果把注意力转向当前社会生活，我们所发现的正好是同一情境。我们的道德准则不允许我们有意遗弃或肆意杀死婴儿和老人。然而，它的确允许我们强制成百上千的小孩以及成年人去过一种病态的、迟钝的、有缺陷的物质和精神生活。这种事态固然被许多社会改革家批评为不道德的，但一种普遍的态度是相对而言的漠不关心，有时甚至对于妄图煽动不满的那些空想家表示恼火(irritation)，甚而对他们危害社会根基产生愤慨(indignation)。并非说强制儿童过一种偏狭的生活本身就是(in and of itself)必要的社会支柱，而是说，它是整个工业秩序的一种必要事件(incident)，要对其进行攻击就不可能不动摇社会。换言之，根本上的一种信念只不过是，这些东西需要用于保存和维持既定的社会类型。而这种理由也正是野蛮民族为杀婴作辩护时所要求助的，如果他们能够进行反省思考的话。同样的话完全适用于我们的战争行为，战争必然意味着每年要牺牲成千上万的人类生命。这些事情完全是“必要的”，因而我们会对那些宣称其根本不道德的人表示出不耐烦或蔑视。因而我们热衷于理想化，对爱国主义、勇敢等道德特性大加赞誉。

如同杀婴的情形一样，这里的关键不在于纯粹赞扬或谴责单独某一事件本身，而是要追溯到产生这些特定伦理征候的一般性的社会运动；进而反过来更为细致地追踪它们的历史结果，详细了解它们在何种程度上趋于使有待发展的不充分的社会形式永存。

31 这一示例表明，该论证之涵义要比直觉主义问题更为广泛。它所问的是特定时期社会所流行的道德观念的有效性之标准。其结论是：发生学方法将任一此种信念既联系到它的发生场景又联系到它所产生的效果，从而令我们走出了纯粹的意见、情绪(sentimentality)和偏见之地。这种客观判断的可能性属于问题的科学阶段。但是，对于有关现有道德信念之品格或缺少品格的判断进行如此控制，同时修改信念又决定新信念之形成，这一事实表明科学方法本身具有道德价值：它决定并加强了根本的道德动机与约束力。它作为一种内在因素，可以控制道德判断的形成；而且，这是道德理想和标准的进化的一部分。

就道德有效性问题而言，发生学方法与经验主义的关系需要引起关注。幸好，所谓直觉主义和经验主义囊括了所有可能性这一想法已不再普遍存在。我们开始意识到，完全可以把观念和价值视为源于经验且关于经验的；然而却认为，经验主义作为逻辑解释的仅仅一种样式，对它们作出了错误和歪曲的解说。而且，幸运的是，我们没有必要考察整个经验方法（因为我们的论证已经太长）。在此我们所关注的只有两点：其一，经验方法与发生学方法的关系；其二，比较一下它们对于有关我们伦理判断的品格测度问题的关系。

经验主义并不比直觉主义更具有历史性特征。经验主义所关注的是，道德观念或信念是对各种不同基本感觉的一种归类（grouping）或联想（association）。它把观念简单地看作一种有待通过将其分解为基本成分而加以解释的复杂状态。依照它的逻辑，复杂观念和基本要素都孤立于历史语境之外。发生学方法对于信念之品格或意义的测度是通过考察它在一个发展着的序列中所占据的位置来进行的，而经验主义方法却是通过诉诸它的成分。就经验主义的处理而言， 32
基本感觉（feelings）或感知（sensations）根本就没有内在的或固有的时间指涉。这种指涉纯粹是外部问题，它所附加于其上的是这些要素之一碰巧遭遇其他要素时的那种偶然方式；说是偶然的，因为其前件或后件之位置完全处于要素自身之外。发生学方法发现，性质或意义在本质上是历史序列中的位置的函项；而经验主义方法却认为，要获致实在性从而获致有效性，就只有解开时间性联系的禁锢并到达自在自足的残余经验。

因而，在道德状态、观念或信念与客观实在之间的关系上，经验主义方法和发生学方法隐含了很大不同。从发生学立场看，道德观念本质上就是源于个体回应他所参与的实践情境的一种态度。它是个体置于情境之上的评价。它是应行动之急而看待或解释情境的一种特定方式。因此，它的运作是经由所指行动而改造情境的一种方法。它的源起是对于刺激物的一种回应，它的品格就在于作为回应它成功完成了对其所要求的特定工作，而并不在于它在何种程度上比拟或复制了引起它的那些精确条件。抽手的观念可以是对于火焰知觉的充分回应。但该观念并非有关对象的印象。同样地，给被告人自我辩护的机会这一想法，可以是对于抓捕和有罪推定这一刺激物的充分回应。然而这决不意味着它的实在性依赖于它是现存事态的纯粹印记。对于其品格的检验是它能够控制进入该情境之中的各种不同因素。经验主义理论认为，观念的源起是作为对某种现存对象或事实的反映(reflex)。因而，对于其客观性的检验是它能复制出与对象一致的复本。发生学理论认为，观念的源起是作为一种回应(response)，对于其有效性的检验在于应它的引发情境而表现出的今后前景。

33 其中的差异可再次表述如下：经验主义方法认为，信念或观念产生于一种重复或累计的过程；发生学方法却认为是产生于一种调整的过程。为明白该过程如何完全被视为一种纯粹的累积物，我们只须提及斯宾塞对于各种不同印象合并成为道德信念或直觉的方式的解说。而且，这一点并不在于斯宾塞个人希望那样看待，而在于经验主义逻辑本身。由于印象来自存在物，每一种经验都是分开和孤立的，所剩下的只是：有关这些经验的各种不同映像彼此堆积，以使得相似的成分得到不断的相互强化，而不相似的却减弱、模糊并最终褪去。经验主义把一种既定经验仅仅视为诸成分之总合。这里正是其缺点之所在，对此它的直觉主义对手往往在实践中有所感受，虽然他们并不总是能抓住逻辑要义。如果道德信念不过是先前给定经验成分不经任何修改或改造，而只是重复结合而成的一种累积物，那么以下两点其中之一是确定的：要么初始状态具有内在的伦理特性，因而直觉主义论点实际上就得到承认；要么经验主义者正试图通过把完全非伦理的成分进行彼此叠缩(telescoping)而产生伦理性。这里正是经验主义易受攻击之处——根据其逻辑，在生成元素转向最终产品之时的性质之变必定得被解释掉。那是虚幻的。而历史过程的本质正好是作为一种连续性过程的过程之中的性质之变。

经验主义者被迫把观念简单地看作特殊经验的累积物，因为他把初始经验看作其品格仅在于图像精确度的印象。如果我们把"第一"条件项作为一种反应或回应，虽然它具有彻底的真正的经验特征(意思是说，完全源于经验内部并因为经验而非起因于任何外在的先验源头)，然而其作为回应的作用却是要超越而
34 非仅仅重复先前给定或制定的经验之性质。其进一步的发展在于把该种回应精细化并作转变以令其更为充分。没有对于现成要素的纯粹合并，有的是一系列尝试性的调整以逐步优化一种适应(adaptation)。

道德观念的逻辑像是有关一项发明譬如电话发明的逻辑。现在有某些确实的成分或性质；但同时也有某些目的：它们虽然不能由现存性质来充分说明，却

能感到对于它们的需要。作为所与的事实与作为要求的需要，由于两者与某一经验过程的共同关系，它们是相互参照的。尝试性反应得到试用。旧有的“事实”或性质——以一种需求的眼光——被重新看待，因此被以新的方式处理并进而得到转变。有效的因素是这样的反应：它虽然在经验中并由经验所唤起，但却通过修改已给定之物去超越经验，而非简单地加以重复并累积出更多的同类性质。

这种逻辑上的反对可以与事实更为紧密地联系起来，如果我们考察一下道德信念与生物本能或形式完好（well-formed）但尚未进入伦理领域的社会习俗的关系；转变为进化论者的经验主义者没有认识到他的逻辑与历史过程实在性的内在不一致，他们认为，有意识的习俗源于对生物习惯的持续，而道德行为却构成了这些习俗的累积性结果。但是，更多的本能行为只会令本能更像本能；更多的习惯性行为只会令原有习俗更为稳定。唯有通过在本能或习惯的充分运作中的**失败**——从调适的观点来看的失效——才会有历史，即性质或价值的变化。对于关心年幼者之行为的简单重复，无论持续多久，都不会唤醒对于义务、德性或任一道德价值的意识，只要这些行为是依照习惯进行的——这仅仅因为并不需要一种转变。就特定的行为被重复与巩固而言，原有的以某种方式做某些事的习惯或本能只是得到了强化。我们并不认为我们“应该”呼吸，虽然该习惯提供了有关累积性加固行为（an accumulatively consolidated act）的一种典型本能。
并非因为重复，而是因为关心年幼者的纯生物学方法的失效，才需要产生某种新 35
的不同的态度。某种本能失效曾创造了一种需求：要对年幼者之养育进行有意关注。唯有通过这种有意识态度及其与某种本能的紧张关系，伦理适应（ethical adaptation）才会由生理适应而产生。就**过去一直**所是的经验，就其既定或制定的形式来说，它本身绝对不足以产生任何道德信念。要么经验的融贯使得没有必要有道德态度，要么经验的不融贯使得需要道德态度**因为**自身分歧而**成为**某种不同的东西。正是这种分裂状态发挥作用，激起了性质上不同的回应模式，后者就借助于有意关注而得到维持来说可称为伦理上的。经验主义的根本谬误在于其不能认识到经验中的否定成分作为一种刺激物可以构建起一种超越过去的新经验，因为其中所包括的那种修正可以弥补其不足和缺陷。而历史性或发生学方法所关注的正好就是这种变化。

由这一观点来看，赫胥黎有关道德与自然之间的本质区分甚至对立的论点就获得了可理解的意义。我在别处①已竭力表明,他正确的说法并不是在道德过程与自然过程本身相对立这一点。其有效性在于,对于现在或一直所是的自然(作为一种**给定**的状态,即经验主义者对其所认识到的唯一方式)的纯粹的呈现、重复或累积不可能产生任何接近于道德态度的东西。正是其在既定调适中缺少适当的功能,才为一种不同的行动模式提供了产生条件;就该模式为新的、不同的来说,它通过转变或改造先前存在的成分而获得了地位。正是这种对改
36 造的需要和努力,创造了旧有的自然秩序与崭新的伦理秩序(该秩序要求一种看待或解释此情境的方式不应是**纯粹的**观念而要变成一种实践构造)之间的对抗感或对立感。

经验方法如此完全不能处理历史变化,这个问题显然与我们认同或批评道德判断的根据具有相关性——对于经验主义来说,所与就是实在而所与正是不能进一步分析的。无疑,伦理经验主义(ethical empiricism)在 20 世纪道德的实际发展中具有巨大价值。它把那些周围聚集有圣洁情感(emotional sanctification)的许多习惯和信念分解为"要素",如此则极大加快了它们实际上的衰落。它揭示出那些声称具有道德品格的只不过是作用于制度、法律和行为模式中的一些习俗、偏见、人为联想,因而它对解放某些被束缚的动力并令其可用于未来组织化具有效力,具有或许是最强大的效力。

然而即使是这种作用也具有三方面明显限制。首先,经验主义对推进实际组织化并未给出任何特别的方向。它放纵了某些趋向,而这些趋向随后的运动也再次被交给了环境,受利益支配。经验主义对于批判有效,却不能进行构建。其次,它在把完整的状态、行为和观念化归为"要素"时,并没有任何辨识之法。所有观念和理想都同样屈服于它的分解力。约翰·斯图亚特·穆勒②其思想具有内在的有机性和构建性,他势必感到自己的"分析癖"(inveterate analysis)习惯产生了怀疑主义和破坏性影响,因而通过寻找"不可分解的联想"(indissoluble associations),通过求助于某些"自然的"组织型的社会感觉,通过将其理想建立于对孔德(Comte)及"孔德学派"的历史解释之上,试图抵消那些有害影响。任

① "进化和伦理"(Evolution and Ethics),《一元论者》(*Monist*),第 8 卷,第 321 页。参见《杜威早期著作》,第 5 卷,第 34—53 页。

② 亦译密尔。——译者

何具有不够确实、不够严肃的道德意识的著作家，往往都会对最有活力的人性观
念进行同样的处理，这种处理方法曾被詹姆士·穆勒和杰里米·边沁（Jeremy
Bentham）有效用于反对根深蒂固的道德偏见和化装为自然道德和永恒直观的
阶级利益。第三，因而经验主义总是不可避免地产生直觉主义。必须有人出来 37
营救受到威胁的理想；因此理想又重新得到强烈主张，被认为具有内在的、独立
的效力。当教条主义需要用以保护那些看来可能为良好的人性生活所必需的观
念免受消解时，教条主义就被认为是应当的；它之所以出现，其推动力乃源于对
其反对的那种理论所表示的震惊。就这样，随意的反应和摇摆取代了有关道德
意见和行为的一种渐进的、可控的发展。

经验主义因而如同直觉主义一样具有绝对主义的逻辑。复杂的观念、信念、行为实际上是相对的，是由要素联结而成的。但要素只是**被给予的**，它们是固定的、绝对的；它们是客观定势（objective determinations）而非过程之中的临界点。将它们连在一起的那些联想也都是由外在确定的；它们不具有历史生长的连续性。如果我们把经验主义者对一偏僻民族作为神圣义务加以强化的某种看似荒唐的习俗的典型处理方式与历史学家的处理进行比较，这种对比就会显得很强烈。经验主义者视其为怪诞，视为由外界偶然组合而来的一种赘生物。而历史学家则认为其根植于该民族的生活，在历史上与它的整体记忆和传统有着紧密联系；其承载着涉及整个社会生活体制的那些习俗，也被习俗所承载。经验主义对于体制、习俗和有组织的信念只是白板一块，取而代之的是非时间性的孤立的要素，它们可以进行任何可能但并非迫切需要的结合。历史学方法至少部分源于对经验主义这种武断的绝对主义的应对，这一点并非偶然而具有一种逻辑必然性。历史学方法如同经验主义一样是批判性的；它的破坏之路是解释、揭示、把事实放在整体语境下进行处理；希望能够通过指出该情境的无用性（how obsolete is that situation）来表示反对。但是，与此同时，它也进行辩护——相对来说。情境是一种实在，它存在于自身的时间和地点，而所讨论的事实则是其整体的一部分。

于是，这样来说发生学方法的道德意义是对的：它把当前情境下的公认习
俗、信念、道德理想、希望以及愿景与过去联系起来。它将道德过程视为一个整 38
体，然而却是构成比例关系的（in perspective）。因此任何可从对于过去的研究
中所学到的，同时也得自于有关现在的分析。它变成探究、解释、批判我们现有
设定和愿景的一种工具。由此它尽可能地阐明它们的构造和形成。它清除掉了

杂质、纯粹的遗留物、情感反应，并尽既定时间内的最大可能性把我们所采取的态度、我们所要塑造的理想进行合理化。经验主义和直觉主义，尽管是以不同的方式，两者都否认道德过程的连续性。它们设立了无时间的因而是绝对和分离的终极项（ultimates）；由此它们把有关现在的问题和运动与过去隔离开，把所有的指导性力量从作为冷静、公正、真正的客观研究唯一对象的过去中剥夺，使得我们的经验构成毫无方向，任凭环境和随意性的支配，无论是教条主义的还是怀疑主义的。帮助我们全面地、分析地看清现在情境，令我们掌握对于人之教化具有这种或那种作用的因素，这些正是历史学方法所要为我们做的。如若我们的道德判断不过是关于道德的判断，这可能具有科学品格，但却会缺少道德意义和道德助益。但是，道德判断是有关行动方式、做事行为、习惯养成、目标培育的判断。凡是对于判断、信念、解释、准则有所改动者，操行也会改动。控制我们对于操行的判断，我们对于习惯、行事、意图的评价，就此而言，也就等于指引了操行本身。

因而，前文关于发生学或进化论方法的科学必然性的主张与本文关于其实际道德意义的主张，结果发现是同一个。凡是能进行科学控制的都必然也具有实际助力；这只是因为其中的立场是一种过程的连续性，它从不将过去与现在分开。

原始心灵释[①]

原始人的心理态度和特征并不仅仅是人类心灵借以穿越而留在身后的阶 39
段。它们作为结果无疑已经发生进一步进化，其本身构成了现有精神组织框架整体的一部分。这种积极意义至少在理论上通常被归因于动物心灵，但是理应对于发生心理学有着更大相关性的野蛮人的精神构造却被很奇怪地忽视了。

这种忽视之原因，我认为在于至今所取得的成效之不足，由于比较性方法的滥用——这种滥用反过来又起因于缺乏一种恰当的解释方法。当前所运用的比较法至少在三个方面是有缺陷的，甚至是不合常理的。首先，它的运用是无区别的、随意性的。事实从它们的社会和自然环境的情境中被剥离开，混杂着堆积在一起，因为它们给予观察者的印象在某一方面是类似的。为了寻找有关这一点的例示，我偶然打开了斯宾塞著作的一页[②]，上面有勘察达尔人(Kamschadales)、吉尔吉斯人(Kirghiz)、贝都因人(Bedouins)、东非人(East Africans)、贝专纳人(Bechuanas)、德玛拉人(Damaras)、霍屯督人(Hottentots)、马来人(Malays)、巴布亚人(Papuans)、斐济人(Fijians)、安达曼群岛人(Andamanese)——所有这些引述都是要确立原始心灵的某种共同属性。生物学家总是求助于譬如蛇、蝴蝶、大象、牡蛎和知更鸟的某种外部特征来支持自己的陈述，对此，我们该如何看呢?
可是，上述民族表现出差异甚大的文化资源、各种不同的环境以及独特的体制， 40

① 首次发表于《心理学评论》(*Psychological Review*)，第 9 卷(1902 年)，第 217—230 页；重印于《哲学与文明》(*Philosophy and Civilization*)，纽约：明顿鲍尔奇出版公司，1931 年，第 173—187 页。

② 《社会学》(*Sociology*)，第 1 卷，第 57 页。

在如此情况下所达到的一个命题具有什么科学价值呢?

第二,这种偶然的、不受控制的选择产生的只是静态事实——这些事实缺乏为发生学考察所必要的动态特性。下面是斯宾塞先生笔下对原始人的情感和理智刻画的一个概要:

他在感情上容易激动且混乱无序,无远见,像孩子一样欢乐,不能容忍限制,只有很少量的利他主义情感,①专注于无意义的细节且不能选取由之得出结论的事实,对于思想的领悟力很弱,不能发出理性上的惊喜,没有好奇心,缺少独创性又没有建设性的想象力。② 甚至唯一正面陈述的一种特性,即敏锐的感知力,也被完全以否定的方式来解释,认为它是与反省性发展相对的一种特征。"他们有多少精神能量用于无休止的感知,就有多少不能用于深思细虑。"③此说竟出自一位心理学感觉论者!

类似这样的描述也证实了我所说的第一点。斯宾塞先生的描述中有诸多明显的不一致之处(如《社会学》第1卷,第56、59、62、65页,等等),我们不难找到大量文本证据来支持他每一种主张的完全对立面。但是,我这里要说的是,现在文明化的心灵实际上被当作了标准,而野蛮人的心灵则是用这一固定标准来度量的。

这就不奇怪了,这样度量的结果是否定的;原始心灵以"缺乏"、"没有"等词加以描述:其特点就是无能(incapacities)。以如此方式界定的特性,对于显示更不用说对于确定进步性必定是毫无助益的;相应地,它们也无法用于以变化、生长、发展为关注点的发生心理学。

我要说的第三点是:所达到的结果即便认可为正确的,也只能产生各种不相关特性的松散聚合——而不是一种融贯的心灵图式。我们并非仅仅要滥用"官
41 能"(faculty)心理学来避免一种无机拼合的心灵概念,我们的立场必须再多一些正面性。我们必须认识到,心灵具有一种模式,一种对于其构成要素的配置式样,一门严肃的比较心理学所要做的就是详细地展示这些模式(patterns)、形式(forms)或类型(types)。我用这些词语,并不是指某种形而上的东西;而是

① 《社会学》,第1卷,第59、60、63、69、71页。
② 同上书,第79、82、85-87页。
③ 同上书,第77页。

指出，诸如动物学家常识的概念是必要的。像有关节的或有脊椎的、食肉类或食草类这些词，都是我们想要的那类“模式”词。它们暗示着，动物并不仅仅是通过在某某处考察一只眼睛、一只耳朵或一组牙齿所分别获得的孤立部分的随意复合之物。它们所表示的是，构成成分是以某种方式被配置的；这些成分共同地适应于有机体的主要功能，彼此也必然是共同关联的。心灵的发生心理学只有在精神形态论(psychic morphology)中发现并指明这类一般的形式或模式时，才能得到推进。

对于此种类型有一种确定之法，它正是我希望在本文提出的。生物学观点所给予我们的信念是，心灵无论它其他方面如何，至少是用于依照生命过程之目的而控制环境的一种器官。

如果我们在某社会群体中查找与心灵相关的那些特别官能，诸行业(occupations)立刻便显现出来。[①] 诸行业确定了根本的活动方式，因而控制着习惯的形成和运用。这些习惯反过来又不仅仅是实践的和公开的东西。“统觉团”(apperceptive masses)和联想特质(associational traits)必然符合这些主导性活动。行业确定了主要的满足方式、成败标准。因此，它们提供了有关价值的有效划分和界定；它们控制着欲求过程。此外，它们决定着哪些对象和关系是重要的，由此也提供了关注内容或材料以及能够引起特别兴趣的性质。从而，被给予 42
精神生活的这些指导也扩展至情感上的和理智上的特征。行业活动的群组性如此根本与普遍，以至于它能提供对于精神特质进行结构组织化的图式或模式。行业把特别因素整合进了一种功能整体。

因为狩猎生活与其他生活，譬如农业生活的差别，不仅在于其所提供的那种满足和目的，在于其所要求关注的对象，在于其所设立的用以反省细思的问题，而且在于其所激起和选择的心理-生理(psycho-physic)协同机制，我们完全可以不带隐喻地说起狩猎型的心理(psychosis)或精神类型。同样也可说起畜牧业的、军事业的、贸易业的、手工生产(或制造)业的等等。作为对该立场和方法的一个特别说明，我将选择澳大利亚原住民所从事的那种狩猎业为例。我将首先试着描述其主要的区别性标志，然后指出其所形成的精神模式如何延续到初看

① 我们可能总是在相反方向说，生物类是“行业上的”划分。它们代表着以适合于自身的不同工具(器官)谋生的不同方式以及由其所设立的不同联结关系。

起来与狩猎生活毫无关系的各种活动、习俗和产品中。如果此类支配性影响能得以阐明——如果能够显示艺术、战争、婚姻等往往在心理上与狩猎业所形成的模式结合在一起，我们将由此获得一种解释社会体制和文化资源的重要方法——一种用于社会学的心理学方法。

澳大利亚人所居住的环境在整体上是有利的，没有极端的或强烈的不利的自然作用力（除了在部分地区有旱涝交替），没有被野兽捕食的危险，而且有充足的食物来源可以维持小族群良好的营养状态，虽然不至于充足到可以不用持续改变居住地就能维持这样。部落未曾培育植物，也没有圈养动物（除了澳洲野犬），因而没有驮兽，不知道也不使用金属品。①

43 接下来说在此种场合下所形成的心理模式。所有人所共有的感觉-动作协同机制（sensory-motor coordinations）是如何形成的？又如何借助适合于如此情境的活动被激励和抑制而成为相对永恒的心理习惯？

按道理，食物和性的刺激是心理-生理活动最为迫切的激化剂，而且与它们相联的利益是最为强烈和持久的。但对于文明人，各种中间条件项（intermediate terms）出现在刺激物与外化行动之间、外化行动与最终满足之间。人类不再将其目的界定为对于饥饿的满足本身。它相当复杂，充满了各类技术活动、联想、思虑以及社会劳动分工，以至于有意识的关注和兴趣出现在其过程和内容中。即便在最为粗放的农业文化中，他们对于手段的发展达到了自觉关注的地步，他们对于习惯之形成和运用的控制也达到了被视为替中心利益而加工、享受食物本身则成为次要和偶然之物的程度。

收集和保存种子，选地，播种，护田，收获，照看牲畜，作改良，坚持观测时间和季节，这些都涉及思想并指引行动。总之，在所有后狩猎（post-hunting）的情境中，他们的目的从精神上不再被理解和看作为食物满足，而是一系列持续安排的活动及其所专有的客观内容。因而，个人直接展示的能量、个人付出的努力、个人获得和运用的技能，不再被看作或感受为食物加工的直接部分。但是，狩猎

---

① 所有这几点都是重要的，因为如果是面对凶猛野兽的话，如果是面对极其匮乏或极其丰富的食物来源的话，如果是面对极其恶劣的自然力量的话，如果从事狩猎是与各种不同程度的农业或畜禽饲养结合在一起的话，所形成的一般狩猎心理就会表现出明显差别。为节省笔墨，我没有提到澳大利亚的几个食物来源（在此类情况下通常是捕鱼）异常丰富以允许半永久性居住的地区，虽然其中所引起的心理变化是值得关注的。

情形却正好相反。他们没有中间设备,不为长远目的而作手段调整,不会把满足予以拖延,不把兴趣和注意转向复杂的行动和对象体系。需要、努力、技能和满 44
足彼此有着紧密关系。其根本目标与对于眼下的迫切关注是同一的;他们对过去的记忆与对未来的希望,遭遇到当前问题的重压而消失于其中;工具、器械和武器并非机械的客观手段,而是当前活动的一部分,个人技能和努力的有机部分。土地并非获致结果的一种手段,而是与生命紧密相融的一部分——这并非客观检查和分析的问题,而是充满友爱和同情的关注。至于武器的制造则被认为是对武器的一种令人兴奋的使用。植物和动物不是"事物"(things),而是展示能量并形成最强烈满足内容的因素。原始心灵的"万物有灵论"是对存在于需求、外化活动、用以满足之物和所获满足本身之间的直接关系的一种必然表达。唯有当事物只是被作为手段并与长远目的相区分和隔离时,它们才能变成"对象"。

兴趣、注意和行事之间的这种直接性是游牧猎人的本质特点。他不种植庄稼,没有成套的设备用于护理、看管动植物;他甚至不制作干肉为未来作打算。当食物丰足时,他就塞饱肚子,而不作储存。他的居住地是临时搭建的棚屋。在屋内,他甚至不把毛皮用作抵御寒冬的衣服,而是将其与动物身上其他部分一起煮食。一般来讲,即便在水边他也没有永久船只,而只是在需要时根据需要用树皮现做。除了在获取或食用食物当时所实际用到的那些东西,除了用于追捕和战争的武器,他没有其他工具或器械。甚至设置陷阱和捕网这些工作实际上也不为野蛮人所知。当他能用自己的双手抓到野兽、飞禽和游鱼时他就不用棍和矛;而如果他用到网子,那是某一个人自己想去用而已(he is himself personally concerned in their use)。

诸如此类的这些事实通常都是以纯粹消极的解释给出的。它们被用作证明野蛮人的无能。但事实上它们是极其正面的心理的一部分。若以自身来看而不要仅仅以其他标准判断,它们要求并显示有高度专业化技能,而且提供了 45
强烈的满足——心灵和社会上的满足而不仅仅是感官放纵。野蛮人对于我们所称作高级生活水平者的反感不是由于愚蠢、迟钝或冷漠(或是由于某种别的纯否定的性质),这些特性是"高级种族"后来形成的,适用于那种很愿意利用工具的那些个体。他的厌恶是由于这样的事实:在新的行业中他没有如此清晰或如此强烈的一种领域来展示理智上和实践上的技能,或者说他没有这种机会来生动展示他的情绪(emotion)。意识即便是表面化的,都有着一种更高的强度。[①]

狩猎生活必然具有大量的情绪性关注(great emotional interest),而且对于获取、运用高度专业的感觉、运动、创造、策略、搏斗技能有着充分要求。第一点几乎没有必要去争论。博弈和运动等词现在仍然意味着最为强烈的、涉及全过程的直接的情绪展示。这些词语仍旧最为大量、最为贴切地适用于狩猎。狩猎语言的应用转向真之追求、情节趣味(plot interest)、商业冒险和投机,转向各种强烈而生动的娱乐形式,转向赌博和"运动生活",这表明狩猎模式或图式何等深刻地嵌入在后来的意识中。[②]

对于博弈的兴趣、交替的焦虑与运动,对于一直在变的刺激物保持极度机警的注意,这些始终都要求得体、快捷、策略而有力的回应;按照需要、努力、成败而
46 出现情绪变化(the play of emotions)——从心理上说这属于真正的戏剧类型。我们对戏剧或小说情节推进(the movement of play or novel)的令人窒息的兴趣是狩猎行业中所包括的那种精神态度的反映。

野蛮人全身心地投入到对戏剧的享乐之中,因为这对他来说,意味着生或死。[③] 而且,博弈本身的情绪性关注被其社会伴生物予以无限加强与深化。技能和成功意味着欢呼和赞美;它意味着有可能十分慷慨大方(lavish generosity)——这是所有品质中最高的品质。竞争、效法和虚夸全都会给予激励,促其生长。它意味着性方面的赞美和征服——更多配偶或更多情人。如果能够稳固的话,它意味着为部落中最具有尊严和权威的位置最终选择了一个人。

但或许有关其中情绪满足的最大证据是这样一个事实:男人为自己保留了狩猎行业,给予女人的则是与呆板性生存有关的一切(那里的被动性题材不能激起戏剧性游戏),以及所有各类涉及更为长远的手段适应于目的的活动,因而都

---

① 关于澳大利亚人厌恶农业等等的极有权威的可靠论述,参见:Hodgkinson, *Australia, from Port Macquarie to Moreton Bay*, p. 243; and Grey, *Two Expeditions*, II, 279。

② 我不仅在具体建议上受惠(通过个人交谈以及他的论文)于托马斯博士,而且在此所提出的观点也受惠于他,以至于可以说,本文实际上是我们合写的。参见:Thomas, "The Gaming Instinct", *American Journal of Sociology*, Vol. VI, p. 750。

③ 虽然有些作家甚至会说,野蛮人对于狩猎游戏的兴趣如此之大,以至于他们所要猎取的不是食物而是兴奋。参见:Lumholtz, *Among Cannibals*, p. 161 and p. 191。

是些苦差事。[①]

类似证据也出现于这一事实：随着农业生活的变化，狩猎之外的行动类型（如果妇女不够用的话）被交给奴隶，而其所获得的能量和技能被运用到战争竞技中。这也解释了伴随文明进步而出现群众的心理退化这一表面矛盾。其益处在于被释放出来的少数人的活动，社会生活之客观器物的累积，以及最终出于征服需要所形成的与长远目的有关的崭新兴趣模式——考虑（considerations），然而这仅仅在极其往后的时期才被大众在心理上所意识到。

至于由狩猎行业所激起和创造的高级的实践和理智技能，情况同样也是明 47
晰的，即假若牢记了为所需直接调整相适应的那些技能类，我们就不会去寻找在此种情境下因为无用而不相关的特性。

没有人曾经称一个纯粹狩猎的种族迟钝、冷漠或愚蠢。有关野蛮人厌恶高等文明资源的作品已有很多——譬如，他们拒绝使用铁具或武器，他们沉浸于自己老一套的习惯中。这些全都不适用于澳大利亚或任何其他纯狩猎类的民族。他们的注意力犹如他们的生活一样是易变的、流动的；他们对于凡是能适合自己戏剧化情境以便强化技能、增长情绪的东西，有着一种近乎贪婪的渴求。这里，表面上的矛盾又一次成为对事实的加强。只有当土著人被迫采用外来的新资源却不能将其适合自身目的时，他的手艺、技能和艺术品位才一起退化。

有足够的证据一致表示，土著人甚至在首次接触文明人结构复杂的设备时，倘若这些器具具有一种直接的或当下的行动标记（action-index），他们显示出了敏捷而精确的理解。一种最为常见的旅行家评论（很难说是对野蛮人的好感）是，他们在敏锐度、机警性以及某种理智品性（a sort of intelligent good humor）上要优于普通的英国乡下人。他们精确、灵敏、细致的视觉、听觉、嗅觉并不是如斯宾塞所说是毫无意义的感官细节的空洞累积；它们所培养的是关于一种戏剧化生活之器物和方式的至上技能与情绪效用。至于土著人对于艰苦持久劳动的兴趣，他们的耐心和毅力以及他们优美而灵巧的运动（这种优美度和灵巧度表现在手指和脚趾上，足以使得即便高技能的欧洲人也相形见绌），同样也是如此。通常之所以否定野蛮人长期艰苦工作的能力，否定他们的耐心和忍耐性，那是因为

① 这种在妇女身上间接形成的不同精神模式无论就其本身，还是就其与后来发展的关系以及与现在精神兴趣的关系来说，乃是具有重大意义的问题。

对于他们的考验是根据一种外来标准——即关注那些涉及一长串手段而与所有
48 纯个人调适性问题无关的目的。野蛮人所显示的耐心、毅力和持久努力只出现于他们精神模式得以形成的那种直接竞争性的情境范围内。

我认为，几乎不用说，在谈到这些东西时我并无意把野蛮人的理智和意志加以理想化。野蛮人为在有关个人调适的各种事务上高度专业化的技能所付出的代价是他们在各种非个人性即长远的、一般化的、客观化的、抽象化的事务上的无能。但我要说的是，我们若要理解他们的无能，就只能把他们视为正面的积极的组织化发展；更进一步说，唯有主要从积极的一面来看待他们，我们才能抓住野蛮心灵对于长期而曲折的精神发展过程的发生学意义，并从这样的考察中获得帮助，进而领会我们现有心灵的结构。

现在我要简短谈一下第二个要点——在多大程度上这种心理模式波及所有生活关系并成为情绪上的一种同化介质(an assimilating medium)。首先来看艺术。澳大利亚人的艺术并非建设性的，并非结构化的，并非图画式的，而是戏剧化的、模仿性的。[①] 任何对于澳大利亚人狂欢会(不论是临时的、非宗教的，还是正式的、典礼性的)具有直接了解的著者，都可证实其中所显示出的对于戏剧化表现的强烈兴趣。他们通过舞蹈对动物追逐性运动和行为的再现，是惊人的。在对近期事件和个人特质的改编与再现中，也显示出重要心情(great humor)。这些表演都伴有高度的情绪发作；相伴之下所设计的所有装饰、歌唱、音乐、观众呐喊等等，都是为了唤起为野蛮人所看重的那种直接性冲突-情境(conflict-situations)之下的特有感觉。新奇性是非常宝贵的；老歌被抛弃掉了；对部落联谊会的主要兴趣之一在于学习新的舞曲(dance-songs)；获得一段新舞曲往往是应邀参加一次盛大集会的足够动机。

49 典礼式的狂欢会当然不只是艺术形式。[②] 从中我们发现了相对于狩猎活动直接性原则的唯一例外。狂欢会上有着高度复杂的结构化的精细的传统仪式——其精细程度和复杂程度几乎令人难以置信。[③] 但这种例外是对规则的证明。发挥传统力量(traditionary agencies)的这种机构组织既没有实践上的控制

① 当然他们有图像，但相对而言，那很少且又粗制。甚至雕刻，如果最初是图像的，现已失去那种特性，变成了约定性的。

② 当然，历史事实是：戏剧艺术(通过希腊人)的实际起源是节庆典礼之类活动中的模仿性舞蹈。

③ 当然，最好的解说来自斯宾塞和吉伦(Gillen)。某些典礼要花费数周时间。

也没有理智上的控制,它在客观上并不成功。其作用仅仅在于再现捕食冲突情境中的那种激动情绪;特别是要在年轻人身上塑造出一种精神气质,以使他们全神贯注于这些必要的表演。①

由此可自然过渡到宗教。图腾崇拜、大量的动植物神话(尤其是动物神话)以及少量的宇宙和天体演化神话证实了他们对竞争或狩猎情境的集中关注。试图插入式地(in a parenthesis)解释图腾崇拜是荒唐的,但任何不重视同一情绪性情境中部落和动物之牵连的解释都必定是根本上有缺陷的。猎人和被猎者是处于一种紧张关系中的因素,其精神情境,除非采用这两种因素,否则就不能得到界定。如果动物跑掉了,肯定是因为它们试图要离开;而如果动物被擒,那肯定是因为毕竟它们并非全然不乐意——他们双方是友好的。而他们通过分享最强烈的一种生活满足即把可口的食物分给饥饿的动物,从而确认了友谊。事实上,他们双方在群族生活中是合作者。那么他们双方为何不能被看作一种近亲呢?无论如何,他们对动物的集中关注和兴趣比对其他事物更为持久;动物提供了集中性理智活动的内容所在。食物禁忌以及它们超自然的约束力,显然在心灵中 50
创造了紧张或者再现了冲突情境,因而可用于在意识中保持那些否则将几近降至机械式习惯或因为感性而不再理想化或情绪化的价值。

现在我要谈的是死亡和疾病,它们的原因以及治愈,或者,如果治愈无望,它们的补救性治疗(remedy by expiation)。这里,向狩猎活动的心理同化是显而易见的。某人的疾病和因病死亡都一律被认为是外人攻击的结果,这些攻击者身怀奇怪的秘密武器正在猎杀受害者,并最终会致其死亡。而补救之法就是追寻猎杀者,求助于那位神奇的追踪者——这位医药人(the medicine man)凭借超凡的能力追捕到当事人(the guilty party),或者凭借高超的技能搜寻出安放在受害人身边的致命弹药或毒药。

如果死亡紧接着发生,那么我们就有了对当事人进行探寻和定位的方法。于是就出现了现实冲突、现实追捕。对死亡的复仇,只能通过战斗的严酷考验来实现——在此,我们就可以解释战争以及我们对此已多有涉及的类似战争的行

① 当然,并不是说所有这些典礼都具有初步性;相反,许多都是"迷人的",被用于提升他们主要食品(food-supplies)的生产力。但即便这些也都是以戏剧化方式进行的,以此方式可再现现实行业生活中所涉及的那种情绪气质。

动。然而现在一般都认为，这些类似战争的遭遇的主要目标是再现冲突性情绪而非杀害。也就是说，它们是大规模的心理决斗——正如一位观察家所说，它们乃“满是吵闹、自吹和勇气外显却极少有伤亡”的战斗。① 而所发生的调遣、投掷和躲藏则是对于他们追逐行业之效用的一种积极的戏剧化演习。

最后，来谈婚姻以及性关系。我们所说的关于对图腾崇拜进行充分解说的不可能性，在很大程度上也适用于确定婚姻可能性的群族关系体系这一问题。然而，很显然，禁令和限制体系是要用于形成一种有关约束和强化激励的图式，
51 以使得性满足也成为一种追逐、冲突、胜利和战利品之事。不会说完全缺乏约束，其中很少有个人调适，这不能把性感觉带入情绪本身的范围；也不会说存在一种自主约定和爱的系统，这只有在高度发达的理智控制方法以及有关长远未来的宏大图景下才是可能的。只有成比例的自由与限制才形成了戏剧化本能并给予求爱和占有妇女所有狩猎性的情绪性欢乐——个人展示，竞争，用足全力以刺激机体；英勇性情绪加进了放纵的身体感觉。这里与在狩猎心理的其他地方一样，新奇性是最宝贵的，因为心灵依赖于一种眼前的或当下的刺激物来发起活动。我们不需要艰深的科学分析就可知道，性关系现在仍旧主要处于戏剧化阶段；这种情绪展示伴随着连续不同的戏剧阶段的设立，但它只是非常缓慢地通过对整个教育和经济环境的修改，才让位于真爱和有理智的远见。新近著作者关注婚姻的体制面（因为我们正经历一种重复雅利安法律关系的时期，正如我们先前重复雅利安神谱和神学），我认为他们忽略了与狩猎本身相符的心理因素的直接展示所具有的极大重要性。②

作为结论，我要指出，借助于一种成问题的、有疑问的、不确定的情境，习惯向目的的调适正是现有理智和情绪建基之上的结构形式。它仍旧是基础模式(ground-pattern)。因而有关发生心理学的进一步问题就是指出，野蛮人当中纯粹当下性的个人向直接满足的习惯调适，如何通过引入非个人的、一般化的客观
52 手段和目的而得以转型；它何以又不再是直接性的，而是开始满载一种迫使个人需要、进取心、努力和满足越来越分开的内容，对于劳动、中间力量以及它们之间

① See Horn, *Expedition*, Part Four, p. 36.

② 关于一种正确处理其中心理生理因素的说法，参见：Thomas, “Der Ursprung der Exogamie”, *Zeitschrift für Socialwissenschaft*, Vol. V, p. 1。

的客观内容作出各种社会性划分。这个问题关系到为农业的、军事的、专门职业的(professional)、技术的和贸易的事业所特有的精神模式之形成,以及原有狩猎图式的改造与覆盖。

但借助于这些力量,我们并未怎么破坏或超越对于心灵的狩猎型结构配置,因为我们既然释放了其构成性的心理生理因素,便可使得它们处处受到关注并用于各种各样客观的理想化追求中——追求(hunt for)甚至是来自天堂和上帝的真理、美、德性、财富和社会福利。

学术自由[①]

53 在探讨学术自由这一用语所涵盖的问题时，有必要对真正的大学和那些教学机构作一区分；后者不论叫做什么，其主要事务都在于反复灌输一套固定的观念和事实。前者的目标是发现和交流真理，并使得其受众（recipients）能更好地判断真理，能更为有效地把真理应用于社会事务。后者的目标是把流行于给定团体中的某种看待事物之方式加以永续化。它们旨在培训信徒而非进行规训（to disciple rather than to discipline）——也并不是真的要损害真理，而是借此把已经由数量可观的某个团体视为真理的东西加以保存。探究和教导的自由问题显然在这两种类型的体制（institutions）中呈现不同的形式。视某宗旨为当然之理的教会体、政治体甚或经济体，都有权维持一种体制以主张和宣传其信条。这与其说是一个思想自由的问题，还不如说关系到它能否找到胜任的教师愿意在其中工作，能否支付账单，能否拥有从中招收学生的顾客群（constituency）。不用说，这两类体制之间的实际界限并非如理论上那样截然分明。许多体制都处于转变中。历史上，它们都系于某种特殊的信念体，通常是系于某个宗派组织。名义上，它们仍旧要在某种程度上效忠于某个特定团体。但它们也承担了许多严格的大学的功能，因而接受了对于更大学术界以及社会的义务。在这些方面，
54 体制所给予其教学团队的并不仅仅是权利，而且是一种责任，以全身心地维护自由探究、自由交流的大学理想。但在其他方面，历史上的教派纠结虽然有所弱化，却仍旧存在；而正是通过这些，教导者受到一定程度的约束。因而，隐含的

① 首次发表于《教育评论》(*Educational Review*)，第23卷(1902年)，第1—14页。

(如果不是明确的)义务是要承担的。在此情况下,在大学的这两种事务关照之间会发生冲突;在这种冲突间不知所措,就难以确定教导者在道德上必须直面的何去何从问题。然而,整体上,很明显有一种重担落在个体身上。如果他发现那种特殊的局部约束如此之强,以至于限制了他去追求他所认为绝对必要的东西,那么他有一种自由是不可能被夺去的:寻找更为相宜的工作领域的自由。只要体制坦承持有教派上的联系,他就不能摆脱自己对于它的责任。然而,他以及具有类似想法的人有权谴责他们视为限制的东西,并期望有朝一日有一种为了全社会之全部真理的义务感要比那种为了局部社会之局部真理的更为迫切。

但我们不能由此推断,这个问题是完全简单的,甚至属于公然宣示的教派体制之内的问题。界线几乎任何情况下都可变动。我听说,有某个教派性学院允许并鼓励大量传授解剖学和生理学,因为宗教权威说过,人身体是以可怕而奇妙的方式制造出来的;而对地质学的教学却不高兴,因为在它看来,公认的地质学说与《创世记》的浅显说法相冲突。至于解剖学和生理学,处在此种体制之下的教师自然会觉得,他受惠于学术界而不是他自己的教派,而这时可能就会产生冲突。或者历史教师会发现,在其教派所要求的利益与由他掌握的最佳研究来决定的历史事实之间存在着冲突。这里,他会又一次发现自己很自然地被拉向两个不同方向。任何来自他自身体制所特别代表之物的可能限制,都不能把抑制 55
他所见真理的义务强加在他身上。我引用这些例子只是要指出,虽然一般来说在所提到的两类体制之间存在一种分界线,因而学术自由的问题在其中一种类型下并不必定产生,然而即便在这一情形下,由于一切皆变,这样的问题仍旧会出现。

在接下来的讨论中,我将专门论及大学型的体制。显然,在该范围之内,对学术自由的任何攻击甚或限制都是指向大学本身的。调查真相;批判性地查证事实;通过所掌握的最佳方法获得结论,并不受外界好恶的约束,把这种真理与学生交流;向学生解释他与他在生活中必须面对的问题的关系——这就是大学的目标所在。破坏这些作用中的任何一个,就是对大学本身的致命伤害。大学功能是真理功能(truth-function)。它有时更多地关注真理的传统或传播,有时更多地关注真理的发现。两种功能都是必要的,两者都永远不能完全失去。两者之间的比例取决于局部的临时考虑而不是大学内在的什么东西。其所固有的、不可或缺的一件东西就是真理的概念。

这些道理很清楚，因此抽象来说可能不会产生任何理论问题。困难源自具体的两点。首先，不容否认的事实是，大学中所传授的某些学科固然地远比其他更具科学条件。其次，对科学地位的大众或普遍的认同，在某些主题上比起另一些要广泛得多。整体来看，在数学、天文学、物理学或化学领域，实际上是不可能出现有关学术自由的严重问题的。这些学科每一个现在都具有明确认定的技术
56 以及该学科在其中至高无上的自身领域。实际情况就是这样；通常所有在教育界内有影响的人物也都是这样认为的。因此，我们无法对这些学科中任何一个的学术自由发起指责。当然，这在几个世纪以前并非如此。我们还记得天文学上的狂风暴雨。我们知道，只是通过伟大的考验和磨难，这些科学才出现了如此确定的大量真理以及如此确定的探究和证实手段，确保它们的立场不受攻击。

生物科学显然正处于过渡状态中。进化概念就是明例。可以有把握地说，任何称得上大学的学校都不会限制传授这一理论或将其用作一种研究和划分手段。至于攻击大学鼓励运用这种理论的论调，几乎找不到同情者。然而，许多小一些的学院会因为有关生物学说之信念的某种类似的公开声明而动摇立场。这些事实似乎意味着，大学所真正依赖的共同体中的那些更有影响力的部分已经接受了一个事实，即生物学是一种必须由其自身工作方法加以判断的科学；其事实以及对事实的检验要在其自身的科学运作内而非某种外部来源中寻求。不过，社会上仍有相当一部分人没有意识到生物学是一种已确立的科学(established science)，他们不承认它有权来决定与公认意见及其情感相冲突的宗教信念。

另有一组学科，从确定的方法及明显公认的已证事实体来看，它们更不像是具有科学地位的。这尤其是指社会性的和心理性的学科，以及某些时期的语言研究和历史研究——这些都与宗教的历史和文学具有最为紧密的联系。而且，对它们科学地位的公共认同要落后于实际情况。与数学和物理学相比，我们只能在尝试性的并且有点预言性的意义上——其愿景、其趋势、其动向是科学
57 的——使用“科学”一词。但对公众整体来说，这些话题所处理的事实和关系仍旧完全处于意见、偏见和公认传统的领地。整个共同体还很难意识到，科学对社会性和心理性问题可以有什么发言权。一般公众很愿意抽象地承认存在一种关于政治经济的科学、社会学或心理学，但当这些科学勇于走出偏僻的技术空间而对日常生活事务作出权威判断时——也就是说，当它们接触到日常生活的利益

时——它们所遭遇到的差不多只是怀疑声或敌意，或更有甚者是危言耸听的宣传(sensational exploitation)。

有关学术自由的具体问题正是源于这样的两个事实：我们一些科学的落后，以及公众甚至认识不到科学实际上所取得的大量进步。情况可以这样来陈述：站在学术自由一方，有人可能主张，较为落后的学科要想达到数学和力学的那种科学地位，唯一办法就是极力鼓励自由探究以及发表(不论口头的或书面的)探究成果。有人可能主张，公众认识不到科学方法和结论的合法权限，而这正是我们要特意追求真诚表达、充分表达的理由。因为公众非常落后于科学时代，他们必须得到培养。有人可能主张，社会科学和道德科学比起数学科学和物理科学来说，它们与社会需求之间的接触点，甚至要更为众多、更为紧迫。后者获得它们的独立性是通过某种抽象性、对于社会性问题的某种漠视。政治经济学、社会学、历史解释、具有各种不同应用的心理学，它们直接处理的是生活问题，而不是有关技术理论的问题。因而学术自由的权利和义务在这里比在别处更为重大。

站在相反的立场，可能有人指出，只要这些学科还未达到科学地位，就大学 58
教导者而言的意见表达就最终不过是一种意见表达而已，论资格很难说比其他具有理性智识的人更有分量。然而，这种表达往往肯定被看作一种官方判断。因而它对教导者所属的那种体制作出了承诺，也可能作出了妥协。况且，至今未处于公认的科学控制范围内的那些观念，正是与根深蒂固的偏见以及强烈的情绪反应紧密相联的那些。反过来，这些观念之所以存在是因为人们所已适应的那些习惯和生活方式。攻击这些观念，似乎就是对其生活品格所系的那些体制怀有敌意。

约翰·斯图亚特·穆勒具有独到的见地，他在某处指出，德国人容易宽容和接受各种新观念和新理论，因为观念理论存在于一个分开的区域，它们不影响有关生活的实践操行，间接影响除外。对于英国人却不一样。他们在新观念面前具有本能的不自在；新观念所涉范围越是广泛，他们的这种不安就越是容易变成怀疑和敌视。他们意识到，接受新观念就意味着改变生活体制。观念乃不可小视的严肃问题。美国人显然继承了英国人对于理论与实践的联系的认识，他们对于把超出公众分配给科学的领地范围之外的观念提出作公共讨论(在现代条件下甚至教室讨论也是准公共的)这样的事情，持保守态度。

凡是仅仅部分实现科学方法的地方，过度的教条主义和宗派性的危险就很大。有可能，会把纯粹源于宗派偏见的观念加以神圣化，套上按科学确定之信念的光环。有可能，对于通常所认为的科学真理的陈述方式会有悖于我们大多数同行最为神圣的信念。这种传播真理的方式会造成一种与真理自身实质完全不符的不适感(irritation)。很可能正是在这种时候，得以突显的是其负面而非正
59 面作用；也正是在这样的地方，我们强调的是新真理与确定体制之间的分歧，而非新观念的内在意义。此种结果不是建设性而是分裂性的；而这样的方法必然孳生不信任和敌对性。

譬如，我们可能从科学上相信，现有的对于工业事务的资本主义控制及其所反映出的对于政治生活的影响具有过渡性特征；我们可能相信，其中许多重大恶行和不公的发生是难免的，却不曾引发学术自由问题，虽然使得我们的观点更为确定而明晰。我们可能以一种客观的、历史的和建设性的方式处理问题，而不会对甚至完全不赞同我们的那些人产生偏见或抱有情绪。另一方面，根本上完全相同的诸观点可用一种方式得到陈述，以至于挫伤行使资本主义功能的每一个人的感情。作为客观的社会进化的一个例子来看，那些因自身科学品质而产生或消失的东西，如果是作为有意识的、强烈的阶级自私性的结果而提出的，都混杂着各类外在的情绪化因素。

作为此种影响的结果，学术自由的问题在很大程度上变成了个人之事。我是说，这种事情涉及个人在处理问题中的学识、判断和同情：那些问题要么只是刚刚出现在严格的科学处理范围之内，要么即便明显附加在科学领域内但仍未被同时代舆论认识到其归属于此。各种类型困难的出现，是在我们试图为事情的个人方面制订规则或发表断言时。这些规则有可能是无害的自明之理(truisms)。我们可以坚称，一方面，个人必须忠于真理，个人必须有确信之勇气；另一方面，个人必须不能因为它们可能有的不合流即它们的自由表达可能会给他的职业带来不利的影响而令自己偏离对于真理的专注和献身。我们可以详
60 述道德怯懦以及背叛每一位学者所加入之事业的危险性。我们可以指出在对有关争论点特别是涉及当前宗教和政治讨论的论点表达观点时运用常识的必要性。我们可以强调说，人需要学问(scholarship)也需要机智(tact)；或者用我们的话来说，需要同情于(sympathy with)人类利益——由于“机智”或许指的更多的是针对所讨论问题的一种戏法。

可能会把对真理的忠实与断定个人意见时的自负混在一起。可能会把勇气

等同于傲慢。对于关系人性的重大事情缺乏敬畏，再加上渴望声名远扬，这可能使得一个人看样子像是真理的殉道士，而实际上他是自己缺乏应有的精神和道德均衡(poise)的牺牲品。哈珀校长在他 1900 年同学会演讲[①]中有一次清晰而全面的讨论，他明确指出了此类个人错误的根源，我愿意在此引用他的说法：

> (1)教授把尚未由他同一研究或调查部门的同事们加以科学检验的观念或意见，作为真理来传播，他要对滥用特权感到内疚。(2)教授利用课堂练习来宣传某某政党的宗派之见，他就是在滥用特权。(3)教授以任何方式试图通过煽情方法(sensational methods)来影响其学生或公众，他就是在滥用特权。(4)教授虽然是某部门或某部门群里的一位学者或可能是一位权威，但若要是对于与其所指定教导领域毫无关系的主题发表权威言论，他就是在滥用自己的意见表达特权。(5)若教授虽然在很大程度上与世隔绝并在狭小领域内从事研究，却要在其对之毫无经验或接触甚少的大千世界事务方面教导他的同事或公众，他在很多情况下就是在滥用特权。

现在，当哈珀校长说"表达自由必须给予大学教师每一成员，即便可能被滥用，因为这种滥用作为一种恶并不如限制此类自由那样大"时，所有大学同仁(men of university)无疑都会同意；然而很清楚，这些个人因素的出现严重损害 61
了有关学术自由议题的直白性和重要性。出于我难以全部涉及的一些理由，我深信，现在这个国家任何一所真正大学都近乎不可能出现一种彻底的学术自由议题。科学探究的动力不断增长，日益彰显的大学精神把全国分散在各个不同专业的成员结合为一个整体，对于舆论的敏感性得到增强，大多数公开出版机构主动愿意抓住甚至夸大任何有可能侵犯自由探究权和自由言论权的事情——诸多理由中的这些理由使得我完全不赞同有时如此表达的一种意见，即学术自由面临着越来越大的危险。

依我之见，正好相反的情况是关于通俗意义上的学术自由，也就是说，有钱的捐助人对特定个人言论的独裁式干涉。

然而，这并非就意味着，在现在这一情境下就没什么危险了。学术自由并不

① 参见：《芝加哥大学档案》[*University* (of Chicago) *Record*]，第 5 卷，第 377 页。

限于表达意见的权利。更为根本的是有关工作自由的问题。细致精微的危险，比起公开显明的危险，总是更需要了解。无意识地源于非个人情境的那种侵犯，比起来自个人有意识行动中的侵犯，要更为可怕。侵蚀和破坏自由工作条件的势力，比起公开攻击个人的那些势力，要更加有威胁。能够自由谈话是一件重要的事情，但它很难与自由工作的能力相比。而工作自由这一话题并不在轰动性的报刊文章中涉及。它是一种难以捉摸、不可界定的东西；这种东西处于氛围之中，是作为一种连续性的无意识刺激而起作用的。它影响的是大学整体得以发挥作用的那种精神，而不是某一个体的公开表达。帮助和阻碍这种自由的那些力量，是内在的、有机的，而非外在的、个人的。

62 我并不是一位悲观主义者，但我认为大学同仁(university men)共同体应该对这一方面有所警惕。整体来看，我们非常相信，现有的表达自由不会因任何直接外在势力的强制而中断，即便是伴有巨额金钱的预期回报。那样的事情太不可能了。有钱人很少敢直接干涉探究自由，即便他希望如此；任何好的大学行政部门都不会有勇气顶住其他大学以及一般大众的联合指责，即便它愿意如此。

现代大学管理中，金钱因素的重要性依然在持续增长，而且在把金钱因素与严格的教育理想相适应时出现了非常严重的问题。金钱作为一种手段绝对是必不可少的。但它仅仅是一种手段。危险在于，要把金钱充分用作一种工具而又将其控制在合理位置——不允许它篡夺仅仅属于教育目的的任何一种控制功能——是很困难的。对于这些功能来说，如果大学属于真正的大学的话，金钱以及其中所关涉的各种东西都必须是次要的。但获取此种手段的压力往往会令其成为一种目的；而这就是学术唯物主义(academic materialism)——广义工作自由的死敌。

加菲尔德(Garfield)把大学视为一条长凳，学生坐在一端，大师坐在另一端，这仍旧是一个餐后追忆的好话题；但它与现有情境没有关系。现代大学本身是个大型经济工厂。它需要大量的图书馆、博物馆和实验室，而要创建和维持它们也是昂贵的。它需要一支庞大的师资队伍。

对于钱的需要本身并不处于真正的大学关注之外；它更不是与其对立的。大学要坚持自己，就必须拓展；而要拓展，它就必须有钱。危险在于，手段受到关注并因而会拥有专属于最终教育目的的那种价值。公众很看重教育机构的金钱

方面，而这又不知不觉改变了大学校园内外的判断标准。作为一种教育机构之 63
重大历史事件的，现在很可能是一大笔捐赠，而不是一项崭新的调研或者一支强有力的师资的形成。各教育机构被按照它们外部看起来的物质繁荣来排序，直至这种赚钱和花钱的氛围把金钱因之才具有一席之地的那些兴趣隐藏起来。我们的想象或多或少被有关这种模糊而有效的力量的想法占据着；我们的情绪被对潜藏在金钱之中的可能性的宏大构想所点燃。不觉中，无意间，这种金钱论证变成了一种不成样、不合法的论证。它在许多可见和未见的方面与教育机构的荣耀和尊严联系在一起，实际上是源自于一种它本身毫不看重的联想。

这种模糊的潜力、侵入的想象以及惑众的情绪，抑制了进取心，也限制了责任感。许多个人追求自己的直接行动路线，他们并未因想到个人伤害而受阻，但却因为害怕伤害他们所归属的教育机构而发生转变。这种诱惑之所以吸引人，是因为它没有诉诸低级自私的个体动机，而是掩盖在机构理想的装扮之下。忠于机构，团队精神，在大学里很盛行，正如在陆军和海军中一样。因为普通大众往往对个体的个人能力和职业能力不作区分，一种对伤害到个人与之相联的机构的模糊忧惧一直存在。无论他说什么和做什么，一般都被看作他与之相联的那一机构的官方表达。所有这些往往阻碍着独立性并把个体挤压到一个狭隘的工作角落里。

再者，一种新型的大学行政化也因为对物质方面的极力拓展而得以产生。一套笨重的机器开始出现，用以开展大量的事务性和准事务性工作，而若没有这些，现代大学就会停顿下来。这种机器往往出现在个体与他在其中表现自我的道德目标领域之间。比起有时看起来个体唯有借此才能完成某事的那些工具， 64
个性就不那么重要了。而且，此种机器的细枝末节和常规运转消耗时间和能量。许多现代大学同仁自问，要在哪里找到那么多时间和精力以投身于其终极目的，他们无可奈何，只能消磨在那些中间手段里。个人能量被动转轨至学术机器例行公事，这是一个严重的问题。

所有这些把本应在处理更大生活问题时释放的能量吸收掉了一部分，但要不是因为与其当代的专业化趋向联系在一起，它并不怎么可怕。专业化，就其范围和程度来说，意味着撤回（withdrawal）。它意味着以相对精确的细节全神贯注于一个比较遥远的领域。我不怀疑，专业化方法最终将不仅在科学上而且在实践上得到证实而正名。但是，以最终结果来衡量的价值，并不能成为掩盖对勇气以及唯有来自勇气的那种自由的直接危险的理由。不论怎样，教学属于有点受保护的产业；它是受到庇护的。在某种程度上，教师把生活中所发生的最为激烈的压力和紧张抛在一边。他的问题大多是理智上的，而不是道德上的；他的同伴多半是不成熟的。教师总是容易丧失某种阳刚之气(virility)，而这种阳刚之气要出现就必须在同等竞争条件下直面和处理经济和政治问题。不幸的是，专业化增加了这种危险。它把个体引向小路，如果他毫无保留地追随的话，这些小路更加远离于人们在那里联合斗争、积蓄力量的正道。有一种诱人的信念是，某些对于人性来说具有根本意义的问题不属于我的任务，因而完全不是我所关注的；这比起任何所设想的对于有钱捐助人干涉的担忧，可能更为有害于有关学术工作的真正自由。

现代大学物质方面的拓展也伴随有强烈的集权化倾向。旧式的大学院系十分肯定曾是一种独特的彻底民主制。其教师的挑选经常是因为他们显著的个人
65 特色而不是因为纯粹的学问。每一个人自立而又自主。其执行官只是同事中的出类拔萃者(*primus inter pares*)。这个问题不涉及组织或行政(甚或任何广义的管理)，而关系到个人(不论教师或学生)在人际接触中展示自身价值。所有这些现在都变了——必然如此。要把现代大学的行政资源运作好，需要有非常专业和强化秩序的操控能力。这种状况不可避免产生集权化。我们很难区分为经济高效地运用资源所必需的行政集权与限制进取心和责任感的道德集权。个体享有立法权并参与立法，是对强大、自由而独立的个性的保证。旧式院系是真正的文学共和国(republic of letters)，现在有可能变成一种寡头政治——从其所能达到的物质结果来看是更加有效的，但在培育人方面却乏善可陈。这种情况以无数种方式影响到工作自由，而后者对大学同仁成为共同体实际生活中的一支力量是必要的。它剥夺了大学同仁的责任感，并随着责任感的弱化出现进取心的丧失。

此乃事情的一个阶段——好在不是全部。在世界史上还从未出现过一个时期像今天这样认识到社会需要有专家指导。尽管我们在理智上是混乱的，尽管我们不断在每日出版物上看到无意义的喧嚣之见，但现在对于光明有着一种极其真诚的渴望和欲求。拥有智慧之言的人相信他的听众。如果他能在藏匿的深处探寻到光明，光明就会引领我们前进。由这点来看，我们有种强大影响力可把大学精神即探究和表达真理的精神从其纠缠和隐蔽之处解放出来。需要是紧迫

的，因而动力强劲。适度的勇气、适量的进取精神和个人责任感是对它自然的响应。随着纯治理形式的外在权威的衰退，对智慧和理智型权威的需求在增长。这一力量必定能克服那些会把学者推开并拘于私自空间的影响力。

抵制威胁学术自由的风险的一个直接办法，也可在不断增长的大学校际感 66
想和意见中发现。最为意义重大的一个事实是，科学协会越来越倾向于设定一种权责，以查明何者（不论其以什么方式或在什么地方发生）影响到了其自身探究路线的繁荣。这是科学团体意识的增长，是真理团结感的增长。对于真理肌体任何一个部分的任何一种损伤，都是对于整个有机体的攻击。可以预想，到时候，对于真理探究者组织化社会的归属意识将把否则会散乱不羁的努力加以巩固和强化。这并不是妄想。

鉴于我们很难想象个人进取心会在盎格鲁撒克逊共同体中一直减弱，再加上有两种力量，即对于共同体的指导需要以及对于每一位探究者所属的广义大学的隶属感，这些无疑足以战胜各种有损学术自由的危险。

芝加哥大学教育学院[①]

67 教育学院(the School of Education)由埃蒙斯·布莱恩(Emmons Blaine)夫人出于对教育进步[尤其是弗朗西斯·W·帕克(Francis W. Parker)上校在过去的库克县师范学校中所表现的]的关心而慷慨捐建。她的宏大意图是,上校应该拥有一个机会来实现他所从事的伟大工程,而不必考虑来自习俗、金钱和政治上的复杂因素。埃蒙斯·布莱恩夫人基金会在帕克上校领导下于芝加哥学院(Chicago Institute)成型。1900—1901年的建筑罢工阻止了大楼建造;1901年春天开展的谈判促成了芝加哥学院合并在芝加哥大学之下作为后者的职业教育学院。1902年春,帕克上校令人遗憾地过早去世,这使得芝加哥大学教育系的本科工作与教育学院得以合并,因而教育系的前负责人成为教育学院的负责人。

学院的目标仍旧是培训教师——这些教师要全心关注教育进步,不仅能够进行课堂教学,而且能够帮助全面传播基础教育中的优秀成果。所有的教师培训学校自然有许多共同目的;但过去历史、传统以及当地环境给予每一个培训机构独特的标记。就帕克上校支持进步、精神饱满、热情投入的个性来说,不可避免地,这种标记的特征应该是非常显著的。正如他习惯常说的那样,该学院的创立是要倡导"新教育",致力于儿童身体上、心灵上、道德上的全面发展。

68 最初形态的教育学院关注小学教师的培训;就职业类教学而言,至今仅仅有小学教师方面的培训得以组织。然而,现在正在进行的计划是把特别应中学教师需要所设计的学院课程进行分组,然后把这些课程与教育课程进行组合,以使

① 首次发表于《小学教师》(*Elementary School Teacher*),第3卷(1902年),第200—203页。

得大学能开展中学类教师的职业类培训。

就儿童学校方面而言，这个学校由于能提供演示模型，提供用于调查核实、用于获取对于教学模式的必要技术控制的实验室，它的配备已经出奇地完好了。芝加哥学院曾配有从幼儿园直到八年级的完整小学。这尤其可用作一个有关班级管理和教学之现有技术的见习和实习学校。那些接受小学教师培训的人所从事的工作与这种实习学校紧密相联。与教育系的组合所产生的小学，其特别重要的领域就是把心理学方法应用到课程问题，发展出可供教师使用的一套独特的心理学原理，以使得他们能够更为理智地指导自身的思考与实践。教育系还曾主管两所中学，它们体现了高中教育的基本问题和要素。芝加哥手艺培训学校（Chicago Manual Training School）是一个关于手工训练和技术工作之主张和功能的堪称经典的范例；而先前的南区研究院（South Side Academy）曾是沿着语言和科学训练路线而进行的学术学校的典型范例。

教育学院因而拥有了一套完整教育规划所必需的合力作用的各种因素。如果说还需要有什么来补充这一链条的话，可以在这样一个事实中找到，即在
大学组织内部，第一年和第二年的工作被设计成独特的形式即大专[①]（the 69
Junior College）——因为可以感觉到，这种工作既与真正的大学培训密切相关，又与中学工作紧紧相联。我们相信并同时希望，随着新的建设工作的进行，现有的中学教育与大学教育之间的空隙与重叠能够完全去除掉，其中一部分的工作逐步与另一部分相混融。将这种工作与本科（the Senior College）以及研究生和职业学校联系起来，可以认为，芝加哥大学有能力做出重大而有意义的事情来，因为它提供了一种经济高效地统合教育体系中各种不同部分的运行模型。

职业类学生的工作可分为三类：第一，他们选择学术方面的课业以增加和强化他们的学识，特别是为了掌握在真正文化中所绝对不可或缺的那种理智的观点和方法。众所周知，基础教育的功能因为其许多教师缺乏应有的科目训练而受到严重削弱。由于这种缺乏，在两个不同方向上导致了麻烦。一方面，由于教

① 在美国是指两年制的专科学校。学生高中毕业后，可进入学习技工类知识，为就业作准备；也可以选读学分课程，毕业后升入四年制大学继续学习。类似于中国的大专，但不完全对等。也有译者译作初级学院。——译者

师视野和训练的狭隘，课程素材常常局限和习惯于教师所掌握的比较少的呆板内容。另一方面，感受到课程素材严重缺乏而毫无活力的教师们开始寻找新的方向，他们引入大量的崭新素材以期引起儿童们的兴趣。但结果表明，这些教师常因缺乏科学和历史知识以及全面的理智训练而不能控制所引入的这些新要素以确保它们彼此相适。大学(collegiate)工作和职业工作的紧密联系，再加上为儿童天性充分而有序的成长所必需的制度安排，对于确保素材和方法的多样性
70 似乎是绝对必需的。随着时间的推移，我们有理由期望大学工作与职业工作之间会有越来越密切的结合。

第二，职业类学生探讨和领会那些经过检验的教育原理。就教学法方面来说，也很容易看到有两种极端不幸是以避免为好的。一种极端是纯理论性的教学指导，最终往往得到的是模棱两可的术语和刻板的公式。这些东西只修饰了未来教师的语言，对于明示和解释他们的努力却毫无作用。另一种极端是通过教学使得教师掌握所需的一套现场实用策略，这些策略可用于在不同科目上吸引注意力、掌握诵读情况，然而却没能向教师解释清它们与儿童成长原理的科学关联。这些策略乍看起来直接增进了教师在课堂里的工作效率；但是，最终显示出它们在科学基础方面的狭隘和匮乏：它们不能促进教师理智进取心的成长，也不能令教师结合自己的常识来处理课堂里的异常以及普通问题。对职业类学生的教学有助于避免上述这些不幸结果，它奠基于心理学指导之上，其目标不是要获得技术区分以及用于教导各种本领的规则，而是要洞见有关健康成长以及阻碍和抑制健康成长的那些条件和模式。这些原理于是从正反两个方面受到儿童研究的检验，以便通过认识到其特殊应用而使理论具体化和明确化；而教师个人在看到其动意和科学基础后又启发、放大和解放了教学实践。

第三，职业类学生致力于学科教材(subject-matter)在中小学的运用。他们的这方面学习代表了前述两个因素的一种结合。它取决于对特定领域专家技师
71 心目中的那种教材进行某种充分理解。要成功实行，需要认识到有关心智成长的一般原理以及这些原理在不同年龄和气质的儿童个体身上的特殊表现。因而，除了大学中所进行的学术学习以及心理学和教育原理的学习，还有相当广泛的地理学、历史学、自然研究等方面的学习；在这里，未来教师在学习这些论题时要根据教材进行选择和组织：一要满足学术信息和训练的要求，二要符合既定年

龄段的儿童需求和能力。

我提议在本刊上不定期发表有关心理和社会环境以及成长过程的讨论；并宣布源自实验小学(both the Laboratory and Elementary Schools)实际工作中这些原理在儿童教材的选择和运用上得以具体表现的方式。

芝加哥大学教育学院[①]

《芝加哥大学公报》1902 年 10 月第 2 卷第 4 期

72 **注册费、学费等**

进入本校任一院系的每一名学生交纳入学注册费 5 元；该费用一次性支付即获得芝加哥大学学生身份。学费为每学季(12 周)40 元。毕业时须交证书等毕业费用 5 元。其他费用，请参看《各学院资讯(传单)》。

入学

入学学生可作为正式生，也可作为未分类生(unclassified students)。

1. 取得教育学院正式生资格的学生须提供本校大专院所所认可的 15 个教学单元(参看下文)。教学单元是指包含不少于 150 小时预定学业量的学习课程。它基本上对应于一整年每周上 4 次课的学习课程。2 小时的实验室工作可视为相当于 1 小时预定的课堂或诵读学习。下列教学单元无须考试便可承认，只要提供有效证明文件，包括：(a)各大学和学院毕业生；(b)在经过核准的学院或师范学校上过学的学生，假如他们拥有来自这些学校的肄业证书；(c)高级中
73 学、师范学校以及与本校合作或联合的院校毕业生。其他学生通过所要求的任何 15 单元考试并符合年龄、道德品性等等方面的要求，也可入学。

以下科目被本校所认可，并赋予相应的分值：

民主政制 ………………………………………………… 1/2 单元

① 芝加哥大学图书馆特别收藏区《芝加哥大学官方出版物》。

历史学：

希腊史 ………………………………………………………… 1/2 单元

罗马史 ………………………………………………………… 1/2 单元

中古史 ………………………………………………………… 1/2 单元

近代史 ………………………………………………………… 1/2 单元

美国史……………… 根据课程长度和深度，给予 1/2 单元或 1 单元

英国史……………… 根据课程长度和深度，给予 1/2 单元或 1 单元

希腊语 ………………………………………………………… 2 单元

希腊语要获得承认，最小可接受量为 2 单元。这包括阅读《远征记》4 卷本以及作文练习。《伊利亚特》或《奥德赛》6 卷本代表希腊语的第三个单元。

拉丁语 ………………………………………………………… 4 单元

拉丁语要获得承认，最小可接受量为 2 单元。这 2 单元包括阅读通常量的恺撒《高卢战记》或同等内容，此外还有初级拉丁语。拉丁语的第三个单元指一整年的《维吉尔》或《奥维德》课（或同等内容），第四个单元是一整年的《西塞罗》或同等内容。要完成 4 个单元，也要求有拉丁语写作。

法语 …………………………………………………………… 3 单元

高中或院校的每一全年法语课构成 1 单元。学生可提供 1 个、2 个或 3 个法语单元。

德语 …………………………………………………………… 3 单元

高中或院校的每一全年德语课构成 1 单元。学生可提供 1 个、2 个或 3 个德语单元。

英语 …………………………………………………………… 2 单元

数学：

二次方程以下代数 …………………………………………… 1 单元

二次方程代数 ……………………… 1/2 单元（不包括上述分值）

平面几何 ……………………………………………………… 1 单元

立体几何 ……………………………………………………… 1/2 单元

物理学 ………………………………………………………… 1 单元 74

学生必须提供物理学实验笔记。

化学 …………………………………………………………… 1 单元

地质学 ………………………………………………………… 1/2 单元

自然地理学…………… 根据课程长度和深度，给予 1/2 单元或 1 单元

普通生物学 ……………………………………………………… 1 单元

动物学 …………………………………………………………… 1 单元

植物学 …………………………………………………………… 1 单元

生理学 ………………………………………………………… 1/2 单元

要获得有关入学资格准确要求的更为全面的介绍，可参看本校《各学院资讯(传单)》中的艺术系、文学系、理学系诸学院。

2. 可取得教育学院入学资格但不作为正式生的学生，还包括：(a)具有至少一年成功经历的教师，要由系主任以及教育学院院长推荐；(b)未与本校联合或合作的高中和院校的毕业生，假若这些高级中学和院校具有主要州立大学所认可的标准四年学制；(c)私立学校的学生，且他们的学制完全等同于上述(b)中所提到的那些。

根据上节条件入学的学生是未分类生。未分类生的入学申请必须提供官方推荐或证明，以表明他们已有学业的数量和类别。当未分类生的学业被表明为满意时，如果他们提供了所要求的入学学分量，将被给予教育学院的正式生资格。

3. 未分类生也被允许在与本校学院一样的条件下从事特殊学业。在《年鉴》第 72 页上可以找到全面的介绍。一般来说，这些条件包括：至少 21 周岁，让
75 某一特殊研究部门的讲师相信你有能力成功从事那一特殊部门的工作。这一类型的未分类生也被允许沿着特殊安排学习而不拘于课程整体，前提是某个别教师的推荐得到了系主任的同意。然而，他们拿不到文凭；万一他们希望转为注册的正式生，必须完成入学以及规定学业的所有合格要求。

4. 学生所完成的学习中，如果有部分达到了某一文凭的相关要求，就可以得到高级能力认可。一般来说，学院类毕业生有望在学科课程上拿到高学分，而师范学校类毕业生有望在教学课程上拿到高学分。

职业类教学：两年课程

有四种不同的学业方案提供，或者直接在教育学院之下，或者通过该学院与本校诸学院合作。

第一种包括两年课程，学习结束会授予成功完成学业者一个文凭。这个课

程是旨在培训从事一般小学工作的教师。这个课程要求有18门专业课，即在构成两年学业的6个学期内每学期3门专业课。这些课程大多数都是由教育学院专门开设和实施的。有两门专业课是选修的，并在学院内实施，通常是在第二学年开设。除了3门正式专业课，也要求有体育以及某门或更多种艺术(Arts)课。艺术一词包括音乐、素描和绘画、泥塑、厨艺、手工等教育。除了艺术课，还要有时间用于实习学校内的见习或实习，如果学生真有资格从事这样的工作，这既有利于他自己，也有利于班级小学生。

两年学业的实际课业安排如下①：

	第一学年	第二学年	76
心理学与教育学……………………………	2门专业课	2门专业课	
历史………………………………………	1.5门专业课	1门专业课	
自然课……………………………………	1门专业课	1.5门专业课	
地理学……………………………………	1.5门专业课	1门专业课	
数学………………………………………	1门专业课	1门专业课	
演讲与口头阅读…………………………	1门专业课	0.5门专业课	
家庭经济学………………………………	0门专业课	1门专业课	
学院选修课………………………………	1门专业课	1门专业课	

特殊课程

也安排有较为长期的课程，课程量取决于先前所进行的专业的、通识的、专门的训练，并发给文凭。这些特殊课程是要培训幼儿园教学、手工训练、美术、家政科学和艺术、体育、音乐、演讲和阅读等方面的特殊教师，同时也有地理、历史、自然课之类的常规学习。一般地，第一学年学业大体与为普通教学作准备的学生等同；第二学年的时间大致均分为两段，而之后的几年尤专注于专科学习。这些课程也提供了相当多的学院自由选修课。虽然课程是选修性的，但选择要与学生准备作为教师所专门从事的特殊主题相一致。这些特殊课程将在1903年秋全部建立起来，1903年春将发布一份详细的描述性通告。

修完所提供的课程后，会获得学院内的学士学位，也会获得教育学院的教师

① 细节上会有变化。

证书。这些课程包括对于小学教师和管理者的系统培训。对于那些希望从事中学教学的人，学校还安排了特殊课程。在每一种情况下，结业证书都会涉及专科教学。例如，对于中学教师，会有古代语言、近代语言、英语、物理和数学、生物科学(organic science)、历史和社会科学、商业等方面的证书。学习的课程将包括
77 (a)文学士、哲学学士或理学士所要求的学业；(b)学生所打算教书的领域内的、有必要充分掌握的额外工作；(c)教学理论与实践方面的课程；(d)自由选修课。1903年春会特别发布一份尤为详细的描述性通告。

研究生学业

对于已经拥有学院学位的人，我们准备了大量可获得硕士学位和博士学位的研究生课程。这些学位在哲学系和教育学院推荐下由本校负责研究生课的部门授予。教育学院的所有资源对于上研究生课的学生是开放的，因而存在不同寻常的机会把教育理论和历史方面的高级课程与各种不同阶段的实践应用结合起来。攻读学位者如没有接受过现代心理学观点和方法训练，可以在其研究生课之外补上本学科的本科生课。有各种不同的课程提供，包括教育科学与哲学的，关于教学法理论和学校体制发展方面的教育史的，关于学校组织和行政方面问题的。这些为获得高等学位所开设的课程，旨在为人们提供学校校长、主管，师范内职业课程主任，以及师范学校和学院内心理学教育学教师的岗位培训。有关这些课程的更多资讯，可参看有关哲学和教育学的计划。有关研究生课的细节，请参看本校《资讯通告》和《研究生院》。

相关学校

教育学院的职业教学在与之相关的学校体系中得以具体化，这个系统涉及
78 从幼儿园到预科学院、技术学校以及生活的各个时期。这一体系包括本校附属实验学校、附属小学、附属中学以及芝加哥手艺培训学校。借此，职业类学生能够接触到有关教育方法、学科题材、组织和行政方面的问题，并能够检验、解释、批评和证实所学到的那些原理。

本大学从事儿童教学，只是因为实验工作和演示与理论教学之间存在必然联系，而这些学校对于数量有限的儿童提供了非凡的教育优势。这些优势有：(1)专家指导，(2)连续性，(3)多样性和灵活性。

负责监管这些学校各种不同部分的人，其目的仅在于实现教育理论和实践的最优发展。儿童可在 4 周岁入学，一直留在同一个总的教学和行政体系内，直至为大学或生活做好准备。随着重叠部分的消除以及必要的连接环节的引入，普通学生有望至少缩短两年的教育时间。然而，这种缩短不会牺牲该年龄段小学生所需要的多样化的资料和方法。普通的小学课程通过各种表达和构造的艺术以及可成功引入普通学校的更多历史和科学方面的题材，得以强化。中学提供了广泛而富有弹性的课程方案，包括学术的、科学的、商业的和技术的。

每一个小学生都可以获得十分认真而连贯的照看，直至逐步发现他们的特殊能力和倾向，从而为未来他们最能适应的专门职业和研习铺平道路。与此同时，多样化的追求和学习可以防止过早专门化所带来的狭隘性，并使得小学生在通过自身经历和训练后能够审慎选择。

出版物 *79*

有两份教育刊物由教育学院编辑，芝加哥大学出版。一份是《学校评论》(*School Review*)，涵盖中学教育领域；另一份是《小学教师》(*Elementary School Teacher*)，专注于初等教育，并发布直接源自由它所指导的那些小学工作的资料。两刊均每年出版 10 期。所有函件须寄往芝加哥大学出版社。

每个学院发布有关入学条件、学费等等方面的资讯通告。向芝加哥大学索取时，请注明需要哪一个学院的。

校舍

学院的固定校舍现正建设中，位于金巴克(Kimbark)大街和门罗(Monroe)大街之间的斯卡蒙大院(Scammon Court)，普莱桑斯中途(Midway Plaisance)公园对面。校舍石砌，正面宽延 350 英尺，东西两侧纵深 162 英尺。主楼高四层，侧楼高两层。备有乘客电梯和货运电梯。校舍为小学教学工作以及各种形式的构造和表达工作诸如素描、模塑、音乐、手工、厨艺等等提供充裕教室。科学实验室众多，装备良好，布置规整。灯光和通风一流。校舍有望在 1903 年夏季学期前投入使用。秋季学期前，一切将就绪。为手艺训练学校所需的各种工场，也正计划快速筹建，将成为此类型中学工作的样板。它们也有望于 1903 年秋准备就绪。

作为社会中心的学校[①]

80 按照邀请方的要求，我将把话题限制于有关作为社会中心的学校的哲学。我愉快地接受了这一邀请，但同时我并不觉得该问题的哲学方面是紧迫的或重要的。紧迫的事情，意义重大的事情，是如何真正使学校成为一个社会中心；这是一个实践问题，而不是理论问题。为了使得校舍成为完备而充分的社会服务中心，为了令其完全进入社会生活的潮流，都需要做些什么——我确信这些问题的确值得公众关注，应该好好想想。

然而，我们如此自问一下是可行的，也可能是有用的：公众在这一方向上的要求是什么意思？一般社会群体尤其是特别关注于教育的那些人，为何正好在这一时期对于该种需要如此异乎寻常的敏感？为何这种教育的缺乏在现在比以往时代更多地被感受到？是什么力量在挑动和唤起人们对于学校作为儿童指导中心并没有发挥全部功能——学校需要同时作为各个年龄群体、各个阶级的生活中心——这一观念作出如此迅速而有益的回应？

简短的历史回顾将把当前形势的背景呈现在我们面前。自从在原始部落中发现可称得上教育的东西以来，教育功能就一直是社会性的。然而，此种目标由
81 之得以促进的那种特殊器官(organ)或结构，以及它与其他社会建制的适应性，却因既定时代的特定条件而异。进化的一般原理——根据分工原则从未分化状

① 本文为1902年7月于美国明尼苏达州明尼阿波利斯在国家教育协会上所作的演讲。首次发表于《小学教师》(*Elementary School Teacher*)，第3卷(1902年)，第73—86页；同时发表于《国家教育协会会议录和演讲集》(*Proceedings and Addresses of the National Educational Association*)，1902年，第373—383页。

态到独特器官的形成——清晰呈现于对教育历史的概览中。一开始并不存在作为独立建制的学校。教育过程发生于日常的家庭活动和社区生活中。然而，随着由教育所达到的目标变得越来越多样和深远(remote)，所运用的手段越来越专门化，社会就有必要形成一种独特建制。那些特殊需求方能因之而得到充分关注。通过这种方式，形成了古代作为伟大哲学组织而运行的学校——柏拉图的、斯多葛的、伊壁鸠鲁的等等——然后出现了作为宗教工作一部分的学校。最后，宗教与国家的进一步分开，后者宣称自己是教育体制的真正创建人和支持者，现代类型的公共或至少是准公共的学校随之成型。有许多人认为，这种教育功能由宗教向国家的转移更大程度上是一件遗憾之事；他们认为，这一步持续下去将导致对于人类至上和永恒利益的灾难。但在我看来，我们今天并不需要认真对待这一群体，不论它有多么巨大和重要。我想实践中在座各位都是国家教育原则(the principle of state education)的信仰者——即便我们发现要从逻辑上或哲学根基上证明我们的信念并非十分容易。我之所以在谈到教育功能时提到此种主张，理由是要表明，它曾是专业化或分工政策的延续。

随着国家的发展，出现了国家与社会的某种区分。在运用这些词语时，我是以“国家”(state)指表现为政府立法和行政机器的共同体生活资源之组织。对于“社会”(society)我是指在日常交往和人际接触中所发生的共同体力量的不太确定和更为自由的作用，其方式无穷多变，与政治、政府或建制意义上的国家毫无 82
关系。由国家控制教育必然带来学校行政和教学机器与更为自由、更为多样、更为灵活的社会交往模式之间的某种隔离。这一点是正确的，因为长期以来学校专门从事一种功能，即把理智素材传输入一定数量的精英头脑。甚至在民主化浪潮进入学校这种孤立部门时，它也并未导致全部的重构，而只是增加了一种新因素。这就是为公民身份作准备(preparation for citizenship)。“为公民身份作准备”这一短语的意思所表明的，正是我所意谓的作为仅与国家有关的孤立事物的学校与作为完全社会化事务、与共同体生活之流丝丝相扣的学校之间的差别。对于大多数人来说，公民身份意味着一种独特的政治事物。它根据与政府而不是与广义方面的社会的关系来界定。能够理智地投票，参与到公共立法和行政行为中——这一直都是这个词的所指。

现在我们的共同体生活突然觉醒了；它在醒悟之后发现，政府建制和事务所代表的仅仅是生活中诸多重要目的和困难问题的一小部分，甚至就连这一部分也难以得到充分处理，除非借助于公民国家概念远未包括在内的那种广泛的家政、经济和科学考虑。我们发现，我们的政治问题包括有种族问题、不同语言和风俗类型的同化问题；我们发现，大多数重大政治问题都源于潜在的工商业方面的改变和调整；我们发现，我们大多数紧要的政治问题都不能通过特别的立法措施或执行活动来解决，而只能通过促进彼此间的共同体谅和公共理解。而且，我们发现，对于困难的解决必须回到对于所涉及的现有事实和关系的一种更为充
83 分的科学理解。国家与社会之间，政府与家庭建制、商业生活等等之间的隔离，正在消失。我们认识到这种隔离的浅薄性和人为性。我们开始明白，我们正在处理的是各种不同重大力量之间的一种复杂的相互影响，而其中只有少数可以归类为政府性的。“公民身份”一词的内涵正在拓宽，它开始意指包含在共同体全体成员中的所有各类关系。

这本身往往会形成一种感觉，即现存教育类型中缺少某种东西，学校所提供的服务有某种缺陷。有关什么才算公民身份的印象发生改变，你就会改变有关何为学校宗旨的意象。而这一点一旦改变，你就会对学校应该做什么以及应该如何去做，改变看法。学校仅仅在白天对一定数量的不同年龄段儿童授课，因而觉得它并没有做到其全部应该做的，并要求学校承担更广范围的活动以至能对成人共同体成员带来教育效果。这种情况的根源正在于此处：我们处处感受到不同方式的社会生活有着有机统一性，因而要求学校应该具有更为广泛的联系，应该接受更多地区的生源，应该在更多方面带来成果。

正如我已经提出的，旧有的学校观念是说其主要应关注于从理智的观点灌输特定事实和真理并获得特定形式的技能。当学校变成公开的或公共的时，这一概念已经拓宽，把有助于公民更有能力、更为正当地进行投票和立法的所有一切都包括在内了；但它仍旧认为，这种目的要通过理智教育的路线来达到。教给儿童美国宪法、从整个州和国家的民族直到镇区和学区政府机器不同部件的本性和机理——传授这些东西就被认为是让小学生为公民身份作准备。因此，大约 15 年或 20 年以前当开始感觉到学校并未全部做到其所应该为我们的整体生
84 活所做的时，这种意识自身所表达的要求是更为彻底和全面地进行公民学(civics)教育。在我看来，对于学校作为社会中心的要求之于我们今天所面对的形势，犹如公民学运动之于短短几十年以前的情况。我们已经醒悟到问题的较深层次。我们已经明白，政府生活的机器最终不过是一种机器，其正当性和功效

都取决于潜在的社会工业原因。对于纯粹理智教学的功效，我们已经很不相信。

有四项具体的发展可以提到，它们关系到学校作为社会中心这一问题。其中第一项是，所有致力于实现人们彼此接触的那些中介体(agencies)在功效和灵巧性上大幅提升。新近的发明使得运输以及通过书籍、杂志、纸张实现观念和信息流通的手段多样化并大大降低了成本，以至于任何民族、种族、阶级或教派，要想与世隔绝、不受他人意愿和信念影响，在物质上已不可能。廉价而快速的长途运输已使得美国成为世界所有民族和语言的人的聚会点。工业的集中迫使阶级成员建立起最为紧密的彼此关联和依赖。当个人彼此面对面或他人的观念持续而强制地置于自身面前时，偏见、不宽容或甚至是对于自身宗教和政治信条的坚定信念都被大为撼动。我们城市生活的拥塞只是现代发明所引起的人口集中的一个方面。

人们与其本已适应的物质、产业、知识等环境的突然错位引发许多危机，各类异质性人群突然集聚可能会伴生极大的不稳定性，这些都自不待言。另一方面，正是这些中介体提供了可资利用的器具。现代报纸既有最好产物，也有最坏产物。有组织的公共图书馆为遍及各阶级的人们提供了便利，这是一种结果；公众集会和讲演会堂是另一种结果。没有什么教育体系能被视为是完整的，除非 85
它把社会和理智交往借之得以促进的各种不同方式纳入自身，并且对它们系统地加以运用，不仅能够抵消同样由这些中介体所带来的风险，而且能够使得它们成为提升整体生活水平的积极因素。

随着阶级和种族的混合，这种需求和这种机会在我们大城市中同时得以增长。有人说，芝加哥市一个区中有操着 40 种不同语言的人。众所周知，世界上最大的爱尔兰城市、德国城市和波希米亚城市都在美国，而不是在它们各自的国家。公共学校通过给予年轻一代教育从而把不同种族吸收进我们自身的体制，无疑这是世人所曾看到的最具显著生命力的一种力量。不过它最终仍旧没有触及年老的一代；对于年轻人的同化很难说是完整的或可靠的，只要他们父母的家园仍旧相对不受影响。实际上，纽约和芝加哥睿智的观察家最近已经发出了警告。他们唤醒人们注意到这样的事实：在某些方面儿童正且不说是过快地美国化，至少是过快地非本民族化。他们在失去他们自身本土传统以及自身本土音乐、艺术和文学中积极的和值得保护的价值，他们又未能完全服膺(get complete initiation)新国家的习俗，因而常常不稳定地漂浮于两者之间。他们甚至学会了看不起父母辈的服饰、举止、习惯、语言和信仰——这些情况中有许多其实质意义和价值远不止是新式习惯的表面呈现。如果我理解正确的话，赫尔大厦开发新的劳工博物馆的一个主要动机就是向年轻一代展示老一代工业习惯——因在我们工业体系中找不到应用而在本国抛弃的纺织、编织、金属加工等——的某种
86 技能、工艺和历史意义。许多儿童已经意识到，要珍视其一开始曾不予尊重的、父母身上至今未知的可贵品质。许多关注地方史和以往民族荣耀的协会意识到要激励和丰富家庭生活。

第二项是，随着交往互动日益拓展，有关社会规训和控制的诸种联结开始放松，随之而来的是各种各样的风险和机遇。我认为我们没有人愿意相信，这场远离教条主义和不变权威的运动不是方向上正确的一种运动。但没有人会把旧有宗教和社会权威的力量弱化当作无关紧要的事。我们可以确信，独立判断以及伴随而来的个人自由和责任最终将大大补偿那些短暂的损失。但同时确实有一种暂时性的损失。父母权威对儿童行为的控制作用大大减少。敬畏似乎日渐消退，粗鲁和无赖不断增加。对于父母及其他形式的既定权威的无礼在与日俱增，而孝顺规矩在与日俱损。夫妻及其与孩子之间的家庭纽带自身失去了某种永恒和神圣的东西。那种拥有超自然的约束即塑造教徒日常生活的手段的教会，发现自己的力量正逐步减退。我们也确实认识到，过去有许多教化人类并保持人类过一种体面、可敬、有序生活的中介体，现在正失去功效——尤其是那些其作用取决于习俗、传统和无异议接受的中介体。在这样的一种场景中，社会要保持当一个纯粹的被动观察者是不可能的。它必须寻求其他中介体，以弥补损失并产生先前方法所不能获得的结果。这里，社会将自身工作仅仅限于儿童也是不够的，无论他们多么需要学科训练以获得一种拓宽视野的启蒙教育(a widen and lightened education)，老一代人也是需要的。此外，一般城市学校中，普通儿童在
87 其中就学的时间是短暂的，非常短暂的。在那里，所要做的工作往往才刚刚起步，而且除非它被认为大部分都无用，共同体必须找到加以补充的方法并进一步推广到常规学校之外的渠道。

第三项是说，理智生活、事实、真理知识，比起它们在世界史先前时期的情况，更为显著和紧密地与所有其他生活事务联系在一起。因此，纯粹而专门的理智教育比起它在以前就不那么重要了。再者，平常的职业和日常的生活环境比起它们在以前都更需要解释。我们可能总是说，曾几何时，学问几乎整体地关涉

一种超出生活本身每天所关心的外部世界。研究物理学，学习德语，熟知中国史，这些曾是一流的成就，但从日常生活来看都或多或少是无用的。事实上，“文化”一词对于许多人所传达的仍旧只是此类观念。过去当说学问有用时，它只是相对于共同体中比较少的特别选出的阶级而言。这只是医生、律师或牧师在其特殊职业上所需要的某种东西，但它如此远离和超脱于人类大众以至于只会唤起他们盲从式的钦佩。在我看来，最近公众对于教师使命感堕落的悲叹正好让我们回想起了一个时期：那时，所谓充分懂得做一名教师，本身就是个体让自己在特定阶级中凸显出来的事情。它没有考虑到的变化是：知识已经进入公共流通，从而使得每一个人都有可能在某方面成为他近邻的老师。

在现代条件下，实际上，每一领域的学问，不论是社会科学还是自然科学，都直接并处处涉及生活操行。德语并不是一种事实，有关它的知识能区分开一个人与他的同伴，它不过是社会和商业交往的一种方式。物理学不再是自然哲
学——某种关注于有关重大却非常遥远的规律的奇特发现的东西；它是通过把 88
热和电应用于我们的日常环境而不断为我们所了解的一组事实。生理学、细菌学、解剖学关乎我们的个人健康与城市卫生。它们的事实在每日报纸上的利用方式，可能不是科学的而是感觉上的（sensational）。因而我们尽可以查遍所有曾经如此异质的和陌生的课程表，以表明它们现在与日常生活何等密切地相关。一个简单的事实是：我们正生活在一个应用科学的年代，要逃避这种应用的直接和间接影响，是不可能的。

另一方面，生活正变得如此专门化，劳动分工被如此予以推进以至于没有什么能说明或解释自身。现代工厂的工人所做的是一项复杂活动中很小的一部分，他所看到的仅仅是机器单个部件所进行的一段有限的活动系列，这种情况对于我们整个社会生活来说是极其典型的。过去的工人还能从整体上知道一点他的程序和工作。如果他未亲自接触到工作的全部，那是因为这一工作整体对于他来说如此微小和贴近，以至于他已经熟知。因而，他意识到他自己所从事的那部分特殊工作的意义。他将其看作为是整体中的一个必需部分，因而拓展了自己的视野。现在的状况正好相反。大多数人对于他们所做的特定的事，仅仅模糊感到确切的理由和关系。整体变得如此巨大、如此复杂、如此技术化，以至于要对它获得任何直接的认识几乎是不可能的。因此，我们必须依赖教育，依赖通过特别渠道所获得的解释。当今有些大的技术函授学校很繁荣，其中一个重要

动力就是，人们不仅希望通过为优越岗位作准备而获得实利，他们更真诚地渴望更多地知道有关人人所正从事的特殊工作的重要条件性因素，以期了解到那些虽属部分但却极其诱人的广阔关系。日益增长的对于各种形式的通俗科学的兴趣，同样也是如此，这些通俗科学对于我们有些最为优秀和成功的现代月刊来
89 说，是现售内容的一个重要组成部分。同样的动机也大大增强了大学扩张运动的实效性，尤其是在英国。它创造了对于某种类型的通俗例示讲演（popular illustrated lecture）的特殊需求。除非置我们大多数工薪阶层的生活贫困于不顾，共同体必须通过某种组织化力量予以关照：他们在有关自己所留心之事以及自身所从事活动的科学基础和社会关系方面是否受到了教育。

有关需求和机遇的第四项，是现代条件下连续性教育的延长。关于延长幼年期对于教育的重要性，我们已经听到了很多。过早从事严肃的谋生职业有害于全面成长，这几乎成为了我们教学信条的一部分。这个命题有一个推论至今未得到同等认识。只有在社会职业得到明确界定且具有非常长久性的地方，教育时期才能缩减至某个特定期间。人们公认，一名医生或律师必须终生继续学习，如果他要成为成功的职业人士的话。理由是很显然的：他的工作条件相当不稳定，新的问题显现了，新的事实凸显出来，先前所学习的法则，不论这种学习有多么彻底和精确，都不足以应对这些新情况，因而就需要不断地学习。现在美国仍有些地区，律师在进入职业生涯之前就已经在实践上做好准备了。今后他所需要做的就是在某些精细方面完善自身，更为熟练地运用他已经知道的东西。但这些都属于更为落后和不发达的区域，那里的变化是渐进性的和不常见的，因而个人的准备可以一劳永逸。

而在美国比较发达的地区，上述律师和医生所面临的变化在某种程度上也适用于各种类型和等级的人群。社会的、经济的、理智的环境其变化之快，在过
90 去的历史中难以想象。现在，除非教育中介体能够或多或少跟上这些变化，必定会有相当多的人找不到能够帮助他们适应工作的那种培训。他们将束手无策，成为共同体的一个包袱。只要进步是连续的、确定的，教育就必须同样是确定的和连续的。可以教育 18 岁的青年为他在 19 岁时遇到的环境作准备；但他却很难为他在 45 岁时所遭遇的那些环境作准备。如果等到 45 岁时他做好了准备，那将是因为他自身的教育在中间这些年跟上了步伐。不带怀疑的谈话，社会交往，观察，对于看到所发生之事的反思，报刊书籍的阅读，这些都会很有用；它们

是重要的，即便是无条理的连续性教育方法。但很难期望它们能做到全部，因而共同体仍难以解脱责任，要通过把学校作为一种中心为各个阶级的任何年龄段人群提供一种连续性教育。

以上我所粗略勾勒的四重需求、四重机遇，在一定程度上界定了学校作为一种社会中心所做的工作。

它必须至少部分地提供为确保个人真正适应快速变化的环境所必需的那种培训。它必须向个人解释他所从事的工作的知识意义和社会意义，也就是说，它必须揭示其与世人生活和工作的关系。它必须对社会学科教条主义方法和固定方法的衰退为个人作出部分弥补。它必须对权威作用和敬畏感的丧失为个人提供代偿。最后，它必须提供手段以连结个人与其观念和信念，以便如此能减轻摩擦和不稳定，并能引入更深层的同情和更广泛的理解。

作为社会中心的学校将以何种方式来完成这些不同任务？要稍详细地回答这个问题，就得从所指定给我的哲学领域进入实际执行的领域。但是，要指出某些一般路线，这还属于理论考察的范围。首先是把人们彼此聚集起来，将人们聚集在健全的影响力之下，聚集在有助于他们了解彼此优点的环境下。我认为，只 91
要我们把学校的理想框定为社会中心，我们具体想到的就是一类更好的社会居住区。我们所想要看到的是，学校，即每一个公共学校，在做着某种同样的、现在由散落在全市广大区域中一两个小区所做的工作。我们都知道，诸如赫尔大厦之类的建制，其工作主要不是传达理智方面的指导，而是成为一种社会结算中心(clearing - house)。它并不纯粹是一个观念和信念的交换地方，它的交换不仅在正式讨论的领域——因为单单只是论证，会孳生误解并固化偏见——而且关系到观念如何在人身上具体化，并赋予个人生活的致胜魅力(winning grace)。学习课堂可能有无数多个，但所有课堂都被看作将人们聚集在一起，清除那些有碍人们彼此真正互通的等级、阶级、种族或经验类型上的羁绊的诸种样式。

作为社会中心的学校在促进社会意图的社会聚合方面的功能，同时令人想起了另一功能——提供和指示合理的娱乐和消遣形式。社会俱乐部，体育馆，业余戏剧表演，音乐会，立体投影报告会——对这些中介体的作用，社会性居住区早已知道，而且只要在使学校成为社会中心方面做出努力的话，它们就开始投入使用。有时我感到娱乐乃所有伦理力量中最受忽视和遗忘的。我们整个清教徒传统都倾向于令我们轻视生活的这一方面，甚至是谴责它。但对于娱乐的需求，

对于仅仅作为享乐之享乐的需求，乃人性中最为强大、最为根本的东西之一。将
其忽略，就致使其以有缺陷的、不正常的形式得以表达。妓院，酒馆，低俗舞场，
赌窝，以及形成于各个街角的零散的、随意的混乱组织，就假定的道德领袖而言，
92 这些都是对忽略那种人性因素而致的人性回复。娱乐中有一种积极的道德影响
力，对此共同体有义务加以掌握和引导，我相信没有什么力量在社会环境总的改
革中可能比实际认识到这一点更有价值。

第三，对于有点特殊(specialized)——当然是在相对意义上运用“特殊”——的类型，应该提供一种连续性的社会选择。我们的城市早在说起或听到过作为社会中心的学校之前就开办了夜校。这些学校当时是为了对那些很少或毫无早期受教育机会的人进行基础方面的教学。就此来说它们过去是、现在也是对的。但我想说的是某种更为独特的高级性和选择性。再次提及我一直加以利用的工作模型，在赫尔大厦的活动中我们发现提供的有音乐、绘画、泥塑、木工、金工等等课堂。没有理由不为对力学或电学问题特别感兴趣的人提供类似科学实验室的东西；像这样的情况可以继续找到很多。显然，对于此种教育模式的运作就是把那些在某一特定方面具有特殊才能的人挑选和吸引过来。在我们所有人身上都潜藏着未加利用的巨大才能。许多人对于他自身的能力仅仅有模糊的意识，因为他从未有机会来显示。他不仅正在丧失就业的满足感，而且社会也在遭受这种资本浪费。自然增值之不幸，不过就是未曾发现的资源之不幸。我确信，共同体终究会把为成人提供此种机会以使他们发现并最后实现自身独有的特殊才能，作为它自己职责自然而必要的一部分，这就好比现在对小孩子进行教育一样。

最后，我们可以说，作为社会中心的学校概念出自我们整个民主运动。我们
93 处处能感受到，人们正越来越意识到共同体应该为其每一位成员提供充分的发
展机会。我们处处能看到，人们正越来越意识到共同体生活是有缺陷的和歪曲
的，除非它的确如此关照它所有的构成部分。这不再被视为一个慈善问题，而是
作为一种正义问题——而且，甚至是比正义更高、更好的东西——作为生命发展
和成长的一个必然阶段。关于唯物社会主义，关于被视为有关共同体物质资源
分配问题的社会主义，人们将长期争论下去；但有一种社会主义，对其将没有这
样的争论——智识社会主义和精神社会主义。拓展共同体智识和精神资源的共
享范围和程度，正是共同体的本义。因为旧有的教育类型在改变后的环境下不

能充分适应这样的任务，我们感到有一种缺失和需求，即学校应该变成社会中心。作为社会中心的学校意味着积极而有序地促进这种关于艺术、科学及其他社会交往形式等无形之物的社会主义。

杂　　记

回忆弗朗西斯·W·帕克①

普通公立学校领域的教育已经产生了两位重要领导人：贺拉斯·曼（Horace 97
Mann）和弗朗西斯·W·帕克（Francis Wayland Parker）。他们出现在需要领导人的时期。在贺拉斯·曼时代，公立学校的教育是混乱的，而且在该术语真正的民主意义上，实际上是不存在的。他的理智洞见、热忱和执行力引发了一个时代的革命。帕克上校出现之时，恰逢公立学校的观念得到普遍认同；但当时的体制几乎没有表现出社会热情，几乎没有表现出道德理想。外部机器是有了，但仍需要有生命精神（spirit of life）来掌控。而坚持认为美国民主所创造出的这一宏大机器也应该促进民主的道德目标的，正是帕克上校而不是其他任何一个人。他工作的及时性由他的一举成名可以证明。25 年前有关手段和目的那个提案使得昆西②成为教育上的暴风眼，并招来全国的奚落。现在，它们实际上已被本国所有优秀学校视为当然，至少就它们的一般精神来说。帕克上校对于儿童、对于共同体有一种崇高信念。他的闯劲正是源于这种信念。这一事件为他作了辩护，因为它对因为懦弱地屈服于当时压力而危及最终目标的那些逐利之徒（the time server and preachers of expediency）进行了指责。帕克上校在为成长和自由而开展的人性战斗中，是一位忠诚献身的战士。

---

① 首次发表于《教育杂志》（*Journal of Education*），第 55 卷（1902 年），第 199 页。

② 帕克在美国马萨诸塞州昆西市任督学时提出“教育要使学校适应儿童，而不是使儿童适应学校”的原则，并在教育理论、课程与方法上进行了许多改革，从而在美国掀起了一场昆西教育更新运动。后来，帕克任芝加哥库克县立师范学校校长，并把学校办成教育示范与师资培训的中心。——译者

纪念弗朗西斯·韦兰·帕克上校[①]

98 要对帕克上校的教育哲学或教育工作进行回顾，这既不是适当的时间也不是适当的地方。但是，我们高贵而诚实的朋友超乎常人地遵从《圣经》训诫；他全心全意爱着和做着。因而要在他的教育工作之外谈论他的人格，或在他的人格之外谈论他的教育工作，都是不可能的。他幸运地把他整个存在、整个人与他所献身的工作完全等同起来。

譬如，他的教育工作中有三件事，我之所以记得是因为它们是对他人格的典型刻画，是因为它们属于这个人本身。帕克上校曾计划参加上周本市所举行的教育会议，可他因为身体欠佳而未能出席。他计划演讲的题目是“教育成公民”(Education into Citizenship)。如果有什么能够比这个更能典型地刻画帕克上校对教育的态度，那就是副标题：“特别涉及有瘾的、不健全的、后进的儿童”。他最后的致辞是对他这个人的概括：他认识到了教育中的社会因素，认识到了使教育真正作用于共同体生活的那种东西；他从内心更加关注所有那些无助而需要特别悉心呵护的人。虽然他在改进和改革教学方法和教育行政方面做了很多，但他所做之事的本质比起任何特定贡献都更加伟大；那就是，以其自己充满爱意和
99 同情的人格来激发教室里的教师和儿童。他针对所有授课的缺点，不断改进旧有的课程，直到它能增进对理智的倾心和热爱：“所有这些当中最大的就是爱。”

---

① 根据速记报告整理。首次发表于《小学教师》，第2卷(1902年)，第704—708页。以“弗朗西斯·W·帕克”为题，重印于约瑟夫·拉特纳编，《人物与事件》(纽约：亨利·霍尔特出版公司，1929年)，第1卷，第95—99页。

他习惯于说，教室的社会精神比其所开展的正式授课更有益于儿童；儿童从彼此接触以及教师那里所学到的并不仅仅是从课本和报告中所学到的那些。如果这一点正确的话，那么教室的氛围和精神就必须是自由、信心以及对于公共工作和游戏生活的共有兴趣。他习惯于说，教室的所有资源都应该集中于“坏”孩子——有关帮助和同情的资源。那就是教室里最需要的。这种在学究和形式论者视为障碍的事情，反而吸引着他。他之所以努力地摧毁旧式学校的专制、形式主义和刻板，并不仅仅是因为抽象的理论，而是因为他坚持认为：爱和信念，作为各地最高声誉的象征，能在博学成熟者与弱小无力者之间的接触中寻找到一种特别合适的空间。

我所知道的有关他人格与教育工作之间关联的第二件事是，他相信没有什么东西对于儿童绝对不宜。无疑，你们许多人都已经听过他所做的题为“自然与儿童”的讲话，其中他对于农场上的孩子及其与自然的接触进行了诗意化的、理想化的描述（我认为这是自传式的，虽然他并没有这样说）。在那个农场，他不知不觉中学习了矿物学、地理学、地质学、植物学和动物学，并开始接触到自然的各种形式。他相信，他自己在那里以无目标的随意方式所做的一切，都应该通过一种教育体系允许每一个儿童去做，鼓励他们去做。因而他为所谓的基础学校课程的丰富做了大量工作；还有，这并不仅仅是一种有关安排某某学科的理智问题，而是因为他相信，凡是对人类史和自然史有价值的，都是我们每一个孩子所真正生而具有的。通过任何方法、任何行政体制阻止儿童完整而全面地接触这 100
些东西，这样所做的一切都是错误的、有悖于人性的、有悖于人类精神的。

他的教育信念与其人格联系在一起的第三件事，是他对教师职业培训以及教育科学的坚信。我曾听他说过，正是这种东西促使他涉足教育领域。他放弃了根据传统标准判断最具尊严和重要性的一个职位。但是，在他曾经所从事的职位上，他感觉他正远离儿童。他越是从事这样一种职业，他同时越加意识到教育的未来取决于对教师的培训。他对教学艺术中尚未实现的可能性的信念，是令人崇敬的。这对各地教师来说都是一种激励——正如它对紧随其人格的那些人的激励一样。正如他相信在自然或艺术的世界中没有什么东西对于儿童不宜一样，他也相信，在他人人格中、在人类精神中，没有什么东西不应该在教育以及发展人类灵魂潜在可能性的艺术中出现。鼓舞他走上与教师打交道的工作的正是这种道德目标，这种道德理想，即更全面发展的可能性。

我从帕克上校一生所明白到的最大教益，我感到应该特别提请在座年轻人注意的最大教益，就是：达到生活的成功，到底意味着什么。帕克上校从不敷衍了事，从不贪图小便宜或玩弄伎俩。他从不迷失在生活的琐细之物中；他的眼睛紧紧盯住重大事情，他倾尽个人全力推进那些持久、无形而有价值的事情。他对反对派发起斗争，这些反对之声来自那些难以超越所见所触之物因而自恋于机械和形式的人。这些反对派有时是剧烈而致命的；更多时候却是一般的、隐性的——比起剧烈的那一类更难以应付。但他从来毫不动摇，他从不妥协，他从不真的以他的精神作献祭。结果，他获得了超乎寻常的成功。

101 25年以前，他在马萨诸塞州昆西市从事的工作曾是全国嘲笑和同情的对象。他是一位先驱，但在许多人看来，他似乎是一位追逐新奇的狂热者。这仅仅是在25年之前；而他当时所支持的东西在今天已被本国所有最优秀的学校视为毫无争议的当然之理。后来，在芝加哥，他面对不利影响发动了一场关于教师职业培训的战斗；他全力阻止任何有可能降低学校标准的政治和个人影响。每年他都不得不再次斗争，而每年他只求助于他所信任的民众和民主。他对于人性的信任是有回报的。每年都有各种力量聚集在他周围，与他并肩作战，打赢他与来自政治和个人的敌人联盟的战斗。他用多年的努力来提升对儿童和教师的教育；而在他晚年，凭着充满诗意的正义，凭着他比世上大多数先驱和领袖所获得的更多赞誉，他仁慈的朋友圆满完成了他的工作，这种慷慨的礼物让他看到了他终生梦想的实现，只可惜他没有亲手实现。他拥有这些东西，并不是因为他刻意追求这些东西，而是因为他在追求他认为永远有价值和值得做的那些事情。伴随着这些方面的成功，他另外还拥有了来自忠实而紧密的朋友们的热爱和忠诚。他最为幸运的是为自己赢得了他人的忠诚帮助和坚定信赖。

当一个伟大的生命逝去时，我们对那些真正有价值的事物获得了更多认识；渺小的、暂时性的东西退回到它们本该属于的地方；令生命崇高的那些特性——信任、勇气、执著于理想、奋斗和生活目标——凸显出它们的最高意义。我们朋友的身体离我们而去，但他的精神将永留，并得到加强和增进。这种精神不仅留在这个大学共同体和这个城市共同体，而且继续活在这片广阔土地上曾因对教师崇高理想和职责的更真切感知而深受触动的每一位教师的心灵和工作中。

有关西奥多·B·诺斯《我们的学校应把什么归功于儿童研究》一文的讨论[①]

[约翰·杜威,芝加哥大学哲学与教育学教授]——首先,我想强调诺斯 102
(Theodore B. Noss)教授文章[②]的最后一个命题。儿童研究所做的主要事情就是,它使得被称为“教师教学法与心理学”的那种特别东西获得了新生,先前以这种名字所代表的大量东西离我们非常遥远。第一种教学法学说“由具体到抽象”曾常常被教育者自身所忽视。对于教师来说,具体者就是儿童的心灵,不是一般的心灵,而是特殊的心灵,儿童个人身上的特殊精神。儿童研究促使我们把方法奠基于对所教育的实际具体对象的现实刻画上。过去常常制订有关各种不同心灵官能的划分:记忆、想象、推理,并对它们每一种给出训练法则。当这些都仅仅从理论上考察时才一帆风顺,但当把法则应用于儿童时就发现后者并非官能而是活生生的人。一个火星人可能研习纯理论的教学法,但仍旧不能识别我们人类。分析过于彻底就无法触及我们人类身上所结合在一起的那些官能。这并不是对由儿童研究所发现的特定真理的某种夸张,它主要所强调的是,要在正确基础之上培训儿童。教师若真正知道所传授的主题以及所面对的个体心灵的本性,他便能发展出自己的方法,其结果要优于他通过学习某种与儿童没有多大关
系的诀窍所能达到的。儿童研究正确地看待教师所需要的那类培训,从而赋予 103
该项工作一种活力。我们教师是世上最尽职尽责的阶级,经常是过于尽职尽责地遵从所推荐的那类教学法却得不到充分回报。儿童研究对所掌握到的真理赋

① 首次发表于《国家教育协会会议录与演讲集》,1902 年,第 719—720 页。

② 本卷第 285—287 页(即本书边码,下同。——译者)。

予了生命力。

儿童研究带来了有关教育自身的一种不同观念。一个最新的教育进展曾是有关提取(drawing out)而非灌输(pouring in)的学说。但是所提取出来的东西被认为应该是知识,就好像儿童把世界吞掉了,然后必须应用方法把他所吞掉的东西从他身上提取出来。设想一个孩子在家里玩。他们并不是无所事事只等着东西被提取出来,而是一直在活动,满身力量,富有热情,无休无止。儿童研究彰显了儿童的活动,并试图寻找到这些活动循之可以自我引路的一条路径。

儿童研究带来了教育发展的重要意义。我们总是谈论这些,把儿童比作橡子,但那是一种诗意处理而不是科学方式。我们认识到,特定的特征显现于不同的成长时期,因而必须以不同的方式来处理。儿童研究有助于产生不同阶段的界定性和主导性的特征。生物学家谈论的是培育媒介。根据不同的媒介,他们得到低等甚至高等生命形式的不同结果;对于生命物本性的这种控制犹如对于机械活动一样是科学的。园艺家改良谷物和果实的技能并非猜测或偶然,因为他知道这种改良所必需的条件。可以肯定的是,当成长条件被更多地知道时,这一点最终可在人类发展中实现。要说有支配行星运行的法则,有化学、金属等等的法则,而心灵却没有它自身的法则可供利用,这是荒唐的。

讥笑儿童研究是多余的,就是说心灵并没有可被发现的法则。有一天,教育
104 史会提到有关这一时期的两三个重要事实,其中之一就是认识到体现于男女生之上的心灵具有可被发现的法则,而且这些法则的发现对于指引他们长出最为富足而优良的果实提供了基础。

致哈珀校长论男女同校的备忘录[①]

W·R·哈珀校长,我亲爱的先生:

在提交给评议会有关单独设立大专女生诵读室和实验室的提议上,我投反 105
对票。对此,我恭敬地提出如下理由:

1. 当初接受或不接受男女同校就是一件可以选择的事。既然接受了,我们大学就承担着一定的责任。这些责任延伸至这里及别处的女子教育事业。因此,必须把有关男女同校事业的提案所带来的影响考虑在内。按照这一提案所采取的做法将被公众普遍视为一种证据:至今所开展的男女同校一直都是失败的。将这样的污名贴在男女同校之上,乃当今时代所遇到的对于女子大学教育事业的最严重打击。那种做法将被处处引以为据,从而令人认为男女同校机构对男女同校感到遗憾并开始往后倒退。以有关男女同校的行政管理上所取得的进步之名来掩饰这种打击,最终也欺骗不了任何人。而且,那种做法不会令任何人满意。它一方面令男女同校的支持者不满,中西部尤其强烈,而且同样会被男女同校的反对者认为是对主要议题的一种毫无价值的回避。

2. 事实上这一议案会在校本部对男女同校带来有害影响。在过去 16 年
间,我已经教过混合型班级,包括二年级以及高级班的课。开始时我对男女同校 106
抱有偏见,我不仅作为个人而且作为一位心理学家科学地观察过这件事情。我成熟而坚定的信念是,男女同授课(co-instruction)不仅道德上有帮助而且理智

① 芝加哥大学图书馆特别收藏区《校长文件 1899—1925 年》(*Presidents' Papers*, 1899—1925)(复印件),1902 年 1 月 9 日,杜威致哈珀的函件。

上也是有益的。有鉴于此,评议员们支持单独教学的具体论证同时伴有对男女同校本身的不信任感,是并不令人吃惊的。此外,男女同授课是不可或缺的一种预防措施。要建立年轻男女之间的身体接触和社会交往而不先经过教室和实验室遭遇的克制和代偿,将会不负责任地引起困难并带来危险。如果那一提案被采用,我希望那些摩擦、所产生的令人不快的混乱、即将到来的丑闻会被认为是由于抛弃了男女同校的本质所在;然而我恐怕它们会被归咎于男女同校这一事业,并作为一个理由呼吁采取更进一步行动。

3. 一个自然的对策应该是通过同时为男女尤其是男子额外提供某种明确内容来解决目前形势下所存在的缺陷。放松对于男子社会生活、运动等等的严格监管,把更多的进取心和责任感引入他们的生活,这些将能更好地吸引和留住强壮男子。此外还可以修补现有教学和研究上的薄弱环节。考虑到年轻男子所想要的生活和功课类型,有一类男子将仅仅因为不得不按照同等条件与其同等人结交而不愿进入本校,这类人不是校方所想要或需要的。把为加强当前形势下某些明显弱点所需要的精力和金钱挪开而只是为了创造和培育一种"团体意识"(corporate consciousness)(最好描述为性别意识),这是有害的多余之举。

对于女子方面的事情,同样也是如此。要说女子出现时得避开男子,同时又辩称对女子将有越来越多的额外便利,这显然是不合逻辑的。然而经过探讨(一
107 直尚未有针对这个话题的探讨)或许可以表明,我们在更为专门适应于女子需要的课程方面是可以取得某些重大进展的。如果在经过成熟的考虑之后这种课程定会出现的话,那么我们所需要做的就应该是一种积极而有建设性的方式,而不是通过引入限制,激起病态感、性别划分以及对性别问题的持续关注。显然,这也会是更为经济的。

4. 任何要求(无论男子的还是女子的)大专课程摆脱更高等教学研究的控制和影响的方案,都是一种退步。

5. 经验证实了一种信念,即单独教学将逐步但必定导致对女子教育方面的学术标准降低。

6. 这一提议在形式上极具异议:(a)它是含糊的,它没有说单独的女子教学是强制性的或可选择的。(b)它是松散地得来的,虽然没有说同样的政策是否要拓展到本科的女子,但它开启的条件不可避免将带来这样的结果。我们很快会发现自己处于两难之中。在两年单独教学中所产生的情感、偏见和习俗,要么要

求继续单独化，要么困扰着本科的男女同校，产生持续而令人为难的摩擦——这些事实将被拿来反对男女同校本身。(c)它以一种令人厌恶的方式与财力条件联系在一起。有关根本和激进的教育改革的探讨和立法应该有一种基础并在一个平面上开展：在此丝毫不能让有关金钱投入方面的考虑来影响我们的判断力。

出于这些理由我投下了我反对的一票。

哲学与教育学系主任

约翰·杜威　敬上

致 A·K·帕克论男女同校的信函

108 芝加哥市芝加哥大学，1902 年 7 月 25 日

芝加哥大学记录员 A·K·帕克博士，亲爱的先生：

在有关尽可能在大专教学中把男女分开的提议上，我写下了我反对的一票，并在此附上以下理由：

第一，为支持该措施所提出的理由不够有力，很多相互矛盾，或者无关要旨。

这件事情上的举证责任是在正方而不在反方。本校从一开始就采取了某种行事原则和方针。采取这一立场，一开始就是很慎重的，完全知道所做之事的意义和结果。在这样做时已经产生了一种情境，涉及本校校方与共同体、教员和全体学生之间的信任以及合理期望的关系。唯有最有力的理由才能为根本上的政策变更提供辩护，因而，只能在本校全体员工以及共同体方面对所打算之事达到普遍理解之后，只能在做出一切努力确保所提出的措施不会造成有损大学的误解之后，才能变更政策。如此一种对既定原则的背离，不仅为了公平起见而且为了能够成功，比起要为既定路线上的某个措施或在至今尚未尝试的全新方向上
109 的某个措施提供辩护，显然都更加要求全体员工中的多数票。

我认为，提议中的改变（措施）理由不够严肃有力。为此，我提出以下意见：

(1) 那种提议具有根本的含糊性。这一提议的特征是教育上的还是行政管理上的？当有人提出，现有措施所面对的反对与今冬评议会票决的那个提议一样，即把教育原则与大学进一步物质繁荣的前景联系在一起（除了大楼现在被换成另一提议中的 150 万美元），其回答是，现在的提议是真正实在的：即它是一个纯粹教育上的问题。另一方面，当有人提出并不存在属于严格教育上的充分理

由，所提出的那些实际上都属于对男女同校的颠覆，其回答是：该措施实质上是大学总的扩张中一个行政管理上的细节，仅仅表明大学扩张可以最为成功地沿着何种路线。至于具体论证，一直是在转移论点。

关于这一点，可以提到：现在提交给评议会的这一提议，是大专教员通过的系列动议中的第七个，其他 6 个都全部涉及建筑工程和物质发展的问题；另外，该问题在呈报给评议会时的两种形式都是从其自身机构之外规划出来并提交给评议会的，因而未曾为积极而建设性地考虑替代方案提供任何机会。经过对替代方案的探讨和规划所形成的计划，有望比现有方案更为经济、更为有效地减缓当前的困难，它根本不会产生性别问题以及随之而来的危险，也将能直接确保我们当前所看到的提议中仅仅轻微触及的令人想要的院系发展结果。譬如，那些计划可以是把为诵读厅、实验室、图书馆这三方面所必需的大批资金一部分用于 110
建立独立的或综合的院系大楼。这同样也会减轻当前的困境；而且具有额外好处，能够确保基础大专课与高等研究课具有理智上的联系——这是前者要获得最大效能所依赖的唯一条件。

(2) 该措施受到了来自那些内心和本质上反对男女同校的人热忱而大量的支持。它受到他们真诚的欢迎，理由是："有总比没有好"，因为他们期望和渴求在将来的发展中它也能拓展至高年级课。另一方面，它是被作为有关男女同校的行政管理上的明显进步提出的，而这正是完全实现上述想法所必需的。

(3) 用于支持它的论据并不总是作为反对男女同校本身而提出的，但如果它们成立，显然会适用于男女同校的本质所在。这些论据为：

男孩和女孩各自因为异性的出现而转移注意；若他们更多想到的是彼此而不是他们的功课，后者就受到损害；男孩过于献殷勤而不能与女孩相竞争，因此在学业上落后；女孩在这一时期更加聪明和敏捷，男孩无论怎样都无法与之相比，因而变得泄气；教员在女学生在场时不得不表现出礼貌，结果教员就不能把所要求的苛刻的惩罚措施施加于男孩；男孩和女孩的头脑和兴趣很不同，因此他们需要不同的教学方式。

如果这些论据有什么作用的话，它们是适用于有关男女同校的根本原则和方针的。另一方面，如果作为提议的措施不伤害到男女同校，那么所有这些论据都必须消去。如果它们被消去，很多在教员大会上用以支持该措施所说的，以及相当大一部分赞成票，也都必须去掉。

111 (4) 论据说，单独教学将为更具阴柔色彩的学院生活和更具阳刚色彩的学院生活提供成长机会；在我看来，这隐含着对男女同校原则最为细致因此也最为深刻的批评。男女同校的根本原因就是，通过在理智探究和讨论中的联合，男女生熟知彼此的观点、想法和做事方法，并学会相互同情和尊重；这种理智上的同情和尊重是异性间真正所应具有的社会和道德态度的一个深刻因素。不同性别的个人彼此适应，这理所当然应该在某个生命时期进行。对于为正确调适而依据理智搭建起来的最有利客观条件，有意进行抑制，或者有意鼓励养成单独的情感、思想和行动习惯（以更具阴柔色彩和阳刚色彩的生活之名），这从根本上就革除了男女同校这一观念。这个论据隐含着，异性关系的真正基础是娱乐和消遣的生活，而不是相互竞争和合作着认真地追求真理。因而，作为提议的措施移除了男女同校的主要保障，而只留下其不断增加的弱点暴露在外。大学校园的四方院落为着社会目的彼此相接，但在理智目的上却相隔甚远，经常把我们引向愚蠢、轻浮甚至丑闻。当这样的结果出现时（它们必定会出现），它们会被归咎于其最初事业，还是被用作论据以在单独教育上走得更远？

(5) 有人主张：当女子初次远离家门来到学院时，她们需要一段安静和蔽护时期以适应新环境；而过后她们才能承受与男子同在一个教室下的压力。为何这个期间是两年，而不是三个月或三年？一个简单的事实是：在这些 19 岁到 20 岁的学生原先的各个学校里，一直有不断的彼此结交，他们甚至没有想到可能有某种不同的安排；而初次的困难和窘境倒是会出现在经过两年的分离，他们又突
112 然彼此交往，带着因为分离而固定的习惯，带着由此而在他们心中引起的假问题，带着许多人心中所产生的对任何此种结交的极度偏见。此外，根据由大学中最为成熟的女子即我们女校友的说法来看，她们的经历并没有告诉她们需要任何这样的人为保护，相反地，她们对其中的暗示表示憎恶。

(6) 其他论据是说科布厅（Cobb Hall）内的人满为患和近距离身体接触、那里存在过度的所谓访问量、楼梯和走廊被女生独占，等等。这些论据在逻辑上无关要旨，要不是为了表明它们对于激起对现有形势的一时不满以及应运而生对某种改变的要求起了重大作用，甚至就不会提到它们。显然，这些问题通过任何大楼扩建方案都能得到解决；而且，只要这样的方案启动，大部分真正对于现有体制的反对声将由于缺少有力的证据而逐渐消失。

(7) 一方面论证说女子人数的巨大增长会带来威胁，使得学校成为女性场

所(female seminary),另一方面又论证说这种变化对于父母和女性都有吸引力,使得我们能招收到许多否则会上女子大学的人,这会使得彼此矛盾。然而,值得注意的一个事实是:在采用所提政策的几所学院中,其中之一即科尔比学院(Colby College)的10年经历表明,在这种体制下,女子人数翻番而男子人数急剧下降。与此相关的还有职业学校的发展、特别吸引男子的优势增加,以及有关高级课程的教育开发,几乎一定会吸引大量的男子而足以完全排除所预想的风险。

第二,不论实际意向和愿望如何,该提议事实上将对我们大学以及其他各地的男女同校事业带来非常不利的影响。

(1) 它必然会在美国以及国外被引以为据,认为男女同校在芝加哥大学是 113
失败的,因而需要某种重大矫正。事实上,去年冬天,维也纳的一份德文报纸就公然提出了这样一个说法:男女同校在芝加哥大学已被废除,因为它在那里办得很失败;而这一事实又在该市被当真用作论据来反对给予女子进一步的教育权利。就其自身来看,这一事实可视为无足轻重而不予理会,但它预示了所必然会发生的事情。无疑,我们大学对女性高等教育事业负有某种道德义务,所采取的做法不能被那些反对此种教育的学校处处加以利用。

(2) 此提议往往会降低我们大学的女子教育水准。要在双方保持均衡是不可能的,反省以及经验都表明哪一方会遭受损失。逐步地但确信无疑地,女子会受损,我不会说是相当失败,但她们的教师会缺少强制、不愿费力而更富于情感。很少会有男教师采用在单教男生或男女生一起教时那同一种方法和标准来单教女生。

(3) 这一提议是对于我们男女生操行的一种不当考虑。它将普遍被认为是表明了过去学院男女生彼此关系的操行很是愚蠢或不道德因而需要谴责。无疑,没有人想要这样的批评;但同样确信的是,一定会得出这样的推论。

(4) 单独教学的趋势将把一种不良的贵族习气带进大学;它吸引一个班的男生和女生更多关注于社会娱乐以及沉湎其中所需要的财富,而不是引导他们从事严肃的工作。我们更有理由预示这种危险,考虑到所提出的改变是基于一种想法,即我们学校由于位于一个富裕而高度社会化的城市而必须形成一种与周围环境相符的建制而不是那种更为民主化的州立大学。

(5) 这种方案所达到的一定只是所应加以避免的——把注意力固定在性别 114

问题上。它立即使得来我们大学的学生关注性别问题,将其作为一种根本考虑以决定他们要接受的教育。出于其他理由,如果他们选择的是男女生可以一同诵读的任选区域,那会比纯粹强制的方案更好;然而,谈到把专注性别作为学院工作的基础这件事,那种规定就应该被反对。

(6) 该方案的范围很不明确,在许多重要点上我不知道我所要投票的那一措施的严格所指是什么。在1月份的毕业同学会致辞中,曾提出要在拓展男女生广泛选择权方面做些变化。评议会上的修正案大意是,应该尽可能提供男女生可在其中一同诵读的任选区域,该措施应该仅在必要时用,而不适用于选修的大专课程,但它被否决掉了,显然是被支持其主要议题的同一些成员否决的。该措施的范围也是不明确的。形式上它仅适用于大专课程,但大专课程和本科课程的划界是行政上而不是教育上的事情——也就是说,大多数本科生甚至是研究生都一直在上大专课程。一种自然的倾向将是,要么本科课程如此侵占大专课程使得所提出的方案在执行力上垮掉,要么为确保该措施在大专课程适用而将其进一步拓展至本科课程。而且,这种单独教学有可能在不具备直接针对该问题的立法程序的情况下拓展至整个本科阶段。已经有人提出,大专课程要发展到给予学士学位的程度,本科是为职业和准职业工作而用的。除此之外,有可能会有本科选修课不断转移到大专,尤其是在热心促成该方案而不真心支持男女同校原则的院系,而且这整件事已经在做了。

115 **第三**,将会有某种行政管理上的困难不断激起摩擦。把教员分别分配到男生部和女生部;对支持男女同校并相信如果不男女同授课就不可能实现男女同校的院系教员进行强制,或者(如果没有强制的话)允许自由选择却不断造成不同院系之间的恶性攀比,这些都显示了其中的一些困难。

第四,有关把大专建造为大学体系中一个特色的实验乃最为重要的教育问题,这个问题有望在好的机会下产生广泛影响。通过试图同时建造两个大专院校并沿着性别路线引入更多试验,而将这种成功的可能性变得复杂化和更为困难,使得有关其所达到的结果的解释变得模糊,这难道不是一种错误吗?

第五,或者该实验与其他规划方案相比不会花费更多资金,而这种情况下就必然损及工作质量;或者它将绝对更为昂贵,而所有这些额外支出都会把我们的注意力从院系发展的当前需求下转移开。

第六,所提出的这一措施使得共同体和国家都认为是我们大学提出了性别

议题。

没有任何问题如性别问题那样会令公众情绪对之具有如此深刻而广泛的敏感性。甚至劳工问题也要相形见绌。即便在论据上承认许多甚至大多数的先前说法都没有充分根据，有一点仍旧是事实，即当一种体制在性别关系上采取了某种政策之后，若该共同体中大多数人没有从内心相信要么它被认为有害于女性利益要么它不论意向如何却在事实上产生那样的结果，该政策就不可能改变。这样一种形势充满了危险。任何大学，不论其财力资源如何雄厚，都不能镇定地
筹划一种提议，使得自己成为尖刻争辩的中心并趋于降低自己对共同体道德信 116
念的掌控。

约翰·杜威谨上

书　评

分析心理学实用手册[①]

莱特纳·魏特默(Lightner Witmer)著

波士顿与伦敦:吉恩出版公司,1902 年

近期很少有哲学或心理学著作比本书更为关注一种确切需求,或者更能满 119
足这种需求。它是“可由非专业学生从事的一系列实验”,很少需要教师的讲解,也不需要昂贵的仪器。这样,它就为任何优秀的在用心理学课本提供了很有价值的补充。当然,它也可用作独立手册和引导手册,因为其中的实验涉及统觉、注意、联想、空间感,以及感知分析(三个构思巧妙的题目中最差的一个)等论题,而且是有顺序的。但是,我认为,其最大的用处在于:教师和学生用来强化、阐明和具体化的那些在较为理论性著作中所出现的原理。引用我完全赞同的魏特默博士的一句话:“这本手册所要提供的满意服务,更多是把那些将要成为教师的人的注意力从对心理学和教育学权威的不良附从转向对自身观察和反省能力的信心和独立性。”我要接着说,本书是完全有资格完成这一任务的。其中处处显示出对教师和学生需求的适应性。如果恰当地用于师范学校,我期望它将成为教学准备的最重要助手。在纯一般性的理论与不阐释一般原理的、复杂而琐碎的、对教师几乎没什么价值的实验资料之间,它选择了恰当的中间道路。

① 首次发表于《学校评论》(*School Review*),第 10 卷(1902 年),第 412 页。

世界与个体

——吉福德系列讲演之二:自然、人与道德秩序[1]

乔赛亚·罗伊斯(Josiah Royce)著

纽约:麦克米兰公司;伦敦:麦克米兰公司,1901年

120 在本卷中,罗伊斯教授发展了他在吉福德系列讲演之一中所阐述的一般存有(Being)理论,将其运用到在人所拥有的人类经验(human experience as human)方面所产生的大量特殊问题上。本书的副标题指出了所选择的这些问题的一般性:自然,人与道德秩序。至少出于评论之目的,我们可以把罗伊斯先生的讨论作某种不同的划分,把前三章放在一起,归为有关我们对经验的理智组织的某些阶段的解释;把第四章和第五章归在一起,作为对于自然本身的解说;把最后五章归在一个总标题下:论自我和个体,特别涉及其中的道德问题。然而,这些部分之间的调衡(modulation)是微妙的,尤其是,在整个有关自我的讨论中一直混杂着把对个体的处理一方面与自然、另一方面与道德行动联系起来。

有关理智经验的首要问题是,尽管特殊事实正好相反,为这样一种概念作辩护:不论多么神秘、不完整、细节不清,它所揭示的是一种整体、完满和绝对的统一性,在这种统一性中存有完全等同于意义。构成问题的是这样一种事实:我们的经验无疑是有限的、不完全的;其中意义与存有相分离;我们所具有的这类意义或观念似乎受到抵制,被异己的、顽抗的、强迫性的事实决定着——这里意义似乎决定于一种绝非意义的实在。对于问题的解决是,要认识到:这种顽强的他
121 者之所以抑制和强迫我们的意志和意义,并非说它们是真实的和适当的,而是因为它们的局限性和片断性。正是通过这种抵制,为一种更充分目的和一种更完整实现提供了资料。我们认识事实,这种事情并不是记录下某种完全外在于我

[1] 首次发表于《哲学评论》,第2卷(1902年),第392—407页。

们的东西，而是借助意志力确认其自身基础或预设以及为其自身完整性所必需的东西。或者说，“于是，事实是我们现有意志所隐含和预设的东西，同时也为此而在某一方面不同于我发现自己此时此地正产生、实现和达到的东西”(第28页)。因此我们所经验到的事实有一种两面性。它们最普遍的特征是“把它们所谓的‘顽抗性’或‘外在性’与同样真实的对我们意图的表达性综合起来”(第30页)。实在对于我们是一种“应然”。它是意志所应认识到的；但“应然”在此并不像在道德上那样等同于强制。意志所应认识到的那种东西正是其自己的完整自我。特殊事实似乎限制、约束和决定着我们，但它们由此使得“我们现在甚至比起我们没有了解这些事实时能更好地实现我们的意志”(第41页)。在此，经验主义可能就与唯心主义一致了。现有意志和意义由于是有限的，必须等待来自现有自我之外的指示，以便能够查清其真正所是；它不能预言细节，更不能把事实世界浇铸在自己现有的意义中。但开始之时是带着意义的，而且经验上获得的每一事实都有助于进一步判断意义真正意味着什么。它取决于并指向于观念在实在之中的完美体现。而这就是唯心主义。

在贯彻从他者了解我们自己意志所是或所意谓这一原则时，我们发现自己承诺了这样一个原则：暂时把我们现有意图搁置一边，让自己专注于通过寻求事实本身而实现意图。这种寻求显现在辨别性的注意行为(the act of attention)中。注意行为为我们把现在刚好所确认者从“全域其他部分”中辨别出来。但这种区分(distinction)并不是隔离性的。对于现有事实的辨别本身就隐含着，我们 122
也一般性地把全域其他部分确认为真实的。我们的兴趣是局部的，但正是这一局部性隐含着：在注意力移开之时它仍旧确认有全域其他部分在那里，因而将其当作应加以关注的东西。“我们意识中暂时注意的每一次小变化都是一种微弱进步，借此我们开始不断弥补困扰我们意识形式的那种宛如原罪一样的东西。”(第58页)

由此，我们得到了一系列的辨别。每一次注意行为都是离散的，但它隐含的又是接连的注意或辨别，在其中它自己的缺陷将得到补偿。它要求连续性，但它能达到连续性的唯一途径就是借助于系列之上离散着的各点。因而所有辨别所采取的形式也都是划分(classification)或关系性(relationship)。我们试图发现我们所处理的两个离散项“之间”的某种东西：据此它们才能得以辨认。只要这种寻求成功，我们接连的行为就表现于一种变成为复杂序系统(a complex ordersystem)的客观系列之中。我们拥有规律,正是因为在系列的变化之内“那些正在经历转型的对象上有某种特定性质没有改变”(第 94 页)。

这样彼此相关作为离散元素有序系列的事实,构成了描述世界(the World of Description)。它是一个抽象而非真实的世界,恰恰因为在这种辨别过程中我们暂时放弃了意志或意图——它们主动确认而构成的是评价世界(the World of Appreciation),而非描述世界——而令自己专心发现某个或任一意志的可能含义。因为这种抽象性,描述世界的对象可以任意次序得以陈述,而意志的行为必然显示为一种不可逆的系列。但是,由辨别性有序性事实所组成的世界却预设了辨别性意志。科学家的客观世界,不论其本身如何缺少某种连续一系列的自觉意图,仍旧预设了科学家借以进行观察和构造的有意志的系列行为。因而我
123 们至少有理由猜测,描述态度(the descriptive attitude)试图通过插入相连环节而将之形成连续统一体的内容系列,最终不过是其中显示有完整意志的自表现性行为世界(the world of self-representative acts)的一种图像或映像。

事实世界作为注意对象是现在的,这种观念在时间性上遇到了困难。过去和未来如何能在某种意义上是现在的?对此回答的关键在于这样一个事实:即便在知觉时间中,在我们所实际经历过的时间中,也预先有一个其中可区分出前后时间差别的连续整体。我们所看到的系列(succession)是一种现在的整体,“现在的”(present)意思是说它是即刻所知道的。我们的时间经验不是那种数学上不可再分的瞬间,而是一种由前身到后继的经过或转变。系列是一种某物达到自身目标满足的运动。“我们时间的经验形式因而是意志本身的一种特别形式。……系列中每一部分就其所是而言(in so far as when it is)都是现在的,所不再是者和所尚未是者两者都与这个现在处于极其重要的关系之中。”(第 124—125 页)概念上的时间,作为时间系列的世界,呈现出完全一样的特征。“我们把过去看作是导向性的,看作是指向未来方向的,如此一来未来就在其意义上依赖于过去,而过去反过来将其意义作为一种期待未来的过程。”(第 132 页)时间本身是有限的,因为它标志着由不完满达到自身完满的运动。但整体上的时间世界同时又是一个永恒世界。有限观念的出现必须在本质上是时间性的,因为作为片断性的它是瞄准或朝向其自身完满而运动的。但是,由于此种满足存在,由于存有之本性实际上就是满足,时间世界就是对于绝对者完整实现的现在,而就这种完整呈现而言它就是永恒的。在时间过程本身中,系列中每一事

件都排除了前后成分。但被经验系列中的所有成分"对于任何去观察作为整体之整个系列的意识来说都是**同时性的**"(第138—139页)。

在道理上,整个时间系列显现于绝对者,因而绝对经验对于**所有**时间,犹如 124
我们的意识对于某部分时间;它一次性地为其提供了有关过去、现在和未来的所有区分。永恒秩序因此在本质上并非不同于时间秩序;它不过是绝对者一劳永逸所认识到的全部的本质秩序。

正如已经指出的,描述世界是我们在认识到自我意志的不充分性时试图查明意志**何以**显示在有关普遍经验的事实中的结果。评价世界是我们对自我意志此刻所寻求者为**何物**的识别。我们知道,我们意志要求得到评价的不仅仅是内容,而且是不同于我们的他人意志。因而描述世界从来不是一个完整真理:它必须根据评价世界而得以解释。[1]

我们对自然之实在性的信念"与我们对我们同伴(fellow-men)之存在的信念不可分割地联系在一起"(第165—166页)。自然是人类经验的共同领域;实在的对象不过是为我们同伴和自身共有的东西。因而它实质上是一种社会工具——其用作特定合作行为的共同基础。所谓严格齐一的自然规律不过是更为一般化的手段,用于构想并在社会上交流特定的行动计划。对于有关自然的机械法则的发现一直是组织特定社会习俗的一种条件。因为我们把自然看作为一
种在社会上具有重大意义的工具,于是自然最能在社会上起作用即暗示不变规 125
律的那一方面开始被认为是自然的本质特征。于是这种机械概念不是什么公理,甚至不是得以确立的经验的概括;它拥有现在的权威乃是因为我们对发现齐一性作为社会合作基础具有社会兴趣。我们必须防止因此种社会兴趣而让我们看不到自然的其他方面,或使我们相信自然不过只是一种不变的齐一性。把自然仅仅作为纯机械法则的宝库,将会成为人类中心主义——即将把我们的社会

---

① 然而,我在罗伊斯教授的讨论中并未发现有任何根据来区分有关我们意志欲求**何物**与我们意志**何以**显示的问题。要知道意志欲求何物,这恰恰就是知道它何以得到表现。这一点正是内在意义与外在意义的区分及关系所要谈到的。描述世界的出现(尤其参看第310页),仅仅是因为若不充分了解我们的意图就不能直接着手表达。另一方面,他为个人实在性设立了一种判据,即我们同伴为我们自身意义提供所需要的补充,他们作为地方中心把意义分给我们(第172—174页),这也同样适用于所有我们对于对象的知识和交流。根据这一理论,要么所有事物都应是个人(因为它们也是有助于达到满足的意义体现),要么所有个人都应是事物——对于满足我们已部分拥有的意义,仅仅具有补充作用。

需求作为最终需求。

在发现位于我们机械法则的设定基础之下的人类动机后，我们把心灵与物质之间的二元论弱化了。进化概念又进一步打破了这种二元论。进化填补了心灵与物质之间的巨大鸿沟，并由此为我们提出了问题：连接两端的真实纽带是什么呢？罗伊斯教授一开始回答这个问题是通过指出：我们描述世界中的法则并非平实的(literal)经验真理，而是些理想构设，"我们借以总结所观察事实的便利观念"(第 215—216 页)。与它们形成鲜明对照的是某些别的属于平实陈述的概括——譬如有机体变老但从不变幼。这些符号法则与平实法则之间的一个重大区别是，前者刻画的是可逆过程，而后者刻画的却是不可逆过程。前者仅仅适用于物质，而不可逆法则却是为物质和心灵共有的。我们在心灵和物质之间发现可强调的差别，那是在抽象和理想的构造领域；我们发现物质和心灵现象之间具有共同的一种过程，那是在更为平实、现实和直接观察的领域。其二，物质和心灵事实都包含一种各部分彼此连接的趋势。观念吸收其他的观念；在物质方面所谓的波运动构成了类似的传播。再者，物质世界和心灵世界都显示一种形成习惯的趋势。物理自然(physical nature)趋于形成节奏。然而这些节奏并不是
126 绝对不变的；如果我们从足够长的时间段来看，它们会消失或减弱。有人提出，看起来固定的自然过程最终所具有的不过是与有意识存有中相同的一种相对稳定的习惯。或许，"事物的内在本性并不是理想不变的，而仅仅是相对稳定的，结果在我们意识的流畅生命中，我们所直接知道的乃一种过程：其内在流畅性在足以发生重要变化的较长时间间隔下未被我们看到，而所见物质过程看似绝对的稳定性实际上不过是其另一种情形"(第 223 页)。

最后，进化过程本身是为心灵自然与物质自然共有的。结果，这四种共同性向我们暗示一种印象和一种假说。印象是说，通常在物质过程与意识过程之间所作的对比"仅仅在于人们观点的偶然"(第 224 页)。假说是指，实际上的物质过程正如发生于我们自身之中的那些是有意识的；但其发生速率不同于我们的，因而在它们的与我们的之间不存在自由沟通。自然可看作是一个巨大意识过程的现象指号；它是一种有限意识，正如我们自己的意识一样，其中有一种互动存在于习惯与新奇之间、不可更改的存留物与重复或持续出现者之间。在此基础上，"我们的假说所赋予无机自然的那种流畅的内部经验就是对一种极庄严时间跨度的有限经验，因而无机世界中的物质区域对于我们就是一种现象指号，代表

至少有一种同类造物(fellow-creature)或许花费10亿年才完成它意识中的片刻,结果在我们从有关它出现的所予指号中仅仅看到无变化的永恒事实的地方,它在其内在生命中面对的却是刹那间的重大改变”(第228页)。于是,对于进化所给出的解释是:它是由于“在这个有意识生命世界上有数量庞大的相对独立的诸区域之间存在连续不断的内部交流”(第229页)。

每一自然过程,从内部来看,都是对于理想的追求。因而并没有僵死的或纯
物质的自然,也没有出自物质的心灵进化。有的只是我们经验中新鲜元素或事 127
实借此得以产生的内部交流。这种连续的接受和传送,引起了我们将称为成长或发展的东西。“这种进化学说的本质在于这一事实:它认识到了人的生命与人类之外领域生命的连续性,后者的存在是由我们有关自然的经验向我们暗示出来的。”(第242页)①

由此,我们进入了第二个主要部分——人的自我。罗伊斯教授一开始就提请我们注意:(1)传统的自我学说是含糊不清的,一面看是对于其尊严和价值的提升,另一面看是通过断言其具有“自私性”和需要重生而对其贬抑;(2)实际上和经验上所知道的那种自我是各式各样的,它每天而且几乎时刻都在变化。对于这种理论上的含糊性和事实上的不稳定性,作者发现是源于这样一个事实:经验上的自我意识依赖于一系列与我们社会经验紧密相连的对比效应。个体对于自身的界定是通过把自己的欲望和目标与那些同处一个社会情境下的其他人对比。因而,由于其他因素是变化的,自我也就变化。

理论观点上的含糊性是由于这样一个事实:现有自我,由于是有限的,本质 128

① 可以说,在此,我们拥有了前一注释中被认为缺少的用于识别个人与事物的基础:“个人”乃其精神过程的时间速率很类似于我们自己的因而使得我们能开始与它直接交往;“事物”属于其时间速率完全不同于我们自身的某种意识。这样说,可能是对的;但紧接着,之前通过连续重现的辨识行为对于描述世界的精细发展,以及认为描述世界与评价世界的区分在于它为不同种意识所共有且作为它们之间的合作基础,又该会变成怎样呢?然而,我不认为自己是这方面一个合格的批评家;这整个“自然”学说,对于我过于高深,我难以企及。坦率地说,若没有进一步根据而只是某些含糊类比,又包含一个很不可靠的命题即某些关于不可逆过程的“真理”,比起机械法则在其客观有效性上更为平实和现实,我不相信这些思辨构设除了能给哲学带来坏名声之外还能起到什么作用。我相信,正是这类东西使得常识人以及科学人怀有那种对于形而上学的极普通看法。无论如何,不清楚罗伊斯教授凭什么突然背弃理想构设而退守真实经验——鉴于他整个存有理论的根基乃不信任具有片断性、纯暗示性、短暂性等等的平实经验,而支持对于我们意识类型来说必定属于且永远为完全理想性构设的东西。

上是片断性的；它需要在作为其自身统一性的绝对自我中实现。处于多样而混乱变化中的自我努力拥有或创造某一原则，即某种最为重要的对比，以将其与所有他者相区分开，通过认识到这一点，对比效应这一经验原则被给予一种理性的或哲学的意义。经验"我"(Ego)最为稳定的特征正是一种**一般性**的对比事实——想有所不同或有所独特的意志。绝对者之中的真正自我是与每一他者形成对照的一个显著不同的意义或意图。因而在绝对存有的世界里，各个保有其自己的个体性：有别于其他自我，是的，甚至有别于绝对自我。我们的生活计划是相互对比的生活计划，而且每一个要达到自身实现都唯有通过某人自我及他者自我认识到这种对比。除了多种多样的独特意义或意志，绝对意义或意志是不可能存在的。由于是有限的，我们是上帝有意识加以满足的渴望(longings)；而反过来有意识的实现又预设了有意识的渴望。神的圆满要求我们的不完满。不作为过程之目的的目的是无意义的(第299—304页各处，及第308页)。

在如此确定了自我在绝对存有中的位置之后，罗伊斯教授转向自我在时间世界中的地位，特别涉及有关新自我出现的问题。该问题是说新的生命意图的显现。罗伊斯教授在解释时重新提到了辨别性注意理论：据此，新的成员作为中间项被连续插入两端(其统一性正是所要寻求的)之间，由此构建起一个系列。为了界定自身，经验自我把他者从自我中分辨出，把自我从他者中分辨出。这唯有通过模仿才会发生。但模仿既不是借助于他先前的意志或自我的力量进行纯粹的重复，又不是对被模仿自我的简单重复。它是对新自我的第三种构造：在从先前自我和他人自我中吸收进某种东西后，可以说，新自我位于它们之间。因而，历史自我就是一系列的居间结果，借此相对无关的自我变得更为相关。

129 罗伊斯教授然后作了"一个完全试探性的假说：自然中新意识形式的进化过程全都属于这同一种一般类型"(第315页)。也就是说，自然中新自我的显现类似于同一有限自我内部自我界定新模式的显现。"性生殖类似于有意识模仿的过程"(第315—316页)，而无性生殖的过程就像这样一种人类行动：个体在心中已经拥有特定意图后做试验性的努力，而不进行模仿。要评价所辨别出的内容如何看似新的自我，我们只须假定：在由辨别过程而产生出的中间条件项中，有某些变得不仅对于它们在时间系列中的位置有意识，而且对于它们在绝对者中的关系有意识。因为在这样一种情况下，它们将"把自己的生活界定为具有个性意义的，认为它们的目标就是绝对者"(第321页)。作为与绝对者有关的意义，它们在经过它们所源起的有穷的试验意图后存留下来。①

现在我们要谈到一个独特的道德问题。有关道德秩序的设定有：(1)自我在选择上是自由的；(2)因而道德上的好以及道德上的坏是实在的——因为不然就不会有替代，不会有选择；(3)是有可能通过个体的正确选择而在客观秩序上获得真正进步的——因为除非选择能在事物上带来真正差别，否则就不会有真正的自由。但是，在一个永远作为绝对存有之补充的世界上，如何真的会存在选择、真实的恶以及令事情更好或更坏呢？在这样一个世界上，难道不是：每一貌
似选择实际上均为一种永远在绝对者中完成和知道的行为，原本就是这样，它不 130
可能成为别的样子？在这样一个世界上，看起来，要么不存在恶，要么恶是绝对者借以获得自身完满的一种手段因而绝非个体所为。

解决这些难题的一个原则在于："把存有的时间向度与永恒向度真正地区分、真正地联系起来。"(第 347 页)有穷自我寻求但并不知道绝对者，因此绝对者看似一种他者。于是片断性自我可以有两种路线。它要想获得自身统一性，可以或者通过遵从身外的世界，或者通过令外部世界屈从于自身现有的狭隘性。不要通过理性地服从绝对者法则来寻求完满，相反它可以试着通过自身片断性的见识和意向来掌握世界。于是，它可以或者伸展而进入一个更大的整体，或者设法把后者收缩到自己的小空间。正是这样的选择使得善恶产生了意义。

选择的可能性包含在注意的本性中。就我们关注应然来说，我们只能根据应然来行动。注意之本质是把知识与行事联结起来。但注意包含有不注意，我们可以选择忽视、遗忘所认识到的应然。注意可以固定于私人自我；在把应然排除在我们注意之外时，我们阻止它对我们的行动带来直接影响。而这种忽视和遗忘是罪恶。虽然忽视了，但它是恶，因为它是有意选择的，它刻意去忘记(第

① 我们可能不禁产生一个问题。由于根据该理论每一意义都是有意识的而且与绝对者相关，何以会说某些能意识到它们的关系并因而靠自身而设立为新的有穷自我，而其他的不能意识到这种关系因而被认为是某有穷自我内部的条件项？无疑，所有时间性的意义都处于同一平面上；而所有永恒意义都处于同一平面上。于是为何会有这种糟糕的区分：为何某些仅仅停留在对于时间性的意识，而其他的能成功获得有关永恒性的意识？此外，独特自我对于其自身的意识仅仅凭借自身的系列条件项。为何这些条件项不因而将它们自身隔离起来而显现为"个人"？罗伊斯教授似乎没有标准来区分开"自我"及其自身"状态"。

357—359 页各处)。[①]

131 有一种异议是说，即便罪恶行为也必定有助于上帝之完满，独特性在整体中的实现方式是任何他者都不能取代的。罗伊斯教授对此的回答，是通过回到对于时间秩序和永恒秩序的定义。所有时间性或有穷的事实本身都是恶，因为"从其自身来看"，它们都没有充分的意义，因而令我们有所求和不满。但这种有所求因而这种有穷的恶是必要的，因为没它就不可能意识到发现和实现，就没有绝对者。但是，无疑，如果有穷事实是恶，那么它就能产生更多的恶。虽然这种恶在绝对者中必定会废除，然而这种废除并不源于恶本身，而是源于其他(或者是同一种力量的或者是某种其他自我的)阻碍、改正和弥补恶的意志。虽然如此达到的善无疑要高于若没有恶而将存在的善，然而它的出现不是因为恶的意志，而是因为某种其他意志认识到了此种恶将会否定什么(第 365—266 页各处)。[②]

在第九章中，罗伊斯教授考察的是与恶的斗争，特别涉及我们在这种斗争中的安慰，以及它与勇气、忍耐、听从、希望等德性的关系。他特别讨论了该问题的两个方面。如我们已经指出的，有穷的和时间性生命本身在本质上多少令人不
132 满，因而也是恶的。因此，不满是每一时间性存有的普遍经验。我们还说过，灾难(ill)在时间秩序中的出现也正是永恒秩序得以完满的一种条件。"要是没有时间性上的渴望，就不会有永恒性上的安宁。"(第 386 页)因而，我们在斗争中的安慰在于意识到：对我们有穷性的悲痛就等于上帝自己的悲痛，这些悲痛具有在

---

① 这似乎是一个极为天真的丐辞(begging of the question)。其前提为：注意是"我们借以开始知道真理的一种行为，是我们借以通向外部行事的一种行为"(第 355 页)。观念是一种初生性行事；对其进行关注，它就变成了一种完成性的行事。然而，罗伊斯教授认为，除非应然已被知道或认识到，就不存在恶。不过，认识到它显然就是对它有注意。于是，我们何以避免不根据它来行动呢？哎呀，罗伊斯教授回答说，只要通过不注意或通过遗忘；我们不能直接从注意到达非行动，但我们可以通过遗忘而从注意到达非行动！但何以遗忘呢？如何才能不去注意？这似乎是一种哲学原则：既有概念所禁止掉的就不可能仅仅通过改变名字而获得。

② 这里出现了两个重大困难。首先，在任何**特殊**情况下，有穷意志何以能区分开通往实现的行为与约束限制实现的行为？这是我们的前一个困难：所有行为作为时间性的都处在同一平面上，所有行为作为永恒性的也都处在同一平面上，而罗伊斯教授似乎把某一行为看作**纯粹**时间性而把另一行为看作**纯粹**永恒性的。而这又引出了第二个困难：某个有穷意志何以真正是善的，如果所有时间性和有穷的意志本身都是恶？罗伊斯教授视之为整个问题关键的时间秩序与永恒秩序之间的区分是一种总体性区分。它同样适用于每一个别行为。虽然要区分某个观念比另一观念更真或更假、某个行为比另一行为更好或更坏，绝对不可少的是要承认永恒性可在带有有穷意义的单个片断中看到并因而使得它成为好的或更好的，但这却引入了一种原则，涉及对于罗伊斯教授绝对存有这一根本概念的全部修正。

神生命中的意图和意义，因此是重大的悲痛；而且还在于确信：上帝在永恒秩序中的实现——我们所分有的一种实现——正是通过这种痛苦磨难而达到的。我们可能知道，上帝悲痛于我们并与我们一起悲痛，而且这种悲痛多少有助于最终的完满。该问题的另一方面是说，我们受苦的具体内容是某个体有穷意志的结果。“道德上恶的行事与人类的厄运是时间秩序中密不可分的向度。”(第389页)这样，我们遭受其他意志(不为我们所知，而且它们有许多无疑是人之外的)结果之苦就表示我们有机地参与到了一种无穷意义于其中得以实现的无穷经验领域中。而如果这一事实给我们带来了悲痛，它同时也为我们带来了慰藉和勇气。除非一个人能危害到另一个人，他不可能帮助他；而在个人既不能为害又不能施助时，就不可能有任何重大道德任务。在这样一种基础上，道德生活所培养的只不过是“一种既空洞又无用的纯粹空虚和形式虔诚”(第403页)。受苦于另一人的恶习，如果正确解释的话，就是一件值得欣喜的事情：其中我们可能“发现至少在一种情况下我们自己对我们共同人性之弥补工作的参与清楚地呈现于我眼前”(第392页)。

最后一章讨论的是上帝与人的统一。概括地讲，这不过是前面讨论的一种总结，特别谈及了时间性与永恒性的关系，并进一步说明了它与人不朽性问题的关系。因为我将联系到这些问题中前面一个来谈论我所要作的批评，我在此仅仅涉及不朽性问题。与绝对者的有限统一，永恒性不过是作为整体所知道的时间过程这一事实，这些在结果上必然蕴涵着一种不朽的个体生命。个体性在我们现有有穷形式的意识中不可能达到。我们只有在绝对者中才是真实的个体。 133
因而我们必须“以一种比我们现在所了解的更高级的形式”意识到他之中的自我(第445页)。其次，死之本性，在由罗伊斯教授所理想化界定的那类全域中，隐含着不朽性。死所指的是一种意图或意义的消失或废除，还未及此种意义最后达到完成或表示为其所想要的个体完整性。但每一真实的事实都是有意识的事实，因而一种被废除的意图**其本身**(as such)必定被知道。它只能被某个有意识的存有知道，他会说：这就是我的意图，但暂时我不再追求它的具身。而这再一次意味着“任何随他未表达意义一同死去的人，他作为个体活着就是为了看到在永恒世界中他独特的意义最终表示在他因死而终结的生命之后的一种生命中”(第443页)。换言之，整个个体必须认识到被废除的意图乃他自己生命中、在实现自己真正意图过程中的一个偶然。第三，设定于个体之上的任务即在绝对者之中完成他独特的功能，并不是一个可以终结的任务。总是有尚未实现的意义，因为每一新行动都创造一种要求有新行事的新情境。

对于这整个学说的最后总结是："尽管有上帝的绝对统一性，我们作为个体保有并达到了我们独特的生命和意义，而且我们并不消逝于支撑我们的那个生命中，那个生命需要我们作为它自己的表达。这个生命由于我们所有人而是真实的；而我们由于与该生命统一在一起而是真实的。"（第 452 页）

在结束这篇评论时，我要承认某种难处。试图用报刊文章的几段话来批评一个 450 页的精细而全面的哲学论证，是荒谬的。试图这样做，会令人成为一个吹毛求疵者。然而罗伊斯教授的著作正是因为其根本性，迫使我们作内心反省。我们阅读该书时，不可能不激起赞同或异议，不可能不想阐明自己赞同或异议的
134 理由。就我自己来说，我发现最后的结果是一种异议，其深刻性犹如罗伊斯教授向我们提出的关于存有的形而上学理论一样。所以在结尾时我将简要陈述一下这种异议，虽然不是对罗伊斯教授的批评，但所表达的却是我自己的反应。

在我对于其前一卷的书评①中，我实际上曾说过，罗伊斯教授在我看来正在尝试一项自相矛盾的任务。一方面，我们现实经验的片断性、过渡性被放大了；这是借以达到有关绝对者界定方法之本质，它在相比之下提供了有关绝对者的界定内容。另一方面又一直认为有某种有机关系在绝对者和有穷者、完全者和片断者之间，只有据此，后者才被附上某种意义。没有这样的同一性，就没有任何基础去赋予有穷者某种有价值的性质内容。绝对者作为绝对，最终必须包括片断者，因而片断者不可能真正是片断的。罗伊斯教授的用语"以其自身来看"运用到有穷者时是明显的丐辞。我意识到，本卷中有许多内容无疑不能为我所理解，而且我的心智方法无疑歪曲了本卷中的某些内容，但我仍旧一定要说：对于这新的一卷经过认真的研究后，更强化了我对于上一卷中的矛盾的信念。在第 417 页上，他谈到一种"本体论关系，在正确看待之下，它似乎把你自己甚至包括所有弱点与上帝这一生命、把整个宇宙与每一个体的意义联系在一起"。他说："不仅不论我们有穷者的束缚怎样，而且正是因为它所意味和隐含的东西，我们充满了上帝的神灵和自由。"承认所有这些后，罗伊斯教授如此强调的有穷性和片断性又变成怎样的结果呢？绝对者有机地进入"片断性的"意识，它给予此

①《哲学评论》，第 9 卷，第 311 页；参见《杜威中期著作》，第 1 卷，第 241—256 页。

种片断性意识一种*现在的、即时的*(临时的)绝对意义。老实说,罗伊斯教授总是有两种片断性:一种片断是我们自身之中的,另一种是其绝对者之中的。在这两者之间,他来回摇摆。

一方面,他说我们经验的最终意义“简直不会表现在我们人现在所掌握的*那* 135
类经验中”(第 266 页)。再有,“任何人真正个体性的自我都最终表现于与我们人现在所拥有的*有所不同的某种意识形式中*”(第 269 页)。再有,“在上帝之中,每一个体自我,不论其时间延续看起来多么微小,都永恒地拥有与我们现在闪现的这种可朽意识形式*全然不同的一种意识形式*”[1](第 435 页,每一句中的斜体[2]均由我自己所加)。在所有这些情形下,它所断定的都是一种不同类型或形式的意识。本卷中至少有一半的整体主旨都是绝对者对于有穷意识的这种根本超越。然而,另一方面,这种有穷意识是在而且必定已经在绝对者*之中*;并且,绝对者也是在而且必定已经*在它之中*。罗伊斯教授的整个形而上学在我看来,弥漫着这种复视觉、复制品的幻象。

以第 381 页上这样一段话为例,“如此,任何时间事实本质上多少令人不满,因而也是恶的。……在时间性上对于意志不存在有意识的满足”,并将其与第 411 页到 427 页上那些段落比照。“因为我们的时间生命正是对永恒胜利的表达”;再有,“此时此刻,……是具有独特价值的一种时间表达:上帝若不知道这种有穷努力,将错失对于永恒世界完美的一次实现。即刻的时间短暂在此并不构成对于其永恒含义的障碍”。罗伊斯教授似乎对时间以及对永恒性各有两种观点。一方面,每一个阶段的时间过程都同样是片断性和有穷的。永恒性只不过是所有一起作为知识对象的那种时间过程。这时永恒性与任何*特殊的*时间部分之间没有有机关系。另一种观点是说,整个时间过程的意义以某种方式显现于
此过程的各个成分中。每一经验部分都有一种永恒意义,因为它实际上在其自 136
身含义(significance)中体现了所有他者的意义,并在绝对者之中与所有他者相连。

我们来看罗伊斯教授大量运用的“曲调”隐喻。曲调作为现有整体,并不仅仅因为在演唱或演奏之后,我们想起了这样一个事实:它连续不断的所有音符构

[1] 然而,我们的意识是不朽的,而且没有任何时刻会比其他时刻更好!

[2] 英文原版中的斜体在中文版中均改为楷体,下同。——译者

成了一个曲调。“现有的整体知识”(第418页),并不构成作为曲调的一种曲调。否则对于任何可能的系列噪音的知识将构成一种曲调,只要它变成了单独认知行为的对象。某曲调之所以能成为一种曲调正是因为:没有任何音符是“片断性的”,而且由于它们各个都是在系列之中被经验到的,每一个都以某种方式在自身意义之内带有所有其他音符的意义。把此种隐喻一致性地应用到作为时间过程的人类经验中,这涉及对于罗伊斯教授认为我们经验的有穷性表示有另一类型或形式的某种经验的所有语句进行重写。这些音符完全不在与那种关指它们瞬间变化的意识有所不同的某种其他意识中构成一种曲调。这种其他类型的意识纯粹是符号,它让我们想起:曾经有如此这般的一种曲调以其自己重要而动态的变化呈现于我们。因而,罗伊斯教授的绝对者在我看来不过是对实际所经验到的那种富有而具体的现实经验的一种苍白的形式符号。

罗伊斯教授与德国先验论者之间的类似与差异是重要的:在他的学说的某些环节上,他与费希特接近而离黑格尔甚远。但即便学说上的相似很大,方法上的差异也是明显的。过去先验论者至少对他们有关绝对者作为现有经验之意义和实在的理论是严肃的。他们把这种观念变成一种逻辑学,一种自然哲学,一种历史哲学。他们对于我们的现实思维经验、我们的现实科学意识以及我们的现实交往生活,根据给予它们实在性的那种东西进行详细地重读。初看起来,罗伊
137 斯教授愿意让所有这些经验和偶然领域的问题得到临时和片断的处理,他似乎更为谦逊——给予现实、给予经验科学家更多的空间。但最终,被留下这样的区域仅仅是因为从绝对者观点来看它“对于我们人类”几乎没有什么意义。可以肯定,当我们处理的是片断时,光有大块的垃圾堆几乎没什么重要性;允许在其中自由发挥,也没什么价值。如此一来,表面上对于经验上既定成分的大幅让步和尊敬,却被发现主要是名义上的。结果,罗伊斯教授自己的方法似乎在本质上是形式的。他处理存有以及有穷性、时间性、个体性等范畴,全部都是笼而统之的。罗伊斯教授即便有广博知识和精细智识,也不能避免令概念带有非真实性和随意性。这些概念最多只是由作为经验的我们经验的现实基础所“暗示”,因而只能从逻辑上确定。因而,罗伊斯教授随意地从概念领域跳进了无序的经验海洋中,处处打捞上来的都只是那种当时为把单薄而空洞的范畴具体化、明确化所需要的特殊经验。没有关于意念致动型(ideo-motor)行为、意向、模仿的心理学,没有不可还原性的经验原则,等等,他的思想构造很难走向很远。我并不反对他对

于这些经验成分的使用，恰恰相反。但是，为何要采用这些经验而不是某种别的呢？要么，我们的经验，是的，甚至“我们人”的经验，具有最终意义和品格，而“绝对者”只是对于此种意义最为充分的可能释义；要么，并不具有意义，它们并不用于对绝对者赋予内容。但是，存在于我们意识与绝对者之间的形式之别或类型之别简直永远使得形而上学方法成为不可能。

《哲学与心理学辞典》条目撰稿[①]

① 首次发表于《哲学与心理学辞典》(*Dictionary of Philosophy and Psychology*)，第 2 卷;鲍德温(James Mark Baldwin)编,纽约:麦克米兰出版公司,1902 年。

自然的(natural)　源自〈拉〉[1] *naturalis*。〈德〉*natürlich*,〈法〉*naturel*,〈意〉 141
naturale。符合自然的,属于自然的,或源于自然的。

这一术语虽在语源学上和哲学上均源于和联系到自然(参见该条)一词,然而它特别选取了该词一方面的意义,即符合事件进程的,也就是有规律的、规定的、通常的。这样,"物理的"(physical)之意就落入了其背景,虽然它仍旧出现在自然科学和自然哲学等用语中。然而,一种与自然类似涵义相对应的双重意义即高阶意义和低阶意义,仍旧存留在其伦理学的暗示中。(1)一方面,有规则的和齐一性的就是那种有指望的;它是规范的,其作为标准可以检测所有的偏离,而且它与纯人工和做作的那种人为性正相反。作为规范,该词获得了一种高度理想的涵义,经常属于具有最高荣誉的一个词,譬如在对于图片的大众美学判断中,或在社会交往中,在有关个性的判断中。(2)然而在其神学用法上,它等同于肉体的、堕落的或世俗的——譬如圣保罗(St. Paul)以及受他影响的整个神学作品中的"自然人"一词。(3)在中间或中性意义上,"自然的"一词完全相对于超自然的或受启示的,然后根据作者倾向可进一步赋予一种好的或坏的意义——比如,自然宗教、自然神学。(4)它也被界定为根据出生来看属于人的,与之相对的是历史性地获得的或由政治权威授予的——好比自然权利(natural rights)(参见该条)与绝对权利(positive rights)(参见该条)相区分。

自然实在论(natural realism)　〈德〉*natürlich Realismus*,〈法〉*réalisme* 142
naturel,〈意〉*realismo naturale*。一种理论:在知觉事实中,作为一种精确资料和意识证词,有关心灵和物质的知识是确定无疑地给定的。与之相同的是自然二元论(Natural Dualism)。参见实在论(realism),表象主义(presentationism,1)和常识(common sense)。

---

[1] 凡用"〈〉"者,表示所引词汇所属语种。——译者

该词是在汉密尔顿(Hamilton)运用的意义上界定的。参见他所编辑的Reid, Note A, §i以及*Discussions on Philos.*, 55。

自然主义(naturalism) 源自〈拉〉*naturalis*(自然的)。〈德〉*naturalishmus*,〈法〉*naturelisme*,〈意〉*naturalismo*。一种理论:全域或经验的整体可通过类似于物理科学那样的方法得以说明,而且只需求助于当前的物理科学或自然科学观念;更为具体的是指,心灵或道德过程可化归为自然科学的术语或范畴。它更多的是否定性地界定为那种排除一切具有独特精神性或先验性东西的理论。就此意义而言,它大致等同于实证主义(参见该条)。

自然主义(naturalism)(艺术中的) 一种理论,认为"遵循自然"是艺术的真正目的。描绘风景或人物时不带主观理想;对于与个人或普通的兴趣和良心相对的那些成分绝不遗漏。然而,它与现实主义的区别是,它隐含着对于起作用的那些力量的忠实,而非精确地复制细节。

自然(nature) 源自〈拉〉*natura*,出于*nasci*(天生的或产生的),与源于φύσις的希腊文φύειν相当。〈德〉*Natur*,〈法〉*nature*,〈意〉*natura*。该词有一种基本的双重意义,其中每一意义又有许多划分。(1) 首先,自然意味着事物与生俱来(字面上或比喻地)的一切,因而最初属于其自身存有而不是习得的或追加的。

如此,它意味着:(a)一事物的构造、本来结构、本质或所存有者(very being)。例如,我们谈到狗、石头、人、星星、思想、灵魂、上帝等等任何事物的自
143 然。经院哲学家对该词的运用,在客观上或就存在(existence)而言,相当于本质,但更为特别地隐含的不是存有本身,而是(b)将其视为存有借以实现其预定目的之运作的一种能动源头(或原则)。这就转到了第二种意义。

(2) 自然是推动被造世界的力量总和,或构成为世界的事件和变化事物的集合体。

在这一概念中明显包含着两种极其不同的意义。在一种意义上,自然被认为是(a)与导致世界变化有关的动力媒介(the dynamic agent)。它至少是半人格化的。譬如,经院哲学家说自然在做这个或那个;说各种不同的力量和性质是自

然运作的不同模式，等等。这种自然之用法，作为一种普遍原因，被孔德利用（参见实证主义），作为思想“形而上学阶段”的一个标记，以同时区别于其中上帝作为能动因的神学阶段和其中放弃追求效力媒介（efficient agents）而追寻简单序列和共存关系的实证或科学阶段。在（2，a）之下我们又可再划分，根据自然被视为（α）一种独立的、自我能动的媒介，比如在各种不同形式的泛神论和神秘主义中，或是被视为（β）介于作为效力原则的上帝与存在细节之间的一种从属原则，一种次要原因。根据（2）之下的另一种意义（b），自然被看作不过是给予时空总和或现象、呈现于感官的物理世界的一个名字。它被明确地限制于彼此之间处于物质关系的现象界；而生产性或构成性的媒介观念被排除在外。它相当于物理世界，相当于物理科学所处理的事物和事件领域。

哲学中运用的词很少有比之更为广泛或松散的用法，或者包含更大的含糊性。它经常的用法是相当于机械或物质世界、作为特殊对象和变化的系统，然而它却很少会完全丧失其原生、初始、内在之意或真正会丧失其作为动态性、生产性某物之意；因此，这一术语或者用作能动意义或者用作被动意义，或者用作精神意义，或者用作物质意义，大致根据作者的喜好。于是，不足为奇，历史上，我们发现它被用于以最为明确的方式把世界与上帝分开，同时又将世界等同于上 144
帝，而且还会提供上帝与世界细节之间的联系原则。然而，其各种不同的次级意义最好结合该术语的历史来说明。

它或许是所有被明确提出的一般哲学概念中最古老的一个——即它的希腊文形式*φύσις*。亚里士多德明确称早期哲学家（尤其是伊奥尼亚学派）为物理学家（*φυσικοί*）和生理学家（*φυσιολόγοι*），以表达他们对作为哲学对象的自然的专注。**Περὶ φύσεως**（关于自然）是克塞诺芬尼、墨利索斯、巴门尼德、赫拉克利特作品中推定的、传统的、真实的标题。这个术语一开始就带有那种总是缠绕着它的广泛而含糊的意义——指代整个世界的某种东西，它不是被看作特殊事物的混乱一团，而被认为是指用于解释或说明其产生的某种一般原则。如此，文德尔班（Windelband）说（*Hist. of Philos.*，73，Eng. Trans.），“*φύσις*概念的基本标志最初就是，永远保持像其自身那样”，而其相反者只是短暂性的，就完全过于狭隘了。虽然这些“生理学家”所感兴趣的主要对象是我们应该把物理世界称作什么，而且他们的范畴在我们是属于物理类的（火、气、水等等），然而必须记住的是：当时心灵与物质之间尚未作出清楚区分；自然被视为活着的而且至少说是精神性的;一句话,其方案是**物活论**(参见该条)而非唯物主义。在柏拉图那里,物理学与形而上学之间的区分得到明确规定,因而倾向于开始把自然一词用于一种限制意义上而将其与精神性区分开;它是与存有领域相区别的生成(becoming)领域,因而是偶然性的,仅仅作为或然性知识的对象。(与φύσις相分别的上帝是ὅθεν φύεται。)但它远非等同于我们在纯物理意义上所称的自然,与此更为接近的表达是σωμα。此外,无论一般地还是具体地,都要求一种对于
145 自然的目的论解释:由此,自然从属于善和理性(参见**奴斯**)。在亚里士多德那里,这种柏拉图式的自然观念加入了源自智者派的一种口吻,而且该词首次得到一种完整而明确的陈述——这一术语(虽然不是这种观念)在柏拉图那里是相当附带性的。在他们的政治和伦理讨论中,智者派(希庇亚斯,参阅 Xenophon, *Mem.*, iv. 14 ff.)已经提出了一个关于义务存在到底是根据自然(φύσει)还是根据建制或约定(φύσει或νόμῳ)的问题。这引出一种作为标准或规范的自然概念,它可用于为与随意断定或纯主观便利相区分的客观有效性作辩护。剧作家们(索福克勒斯《安提戈涅》)当时已经发展出一种普遍而永恒的自然法观念,而苏格拉底在伦理学研究方面的工作也是为了确立这样一种立法型的自然的存在及品格。因此,在亚里士多德那里,我们所拥有的自然观念,一方面是旨在实现某一目的或(总体上)绝对善这唯一目的的变易事物系统;另一方面是借以检测一指定类中所有殊相以及所有失效、偏离、反常的一种标准;然而它又不同于艺术,因为其动力因是内在的而非外在的。譬如,正是在这样一种意义上说:人根据自然是政治动物,国家根据自然先于个体公民。

如同亚里士多德哲学的其他部分一样,这一概念被经院哲学家重新表示,并因而变成(在流行的自然意义上,同时作为生产性力量与秩序律则性标准)普通世界观的一部分。但是,在亚里士多德的这一概念中包含有两种成分;即便我们承认他自己的综合是适当的,后来著作家们几乎不可能不去强调某一因素或另一因素。一方面,所强调的是机械因素——物理的就是外延的、可动的物体领域,因而既区别于形而上的又区分于目的论的(*Met.*, vi. 1 and *De Caelo*, i. 1)。

在伊壁鸠鲁哲学中,这种概念成为主导性的和排他性的;在亚里士多德看来
146 推动了运动物体之复合的那种目的论因素即理性或目的完全被消去了;而自然不过是对于纯数量因素即原子的机械撞击和排列的总和。这种观点的经典表达出现在卢克莱修(Lucretius)的《物性论》(*De rerum Natura*)中,这部长诗或许最

为突出地赋予了该术语一种限定的、纯物理的内涵。

但另一方面，根据亚里士多德的说法，自然的所有秩序、齐一性和系统（有序统一体）都是由于这样一个事实，即它表现了在诸形式以及最高型相（form）（参见该条）上帝的目的论影响下由潜在向完满的过渡。在它之中，只要它真正为自然，就没有什么是多余的，没有什么是反常的，没有什么的发生纯粹是偶然。它是一种有机整体（ζῷον）。这一点被斯多葛学派所强调（斯特拉图属于连接的一环，Windelband，*Hist. of Philos.*，179），只是，他们否认形式或奴斯的超越性，把自然看作无论动力因上还是目的因上都是自推动的。自然并非只是由上帝加以秩序化并引向完满；它就是上帝。它本身是法则、原因、标准和天命（providence）。"与自然一致地生活"是所有德性之和。自然也被斯多葛学派在限制意义上用作一种激活植物的特殊原则，以区别于无机物的ἕξις，动物的ψυχή，人的νοῦς（Erdmann，*Hist. of Philos.*，i. 189，trans. and Zeller，*Hist. of Gr. Philos.*）。

到了普罗提诺（Plotinus），自然又重新获得了一种明确的中间地位，然而是建基于发散（emanation）说之上而非目的论之上。由于奴斯（参见该条）是在至上而不可言说的太一之下，因此奴斯又分为一种高等和低等的灵魂（*ψυχή*），高等灵魂沉思并享有构成νοῦς的那些理性力量（νοῖ）；低等灵魂继此沉思的原型之后将它们付诸行为从而创造出客观世界。这种低等灵魂是自然——实际上相当于柏拉图的世界灵魂和斯多葛学派的λόγος σπερματικός。中世纪出现了三个变化。一个是，正统的经院哲学家遵从亚里士多德，明确地把自然界定为一切事物的本质，就它在有规则的运作下使得事物达到其指定目的而言。另一个是，神 147
秘主义者坚持柏拉图和新柏拉图式的意义，但以一种更多泛神论的方式趋向于把自然变成上帝的一种神秘的、创造生命的能量。第三个是对亚里士多德的阿拉伯式解释。像斯多葛学派一样，阿威罗伊（Averroës）把亚里士多德解释为否认有超越性的奴斯；形式和意图完全内在于自然之中。因此《论天》（*De Caelo*）中有关自然的特性变成了能造自然，相当于上帝，一种被看作能动性、作为形式和力量的唯一实在；又变成了被造自然，作为物化形式、作为效果的世界（关于这种区分的源头，参阅 Siebeck，*Arch. F. Gesch. d. Philos.*，iii. 370）。这两个术语进入神秘主义者和经院哲学家中间，被改变成他们各自的用法。它们出现在库萨的尼古拉（Cusanus）和乔达诺・布鲁诺（Giordano Bruno）那里，并（或许）通过他们进入斯宾诺莎(Spinoza)那里。根据斯宾诺莎,以经院哲学的方式,一事物的自然就是其本质和其观念(Ethica, iv. Def. 8);因此其最高本质也是自然,能造自然,或神(Deus),而被改变存在的世界就是被造世界(i. pr. 29, schol)。在早期著作中,他把后者又区分为一般的(generalis)和特殊的(particularis),但在《伦理学》中又放弃了这种区分。

近代思想对于自然概念本质上并未增加什么新成分。然而,它明显产生了自然的同质性:自然所有世俗和星际的部分都有同等结构和运作,如此实际上就废弃了古代的一种具有多样等级、价值和性质的观念。它的这种观念比任何其他的都更能充当近代科学背后的哲学观(Windelband, *Hist. of Philos.*, 402)。就科学而论,力学的自然观念,作为对柏拉图和亚里士多德观念的反抗,可以说已通过笛卡儿、伽利略、霍布斯、牛顿等人的著作实现了全面胜利。不过有一个问题仍旧存在,即自然作为总体和系统来看是否要求有一种理性的和目的论的评价;因而,在文艺复兴、在17世纪之后,到了19世纪又出现了一些哲学体系,它们主张自然作为总体或系统是思想的表达,并在不同程度上成功地尝试把经
148 过修改的亚里士多德主义与当代科学的具体成果组合起来。

这在19世纪早期奥肯、谢林和黑格尔的所谓自然哲学中可找到最为有力的表达。在另一点上,卢梭和歌德的名字需要特别提到。卢梭的箴言和口号是"回到自然",在他对该观念的处理中所有各种不同的意义和含糊性被糅成一体。自然同时指,历史上最初期、最原始的,不同于艺术或人为性的那种东西,与政治建制相对的那种东西,作为规范和理想的那种东西。在明确表示自然与文化的对立方面,他激发了赫尔德和席勒(以及许多其他人),间接成为现代德国历史和社会哲学发展的一个重要因素。受此讨论的促动,歌德返回到斯宾诺莎;他复兴了斯宾诺莎的自然观念,然而却给予它一种完全动态的、有机的解释,并通过体现于其诗作以及散文体评论和科学工作中,不仅影响了刚刚提到的自然哲学运动,而且影响了整个现代文学和美学理论。

自然哲学(philosophy of nature) 〈德〉*Naturphilosophie*,〈法〉*philosophie de la nature*,〈意〉*filosofia della natura*。处理自然(参见该条)的一个基础哲学分支:与神学(有关上帝的哲学)以及理性心理学或精神哲学(作为有关人的哲学)并列。经常与宇宙论同义使用。

有关其早期历史，参看自然。康德首先明确地将其与近代的科学世界观联系起来，并将其界定为关于把物理科学的事实和力回溯到有限数目的作用力——在他自己的理论中，就是吸引力与排斥力——的一种尝试。他自己的哲学是动态的，但只是在力学意义上。谢林从方法的一面强调了自然哲学自足、非经验的特征；而在内容的一面，他强调了一种动态有机的概念。根据黑格尔的说法，它把所有物理学的结果和方法整合进其自身，并发展它们，从而表明：它们并不具有经验基础，而是构成了源于思想自身(Begriff)的一种自我包含的、必然的整体。

该系统的内容在于一种辩证序列：把我们从思想的极端外部化（空间和时 149
间)引向其在知觉生命——活着的、有感觉的有机体——中的内部化。精神哲学接着后者继续叙述，因为思想现在开始意识到对其自身的认识。自然哲学很快变得声名狼藉，这部分是因为它对于其范畴的随意和人为使用；而更多是因为持续增长的科学门类中多种多样的结果不符合各类向几个根本原则还原的尝试。斯宾塞复兴了这样的想法(虽然不是这个术语)，他试图把生命、心灵和社会现象通过进化公式得以联结，如此使得所有的事实都化归到运动积分和物质微分这样的术语。现在有许多迹象试图要恢复一种与进化观念有关的自然哲学，它们经常是在与斯宾塞极其不同的意义上；但诸具体科学不论它们自身还是彼此关系都仍旧缺乏组织，以致该问题成为今天所有哲学分部中最令人头痛的问题。新近的英语著作家廷德尔（Tyndall）、赫胥黎（Huxley）、约翰·菲斯克（John Fiske）、科普(Cope)和勒孔特(Le Conte)等人已专门从事对科学现象进行哲学解释。在德国，洛采（Lotze）、费希纳（Fechner）、赫克尔（Haeckel）、冯特（Wundt）、奥斯特瓦尔德(Ostwald)和马赫是卓然大家。

必然性（necessity）　源自〈拉〉*necessitas*。〈德〉*Nothwendigkeit*，〈法〉*nécessité*，〈意〉*necessità*。(1) 不可能成为别样的、必须正好为现在这样的一种状态或条件。

(2) 一种原则：据此，全域整体或其任何特殊部分的条件，不仅就其存在而且就其性质，被表示为不可避免的。相对于自由和机会，但在严格哲学用法上尤其相对于机会(CHANCE)(参见该条)或偶然性。具有必然性这一属性的，被认为是必然的。

它常常用来指那些仅仅承认因果原则而否认全域目的性的哲学的一种主要
150 原则。在技术上，有关它的各种不同形式已被认可。(1)逻辑必然性（又称形而上必然性）：根据这样的思想必然性，一种真理，不论直接的还是推论的，必须以如此这般一种方式被看待；由此，如果自由是按照同一律和不矛盾律由已承认的前提推导而来的，自由本身就会是一种逻辑必然性。(2)数学必然性：数学推理中一种证明或构造诸部分之间的类似逻辑关系。(3)物理必然性（又称自然必然性）：它源于自然规律或在自然进程中源于因果性原则：机制，“法治”(reign of law)；不变的序列（根据近代著作家如J·S·穆勒）。(4)道德必然性：它是道德法则和全域道德秩序所要求的；它是由上帝作为道德统治者这一自然所推导而来的；它在相对狭义上的用法也相当于“实践”必然性，既非逻辑的又非物理上的，而是某种被视为具有根本重要性的需要或要求的结果（参见公设）。

我们的这些区分要直接归功于莱布尼茨(Leibnitz)，它们在他《神正论》中得到最为充分的发展。在他看来，存在三种主要类型。(a)形而上学上的，逻辑上的，几何学上的：它是不可能无矛盾地成为他样的；绝对的必然性。(b)物理必然性：属于自然秩序的，可设想为别样，但它是由选择最好世界的上帝意志得来的；假言的必然性。(c)道德必然性：在选择善之时它激活了一种道德存有甚至上帝自身。既然完美的道德存在对于善具有一种完全适当的观念，它就是根据道德必然性来选择善的。在此意义上，物理必然性依赖于道德必然性。该词也在严格的逻辑意义上使用，相当于可明证的(apodictic)（参见该条），而且也指断言自由意志的那些理论的对立面[必然论：参看决定论(determinsim)和意志(will)]。

在前苏格拉底时期，必然性是对于宇宙法则或秩序的一种半神话表达，如在巴门尼德的教义中处于世界中心的女神是必然性——一种（看似）毕达哥拉斯式
151 的观念，在有关伊尔(Er)的神话(Plato, *Rep.*, Bk. X)中可找到表达，其中整个宇宙被说成绕着一个必然性的轴而转动。赫拉克利特运用该观念（以命运的形式）来说明这样一个事实：在所有变化中都可观察到某种平衡和系统。到了原子论者（留基伯）(Leucippus)，它变成(*ἀνάγκη*)一种明确的哲学概念；原子任意飞奔，彼此撞击；从如此形成的聚合体来看，必然有一种旋转运动被产生。到了柏拉图（除了偶尔非技术性的、与证明和演证效力相当的一个用法），必然性与*νοῦς*一起成为了可感世界的共同创造者；作为非理性的，它对于善是盲目的、无差异的，因为唯有*νοῦς*是有关目的或善的原则，由此使得世界保持一种局部非有

(partial non-being)的状态并防止其达到完满(Timaeus, 48, 56, 68)。亚里士多德重复了这个同样的观念(*De An. part.*, IV. Ii. 677)。质料阻止形式,并因而阻碍自然(参见该条)达到自我实现。(这一观念似乎是说,部分地,质料使得意图得以实现,而另一部分,质料自己具有一种完全不同于目的的推动力。)就这种无差异来说,质料因而是偶然性的——它可能会或可能不会呈现某些特点。如此说来,它就是*τύχη*、机会;结果,物理意义上的必然性与目的论意义上的机会,实际上就是同一种东西。所以,在他的逻辑学著作中,必然性具有另一种意义。关于未来事件,我们不能作出必然断言;自然的一般倾向可能受到机会的阻碍。因此,我们的判断不属于确定性真理。另一方面,关于共相、过去事件等等,任何判断要么必然为真要么必然为假。这里出现了一种倾向把必然性等同于有关任一主题的固有逻辑理则,从中可以推导出完全确定的结论。斯多葛学派融合了各种不同意义的必然性——(a)物理世界秩序的源头,(b)从中可导致确定结论的普遍理性,以及(c)自然的(或时间的)因果前件(Zeller, *Stoics, Epicureans, and Sceptics*, 170—182 and Windelband, *Hist. of Philos.*, 181)。由于原子论者并未系统地阐明他们自己的观念,甚至预设了必然性随其而发生的多少有点 152
随意的运动,我们可公正地把斯多葛学派视为这样一种信念的创始人:一切事物,一切地方,都毫无例外地受到必然性的控制——换句话说,就是作为命定的自然因果性的普遍性这一观念。这种观念是所谓的宿命论所共有的,也出现在东方哲学中:有关固定不易的世界律令的假说。

斯宾诺莎进一步推进了这种融合,他明确地把整个因果关系等同于逻辑的或数学的必然性——世界从上帝的自然而得来与各种真理由几何定义而得来,乃是根据同一种必然性。(部分出于对斯宾诺莎的回应,莱布尼茨作了上文所指的那些区分。)整个理性主义(参见**理性主义**)学派的一个特征就是,把实在性等同于在同一律和不矛盾律中所表现出的逻辑必然性要件;而若是他们像莱布尼茨那样区分了理性真理与事实真理(经验性的)从而避免像斯宾诺莎那样把逻辑关系等同于自然序列,则那是一种对于常识的让步而非他们体系的哲学推论。康德引入了一种新的动机。一方面,日渐强壮的自然科学给予自然中的必然性(因果关系)观念一种早期著作家们所难以达到的可靠性和具体性;另一方面,他反对教条主义者把存有法则等同于逻辑思想法则。因而,他的理论通过把因果关系(causation)看作一种涉及感觉世界向经验主体呈现的范畴,使得因果性

(causality)进而必然性绝对地适用于所有的自然或现象世界。这种必然性之源因而在于把理智(understanding)应用于感觉;结果,我们可以公正地说,康德以批判而建设性的方式恢复了他曾以教条和形式化的方式加以弃绝的东西,即必然性源起于理性之中。这条路线至少受到他唯心主义后辈的追随,在黑格尔的表达中可以发现其后果:"自由乃必然性之真理",也就是说,客观世界某一阶段
153 受到另一阶段的决定,这最终仅仅是有意识心灵的自我决定,因此必然对象在作为整体被经验到时就呈现为自由精神生活形成之中的一个协同因素。

新批判主义(neo-criticism) 〈德〉*Neo-Kriticismus*,〈法〉*néocriticisme*,〈意〉*neo-criticismo*。一种复兴于19世纪的**康德主义**(参见该条);在理论上相当于新康德主义,但事实上主要用作法国雷诺维埃(Renouvier)、毕雍(Pillon)等人所赋予康德思想的那种形式。

新柏拉图主义(neo-platonism) 〈德〉*Neuplatonismus*,〈法〉*néoplatonisme*,〈意〉*neo-platonismo*。(1) 在东方思想影响下,以亚历山大为中心所形成的一种对柏拉图哲学的复兴和变形。参较 Whittaker, *The Neo-Platonists* (1901)。参见**教父哲学**(patristic philosophy)(2)**亚历山大学派**(alexandrian school)和**苏格拉底学派**(socratics)(柏拉图)。

(2) 又指17世纪英国剑桥在卡德沃思(Cudworth)和亨利·莫尔(Henry More)影响下所形成的一种对于柏拉图主义的复兴。参见**剑桥柏拉图主义学派**(cambridge platonists)。

新毕达哥拉斯主义(neo-pythagoreanism) 〈德〉*neupythagoreische Lehre*(K. G.[1]),〈法〉*néo-Pitagoreisme*,〈意〉*neo-pitagoreismo*。一种体系,或更准确地说,一种思想倾向,产生于公元1世纪的亚历山大地区,它按照当时的趋势,试图通过将自身教条与某古代圣贤的教条相等同而加以神圣化。

发端于以太一、对、奇、偶等范畴进行处理的晚近柏拉图哲学,强调柏拉图形

① K.G.在《哲学与心理学辞典》中为巴塞尔大学格鲁斯(K. Groos)的人名缩写。这里表示该词德文拼写法为格鲁斯所贡献,下同。——译者

而上学的二元性而将其转化为一种伦理和宗教禁欲主义的基石。与后者相关，它同时复兴了毕达哥拉斯主义的神秘感。因为对新柏拉图主义（参见该条）以及间接对于克莱门特（Clement）、奥利金（Origen）的影响，它具有重要的哲学意义。参较教父哲学。

无知论（nescience） 源自〈拉〉*scientia*（知识）＋ne -（否定前缀）。〈德〉*Nichtwissen*，〈法〉*nescience*，〈意〉*nescienza*。字面上指不知道的状态；但在新近 154
准技术性的哲学用法上，是指这样一种理论：实在的某些形式（如上帝、灵魂、物质本身等等）是超出我们知识之外的。

它经常的用法相当于不可知论（参见该条），但也用来刻画汉密尔顿（Hamilton）和曼塞尔（Mansel）的哲学，他们拒斥不可知论这一称呼法，但认为对于类似于信念或信仰而非思想的绝对者存在我们只能得到非直接的或间接的知识。

连结（nexus） 源自〈拉〉*nexus*（一种结合物），源自 *nectere*（结合，系上）。〈德〉*Nexus*，〈法〉*nexus*，*lien*，〈意〉*nesso*。有序系列中各元素之间的彼此相互依赖；类同于联系或关系，但又另外包含统一成为有序整体的一种暗示；最为常见的用法是"因果连结"这一表达。

虚无主义（nihilism） 源自〈拉〉*nihil*（无）。〈德〉*Nihilismus*，〈法〉*nihilisme*，〈意〉*nichilismo*。一个用法有点松散的术语，通常被体系的反对者们用来指一些假定倾向；即破坏存在、真理或知识。在严格意义上它是指这样一种信念：没有东西因而也没有知识是可能的；或者，知识中的真理和道德上的义务都不具有客观实在性。在当代用法上，它通常指一种政治或社会学说而非严格的哲学学说；即这样一种观念：社会进步的寻求唯有通过放弃所有现存社会建制而返回到政治上的虚无（譬如，斯宾塞的"行政虚无主义"——赫胥黎）；其极端形式乃无政府主义（ANARCHISM）（参见该条）。

然而，该学说被认为源于对黑格尔辩证法中否定性的强调，特别是在他《逻辑学》中的第一组范畴中，存有与非有（non-being）被断定为辩证统一的。

哲学理论上第一位纯粹虚无主义者也是最后一位，即莱昂蒂尼的智者高尔吉亚(Sophist Gorgias of Leontini),据载,他认为:(1)没有东西存在;(2)如果的确有东西存在的话它将是不可知的;(3)如果它存在而又可知,它将是不可交流
155 的。这样表述的学说没有现代人会支持,但某些形态的佛教涅槃(NIRVANA)(参见该条)学说以及叔本华的意志灭绝学说或许可称为虚无主义的。今天实在论者通常用它来标注他们对于有关外部世界的唯心主义学说的看法,或者以类似的争议方式用于指诸如休谟(Hume)之类的哲学怀疑论学说的一种倾向。W·汉密尔顿爵士所引用的费希特(Fichte)的话(edition of Reid's *Works*, 129, note)经常被用作表示唯心主义的虚无主义特征,但事实上费希特只是用来表示某一片面发展阶段的逻辑后果,而不是对于他整个系统的一种陈述。

参考文献:Ueberweg, *Hist. of Philos.*, i. 76—78; Reid's *Works*, 478; Fichte, *Sittenlehre*, Werke, iv. 151. The dependence of Russian nihilism upon a development of Hegel's philosophy is asserted by Kaufmann, *Contemp. Rev.*, xxxviii. 913.

奋斗(nisus) 源自〈拉〉*nitor*(斗争,力争)。其他语言中的拼法也都一样。任一变化过程中努力克服障碍以达到适宜目的的一种固有倾向。莱布尼茨用它作为一种准技术性的词语。他否认存在有纯粹的能力或力量,认为实在性总是导致行为。这被保留下来作为自我表达受阻时的一种奋斗或能动倾向。以近代物理学术语讲,它实际上相当于位能,可以翻译为动能(Leibnitz, *New Essays*, ii. Chap. xxi. §2, and *On the Reform of Metaphysics*)。

Nisus formativus(创造力)是一种被认为每一胚胎有机体再生其物种形式的固有倾向——思辨生物学的一个术语。

理智(noetic) 源自〈希〉*νοητικός*,出于*νοητά*(可被思想却不能被想象的观念),出于*νοῦς*(理性)。〈德〉*noëtisch*,〈法〉*intelligible*,〈意〉*noetico*。

按照他们总的哲学预设,早期希腊著作家认为,所有存在上的区分都对应着
156 认知模式上的区分,反之亦然。当看到某些经验似乎具有永恒而普遍的有效性而其他所处理的却是特殊而变动的事物时,出现一种倾向假定有高级认知形式——理性,与低级认知形式——感觉,并对客观领域作相应划分。赫拉克利特和巴门尼德促成了这种区分,但我们要把其严格的表述归功于柏拉图。根据他

的理念论，他明确区分开了非物质世界，*τόπος νοητός*，观念世界，以及可视世界，*τόπος αἰσθητικός*，感知世界。第一个是最终的实在，而第二个仅仅是它的一个映像。

亚里士多德遵循柏拉图的路径，从诸实在存有的理智方面即它们得到理性把握的能力来看，运用*νοητά*来表示诸实在存有的本质。因为新柏拉图主义者对于奴斯(参见该条)学说的重视，形容词 noetic(理智的)在他们体系中发挥了重要作用。理智宇宙(*κόσμος νοητός*)表达了这样一种事实：奴斯在其自身内包含一套具有自己特点的完整的型相与作用力体系。卡德沃思使得该术语实际上重新带有亚里士多德的意义。威廉·汉密尔顿爵士用它来指源起于心灵内部的知识。

参考文献：Plato, *Rep.*, vi. 507 ff.; *Phaedrus*, 246 ff.; *Phaedo*, 100 D; *Theaetetus*, *Symposium*; Aristotle, *De Anima*, III. iv. 12; Plotinus, *Enn*, vi. 22; Cudworth, *Eternal and Immutable Morality*, Bk. II. i. 4, v. 2; Hamilton, *Lects. on Met.*, xxxviii. See also Martineau, *Types of Ethical Theory*, 443—445.

唯名论(nominalism)　源自〈拉〉*nominalis*，出于 *nomen*(名字)。〈德〉*Nominalismus*，〈法〉*nominalisme*，〈意〉*nominalismo*。一种学说：共相不具有客观存在或有效性；其极端形式是说：它们仅仅是名字[*nomina*(只字)，*flatus vocis*(声息)]，即为着方便交流之目的而创造的语言。有关全面的解说和历史，参看实在论(1)。

非有(non-being)　〈德〉*Nichtseiendes*, *Nichts* (*Nicht-sein*)，〈法〉*non-être* (*néant*)，〈意〉*non-essere*。字面上，不过是存有之缺乏或否定；但依照希腊人(无意识地)给予所有思想范畴一种客观意义的倾向，非有(*μὴ ὄν, μὴ εἶναι*)被设定为 157
存在的，直至它成为哲学学派之间有关非有在或不在的一个争论对象。

爱利亚学派(巴门尼德，公元前 470 年)将其等同于空洞的空间，认为一切都必定是充满的(或者，所有在者都在)，从而否定它的存在。然而，原子论者(留基伯)认为需要为离散的粒子找到可以移动的空间，从而断言非有(虚空，参见该条)如存有(原子)一样是实在的。柏拉图(否定空洞的空间乃一种事实)把一个相对的非有世界设定为其理念的对立面，并且也将它解释为一种空间，视其为世界由之得以创造的子宫。神学关于“从无”造世的学说以并非不同的方式往往给予非有一种准存在(quasi-existence),至少作为神的作用的一种背景。亚里士多德试图给予该术语一种动态解释。由于所有自然都在潜在的与完成的之间运动,潜在者同时在而又不在(at once is and is-not)。一方面,它是介质、质料,形式借此得以实现自身;它同时又是阻止形式全部展示的一种约束,它是失败与偏离主要发展路线的根源。到了新柏拉图主义者那里,非有成了一个极其重要的范畴。作为空洞空间,作为缺乏,它是纯物理世界得以形成的重要因素,而且也是恶的原因。它是纯有的绝对对立面,然而正因为是非有,它把有之显现还原到低级层面。不论希腊人的表述如何天真,显然正是通过该术语的使用才逐步形成了两个最为严肃的哲学问题:一个是宇宙论方面的,关于真空的存在以及没有真空的运动可能性;另一个是形而上学和伦理上的问题,关于全域中否定因素以及障碍和缺陷的含义。它既是一个伦理问题也是一个形而上学问题,因为生长
158 和发展(质上的变化)的概念价值似乎隐含着从潜在到现实或从(相对)非有到存有的过渡。前一意义上的问题是由笛卡儿复兴的,而后一意义上的则是由黑格尔恢复。对于黑格尔,生成(werden)、过程、活动是最终的和绝对的,因而否定因素与肯定因素一样是必要的。在这种存有与非有统一的著名学说中包含这样一种断定:任何事物的直接或“首先”存有都否定其自身,并因而消逝,但这种消逝事实上并非完全地消失,而是对自身的发展,因此是在更高、更间接(或意味深长的)平面上对于存有的重组(比较下文所引述的奥蒙德对于该学说的新近发展)。司各脱(Scotus)及其他中世纪哲学家已告诫我们:既然上帝从无中创造了世界,无就属于上帝之本质。

参考文献:Parmenides, v. 33, 35; Aristotle, *De Gen. et Corr.*, i. 8 (for Leucippus's doctrine), and also Plutarch, *Adv. Coel.*, 4.2; Plato, *Rep.*, v. 476—479, vi. 511; *Timaeus*; Aristotle, *Physics*, iv. 2 (cf. Zeller, *Philos. d. Griechen*, iii. 603—623); *Met.*, Bk. XII; Plotinus, *Enneads*, iii. 6, 18; St. Augustine, *De Civ. Dei*, xii. 2; Scotus, *De div. Nat.*, iii. 19; Hegel, *Logic* (lesser), §§ 87—88, and *Werke*, iii. 72—73 (larger logic); Ormond, *Basal Concepts in Philos.* (1896).

非我(non-ego) 〈德〉*Nicht-ich*,〈法〉*non-moi*,〈意〉*non-io*。自我(Ego)的对立面,不是我的,外部对象,外部世界。参较自我。

该词作为一种技术用语在费希特的哲学中具有特别的重要性；它代表自我的第二种设定［对设——Entgegensetzen；参见设定(posit)］，限制并由此激发和界定自我更为具体的活动(参见 Fichte，*Werke*，i. 101—105 以及 Fischer，*Gesch. d. neueren Philos.*，v. 438)。

精神论(noology)　源自〈希〉νοῦς(理性)＋λόγος(理论)。〈德〉*Noologie*，〈法〉*noologie*，〈意〉*noologia*(被作为对等词提出)。哲学中处理直觉性理性真理的那一部分，区别于处理通过论证或演证方式得以确立的真理的认识论(Dianoiology)。

威廉·汉密尔顿爵士(Reid's *Works*，note A，§ v)所提出的一个术语，但并不通用。汉密尔顿有可能是从康德(*Krit. d. reinen Vernunft*，643)推演出它 159
的。现在被克鲁修斯(Crusius)用于心理学中。

规范和规范性的(norm and normative)(道德科学中)　〈德〉*normativ* (*normgebend*)，〈法〉*normatif*，〈意〉*normativo*。一种原则，或是真理或是实在之样式，控制着行动、思想和情绪，若是这些东西要实现它们的适宜目的的话；作为法则的目的。思想的规范是真，情绪的规范是美，意志力的规范是善。这些原则(以及相应的哲学学科)由此被称为规范性的。如此就有三种规范科学：逻辑学、美学和伦理学。

谈到一种规范，大致被认为是要把哲学的与自然的科学区分开。后者目标只在描述现象并根据与事实同质的法则或原理对它们进行解释。而且，其解释性原理是机械的，与时间上的显现条件有关。在哲学科学中，对于事实的理解是根据它们的意义或价值——由它们在经验总的构成中所占据的位置或所扮演的角色来看所具有的重要性。而且，其立足点是目的论的，因为其所关心的不是起源条件，而是要完成在实现它们适宜价值方面的意图。然而，到底这种区分具有客观实在性或只是处理立场和方法之别，这本身就是一个哲学问题。根据有些著作家，起源概念与价值概念之间的区分具有明显的本体论关涉；而根据其他著作家，其重要性仅仅是方法论上的。也就是说，对于后者并非存在两种领域：一个是纯粹的现象，另一个是目的和价值；这种区分只是为描述和解释起见所产生的立场之别。参较起源与自然(origin versus nature)。

规范一词与判据(riterion)和标准(standard)这些词紧密相连。然而,判据更为明确地应用于判断过程;它是用于帮助判断作出适当识别的一种控制规则
160 或样式。美之判据是用于达到正确评估或评定的一种原则;美之规范控制着(或被认为控制着)事实本身具有它们自己的意义。判据因而具有更多主观上的涵义。标准是用于测量价值、划出价值等级的一种原则。美之标准是事实与之相符的那种类型或形式,就美丽一词适用于这些事实而言。它与规范的差别在于,规范的客观调节特征并不必然归于它。它与判据的一致点在于特别指判断或评估过程,但差异在于:它以某种客观形式作为其适当的体现或显现。判据是形成判断的决定性原则;标准是给予适当判断以内容的一种原则。规范调节着事实之价值,它当然也可以是借以检测它们相对品格的标准以及借以指引个体达到正确把握这些品格的判据。

本体和本体的(noumenon, and noumenonal) 源自〈希〉νοούμενον(任何所知道的),出于νοεῖν(感知,知道)。〈德〉*Noumenon*(—*al*),ding an sich(**物自体**)(参见该条);〈法〉*noumène*(—*al*),〈意〉,*numeno*。纯思想的或理性直觉的对象,不具有任何感觉成分。参见**现象**(phenomenon)和**理智世界**(mundus intelligibilis)。

柏拉图很多次用到这个词,但仅仅是在涉及νοῦς和νοεῖν时,作为理智者、思想对象,譬如*Parbenides*, 132; *Republic*, vi. 508。

康德对于该词的使用通常相当于物自体,即这样一种事物:作为非感觉对象,因而作为只能被思想的某种东西。但在《先验辩证论》中,他给予思想以超越于感觉统合之上的特定功能;即,(1)限制感觉世界和现象,通过使得我们意识到在此之外可能有一种实在世界;(2)提供一种总体性理想,其实际上永远不能实现,但仍旧可以充当一种暗示和调节标准,以便能给予经验尽可能大的完整性。对此,实际上康德所用的是理念一词而非本体,但由于其定义基础是完全一样的
161 (诉诸超越经验的理性),就不可能不将两者混同起来。到了实践理性,如此作为理论可能性悬而未决的本体的或物自体的世界,被发现是处于责任意识中的一种实践实在(practical reality)。而在《判断力批判》中,位于科学之基础的目的论原则在本体界与现象界之间斡旋,实际上并未断定前者的存在,而是把后者处理得似乎本体界乃其根据。费希特及康德的后辈们旨在把本体的客观意义即物自体与主观意义即知识理想系统地组合在一起,因为康德过去只是把这些混乱地

聚合一起。莱因霍尔德(Reinhold)意识到了这种混乱,因而仔细地将作为我们知觉“材料”之源的物自体从那种表示思想为经验指定的不可实现之理想和问题的本体中辨识出来。这里的物自体与现象比起与本体有着更多联系[参见 Kant, *Critique of Pure Reason*, 217—226, 249—252 (Max Müller's trans.); *Proleg.*, §§ 44, 57(在后一文献中,物自体、可感性之限度、理性完满之理想这三种意义实际上被等同起来);*Critique of Practical Reason*, Bk. I. chap. i. Pt. II; *Critique of Judgment*, 427—428 (Bernard's trans.)。康德似乎曾用该术语作为古代与 **αἰσθητά** 相对的 *νοητά* 的对等词。根据费英格(Vaihinger, *Commentar zu Kant*, 117),康德尤其受惠于塞克斯都·恩披里克。关于莱因霍尔德,参见 Erdmann, Hist. of Philos., ii. 479]。

奴斯(nous) 源自〈希〉**νοῦς**(理性,思想)。〈德〉*Nus*(格鲁斯建议),〈法〉*intelligence*,〈意〉*nous*。理性,思想,不是主观上的,也非纯精神实体,而是具有一种客观的特别是目的论的含义。

该词用作技术语要归功于阿那克萨戈拉(Anaxagoras)。他觉得需要一种特别原则来解说全域之秩序,因此在无限多的简单性质之外又设定了一种独特原则,然而它仍旧被认为是物质的,仅仅比其他的更为轻小、更为精细。不过,它已被赋予更大的活动性,它的行为是根据目的的,而非仅仅按照机械碰撞,从而把 162
运动、统一、系统给予原先一直乱作一团的惰性元素。然而,有可能他将其重要性限于星空;或至少说,仅仅在机械原则失效时才运用它。阿波罗尼亚的第欧根尼(Diogenes)把奴斯等同于气,并将其行动拓展至有机体。柏拉图把阿那克萨戈拉的奴斯加以推广,声称需要一种对于所有自然过程的理性(目的论)解释,从而也使得奴斯成为一种彻底非物质的原则。作为规定目的的一种原则,奴斯也是至善,所有其他目的和目标的来源;如此来说它就是所有观念的至上原则。如此它不仅获得了宇宙论涵义而且获得了一种伦理上的、逻辑上的涵义。

另一方面,作为心灵见识的最高形式,作为对理性事物直接而绝对无疑的知识,奴斯也得到了一种心理学含义(知识与知识对象从而本质上是同一个)。这里,**νοῦς** 区别于 διάνοια(有时称为 *ἐπιστήμη*,有时称为 *τέχνη*),后者是推论知识,因此依赖于假定(这些假定不是知识,因而是未经证实的假说,直到回溯至自明的理智事物为止)。亚里士多德在这一思想路线上继续,他实际上把作为至上目的从而作为不动推动者或所有运动之源的νοῦς与其活动为νόησις νοήσεως即对于思想的上帝等同起来；这样的表达阐明和绝对化了柏拉图实际所有的一种假定，即把作为最高知识官能的νοῦς与作为至上知识对象的νοητόν统一起来。这种神圣的奴斯是超越性的，它之推动世界完全是目的论上的，而非内在性的，也非因果性的。因为它是超越性的，虽然它内在于人之中，却与身体（χωριστός）分开，而且如此乃不可灭的。然而，在人那里，νοῦς采取一种双重形式：能动的（νοῦς ποιητικός），它是自由的，乃那些将人与神性（θεωρεῖν）相连的他所有洞见和德性的源头，以及被动的（νοῦς παθητικός），它包括依赖于感知的思想、凭借于任何身体器官的记忆经验。亚里士多德的一些逍遥派追随者，譬如西奥佛雷特斯
163 (Theophrastus)、斯特拉图(Strato)等，似乎（像他后来的阿拉伯追随者一样）已经否定了奴斯的超越性，他们给予奴斯一种物质的和感官的色彩，从而为斯多葛学派铺平了道路。然而，到了新柏拉图主义者那里，奴斯这一概念再次成为最为重要的。绝对者实际上位于所有区分之上，因此不能被视为本身是有意识的或视为理性。但其首次区分是一面为奴斯、另一面为存有。由此奴斯变成了表示绝对理性和主体的一种观念。此外，它拥有一种动态的和自我分识的特性，因而既是单数的又是复数的（νοῖ）。作为 noi，它是用于创造宇宙的所有动态原理的源头。这种观念在新柏拉图主义者那里达到了顶峰。虽然**理性**与**知性**（参见该条）的区分（康德的，但尤其被柯尔雷基(Coleridge)运用）可与之相比，但现代的主客观之分必定给予了理性比奴斯在古代人那里所拥有的更多心理学意义。

参考文献：Plato, *Phaedo*, 97; *Republic*, vi. 508; and *Sophist*, 254; Aristotle, *Metaphysics*, i. 3, 984; Simplicius, *Phys.*, 33, and 225a; Plotinus, *Enneads*; Zeller, *Philos. d. Griechen*, ii. 590—592, iii. 512, 528—529。

取消主义者(nullibrists)　〈德〉*Nullibristen* (Eisler)；不在其他语言中用。该词适用于这样一些人：他们否认灵魂存在于空间，因为它是单纯的和非物质的。

曾被亨利·莫尔(Henry More)运用(*Enchir. met.*, 27, 1)，不具通用性。

数(number)（形而上学中）　根据毕达哥拉斯主义者，数构成了事物的本质或实在性。它们是事物由之得以组成的最初和最终元素。柏拉图在（口授的）后期学说中似乎称理念为数。新柏拉图主义者和新毕达哥拉斯主义者把形而上学

上的数看作算术数字的原型及事物的激活原则。参见太一。

尼古拉斯·库萨以及文艺复兴早期的柏拉图主义者在他们的宇宙论中给予数重要地位，这显然是受到了数学新发展的影响。各个时代的神秘主义者都看 164
重数及其关系，作为经验中最深层事物的原型或符号。3(奇偶数的统一)、4(第一个平方数)、7(4 与 3 之和)、12(4 与 3 之积)尤其受到重视。

对象/对象性的(object, objective)(一般的和哲学上的)　源自〈拉〉ob(分离，对着)＋ *iacere*(掷抛，摆放)，相当于〈希〉ἀντικείμενον(通常翻译为 oppositum)。〈德〉*Gegenstand*, *gegenständlich*, *Objekt*, *objektif*, 〈法〉*object*, *objectif*, 〈意〉*obbietto*, *oggetto*, *obbiettivo*。(1)心灵活动终止的地方；任何精神运作所指向之物。但由于理智的和意志的终结(terminus)(参见该条)可区分开，这种最一般的意义很容易划分为其他两种。(2)所认识之物，被认为把真理与实在给予认识过程。(3)作为冲动或选择之目的(goal)者——目标(aim)、目的(end)、最终意图。但由于知识问题一直都主要涉及外部世界何以被知道(对于意识状态的知识被认为是当然之事)。(4)对象经常被通俗地用于指"物"(thing)。(5)结合其哲学意义，于是它被设定为与心灵和意识相对的，作为外部的经常是物质的世界。这种倾向由于用主体(SUBJECT)(参见该条)一词表示心灵而得到强化，乃形容词 objective(对象性的)两个主要意义之一。(6)所知之物也可区别于完全错误设定或接受者——区别于我们自欺地相信者；因此，对象被作为实在(real)的对等词来使用。这种意义对名词是不通用的，但常常是形容词对象性的所有的，它指的是真正属于某题材的，以区别于由于观察或判断之人的偏见、幻象、谬误或错误而引入的或映入的：与之相对的是纯粹心灵之中的。它使得上述(2)更为具体化。(7)对象性的于是开始指内在真实的，或自我持存的，自身有效的——譬如，"责任是对象性的"。(8)在后来的经院哲学中，对象和对象性的专 165
门用于指简单的、仅仅作为心灵运作资料所存在的。这种用法在笛卡儿那里延续，并出现在贝克莱(Berkeley)那里，贝克莱明确地把所感知到的对象存在称为它们的对象性存在。有关这种由早期意义到晚期意义的转变史，可在主体之下找到。参较对象(object)。

客观主义(objectivism)　有关词源，参看对象。〈德〉*Objectivismus*, 〈法〉

objectivisme,〈意〉*oggettivismo*。(1) 一种理论,它把客观有效性给予我们的至少某些观念,从而认为心灵能够获致实在的真理。与怀疑主义和现象主义相对。

(2) 一种理论,在其有关实在性的学说中趋于忽视心灵性的和精神性的。

(3) 一种伦理学上的理论,它认为道德的目标在于获致一种客观状态(如,Külpe,*Introd. to Philos.*, §§14 and 30)。参较主观主义(subjectivism)。

奥康主义(occamism) 〈德〉*Occamismus*,〈法〉*doctrine d'Occam*,〈意〉*dottrina di Occam*。经院唯名论(参见实在论)创始人奥康的威廉(William of Occam)的追随者们所坚持的一种学说。他们有时也被称为词项论者(Terminists),因为奥康学说认为,共相并非某种实际存在的东西,而不过是一些词项(termini)、谓述。

机缘论(occasionalism) 源自〈拉〉*occasio*(事件)。〈德〉*Occasionalismus*, *Theorie der Gelegenheitsursache*(偶因),〈法〉*occasionalisme*, *hypothèse des causes occasionnelles*,〈意〉*occasionalismo*。一种理论:物质和心灵并非直接地彼此互动,而是说,在其中之一发生某些变化的场合,上帝介入以带来另一个的相应变化。于是每一个都相对于另一个被称为"偶因"(occasional cause)。

该理论由赫林克斯(Geulincx)和马勒布朗什(Malebranche)所提出,是为了处理源于笛卡儿所断言的思想与外延极端二元论的一个问题:该问题一般讲是
166 关于心灵与物质的互动,具体讲是关于身体与灵魂的互动,它与日益突出的关于形成一套易于理解的因果性理论的困难结合在一起。同样的问题在斯宾诺莎的单实体理论和莱布尼茨的先定和谐说中得到处理。笛卡儿曾一般性地断言,所有运动物质的变化要通过外延来解说,而所有精神事件都要诉诸心灵本性。后一种理论不论如何能适用于明晰而适当的观念,它却不能解释含糊观念以及与其相连的激情和情绪。例外的情形是这样的:上帝在人之中安排了两种实体的共存,结果"动物精神"(以松果腺为中心)的扰乱在心灵中激起了一种非明晰的观念,无论是感觉,激情,或是情绪。这种肉体影响(influxus physicus)的学说显然与他体系的其他部分相矛盾,以致笛卡儿主义者开始消除掉它。在赫林克斯那里,因果问题是一个主要的问题;他完全否认物质拥有某种有效的因果关系。可以说,它的变化不过是上帝产生真实结果的"提示"。马勒布朗什对于这种观

点作了一种认识论补充:不仅一种实体不能直接影响另一种;而且,它们是异质性的,以致心灵不可能认识物质。我们“在事物中看到上帝”,物质再一次成为机缘,而非我们知识的真正对象。

参考文献:Descartes, *Principia*, § 36; *Meds.*, v and vi, *Passions de l'Âme*; Geulincx, *Ethics*, 113; *Met.*, 26; Malebranche, *Recherche de la Vérité*, vi. 2, 3; Falckenberg, Windelband, Ueberweg, Histories of Philosophy (Index of each, sub verbo).

太一[one(the)] 源自〈古英〉*ān*(一)、〈希〉*τὸ ἕν*。〈德〉*das Eine*, *Eins und Viele*(一与多),〈法〉*l'un*(*et le multiple*),〈意〉*l'uno*(*e il molteplice*)。新柏拉图主义哲学的一个技术用语,代表这样一个绝对第一原则——这一原则既在存有又在思想之上,因为这些都既易受界定又易受(在此范围内)限制。关于该词一个较少本体论上的意义,参看**统一性**(unity)。

在柏拉图后期不成文的学说中,他似乎更多受到毕达哥拉斯学派学说的影响,试图把他们的数论与他自己的理念论综合起来。在这一学说中,他把太一等 167
同于善,等同于至上的理念和存有(参阅 Trendelenburg, *Platonis de Ideis et Numeris Doctrina*),并试图从中推演出一系列其他理念。这种倾向在老学园派那里得到继续推进。斯珀西波斯(Speusippus)把太一与善区分开:太一是作为善之结果的一种原则;也把太一与理性区分开:理性作为推动因,被还原到柏拉图世界灵魂那一层面(Zeller, *Philos. d. Griechen*, II. i. 851—853)。换言之,形式的或逻辑的原因被置于目的因和动力因之上。色诺克拉底(Xenocrates)把太一和异在(the Dyad)作为所有存在的至上根据——太一是最初的或雄性的上帝即圣父和奴斯;而异在(不确定的多元性)乃圣母;二者的联姻产生了数,而灵魂乃自我能动的数。这些奇幻的区分在新毕达哥拉斯学派和新柏拉图主义那里找到了肥沃的土壤,而且在后者中太一成了至上范畴。到了普罗提诺(Plotinus),绝对者完全不可言说和不可理解;它只能被简单地描述为存有与自身的关系,不带任何区分和相对性,而要表达它所选用的术语是太一或唯一(the Only One)。由此辐射或发散出整个次属存有和区分的层级,其内部既没有效力性的又没有意图性的活动。扬步里柯(Jamblicus)想要使得太一更具超越性和不可言说性,由此区分开首一(the First One)和次一(the Second One),后者介于太一与多元性之间，它是进一步发散的源头。普罗库卢斯(Proclus)将该学说推进到底，他宣称，绝对者由于不可界定和不可知因此甚至不能被称为一，除非是从比喻意义上说。然而，由它发展出多元性的一，这些一是简单的、超感觉的且发散的，由此朝向存有、朝向思想前进。

参考文献：Zeller, *Philos. d. Griechen*, III. ii. 491, 521, 688, 793, 846; Plotinus, *Enneads*, VI. ix. 1。

本体论证明(ontological argument) 〈德〉*ontologisches Argument*，〈法〉
168 *argument ontologique*，〈意〉*argumento ontologico*。一种推理方法，它由对上帝观念之内涵的考察而推断出上帝的存在；被康德与宇宙论证明和物理-目的论证明并提，作为理性神学的三个根本观念之一。参见宗教哲学。

其最好的代表是笛卡儿，而正是他把圣奥古斯丁(St. Augustine)的心理学方法与安瑟伦(Anselm)的纯逻辑方法统一起来。参看经院主义，I。

圣奥古斯丁由怀疑这一事实开始，推断出内在主体的实在性。这种自信包括存有、生命、感觉和理性知觉的确定性。存有之确定性要求理性受制于一种原则：它是理性的规范，因而理性自身不产生它但它却高于理性之上。完美真理这一观念因而包括了完美真理的实在性。参看教父哲学(6)。

另一方面，安瑟伦工作于中世纪实在论(参见该条)的基础之上。共相是实在；而既然共相性(universality)有等级和程度，实在性也有各种等级。最大的共相，上帝，是最大的实在——ens realissimum(最为真实的存有)。如果有人否定上帝的存在，他必定拥有上帝观念，而这意味着不可能设想比他拥有观念的这种东西更伟大的东西。但在实在性中和在思想中比单纯在理智中更伟大。因此，如果有人拥有什么关于上帝的思想的话，他必定将其设想为存在着的(《宣讲》)。这经常作为"安瑟伦论证"为人所知。笛卡儿由怀疑之存在论证思想之存在；并由此(借助于直接推理)论证自我以及至少作为单纯事实的心灵过程和观念的存在。这些事实必定拥有原因；其原因必定至少等于其结果。某人拥有完美之观念，而根据这一原则，他不可能是其原因，因为他是不完美的。唯有一种完美的存有能产生这样一种观念。再一次地，上帝或无穷者这一观念包括进了必然存在这一观念——他的本性使得他必然地而非偶然地包括存在，正如三角形这一观念包括三边性(*Meditations*, iii, and *Principia*, i. 14—16)。在斯宾诺莎那里，该论证似乎被压缩成为一种对绝对者的定义——只能被设想为存在着的那种东西。康德试图表明，宇宙论证明和目的论证明依赖于本体论证明，因此如果 169
这一论证被动摇的话，所有理性神学就也被动摇了。把上帝**设想**为非存在是一种矛盾，但这并不能得出上帝存在。存在并非思想内容的一部分，而是控制思想并使思想成为必要的某种东西——某种“所予”的东西。康德如此看到了该论证包含有整个理性主义立场的本质——即这样一种设定：思想本身是一种有效的实在性准据；而实际上，根据康德的说法，思想就其本身来说，仅仅是对自身的分析，它要求有感觉经验以获得一种实在性判断。黑格尔推翻了本体论证明，将其作为由某个思想即有关上帝的那个特殊思想而来的论证。他认为，从根本上看，思想本身决定着存有——或者，所有判断的根本处是一种对于思想与存有或上帝的统一的预设；过去的本体论证明，可被看作对于这种潜在统一性的一种含糊预见。

参考文献：参见**有神论**和**宗教哲学**。

存在学(ontologism)　源自〈希〉τὰ ὄντα(存在着的事物)＋λόγος(科学)。〈德〉*Ontologismus*，〈法〉*ontologisme*，〈意〉*ontologismo*。(1) 一种哲学(本体论上的)方法，从逻辑范畴直接进入到实在：它适用于其本体论公设不根植于经验之中的那些宏大思辨体系。

休谟和康德极力反对存在学。有关该方法的最近发展，参看 Ueberweg-Heinze, *Gesch. d. Philos.*, III. ii. (8th ed.) 328(J. M. B)。①

(2) 意大利人焦贝蒂(Gioberti)(1801—1852)所创学派的一种理论，即这样一种学说：哲学的方法和原则应该在对象而非主体中寻找。

该理论乃对现代思想中所认为的主观主义的一种回应。焦贝蒂认为，笛卡儿以心理学方法(参看**心理主义**)取代真正的本体论方法，现代哲学以对意识或认识过程的考察为进路，从而使得哲学进一步偏离轨道，在逻辑上以感觉主义、 170
新教主义和无神论告终。我们必须开始于那种至上而客观的心灵直觉：存有创造存在(*Ens creat existentias*)。虽然该理论最初属于天主教的兴趣，焦贝蒂本人

① 在《哲学与心理学辞典》中，J. M. B 为鲍德温的人名缩写。这里表示，该段内容由鲍德温撰写。——译者

在有点泛神论的意义上逐步修改他的哲学观点，从而在政治上成为宣扬意大利独立统一的一位权威人士。存在学于1861年及随后的1862年和1866年遭到罗马教皇的谴责。除开焦贝蒂的政治观点不算，这样的结果可能也是难免的，因为他的原创体系中预设了一种对于绝对存有的充分直觉，它趋于把神学置于哲学之下而且实际上使得天启宗教成为不必要。焦贝蒂及其体系通过对于布朗逊(O. A. Brownson)的影响，受到美国人的关注。然而，后者试图避免焦贝蒂的神学错误，认为虽然他的哲学是本体论上的，但他并非教会所谴责意义上的那种"存在论者"。

参考文献：Ueberweg，*Hist. of Philos.*（trans. by Morris，and appendix by Botta），ii. 497—509；Louis Ferri，*L'Histoire de Philos. en Italie*，i. 387；Brownson，*Works*，ii. 126，468 ff.（art. "Ontologism and Psychologism"）

本体论(ontology)　源自〈希〉ὄν, ὄντος(有)＋λόγος(科学)。〈德〉*Ontologie*，〈法〉*ontologie*，〈意〉*ontologia*。一种关于最终性的实在的学说或科学。参较形而上学以及哲学。

柏拉图采用ὄντως ὄντα这一用语来表示理念绝对真实的特征；但由于主要关注有关它们的方法问题，他运用辩证法而非本体论来表示处理它们的那种科学。甚至是亚里士多德，他认为由于每一特殊科学都有自己特殊的存在领域(οὐσία或ὄν)作为其对象，必定也有一门至上的科学来处理一般性的存在即作为存有的存有、ὂν ᾗ ὄν，然而他用以指代这种科学的却是"第一哲学"或哲学一词。经院哲学家把*Ens qua Ens*(作为存有的存有)视为哲学对象，然而他们对于它的划分和命名却是在另一种基础之上。因而，是沃尔夫(Wolff)使得该术语通用的。哲
171 学首次被分为理论的和实践的；前者称为形而上学，又被分为处理一般存有而不论是物质或精神的一般部分(本体论)以及处理三种主要形式的存有即上帝、世界和灵魂的特殊部分(参看 Erdmann，*Hist. of Philos.*，ii. 223—234，and Zeller，*Gesch. d. deutsch. Philos.*，183—188)。

沃尔夫把本体论等同于逻辑上的同一律、矛盾律，这对康德(以一种回应方式)产生了巨大的影响。到了康德，本体论变成了一门伪科学，由于它试图处理对象而不涉及对象被给予或认识的方式，这是一项不可能的任务。主要是通过他的影响，"本体论"和"本体论上的"成为备受指责的词语，用它们来指处理存有

而不顾其在意识中的表现的那些徒劳(G·H·刘易斯以及一般的英国实证主义者就是如此)。威廉·汉密尔顿爵士将其界定为一门从其已知呈现推断未知存有之属性的科学——或作为推论心理学(Inferential Psychology)!(*Metaph.*, i. 124—125)。然而,过度地强调有别于存有理论的认识理论,导致了怀疑主义和主观主义,进而导致了一种新的作为实在之科学的(只要实在可通过知识过程得以确定)本体论观念;换言之,本体论可能性的问题就是知识有效性的问题。

总结而言,我们认为,可以很容易分出三个阶段来。古代甚而中世纪哲学,如经常所说的那样,是以本体论为主的;他们关注于对象性的,而且(天真地或教条地)以为存有就是所被认识到的那样,或者认识是一种分有存有的过程,它本身是存有结构的一个状态或因素。第二种意义是现代怀疑论或实证主义的,认为存有自身(being-in-itself)(如它们实际所是的那些事物)要明确区分与我们有关的事物或通过感觉所呈现的、作为现象的存在。根据此种观点,本体论只是有关它们的一种虚假的、不可能的理论。第三种意义是批判性的,古代那种认识对于存有的依赖性被颠倒过来;我们首先需要的是考察认识的本性、可能性和有效性,然后通过如此所达到的结果,进而考察所认识到的存有。这样,本体论不再 172
是有别于其特殊形式的一般的存有理论;它乃被认识之实在的理论,区别于有关认识过程的理论。英国思想明晰地认识到,后来的这种本体论和认识论之分,很可能要归功于费里尔(Ferrier, *Inst. of Met.*, 47—49)。

意见(opinion)(哲学中) (1) 一般而言,是指有关事实的任一想法或观念,它指向真理且被认为有可能接近真理,但承认在此方面没有达到精确性。它与假说(参见该条)的区别在于:它不期望在未来证实,也非旨在充当概括或解释之用。它指的更多是基于证据或推论之上、但不足以产生确信知识的一种思想条件。然而,它所表示的是信念而非怀疑。

(2) 在更倾向于贬义上用于指随意的或教条的先见,譬如,一件纯粹意见而不作担保的事情。

该词现在简单指从客观所指来看的观念的某种价值或功能;它们在真理或确定性标准方面的品格。作为技术用语,它用于翻译希腊词δόξα。巴门尼德把τὰ πρὸς ἀλήθειαν从τὰ πρὸς δόξαν中区分出来。前者表示与理性有关、把握真理和存有的任何东西;后者表示纯粹的习俗和盲目的信念,与表象、非有、错误有关。该词的这一意义与希腊词δοκεῖν有关联，它既指相信或思考又指看似。这种纯粹的看似或表象之意被柏拉图接受。Δόξα指存有与非有之间的中间区域——现象领域——因而也在纯感觉（αἴσθησις）和理性思想（διάνοια）之间。它又分为高级形式（πίστις，深信；有时称为正确意见，ὀρθὴ或ἀληθὴς，δόξα）和低级形式（εἰκασία，臆测，瞎猜）。前者基于理性之上（它是合理的），虽然未意识到这种基础——不是推理而来的。它间接联系着推论的或演证的思想，而且关系到感
173 觉世界中体现数学和目的论关系的那些方面，然而它本身不能得到明述（*Theaetetus*，187—203；*Timaeus*，270 ff.；and *Republic*，Bk. VI. 510）。亚里士多德在相当程度上把柏拉图的形而上学观念分为逻辑上的与修辞上的。前者使得意见成为一种判断样式，因而产生于灵魂本身中而非产生于身体对于灵魂的影响。然而，作为判断样式，它并不依赖于一种适当的三段论过程，因而并不达到演证知识（*Anal. Post.*，Bk. I. Chap. xxxiii；*Metaphysics*，vii. 15）。与柏拉图的联系之处在于，事实上柏拉图是把意见与变化世界而非存有世界相关。凡是改变之物都可以不同于原来那样，因此它并非必然的，而是偶然的。在修辞方面，δόξα是一种说服或相信的状态，而关于它之产生的问题是实践上的和心理学上的。亚里士多德在伦理学上也大量用到了意见这一观念。所有操行关涉到未来的因而是偶然的事物——意见之事。但最具重要性的是，这些意见应该按照意志而非纯粹的欲望来形成。Φρόνησις作为一种德性就是根据正确意志形成意见的理智习惯。一般说来，δοξαστικόν，意见领域，是或然性的。普罗提诺使得意见成为想象与理性之间的中间领域；所有关于物理世界本身的知识都是意见。它依赖于感觉，但只出现于进行反省和推理的灵魂中。

在主观（the subjective）与客观（the objective）的区分得到明晰确定之后，意见之本性就不再是一个形而上学问题。它仅仅指主观这更为一般原则的一种情形。由此，在近代时期，意见几乎不具有技术意义。霍布斯用它来指判断之前的不稳定和交替性观念的一种状态（*Leviathan*，Pt. I. chap. vii）。洛克（Locke）的用法是现在流行的意义：不确保地把某种东西承认为真（*Essay*，iv. 15）。康德区分了事实之事、意见之事和（理性）信仰之事。第一个指其存在可通过纯粹理性，
174 或通过经验中的展示而得以证明的事物；第二个指感觉世界中可能的但非现实的经验对象，譬如，火星居民的存在；第三个指有关思想的而非知识的必然对象，即上帝、不朽和至善（*Critique of Judgment*，Pt. II. §91）。

乐观主义和悲观主义(optimism and pessimism) 源自〈拉〉*optimus*(最好):*bonus*(好)的最高级,*pessimus*(最坏):*malus*(坏)的最高级。〈德〉*Optimismus and Pessimismus*,〈法〉*optimisme and pessimisme*,〈意〉*ottimismo and pessimismo*。这是用于评估经验、生活和世界的对立联词。乐观主义认为,这个世界是彻底好的;或者,它是最可能好的世界。悲观主义认为,这个世界是彻底坏的;或者,它是最可能坏的世界。问题是,作为物理学或形而上学存在的世界,与它在伦理学上的解释的关系。

柏拉图在《蒂迈欧篇》(*Timaeus*)中第一个阐述了乐观主义这一观念。他的问题是被造世界与造物主(demiurge)这位设计师的关系。他以永恒和理想为模型创造了世界,虽然是可感的和变化的;"他想要所有事物都好而没有坏的,在所能达到的范围内",因此,这个世界就像是理智存有中最美妙、最完美的,它是"受保佑的神"(第 30 页),是"可感的上帝,最伟大且最妙的、最美好的,尽可能完美的,造物主的映像"(第 92 页)。不过,作为被造物,作为可感物,这个世界蕴涵着非有,因而蕴涵着恶。存在一个极限集:这个世界"在其所能达到的范围内"是好的。在其他著作中,他带着有点悲伤的情绪论述了人类生命与可感世界和物质身体结合时所闯入的恶,因此善的实现要通过远离被造世界(在《斐多篇》、《斐德罗篇》、《高尔吉亚》部分,以及《理想国》第十编中都有出现)。根据世界经验中的非有成分限制着永恒善这样的观点,柏拉图不仅是乐观主义而且是悲观主义的逻辑之父。他身上的希腊精神如此强烈,以至于整个感觉物被看作对于理想的塑性体现,因而是美好的和善的。但是,这些成分处于不稳定的均衡,只需要强调一下这种否定 175
限度,就可拥有一种悲观主义结果。斯多葛学派和新柏拉图主义者延续了柏拉图的乐观主义传统,伟大的经院哲学家也都如此,但他们在陈述模式上遵循的是亚里士多德目的论而非柏拉图传统。伊壁鸠鲁和怀疑主义学派是经验上的而非哲学上的悲观主义者:他们详述世界上所存在的大量痛苦和罪恶,以驳斥斯多葛的伦理学。

莱布尼茨在《神正论》(*Théodicée*)中以一种夸张的形式重复了目的论乐观主义。这个世界必定是所有可能世界中最好的,因为它乃上帝的作品。上帝以他的智慧知晓所有可能性,而以他的善选择了这些可能性中最好的一个,又以他的力量创造了它。恶具有三种形式:形而上学上的,是对世界必然有限性的表示;物理学上的,用以通过惩罚犯规者而教会我们法则以及道德,它是自由的一种必然状态。这种乐观主义通过沃尔夫等人，进入了流行的理性主义启蒙哲学中，并可在譬如罗马教皇那里看到。像斯多葛学派的乐观主义一样，对它的反对乃以经验而非哲学为根据；尤其是伏尔泰的《老实人》(*Candide*)，他在书中对于莱布尼茨的讽刺性处理，进入了生命不值得活这一学说的危险边缘。在《无知的哲学家》(*Phil. ignor*)中，他罗列了世界上所有不幸的来源。康德在早期重复了莱布尼茨的乐观主义(*Versuch einiger Betrachtungen über den Optimismus*, 1759)。康德在批判时期认为，人性之中有一种根本的恶：他倾向于把自爱这一特殊主义的(particularistic)、感觉主义的原则作为行动的动机。一个好的原则是理性而普遍的人性原则。

卢梭(Rousseau)已经提出了人类历史和社会生活中的善恶问题。他断言：原始自然人是彻底好的，建制和文化使得他们彻底变恶。康德接过了这一问题，它关系到刚刚提到的人双重结构这一观念；他认为，自然状态中的那些自然倾向是好的，这是因为适应于它们的目的。物理上那是一个"天堂"，道德上那是一种
176 完全无辜的状态。但当人变得意识到他自身，有了意志，偏离了根植于本能之中的自然法则，恶也就出现了——"堕落"。有意识的欲求导致工作，导致艺术，导致财产，导致公民关系，导致文化。由于文化，人类生活不再是自然所产生的东西，而是自我生产的。自然与文化的冲突产生了不幸，但那是与认识理性法则相伴的一种伦理上的必然。历史的目的不是个体的幸福而是整个人性的完满。冲突和苦难引向后者。简言之，康德在关于人的自然现实性上，是一位悲观主义者；在关于人的道德可能性上，是一位乐观主义者。

黑格尔抓住了历史上隐含、现在恢复的三个因素：(1)造世过程中的否定因素与造物主的关系(这里他利用了费希特的观点)，(2)人之中殊相与共相的关系，(3)历史上冲突和痛苦的功能。他试图提供一种乐观主义和悲观主义的综合。由于绝对者并非静止的事实或内容，而是一种过程，它在自身之内包括有否定、特殊化以及由之而来的冲突和苦难。但是，这种通过差异化而有的冲突是动态前进的，因此有助于善。世界在静态断面上是恶的；在运动(黑格尔称为"现实性")中是善的。

法国革命引入了卢梭否定学说中积极的一面。它认为，对于经济和政治条件的改革是引起人之无穷完美性倾向的全部需要。马尔萨斯的人口学说有意要驳斥这种观念。随着达尔文学说的推广和应用，它已把乐观主义和悲观主义的问题引向了生物学领域。一个学派指出生存斗争的普遍性给予了我们悲观主义告诫；另一学派指出这种斗争有助于发展，因而预示一种乐观主义结论。斯宾塞

运用进化论观念主张恶的自我破坏的因而也是过渡性的特征。

叔本华(Schopenhauer)是对黑格尔乐观主义的悲观主义匹配。意志而非思
想或理性是绝对者——真正的东西,物自体。这种意志是非理性的,因而是无目 177
标的;不存在什么进步或发展,而只有无目的的意志的无休止作用。因此,意志实质上是不快乐的。因为客观世界仅仅是这种意志的图像,它必定是一个痛苦的世界。这种形而上学推理由于心理学上的考虑而得到强化;欲望本质上是痛苦的,它的满足、快乐仅仅是痛苦的移除。因此,痛苦必定主宰着生命。所有经验和观察证实了这一结果。冯·哈特曼(Von Hartmann)试图进行他所认为对黑格尔和叔本华的综合。有一种逻辑因素和一种非逻辑因素,两者都被归于无意识。意志因素认为世界不存在比起存在会更好,然而这个世界是所有可能世界中最好的,并持续进化出高度的意识。其目的论是乐观主义的,虽然从满足的观点来看世界是恶的。

当前流行的思想,是把该问题表述为一个有关生命是否值得活的问题。关注点已经从神学问题转移到生命的内在价值问题。参较**社会向善论**(meliorism)。

有机的(**organic**) 源自〈希〉ὀργανικός(属于诸器官的)。〈德〉*organisch*,〈法〉*organique*,〈意〉*organico*。(1)与有生命者不论动物或植物有关的,与无生命的或无机的相对。参看**有机体**(活的)。但由于生命体的特性是其诸部分彼此之间具有某种关系,使得它们彼此之间相互作用和反作用以便维持整体存在,它指(2)拥有类似的整体与部分之间必然关系的东西;系统化者;作为某一目的之内在或固有手段者,以区别于作为外部或偶然手段者。这种意义渐渐变成目的论上的,与**机械的**(mechanical)(参见该条)相对。

历史上,把有机的等同于活着的,是晚近的事情。亚里士多德对于该词的用法相当于器具性的;甚至同义于机械的,即产生结果的手段。有机物体是这样的一种:不论是否活着,其中的异质元素组成了一个复合整体。这种意义一直延续
到莱布尼茨,他运用该词的意义很容易与近代的"活着的"之含义相混淆,然而却 178
是不同的。在他看来,凡作为有机的,其所有部分反过来又是机器,即适应于目的的器具。"这样,生命物的有机身体就是一种神圣机器或自然的自动机,因为通过人的工艺而制成的机器并不是其各个部分都作为机器;譬如,铜轮的牙齿所具有部分或片段……其本身并不能指出轮子作何用处。……但自然机器即便是其无

穷小的部分也是机器。”(*Monadology*，§64；see also the *Princ. De la Nature*，31)

从这时起，这种观念中的两个因素(部分之复合以及手段对目的的关系)紧密地联系在一起，而康德在他对于有机物的著名定义中将它们嫁接起来了，即其中所有部分彼此及对于整体相互作为手段和目的(*Werke*，iv. 493)。正是这种整体第一的观念，与莱布尼茨那种无限可分的观念区分开来。当有机的这一概念应用于普遍世界时，往往把莱布尼茨的无限多元论转变成了系统一元论。参较**生命**(life)、**有机体**和**社会机体**(social organism)。

参考文献：Eucken，*Philos. Terminol.*，26，138，153，202；Mackenzie，*Introd. to Social Philos.*。

有机体(organism)　源自〈希〉ὄργανον(一种器官)。〈德〉*Organismus*，〈法〉*organisme*，〈意〉*organismo*。(1) 一种活着的存有，参看**有机体**(生物学中)。

(2) 一种总体性，其各个不同部分或元素按照某种源于整体自身因而是内在而非外在、必然而非偶然的原则而彼此相联。一种系统，参较**有机的**。

希腊人对该词的用法是与现代人完全不同的一种意义，然而此种观念即便是一般化的哲学用法，也为他们所熟稔。柏拉图把世界看作一个有生命的整体——作为ζῷον。到了亚里士多德，目的或形式激活了所有的潜在性或质料，如
179 此使其一直朝向完满运动并由此赋予其秩序。在生命体中，这一点以持续升高的清晰度(διάρθρωσις)得以显现。如此，形式乃自然的内在生命，以区别于外部安排。在此意义上，亚里士多德把有机体或根据内部因果性原则而排序和运动的整体这种观念(而非这一术语)应用于国家，因为个人只有通过其与整体的内在联系才获得社会生命。斯多葛学派明确宣称世界是σύστημα，一种活着的有组织整体；在伦理上他们声称个人不是全域的一部分(μέρος)而是一成员(μέλος)。这种观念的社会方面进入基督教，产生了作为基督神秘身体(corpus mysticum)的教会观念。在中世纪，国家于生命肌体的比拟是普通的，沙利斯伯利的约翰(John of Salisbury)着手为国家的每一部分寻找出相应的一个身体部分(参看Eucken，*Grundbegriffe d. Gegenwart*，157)。18世纪，赫德(Herder)极其积极地复兴一种自然观念，即作为活着的一个整体，经由连续的一系列呈现，按照一内部原则活动。康德给予该观念一种明晰的定义(参见**有机的**)，但仅仅赋予该学说一种主观有效性。然而，谢林对于该词给出了一种完全客观的意义，可应用

于全域本身。通过他的追随者，该词成了一个颇受欢迎的术语，用于指这样一个哲学原则：世界是据内在原理运动，并依照一种内在生命和理智的模式而产生其结果的（*Syst. d. trans. Idealismus*，261）。

斯宾塞最近把该词的一般化意义运用于新近的英国思想中，譬如他断言社会乃一种有机体。然而，关于这一点的探讨，存在着含糊性——有机体有时用法类似于动物肌体的器官（或官能）；有时又在逻辑意义上相当于一种由内部原则加以系统化的融贯整体。参较**社会有机体**。

参考文献：参看**有机的**和**社会有机体**。

外在性（outness）　源自〈古英〉*ūt*（外）。〈德〉*Aussensein*，〈法〉*externalité*，〈意〉*esteriorità*。远离；空间的外部性；对于心灵的外部性。

该词由贝克莱在他的《视觉理论新论》（*Essay towards a new Theory of* 180
Vision）（第 46 页）以及《知识原理》（*Principles of Knowledge*）（第 47 页）中引入。它在每一情形下的用法都与空间和距离同义。休谟的用法也相当于距离（*Treatise*，Bk. I. Pt. IV. §2）。里德（Reid）和哈奇逊·斯达灵（Hutchison Stirling）也是如此。赫胥黎的说法是：“外在感——无法区分开外部世界与自我。”（*Physiology*，§289）

超灵（oversoul）　〈德〉*Geberseele*，〈法〉没有严格的对等词（——TH. F.[1]），〈意〉不使用。爱默生用以表示其中主体客体、认知所知不分的绝对统一性的一个词；一种总体实在，其中包括全域之所有部分以及我们所有局部的、连续的思想和行为。它所指的这种绝对统一性尤其可作为人类经验中所有最具普遍性和最具价值者——理智中的天才、意志中的德性和情感中的爱——的源头。参见Emerson，*Essays*，“Oversoul”。

轮回（palingenesis）　源自〈希〉πάλιν（再次）＋γένεσις（生成，出生）。〈德〉*Palingenese*，〈法〉*palingenèse*，〈意〉*palingenesi*。（1）一种学说，认为灵魂经历一

---

① 在《哲学与心理学辞典》中，TH. F. 乃日内瓦大学伏卢挪（Théodore Flournoy）的人名缩写。这里表示，此种说法由伏卢挪负责。——译者

系列的重生:灵魂转世(metempsychosis)(参见该条)。

(2) 有时也在神学作品中用于表达一个字面上的等同词:再生(regeneration)(参见该条)。

(3) 该词仅仅在叔本华作品中具有专门的哲学含义,叔本华用其表达这样一个事实:意志不因死亡而变动,它在新的个体中重现,直至生活意志(the will-to-live)得以完成、否定和废止。他将其与坚持具体"灵魂"重现的庸俗的灵魂转世说区别开来,并声称它等于那种深奥的佛教教义(Schopenhauer, *The World as Will and as Idea*, trans. by Haldane, iii. 300—301)。

万有在神论(panentheism) 源自〈希〉πᾶν(所有)+ἐν(在……之中)+θεός
181 (上帝)。〈德〉*Panentheismus*,〈法〉*panenthéisme*,〈意〉*panentheismo*。克劳斯(Krause)试图调和有神论和泛神论而给出的一个术语、这样一种学说:上帝既非世界也不在世界之外,而是世界在他之中,他超越世界界限之外。

泛理主义(panlogism) 源自〈希〉πᾶν(所有)+ λόγος(思想,理性)。〈德〉*Panlogismus*,〈法〉*panlogisme*,〈意〉*panlogismo*。该术语应用于视思想为绝对者的那些哲学体系——通常应用于黑格尔体系。

泛灵论(panpneumatism) 源自〈希〉πᾶν(所有)+πνεῦμα(精神)。〈德〉*Panpneumatismus*,〈法〉*panpneumatisme*,〈意〉*panpneumatismo*。该词(仅仅)被冯·哈特曼用来指一种"对泛理主义(参见该条)和泛神论(参见该条)的高度综合,由此,绝对者既是意志又是思想"。

泛心论(panpsychism) 源自〈希〉πᾶν(所有)+ψυχή(灵魂)。〈德〉*Panpsychismus*, *Allbeseelung*,〈法〉*panpsychisme*,〈意〉*panpsichismo*。(1) 认为所有物质或所有自然本身是心理的,或具有心理一面;植物和动物以及原子和分子具有一种未发展的感觉、触觉、冲动的生命,这种生命与它们的活动(不论因果的或平行的)的关系如同人类心理生活与他们客观行为的关系。这一理论是近代科学条件下对古代万物有灵论(ANIMISM)(参见该条)和物活论(hylozoism)(参见该条)的复兴。

(2) 该词也被(如文德尔班)用于指对于亚里士多德理性学说的一种阿拉伯解释:按照这种解释,人类理性不过是永恒的、非人格的神圣理性的一种特殊样式。参看**阿威罗伊学说**(averroism)。

参考文献:Fechner, *Ueber die Seelenfrage*; Nanna, *Zend-Avesta*; Paulsen, *Introd. to Philos.* (Eng. trans.), 91, 99, 131; citations in Eisler, *Wörterb. d. philos. Begriffe*, "Pampsychismus."

泛神论(pantheism) 源自〈希〉$\pi\hat{\alpha}\nu$(所有)+$\theta\epsilon\acute{o}s$(上帝)。〈德〉*Pantheismus*,
〈法〉*panthéisme*,〈意〉*panteismo*。(1) 该词具有一种广泛而松散的意义,尤其在 182
论争性作品中常常把 *odium theologicum*(神学的憎恶)附在它之上;由此它被用来指超越通行或公认的有神论(参见该条),从而认为上帝与世界之间具有实际有机联系的几乎任何体系。

有神论很容易与哲学上的二元论结合在一起,它往往自然而然地成为自然神论(DEISM)(参见该条),认为上帝与自然世界、人类世界之间具有一种外部的、机械的联系。这在哲学方面和宗教方面都唤起了一种回应。前一回应的发生是因为他们在无限与有限的外部关系上感到了困难。后者被看作独立性的,因而前者实际上本身成为了有限。两者之间的联系成为纯粹因果关系或设计上的。困难出现在把因果范畴应用于无限时,特别是因为原因是在时间中无穷后推的;而如此所使用的设计观念也隐含着上帝不过是一种外部的发明者或机械工的意思。宗教方面回应的出现是因为这种外部联系不容许人与神的精神之间的密切交流,而这种吸收与渗透之感似乎是为深刻的宗教体验所要求的。因此他们试图实现有限者与上帝之间更为本质和内在的联系。如果这些尝试特别是由宗教动因而起的,它们便趋向于与泛神论紧紧相联的神秘主义(mysticism)(参见该条)。但是,不管怎样,自然神论者对他们的指责是:那将会把有限淹没在上帝之中,或成为泛神论的。将会变得明显的一点是,即便从这种简短概要来看,这一问题涉及一种极其微妙的平衡,尤其在基督教神学中,防止有关无限上帝与有限世界关系的理论一方面倾向于泛神论,另一方面倾向于自然神论。

(2) 在较为狭隘的严格的哲学意义上,泛神论任指一种系统:它明确地(而不仅仅是隐含地)把有限世界看作不过是那唯一永恒的、绝对的存有的一种样式、局限、部分或方面;而且,它从本性上认为,从那种存有的观点来看,没有任何

分别的存在可赋予有限世界。以此种方式来理解作为无宇宙论(acosmism)的泛
183 神论,其主要问题在于解说那种属于有限世界的、表面上自我生存或独立的
存有。

爱利亚学派[参看**前苏格拉底哲学**(pre-socratics)]可视为泛神论的先驱,他们坚持真正的存有具有统一性和无所不包性。然而,有限与无限、上帝与世界之间的区分这时尚未充分澄清,还不能称这种体系为泛神论。通过柏拉图和亚里士多德,这一问题中的术语不论就它们自身还是它们彼此关系来说,都变得清楚了。**新柏拉图主义**(参见该条)和**斯多葛学派**(参见该条)两者都是泛神论的。前者属于逻辑上唯心主义的类型,奠基于柏拉图有关唯一存有即奴斯与理念之间关系的理论;它告诉我们,世界不过是由上帝而来的一系列散发、辐射中的一个,好比源于太阳的光,其唯有通过一种否定性成分即非有或物质才得以明显区分出来。斯多葛学派是在早期希腊宇宙论者特别是赫拉克利特的影响之下对于亚里士多德主义的一种发展。

新柏拉图主义以及斯多葛学派的某些同等观念(特别是*λόγος σπερματικός*)
影响了基督教神学的形成和发展;后者中的泛神论倾向因此在斯科图斯·爱留
根纳(Scotus Erigena)以及神秘主义者埃克哈特(Eckhart)、波墨(Boehme)等人
那里显露出来。特别受到影响的学说有三位一体论和创世说(后者是连续的准
发散过程,它表现于圣父在逻各斯中的化身以及圣灵活动中);救赎说,被认为是
向上帝的必然回归因而完成了一个轮回(其前半部分是世界在上帝创世中的展
开);宗教体验说,被认为是人类精神与上帝之间直接的、无障碍的、欣喜若狂的
对话。**阿威罗伊学说**(参见该条)对亚里士多德给出了一种泛神论解释,在后来
泛神论的所有发展中它或许比新柏拉图主义更具影响力,这特别是因为它在内
容和术语上更多地与一种科学的自然观结合在一起。到了乔达诺·布鲁诺那
里,后面这一动机在对自然的诗意人格化中达到顶峰;而且,这种人文主义的宇
184 宙观取代了中世纪思想中极其重要的宗教体验因素。后来,约翰·托兰(John
Toland)提出了一种自然主义的泛神论,把上帝等同于自然力。

阿威罗伊学说通过对犹太思想的影响出现在斯宾诺莎那里,他将其与中世纪宗教动机、近代科学动机结合起来,而且还结合了笛卡儿哲学中关于心物关系的问题。这种绝妙的综合,使他成了泛神论思想的经典类型。斯宾诺莎的影响最初不是在哲学中感受到,而是在文学中,在赫德、莱辛(Lessing)而最重要的是

在歌德(Goethe)身上。谢林复活了泛神论,关系到他同一哲学中的主体和客体这一问题(它取代了笛卡儿的心物问题)。黑格尔处处试图把彼此对立的观念进行综合,这里综合的是有神论和泛神论。他接受了斯宾诺莎的一元论因素,但抓住了他的一种说法,即 *determinatio est negatio*(凡决定都是否定),认为它清楚界定了所有泛神论(或把有限吸收到无限之中)之根,并将其颠倒过来说所有否定都是决定:即否定是最终为肯定的,是存有借以现实化自身以达到丰富具体的个体性的一种动力因素。黑格尔体系分裂为两个学派,一个公开承认是泛神论的(如斯特劳斯);另一个是无神论的,认为上帝获得存在仅仅而且只有在人类个体的进化中。哈特曼认为,今后只有泛神论在哲学上是可能的;黑格尔和叔本华所持有的对立着的诸原则都是专门关于宇宙的,因而两人都是泛神论者。但哈特曼用泛神论似乎是特指一元论(monism)(参见该条),这种术语上的等同似乎正在增长,虽然从思想明晰性的观点看是要反对的。赫伯特·斯宾塞在泛神论(他有关绝对不可知作用力的理论)和二元论(他关于心物关系、主客体关系的理论)之间变来变去。

参考文献:很多时候我们必须依赖专论个人以及由个人撰写的著作,特别是斯宾
诺莎。Jundt, *Hist. du Panthéisme populaire* (1876, confined to mediaeval
pantheism and Eckhart); Jäsche, *Der Pantheismus*(1826); 有关**有神论**(参见该条) 185
和无神论的大量著作以及哲学导论书[譬如,泡耳生(Paulsen)的]。也可参阅 Vol. 3,
Dictionary of Philosophy and Psychology, Bibliog. B, 2, f。

唯意志论(panthelism) 源自〈希〉πᾶν(所有)+θέλειν(希望,意志)。〈德〉*Panthelismus*,〈法〉*panthélisme*,〈意〉*pantelismo*(de Sarlo)。一种学说:意志是宇宙的基础;是绝对者,或在更为限制的意义上,理性(理智)次属于意志并由意志而来。

该词应用于费希特那样将认识源于行动的体系以及叔本华体系。参见意志主义(voluntarism)。参较 Falckenberg, *Hist. of Mod. Philos.* (Index), and Francesco de Sarlo, *Metafisica, scienza e moralità* (1898).

再临(parousia) 源自〈希〉παρεῖναι(在场)。〈德〉*Parusie*,〈法〉*parousie*,〈意〉*parusia*。(1) 一个半技术化的用语,柏拉图用以表达绝对存有或本质与可

感世界的关系。它与他更为具体的术语分有(μέθεξις)和共同体(κοινωνία)紧密相连。感觉世界只有通过善出现在它之中才能具有本质和存在(*Politics*, 509)。

(2) 它被普罗提诺作为技术用语来表示灵魂与肉体的关系。灵魂不出现在肉体中,而是向它呈现。更严格些,普罗提诺说是肉体呈现于灵魂。通过这种关系,感觉性(sentience)和生命力被给予肉体。通过再临,灵魂彻底激活并弥漫了肉体,却丝毫不与肉体相纠缠(Plotinus, *Enneads*, vi. 4, 12)。

(3) 该词在早期基督教思想中被用来表示圣灵与个人和教会的关系。这一用法是否受到专业哲学讨论的影响,这仍是一个争议问题。

遭受和被动的(passion and passive) 源自〈拉〉passio,是对源于πάσχειν(受
186 苦)的πάθος的翻译。〈德〉Passivität(leidend, passiv),〈法〉passion(passif),〈意〉passività(passivo)。一般地讲,遭受是被作用、受影响、接纳的一种条件;与行动相对。被动的乃相应的形容词。从技术上看,它的哲学意义是作为亚里士多德十范畴之一(*Topics* and *Categories*)。参看**范畴**(category)。

按照特伦德伦堡(Trendelenburg)关于范畴与语言区分相对应的理论,这一范畴源于动词的被动态。在《形而上学》(xiv. 2)中,亚里士多德把范畴概括为三类——本质、属性(πάθη)和关系。作为属性,"遭受"描述的是并非由事物本身的本质或实体而是由其被其他事物作用的方式而产生的东西。因此除开其被动涵义不讲,它一般地属于纯粹的属性。所以,此概念在历史上首要的重要性是关于**实体**(SUBSTANCE)(参见本条)本性的讨论。在经院哲学家中间,passiones entis对于ens的关系曾是个争议问题;托马斯主义者认为,它们是真实的,而不仅仅是由思想赋予有(being)的某种东西,它们在本性上是与Ens本身合而为一的;而司各脱主义者却认为,它们是真实的,但在事物本性上仍旧完全不同于Ens或存有;还有其他人主张,它们是思想的结果。在现代思想中,该词实际上弃绝了。参较**影响**(affection)、**样式**(mode)、**特性**(property)和**性质**(quality)。

逍遥学派(peripatetics) 源自〈希〉περί(关于)+πατεῖν(步行)。〈德〉*Peripatetiker*,〈法〉*péripatéticiens*,〈意〉*peripatetici*。给予亚里士多德学派的一个名称,传统上是因为他所进行的探讨是在吕克昂学园散步时作的(*Diog. Laert.*, Bk. V)。然而,现代的解释是说,其名字出自吕克昂学园中一条用于散步的特

别小路(*περίπατος*)。

该学派主要的后继领袖有西奥佛雷特斯(Theophrastus)、欧德摩斯(Eudemus)、斯特拉图(Strato)、阿里斯托(Aristo)、提尔的狄奥多罗斯(Diodorus of Tyre)、罗得的安德罗尼柯(Andronicus of Rhodes)。新逍遥学派一词有时应用于文艺复兴时期的作家,他们反对中世纪阿拉伯式和基督教式的亚里士多德主义,试图通过回到希腊原本来对其学说给予一种客观阐明。滂波那齐 187
(Pomponatius,d. 1525)和斯卡利杰(Scaliger, 1484—1558)是其中的一些重要人物,然而他们大多数属于学术史而非哲学史。

永恒性(permanence) 源自〈拉〉per(穿过)+manere(保持,持续)。〈德〉*Permanenz*, *Beständigkeit*,〈法〉*permanence*,〈意〉*permanenza*。固定性、持续性、连续性的条件,尤其是在时间中的;在既定时间期内存在不变的。

从赫拉克利特和爱利亚学派开始,希腊哲学多关注有关静止和运动(motion)(参见该条)或自我统一和变化的问题,前者被视为存有的一种指号,后者作为非有(参见该条)。也可参见同与异(same and other)。在现代意义上引入永恒性这一范畴的是康德。它是过去教条的、本体论上实体观念的一种批判的、现象上的对等物,它是指在所有现象之变中物质和能量在量上保持不变,既不增加也不减少。因而它是能量守衡这一科学学说在形而上学上的对等物——说形而上学上的,是因为它不是源于观察或经验,而是被当作为拥有经验所必需的一种原则(Kant, *Critique of Pure Reason*, 160—166, Müller's trans., and Preface to *Metaphysical Foundations of Nat. Sci.*)。有关对外部世界永恒性的考察,参较信念(belief)。

独己性(perseity (1) and (2) per se) 源自〈拉〉perseitas, per se(通过自身)。〈德〉*Perseität*,〈法〉*perséité*,〈意〉*perseità*。字面上是指一个自包含性存在的观念,但在技术用法上,该词应用于有关善与神圣意志关系的托马斯学说。参较圣托马斯哲学(st. thomas)。

司各脱主义者认为,善是其本身优越于善的神圣意志的随意创造物;托马斯主义者认为,适当表达的意志在本质上由表现于理性之中的善的概念推动。理性与意志的这种关系,既适于人,也适于神圣自然。*perseitas boni*(本身善)是善 188

的本质合理性(参见 Windelband, *Hist. of Mod. Philos.*, Eng. Trans., 332)。

相位(phase) 源自〈希〉φάσις,出于φάειν(使出现,使可见)。〈德〉*Phase*,〈法〉*phase*,〈意〉*fase*。同一个题材依次地或从不同观点呈现的一系列特定形式或显现样式或具体特征中的一个。

该词经常用作方面(aspect)的同义词,但严格地说,它的差异点在于涉及接连的而非同时的表现样式。它也包含较少涉及主体或感知者(percipient)的一种色彩,而"方面"表示由主体看待事情的方式而引入的某种区分。

现象主义(phenomenalism) 源自〈希〉φαίνεσθαι(显现)。〈德〉*Phänomenalismus*,〈法〉*phénoménisme*,〈意〉*fenomenismo*。(1)该理论认为,所有知识都限于现象(时空中的事物和事件);我们不可能透进实在本身。参较**现象**(phenomeno)、**经验主义**(empiricism)、**不可知论**(agnosticism)和**实证主义**(positivism)。

(2)该理论认为,我们所知道的一切都是一种现象,即直接或反省地呈现于意识的实在;现象是所要知道的一切,不存在什么超出意识关系的物自体或对象。

后者是霍奇森(Shadworth Hodgson)所持有的一种哲学。也可参较**固有哲学**(immanence philosophy)(参见该条)。显然,上述两种意义彼此具有根本的不同,第一种要义在于断定一种真实却不可知的物自体;后者则是在否定。

现象学(phenomenology) 源自〈希〉φαινόμενον(所显现者)+ λόγος(学说,理论)。〈德〉*Phänomenologie*,〈法〉*phénoménologie*,〈意〉*fenomenologia*。(1)字面上指一种显象(appearances)或表现(manifestations)理论;技术用法是指有关任意题材的特殊的尤其是历史事实的理论,它证明这些事实乃它们潜在原则的自然和必然的表现。参较**现象**。

189 譬如,黑格尔把该词运用于他的《精神现象学》(*Phenomenology of Spirit*)中,表达个体和种族的心灵由最低知识形式,通过接连不断的必然阶段,达到最高的绝对思想的进展。相对应来看,它因此也是对一般化或典型的各时间发展阶段上理性之程度的阐释。在新近著作家中,冯·哈特曼习惯于用该词来指对有关历史材料哲学构建的一般原则的一种阐释。

(2) 康德在不同的意义上运用该词来指他《自然形而上学》(*Metaphysic of Nature*)的四个分支之一,即它关注于运动和静止的模态方面,即它们作为事物判断之谓词的用法。

现象(phenomenon)　源自〈希〉τὸ φαινόμενον(所看到、出现的一种东西)。〈德〉*Phänomen*,*Erscheinung*,〈法〉*phénoméne*,〈意〉*fenomeno*。(1) 在希腊思想中,现象总是相对于本质(ὄντα),因而被认为拥有较小或派生形式的实在性。两者之间不存在特殊鸿沟;两者都是客观的,但现象是可变的、杂多的、与感觉有关的,而本质是永恒的、唯一的、与理性有关的。

(2) 但是,在近代,与现象相对的是**物自体**(参见该条)或**本体**(参见该条)。它们属于根本不同的秩序;现象总是相对于我们,取决于物自体影响我们感知的方式或心灵的察看方式。这尤其适合于康德思想。显象(Schein)一词的用法,经常多少有点类似于此——用来指至少具有实在之**外观**(semblance)(参见该条)的那种东西。

(3) 它也在我们可称为自然主义或实证主义的意义上使用:它是时空中的对象或事件,因此能被精确观察和描述;基于它之上的反省是可证实的。

这第三种意义也出自康德,但运用时并不涉及主观因素——在现象的构建中我们感性所被动扮演的和我们知性所积极扮演的那种角色。这第三种意义使 190 得现象成为实证科学的材料因而是客观的,而第二种意义是通过产生于我们感官之上的印象(如果我们感官不同,印象当然也不同)而界定现象的,两者的调和构成了"现象"概念的主要难题。为解决这一困难,康德采用他的质料、形式之分;但是,由于根据近代科学全部对象的"质料",以至于最终的感觉细节都服从定量法则——由于实际上作为科学真实对象的,正是这种"质料"——现象区别于对象本身的、作为与我们有关者的这一特性实际上成为泡影。

(4) 它也在中立的哲学意义上使用,相当于"事实"或事件——任何要求解释的殊相。这种实践上的、表面非哲学的意义是否就不会真的最具哲学性,这是可以质疑的。

哲学(philosophy)　源自〈希〉φίλος(热爱者)+ σοφία(智慧)。〈德〉

Philosophie,〈法〉*philosophie*,〈意〉*filosofia*。可轻松区分出四种一般意义:

(1) 在最广泛意义上,它是指通过决定性原则(实践的,因果的,或是逻辑的)对任何一组现象的解释;理论,推理出的学说。

在这种意义上,它是英语中的普通用法。自然哲学是物理学,而我们也听到发明哲学、机器哲学、消化哲学、美发哲学,如此等等。

(2) 具有同样广泛意义但却明显带有伦理含意的用法:把所有的事件和具体事实提交给某个一般原则进行检查,以及借助于这种检查结果而行事(对事件和事实作出反应)的一种能力和习惯;展示于操行之中的一种可用性的事物理论。例如,我们说:他从哲学上来看;他是一位真正的哲学家;他的哲学遗弃了他。在这第二种意义上,经常隐含了通俗意义上的斯多葛主义;即这样诉诸一般原则使得人们能够冷静地忍受或遭受否则会激起不安情绪的那些东西。

191 (3) 技术上的且最为限制的意义:对于根本实在者的一种解说,只要出于这种考虑,可以得出应用于所有事实和现象的规律和真理:实际上相当于形而上学(metaphysics)(参见该条)。

(4) 一种有关作为有组织整体的真理、实在或经验的理论,因此可产生把各种经验分支和部分统一为连贯整体的诸种一般原理。照此来看,与其说它是某一种学科或科学,不如说它是一种有关一切的系统和激活精神。例如,康德把哲学说成是哲学学科的总和,这表面上是同义反复,实际上却有区分。

在所有这些不同意义中,出现了某些共同涵义:(a)总体性:哲学被看作是一种综合性观点,它(客观地)处理整体或宇宙,因而(主观地)要求以一种全人类的、不偏不倚的精神从事。如此它区别于把观点限于某一特定事实集的、我们所称为的具体科学。即便在像上述(1)那里它的用法涉及一个非常有限的领域时,它仍旧暗含了那一领域之内的某种总体性。(b)一般性:正因为其观点是关于整体的,它是以共相和原理来表示自己的;它所要做的是解释,而非纯粹的概要、清单、描述或叙述。(c)应用性:一般真理并非永远不动或无用,而是继续要阐明和说明相关细节。这种应用性可能主要涉及仅仅被观察或认识到的事实,然而它最终衍生性地拓展至操行。该词隐含着智慧与信息或学问之间的不同。一旦世界或特定题目得到了某种组织,那些与之有关的行为或习惯就不可避免地设定一种相应安排。有人反对这种伦理含义,认为违反了纯粹客观的科学态度所应有的精神;然而,它深深植根于其中,很难消除。因此,狭隘意义(3)从未变得固定化，也没有进入日常用法。如塞斯（A. Seth）所论（art. “Philosophy”, *Encyc. Brit.*, xviii. 806）：“对于像‘形而上学’这样抽象而无生气的术语，要注入哲学这 192
一更为具体术语所暗示的丰富生命（尤其是把伦理考虑包括进来），是很难的。”

如若把这些不同要素聚集起来，哲学可界定为有关某一题材作为整体或有组织统一体的一种理论；它所包含的原理把多种多样的特殊真理和事实联在一起，同时要求具有理论和实践的某种和谐。由于所有次属的和衍生的题目在道理上都只是依惯例而言的或相对意义上的整体，这种概念迫使我们回到**那种唯一统一性即经验**——回到全域或任何视为系统整体的东西。

如果有人抱怨我们这里所具有的毕竟不是界线清晰、足够限制的哲学定义，回答是：此种概念本身所体现的是由该观念本身的一般性而来的某种含糊性；通过把该词限于某一意义而消除这一点，会使得我们更多成为某哲学派系的信徒而非一位哲学家。换言之，哲学表达的是结合理智与意志的某种态度、意图和性情，而不是一门可清晰标出严格界限和内容的学科。

同样的一种轮廓不清出现在我们试图把哲学划分为组成部分或子科学时。各种著作家都渴望有一种不同学派都遵守的一致公认的划分方法；但这种愿望到现在为止，显然仍未实现。组织化这一需求，出现在不同时期极其不同的地方，因而产生了极为相异的重点分布。譬如，早期希腊人认为，需要作为总体呈现的是自然世界，因此宇宙论趋于成为至上科学；在中世纪时期，需要强调的是宗教经验，因此神学占据主导的地位；随着近代科学的产生，需要加以组织的是发现真理的方法，因此认识论占据主导，如此等等。而相应于某一学科被视为中心，也产生了关于其他学科的各种不同配置。

此外，不是先有一种形式分类然后以此划分内容，实际上控制形式的是对内 193
容的解释。一个例子会讲得清楚：美学作为哲学学科的地位如何？那些持有不同原则的人难道不能仍旧一致地赋予这门学科某种涉及所有相关内容的统一位置吗？不能。思想史表明，在某一时期，感觉、知觉和想象全都被视为不完美或混乱的思想，因而美学显现为一种理智为主的科学中某一相关或许次要的部分；在另一时期，显现于感性知觉范围内的真理是显示绝对者的几个并列领域之一，其他领域包括真理在理智领域（逻辑学）中以及意志领域（伦理学）中的显现。再或者，感觉与理智之间的某种均衡被看作最高理想；这种平衡被认为出现在美上，因而美学至少实际上（如谢林思想的某些方面）成为至上的和规范的学科；或者，伦理学成为美学的次属，如在赫尔巴特(Herbart)那里。心理学的各种不同定位甚至预示了更为根本的分歧。

因为有关哲学问题的划分和安排实际上依赖于所赋予哲学实质性概念的那种价值和意义，哲学史现在被看作哲学研习的最好入门；而且这些所谓的入门主要是教学上的价值，可以引导学生依次了解历史上所产生的那些问题。因此，我们要在下面通过一种历史概述来对这些划分作进一步解说。

然而，一种对于哲学问题所作的示意划分可能是：按照它们所专注的问题以及它们解决问题时所坚持的观点来划分历史上的不同哲学。例如，哲学学派被划分为：(1)**一元论**、**二元论**(dualism)、**多元论**(pluralism)，根据所接受的根本原则的数目。(2)**唯物主义**(materialism)、**唯灵主义**(spiritualism)和**现象主义**，根据对选用
194 为组织基础的根本原则所赋予的价值种类。(3)**理性主义**和**感觉主义**；或者，**直觉主义**、**理智主义**、**经验主义**和**神秘主义**，根据最为强调的知识器官或器具。(4)根据所遵循的方法：(a)依照对其自身程序的考察，哲学划分为**教条主义**、**怀疑主义**和**批判主义**；(b)依照方法与所达到的结果之间的关系，分为**不可知论**和**可知论**，或分为**先验主义**、**实证主义**、**唯我主义**和**虚无主义**。(5)**实在主义**(带有各种不同分部：素朴的、自然的、先验的、假设的、推理的、变形的等等)和**唯心主义**(主观的、客观的或绝对的)，根据在认识主体和客体之间所设定的关系。

但是，由于所有现存体系都决定于复杂的相互参照，任何这样的方案当然都是极其形式化的，除非我们铭记例如知识器官理论对于主客体关系理论以及有关对象本性或性质的观念的影响。例如，唯心主义往往变得与唯灵主义等同，而且经常等同于理性主义或直觉主义。教条唯物主义被替代为(相对的)批判**机械论**，它以因果相连的事实或事件系统取代物质(Matter)这一实体，因此趋向于实证主义甚或现象主义。唯灵主义既可以是一元论的，也可以是二元论的甚至多元论的；它可以变成准唯物主义的**物活论**或变成**泛心主义**；或者它可以正好指非**物质论**(immaterialism)，否定有实体性的物质实在，而后者反过来从某些观点看却等同于主观唯心主义。如果在一元论中神学问题具有第一重要性，我们就得到了**泛神论**(甚或，在某些历史条件下如在克塞诺芬尼那里成为**一神论**)；如果是身心问题占据主导，就成了**并行论**；如果占据主导的是调和主客体以使得可以解说知识可能性这一问题，就变成了**绝对唯心主义**。我们通过了解哲学史所铭记在心的正是这些内在关系，由此可避免对任何此类术语的僵硬使用；然而未成熟

的心智却不顾这些而满足于对某一“主义”的绝对证明或驳斥，比如把一元论驳斥为一种泛神论的或宗教的体系，却忽视了它作为知识主客体关系理论的意义，如此等等。参见本节加重字引用的这些论题。 195

传统上把哲学一词的起源（被西塞罗以及一般古代人）归于毕达哥拉斯，这可能是无事实根据的。柏拉图显然用到了这个词，最初是为了区分（苏格拉底的）真理之爱与（智者们的）真理断言。人既非完全智慧（σοφός）也非完全无知（ἀμαθής），而是居于中间（*Phaedrus*, 278; *Symposium*, 212; *Lysis*, 218）。在这种一般意义上，科学甚至任意具体科学，如几何学，都是哲学；道德和艺术也是它的形式，因为对于美以及善性之爱是得以上升到完全真理的台阶。但是，其最充分的表达是在那种指向真正而本质的存有的认识过程中，以区别于终止在可感和变易之物的那种（或然）知识或意见（*Rep.*, v. 477 and 480, vi. 484）。由于这种有关本质存有的知识依赖于一种特殊方法，哲学在最特别的意义上就是辩证法（有关该词用法的早期历史以及参考书目，参见 Ueberweg, *Hist. of Philos.*, i. §1；有关柏拉图，参见 Erdmann, *Hist. of Philos.*, i. 102—104）。但正是因为最高实在是善，而且因为真正的认识乃真正的德性，哲学在柏拉图那里也获得了一种高度伦理上的意义；它是操行的导引。这样一来，实际上，辩证法（逻辑和形而上学的统一源头）、本体论和伦理学在柏拉图体系中是合而为一的，而物理学是直接派生的，因为自然世界决定于目的，而最终又决定于善。

如果我们找不到形式分类，这恰恰是因为柏拉图思想的具体语境要求一种综合鉴定（synthetic identification），虽然它很容易被现代分析家看作是完全的混乱。从表象世界上升到存有世界的方法以及相应的下降方法，并非纯粹主观的
甚或纯粹逻辑的过程；与之并行的，是客观存在于理念自身及其与变易世界的关 196
系之中的隶属和分有关系（relations of subordination and participation）。所以，要拒绝把逻辑学与本体论分裂，而不仅仅是混淆它们。如果物理学得到更为明确的区分，那不过是因为早期物理学家所专注于其中的变易世界（参见自然）是与存有世界相区分的（distinguished）；然而，由于它依赖于存有世界，又由于本质存有同时是善，柏拉图的物理学可以说必定不过是一种应用的本体论和伦理学。接下来的希腊思想几乎只是阐明了柏拉图那里所包含的区分，但却经常把为此种阐述所需要的辨别（discriminations）变成隔离（separations）——其严格特征取决于他们自己世界观的具体语境。亚里士多德给予逻辑学一种长期保存下来的

模糊地位。一方面，它似乎只是预备性的和工具性的；把我们借以最为确定地达到实在的那些手段安置好，而不是像柏拉图那样同时对真理本身进行解说；真理是符合于存有，而非存有本身，因此亚里士多德拒绝承认辩证法，认为它相当于不考虑题材的空洞、形式、总是口头上的思考；对于它犹如柏拉图对待智者一样。但是，尽管他试图避免像希腊人那样把主体和对象相互作实在论的合并，却不至于把思想作为纯粹主观上的，因而在他的本体论（被他称为第一哲学，被他后继者称为形而上学）中，在他从全面性和根本性上解说实在时，有关思想的那些主要区分重新又作为存有区分出现：判断主词和谓词的区分，被作为关于存有方面的实体或本质与特性、偶性之间的区分——结果，从一种观点来看亚里士多德的逻辑，仍旧彻底为客观性的（参见 Adamson，art. "Logic" in *Encyc. Brit.*，xiv. 792 - 794）。除了逻辑学的严格地位不能确定，其他分类还是相当清楚，虽然其所依据的手段不像它们经常得以表现的那样固定。位于他第一哲学或形而上学之后的是物理学，它分别论及天空、气象或天地之间的区域、动物史、生物学（心
197 理学包括在其中）：这些（可能在其原有设想中还包括数学）构成了理论哲学。实践哲学有两个分支，伦理学和诗学，对应于做事与制作或行动与生产（πράττειν 和ποιεῖν，actio 和 factio）之间的区分，因为在其中一个作为本质的东西是动机、倾向和心灵习惯；而在另一个中却是结果，是"艺术作品"。接下来，伦理学既处理个体本身，虽然受制于有组织的社会生活——狭义上的伦理学，又处理制约性组织——政治学。这里又一次出现了类似于逻辑学与形而上学关系的一种含糊性，它影响了后来的思想；一方面，国家似乎是个人道德生活的前提和补充，因而政治学乃更为广泛的科学；同时它又好像是个体生活的一种附件或工具，有时多少有点外部性——那些属于个人而超越于国家的理论德性，被置于比实践德性更高的位置。

本体论或形而上学的内部区分，理论哲学与实践哲学之间的区分，以及把前者划分为逻辑学和物理学，这些被柏拉图和亚里士多德的后继者们加以轻易利用，而且成为一种形式的或约定的分法。但是，位于这种形式安排之下，仍然有某些趋势在进行中，它们深刻地打破了平衡。亚里士多德明确地把最高实在等同于上帝，因而第一哲学也就是神学。在新柏拉图主义者那里，其所隐含的宗教因素开始得以认识；而且，由于上帝作为纯有（Pure Being）是在思想和知识之上的（参见新柏拉图主义），某种神秘的出神状态成为得以与上帝统一的手段和标

志，因而哲学作为有关达到这种神秘统一之途径的一种理论，往往就成为通神论(theosophy)(参见该条)。另一方面，先前哲学中许多特定内容出于学派目的被表述出来，因此导致了各种各样的具体学科；科学的特殊分支(天文学、数学等等)和文化的特殊分支(语法和修辞)，得以独立出来。这种趋势在卡西奥多鲁斯(Cassiodorus，c. 487—c. 583 A. D.)和伊西多罗(Isidorus，560—636 A. D.)达到顶峰，他们区分并以百科全书形式提出了“三艺”，即语法、辩证法和修辞这三门 198
艺术，合起来称为逻辑(logica)；以及“四科”，即算术、经济、音乐和天文学这四门学科，合起来最初称为数学，后来称为物理学。尤其是，伊西多罗著作乃中世纪的百科全书，这些划分产生了巨大的影响。

另一种动机是斯多葛学派、伊壁鸠鲁学派和怀疑主义者全都符合的一种倾向：把柏拉图和亚里士多德的做法颠倒过来，使得实践哲学比理论哲学更为重要。在斯多葛学派那里，哲学因此成了关于德性的艺术；在伊壁鸠鲁学派那里，哲学成了关于幸福生活的艺术。逻辑学尤其占据了一个显著形式化的位置；而物理学，至少在伊壁鸠鲁学派那里，得到了一种几乎否定的价值，被认为不过是能够使人避免迷信麻烦的自然知识。然而，值得注意的一个例外是卢克莱修(Lucretius)，他虽然被同一种动机所影响，却发展出了一种原子理论，以至于实际上使得物理学成为规范性的哲学中心。

所有这些动机最终在基督教的伦理宗教精神中相遇和合并，导致一种把神学等同于哲学的观念。由于神学首先从整体上被视为直接性(positive)或启示性(revealed)的事情，这曾经意味着要把哲学实际上取消；但一旦感到即使对纯启示的、超自然的神学内容也需要以推理的形式加以呈现，哲学就开始复苏，虽然不具有任何独立地位。当深切感到需要自我一致、彼此和谐地展现各种不同的教会权威时，尤其是当需要表明在信仰和理性之间并无矛盾时，哲学就变得至高无上了，虽然仍旧是以神学的形式出现。在后期，亚里士多德主义被恢复，用以提供哲学理性的方法和主要思想，自然而然，他关于哲学科学的划分或多或少得到遵从。然而，仍有这样一些差异：(1)逻辑学明显被看作纯粹形式上的和预备性的；(2)本体论和形而上学比在亚里士多德那里更加彻底地被等同于神学， 199
当然尤其等同于教会学说特别是“三位一体”说；(3)物理学中实证科学的内容实际上丧失了，剩下的只是有关自然之创造的一种哲学；(4)伦理学当然也淹没于宗教之中，并且成为有关堕落或罪恶和救赎的理论。此外，鉴于后来心理学的发展，有必要指出一点：尽管不把心理学作为独立学科，但要给出任何划分依据的话，那便是心理学根据。例如，在波瓦第尔的吉尔伯特（Gilbert of Poitiers，d. 1154）那里，神学相应于 intellectus（理解），而物理学则奠基于 ratio（计算）。大阿尔伯特（Albertus）首先系统展现了复兴后的亚里士多德主义结果，并表示需要给予基督教一种合理的陈述，以便反对伊斯兰教徒的亚里士多德主义，反对教会中的异教徒。理论哲学有（a）形而上学，它与神学等同，因为（客观上）它处理的是神圣的东西，而且因为（主观上）它仅仅通过神的启示而非通过自然独立的理性才是可能的；（b）数学；（c）物理学。从心理学上看，这些相应于理解领域、想象领域和可感领域。实践哲学有（a）隐居学（即涉及个体独处，古代伦理学的最近路径）；（b）经济学（个体作为家庭成员），以及（c）政治学（个体作为公民）。尽管在名义上把神学等同于哲学，然而阿尔伯特很少试着把基督教神学的特定内容与形而上学联系起来，实际上他经常强调神学观点与哲学（亚里士多德的）观点的区别，由于前者具有一种纯粹实践的目的，即得救。托马斯·阿奎那（Thomas Aquinas）这位最伟大的经院学者阐明了这种联系。得救就如同真理知识一样。因而作为神学对象和哲学对象的乃同一种的上帝或真理。

唯名论虽然并未明确否定甚或干涉古代通行的那些区分，然而却为趋于重构的哲学注入了新的成分。它的共相理论等等往往把逻辑学（这并非仅仅是言
200 辞上的）淹没于心理学中，而且它对于意志的强调也朝向这同一方面；然而它区分了哲学和神学（有关真理的双重特征的学说），并把后者限于绝对的信仰或教条（即便是以彻底虔诚的方式来看），这往往给予哲学更大的自由，并为充分关注经验事实提供了基础。

到了文艺复兴时期，哲学重新获得独立，从而产生新的观点。有三种倾向特别重要，它们既影响了哲学的定义又影响了哲学的分类。（1）自然成为包括观察、实验和反省在内的、不受亚里士多德原则和宗教信条阻碍的自由探究对象。因此，（a）由于逻辑学在经院哲学家那里被看作纯形式的（并由此被谴责为几乎没有或毫无价值），因而产生了一种新逻辑——把思想视为一种获致真理之工具或方式。培根和霍布斯这样的所谓经验论者与笛卡儿、斯宾诺莎等理性主义者一样倾心于方法问题。（b）物质对象的世界被许多人视为最确定也最有用的知识对象。培根更强烈地趋于这一方向——虽然仍旧为形而上学和目的因预先作了安排——而霍布斯则直截了当地、富于战斗性地把哲学等同于“物体”科学。

而在大陆方面，笛卡儿、斯宾诺莎和莱布尼茨全都深受科学成长所产生概念的影响；所有人全都深刻地感到需要有一种哲学能说明和解释这个最新揭示的物理世界。(2)心理学获得了越来越重要的地位。古代心理学分布在其他三个学科中，很难有其自己的存在。它曾部分包含在形而上的逻辑中，作为有关真理各个形式和阶段的一种理论；部分包含在伦理学中(从柏拉图、亚里士多德、斯多葛学派和伊壁鸠鲁学派，直到圣奥古斯丁都是这样)，作为对意志及其与欲望、理智等等关系的一种分析；部分又包含在物理学中，比如柏拉图从世界灵魂中得出个体灵魂，而亚里士多德则把人的心理学作为他生物学或生命理论的最高内容。但 201
是，宗教上的新教主义倾向；新的政治条件对于个体的放大；由于这些趋势以及独断神学影响力下降而产生了一种伦理学；最后，各方渴望在对意识过程的考察中找到有关其方法的起源和辩护——所有这一切共同赋予心理学一种中心地位。我们习惯了把这种倾向更多地与洛克、贝克莱、休谟、里德(Reid)、汉密尔顿和穆勒等人的名字联系在一起，但显然地，那也是笛卡儿、莱布尼茨、康德、黑格尔和赫尔巴特等人的典型特征。(3)由于新逻辑(或新方法)以及心理学的出现，产生了对有关有效知识本性、可能性和涵义问题(Erkenntnisstheorie，认识论)的兴趣(参见**认识论**)。虽然康德首先明确地将占有亚里士多德那里形而上学的中心位置以及经院哲学家那里的神学位置的心理学，作为所有哲学的基础，然而此种构想差不多是从霍布斯和笛卡儿时代就有了萌芽的。

仍然有两个倾向需要注意。(1)在18世纪，经过**启蒙思想**(enlightenment)(参见该条)的影响，哲学开始被看作实践智慧，作为有关世界的知识，它被安排在关于知识对生活的意义的某个体系(Weltweisheit，现世哲学)(虽然这种体系通常只是折中主义)中。虽然很难指出此种观念对于技术性哲学的具体影响，但它已被彻底地吸收进现代文化之中(实际上构成了"文化"一词的大部分内涵)。(2)在本世纪，历史方法对于哲学思想产生了如此深远的影响，以至于仍不能对它加以把握或说出其限度。该方法的盛行，表现在采取动态观点这一倾向上——即不把对象看作既定的或固定的，而是关系到一种过程。鉴于此，哲学上固定的区分和划分往往要废除；而我们所得到的只是片刻、发展阶段等等，这一倾向在黑格尔那里是显然的，他把伦理学、国家和历史哲学、美学、宗教哲学以及人类学和心理学都归于精神哲学之下。因为，虽然整个系列显然决非历史性的， 202
但如果不是在一个充满历史感的时代下呈现，那将是不可理解的一团乱麻。这同样出现在斯宾塞那里，他体系中的连续部分被表现为生物学、心理学和社会学。因此，这种历史的逻辑趋于取代纯分析性的逻辑，它阐明了属于哲学范围内的各种不同领域并建立它们彼此之间的关系：基于在一系列发展阶段中所占据地位而作出的区分代替了那些根据静态整体中所表现的特定价值所作的区分。

许多人仍然极端地区分开关于事物*如何*出现的发生性问题和关于*何为*事物的分析性问题，并且把前者的历史问题归于科学，而把后者的分析问题归于哲学；然而我们可以问：是否这种区分本身不是缺乏历史观点的某个时代的一种残余物；是否起源决不是可控的、有序的和完整的分析。参较**起源**与**自然**。

无论如何，正是关于心理学划分（无论是作为一门具体实证科学，还是逻辑学、美学和伦理学都根源于其中的一门学科）的不确定性以及关于所赋予历史发展（广义上的）严格价值的不确定性，使得现在不同的著作家所提出的哲学分类如此差异，使得哲学分类（因没有任何确定标准）趋于成为一种说明之便。除了所提到的那些论题，请参较**哲学史**（history of philosophy）、**认识论**、**形而上学**（metaphysics）、**东方哲学**（oriental philosophy）和**教父哲学**（patristic philosophy）。

动学（phoronomy）　源自〈希〉φόρος（空间变化）（亚里士多德作为技术用法的一个词）＋νόμος（法则）。〈德〉*Phoronomie*，〈法〉*phoronomie*，〈意〉*foronomia*。康德《自然哲学》（*Philosophy of Nature*）中的一个技术用语。它指关于运动的理论，就运动可从先验观念而非经验观察推演而言。

由于空间是先验的知觉形式，数量是先验的概念功能，可以有一种对于运动
203 的纯粹的、理性的建构，只要运动可视为一种空间数量性事实——即关于（1）方向和（2）速度的。**永恒性**（参见该条）是用于建构现象的实体图式，而且是变化这一观念的严格关联词。但图式化的变化是运动，因而能够得到先验处理，只要其具体表现或性质能从中被抽象出来。这一点完成后，剩下的就是运动的量（Kant，*Met. Anf. d. Naturwiss.*）。

充实（plenum）　源自〈拉〉*plenus*（充满的）。〈德〉*kontinuierliche Raumerfüllung*，〈法〉（*le*）*plein*，〈意〉（*il*）*pieno*。物质在每一处空间的存在；物质（或其能量）如此充满空间使得不可能有任何空洞或**虚空**（参见该条）。

充满性(pleroma)　源自〈希〉πλήρωμα(充满)。〈德〉*Pleroma*,〈法〉*plérôme*,〈意〉*pleroma*。该词被**诺斯替教**(gnostics)(参见该条)用来指介于上帝和人之间的精神世界。它到处充满了神的能量,因而与κένωμα即空间上的虚空相对。

存在争议的是:诺斯替教的这一用法是如何从圣保罗对该词的用法中产生的(Eph. i. 23, iii. 19, and iv. 13; Col. i. 18, 19, ii. 9),以及圣保罗自己对该词的用法在多大程度上具有哲学涵义。

参考文献:Teichmüller, *Gesch. d. Begriffe*; Matter, *hist. du Gnosticisme*; Mansel, *Gnostic Heresies*, 51—55, 178, 179f。

编结(plexus)　源自〈拉〉*plexus*(交织)。〈德〉P*lexus*,〈法〉*plexus*,〈意〉*plesso*。一个相互连接的整体,其中各个部分都如此依赖于每一其他部分,以致于要撇开一构件的联系就不可能对它进行充分说明。

它与**体系**和**有机体**(参见该条)等词的不同在于,它指的是事实上的而非理想的或目的论上的连接。然而,它与**聚合物**(aggregate)一词相比包含着更多内部依赖性。

多元论(pluralism)　〈拉〉*plures*(几个,多个)。〈德〉*Pluralismus*,〈法〉*pluralisme*,〈意〉*pluralismo*。一种理论:实在包括有多数性或多样化的不同存有。

它可以是唯物主义的,如原子论者;也可以是物活论的,如恩培多克勒 204
(Empedocles);或者是唯灵论的,如莱布尼茨。再或者,它可以被看作中性的,如赫尔巴特的不可知实在,既产生意识现象,又产生物质现象。虽然作为有关一切存有本质和最终统一性的理论,它与一元论相对,但它们可以一致性地反对关于主客体对立的二元论。该体系的主要困难在于:(a)上帝观念(如在莱布尼茨那里,它似乎既是最高级的单子又是单子系统本身);(b)有关关系性、秩序、法则或和谐的观念和事实:如果此种和谐存在,似乎我们所拥有的并非绝对的多元性,而已经是一种组织化系统;如果不存在的话,我们所拥有的不过是混沌而非全域;(c)相互作用的观念。然而,这可仅仅视为(b)的特例。

几乎不用说,我们这里所涉及的是一个最为严肃的哲学问题、一个最早吸引注意并引起最难以克服的冲突的问题。多元论试图主要用以满足的那种需要是:(1)真实变化的可能性,或一种客观有效的动态观点,因为一元论似乎使得变化不过是存有总体性的一种偶然,甚或有点虚幻的现象(然而,赫拉克利特和黑格尔似乎是动态一元论者,他们断言那种唯一的实在实质上是过程);(2)真实多变性特别是人际差别的可能性,因为一元论看似导致了一种泛神论观点,把所有区分看作仅仅是同一种存有的限制;(3)自由的可能性,作为一种自发生(self-initiating)的推动性力量,潜在于每一种作为实在的实在之中。

"多元论"一词很晚(它最早由沃尔夫在德语中运用)才在英语中出现。康德对于该词的用法,是相对于自我主义和唯我论的——他的这一倾向,把自我看作不过是许多中的一个(《人类学》)。鲍恩(Bowne)偶尔用到该词(Bowne, *Philo. of Theism*, 57);詹姆士(James)对于该词的通行作出了最突出贡献,可能是在他的《相信的意志》(尤其参见前言)中;而豪威逊(Howison)用它来指各种自由伦理个性具有本质上不同的存在(*Limits of Evolution*, and in Royce's *Conception of God*, xiv)。

205 **多元性(plurality)** 源自〈拉〉*pluralis*(多数的)。〈德〉*Vielheit*, *Mehrheit*,〈法〉*multiplicité*, *pluralité*,〈意〉*pluralità*。多于一。参见**杂多**(manifold)、**多样性**(multiplicity),以及(特别是)**统一性和多元性**(unity and plurality)。也可参较数。

根据倭铿(Eucken, *Philosophische Terminologie*, 63),斯科图斯·爱留根纳首次把 *pluralitas* 用作技术上的哲学用语。

普纽玛(pneuma) 源自〈希〉**πνεῦμα**(空气,气息,精神)。活的灵魂或有生命的精神。

然而,它只能从历史用法上进行界定。实际上,很少有什么术语像该词那样本身体现了各种不同来源和动机的有趣结合。其中的三个主要因素出自希腊哲学、希腊医学和希伯来宗教。在希腊思想中,空气被视为能动的(风),而且作为植物、动物和人的生命的一个起源。由于它无休止的、看似自因的活动以及它与生命的明显联系(在呼吸时),阿那克西米尼(Anaximenes)把空气等同于宇宙和个体的灵魂。虽然后来的哲学限定了其范围和价值,普纽玛被普遍作为一种事实来接受,它被认为是人身上斡旋于他生命和广大世界之间以及他纯生理功能和更高精神性之间的某种东西。由于与温暖之间的关联(活的身体总是温暖的，并总在吸入空气)，它是组织身体物质、弥漫于(因为它的精细性及其活动)所有部分之中的一种力量。希腊医师接受了这学说并对其加以详述。普拉克萨哥拉斯(Praxagoras)发现了静脉和动脉之间的区分，认为后者承载着空气(由于它们在死人那里是空的)，而前者承载的是血液；这种空气的循环与健康和疾病息息相关。他的后继者们把这种循环看作是实现心脏这一生命中心与大脑这一思想中心之间通达的最重要环节，因而在某种意义上，将其看作是连接身体和心理的一种纽带。

同时，后期逍遥学派继承了这种叙述，并使普纽玛成为所有心理活动的生理
基础。斯多葛学派使此概念(又如在阿那克西米尼那里)成为一种宇宙论概 206
念——它是精神和物质、上帝和世界的客观统一。土和水不过是浓缩的空气(普纽玛)，而心理不过是高度精细的残渣滓。当时的希伯来思想也把灵魂看作基本上是一种“空气”形式，而不对气、风以及呼吸作任何区分。但由于它(在《旧约》中)被认为是由上帝吸入人的，就丧失了其唯物主义涵义；它被认为是由外部产生在身体中的一种东西，而非身体固有的机能；而且被看作本身非物质而支配物质的精神。费罗(Philo)试图统一希腊观念和希伯来观念，使得普纽玛成为上帝(精神)和世界(物质)之间的调节原则。在《新约》中，它是最纯正的精神，并非只是在心理学意义，而是在伦理意义上——在我们实际上主要与“精神的”(spiritual)一词相连的意义上，因为该词正是选择用于翻译普纽玛的。如在希腊人那里一样，人包括身体、灵魂和精神(普纽玛)，但精神被提升至灵魂之上，而非隶属于灵魂。如此该概念从根本上进入整个中世纪和近代关于精神、关于灵魂和心灵的观念之中，它无疑是作为实质但完全非物质的实体的灵魂概念得以形成的一个主要因素。在物理学方面，该学说进入了有关动物精神的理论，因而在笛卡儿那里扮演着与其在希腊人那里所发挥的同一种联系灵魂和身体的功能(参见 Siebeck, *Gesch. d. Psychol.*, ii. Part II. Chap. i)。

灵物学(pneumatology)　源自〈希〉πνεῦμα(精神)+ λόγος(理论，学说)。〈德〉*Pneumatologie*，〈法〉*pneumatologie*，〈意〉*pneumatologia*。字面上指关于精神、上帝、天使和人的学说。参见普纽玛。但事实上，该词主要用作有关那些介于上帝和人、天使和恶魔即好和坏之间的精神的理论。该词主要被用在占星术

和魔术上，虽然神学继续在严格意义上运用它。在17世纪，它曾一度流行[主要在形式的气体力学(pneumatics)中]，相当于今天所谓的心理学(参见Franck's *Dict. Des Sci. philos.*, sub verbo)。

207 **设定(posit)** 源自〈拉〉*ponere*(安置，放置，规定)。〈德〉*Setzen*, *gesetzt*(被设定的)，*Position*(一种设定)，〈法〉*poser*, *affirmer*，〈意〉*porre*, *affermare*。直接断言，即不作为推论结果的；断定为既有事实；作为不容置疑的存在而提出的，不依赖于任何先天过程的。参较**直接性**(心理上的和逻辑上的)(immediacy)。

该词最初主要具有一种逻辑含义，指不经事先论证而断定的或不承认真实或所谓反对声的任意前提。然而，在后康德运动中，该词具有一种更为形而上的意义，以符合一种一般倾向，即给予逻辑上的东西一种客观的描绘或认为思想具有实质的而非纯形式的一面。这种倾向在费希特那里最为突出。从笛卡儿开始，就有一种努力要得到毫无疑问、本身绝对确定因而本身为第一原则的某种东西。费希特继承了这一点，他从作为一切判断之原则的断定出发，发现了作为所有无论任何判断之条件的最终的、不可还原的有关自我的自我断定——它的自我设定。"自我最初自然地设定了其自身存有"(*Werke*, i. 98; see Adamson, *Fichte*, 153—163; Everett, *Fichte's Science of Knowledge*, 71)。这种行为同时是一种事实；自我的自我活动就是其存在。未来形而上学在于发展出隐含于并出自这种最初设定之中的一种设定体系。设定可以说，是一种根本范畴——在其中，逻辑的和形而上学的合而为一，思想(自我的活动)获得客观价值。

相反地，黑格尔根据其消除仅仅或纯粹直接性的一贯倾向，把"设定"划归到一个低层面。是**知性**(参见该条)在设定；也就是说，设定是教条式的无疑断定，无论在实践意图上(为获得由之出发的一种牢固而确定的基础)如何具有价值和必要性，它实际上是一种反省过程。如此，它结果实际上是一种包括预设的假定(Voraussetzen)。因此，对于这种预设的寻求才是真实的"设定"，由于唯有它决
208 定了何为真正的存有(Hegel, *Werke*, iv. chap. i)。或者，简单地说，它不过是作为一种实用资料——一种出发点——它是我们在反省之前所发现的某种东西，因而可以区分开所直接给予之物和所思想之物。这种反省过程表面上只是关于所予实在的，但最后总是为我们决定那种实在是什么，因此最初的"事实"得以取代或转变，而非一切保持过去那样，只不过由于反省而从外部增加了许多新特

点。如此一来,真正的设定过程是涉及整个思想体系的决定或界定过程。参较黑格尔术语(hegel's terminology, v, f)。

在英语中,posit(设定)和 pose(放置)这些词很少用到,除了翻译德文词 Setzen;然而,由于我们以非技术的方式随意运用 suppose(假定)和 presuppose(预设)这些词,很遗憾,不像希腊文(thesis 和 hypothesis)和德文(Setzung, Voraussetzung 和 Position)那样具有 pose 和 position 这些关联词。

实证的(positive) 源自〈拉〉*positum*,出于 *ponere*(放置)。〈德〉*positiv*,〈法〉*positif*,〈意〉*positivo*。(1) 逻辑上的:当应用于判断时,指肯定的或断定的,与否定的或反对的相对。当应用于词项时,指固有的一种性质,而否定词指的是缺乏或限制。

(2) 社会和实践上的:依赖于意志或约定而非依赖于自然力量无关人类干涉的;譬如,实证的法律、权利、宗教、道德等等。它与自然的(参见该条)相对。

(3) 哲学上的:依赖于对现象或时空事实的观察而非依赖于思想过程的——科学上可证实的。与思辨的相对。参见实证主义。根据孔德的说法,人类经由神学和形而上学阶段而最终达到实证阶段。

实证主义(positivism) 〈德〉*Positivismus*,〈法〉*positivisme*,〈意〉*positivismo*。(1) 对任一领域内有别于自然的创制之物的断定,例如,启示性宗教。这一用法是罕见的。

(2) 教条主义(参见该条);确信地持有或断定哲学信条,是怀疑主义、虚无 209
主义、否定主义的反题。此种用法也很少。

(3) 孔德用于对他自己哲学的命名,它从否定一面所刻画的,是其哲学不带有任何思辨成分;从肯定一面所刻画的,是其哲学基础各层级的实证科学——即数学、天文学、物理学、化学、生物学和社会学——的方法和结果。它与不可知论(参见该条,也可见不可知者)站在一起,共同否定有关实在本身(不论是心灵、物质或力)的知识可能性;它与现象主义(参见该条)站在一起,共同否定对于动力因或目的因或可感现象所显示的共存和序列关系之外任何东西的认识能力。然而,不同之处在于它坚持:(a)对于全部科学材料进行相对综合或组织的可能性和必要性;(b)科学在预见和实践控制上的价值;(c)在如此组织和应用之后，它可用于道德指引，以及精神支持和安慰。参见人性宗教(religion of humanity)。

(4) 该词更为松散的用法，是指任何同意孔德将哲学限于自然科学材料和方法的哲学——与先验哲学以及借助于形而上学特有方法的思辨哲学相对。在此意义上，洛克和休谟都是实证主义者；实际上，休谟十分清楚地把哲学所用的方法如此限制于观察结果。每当再继续便会产生有关假想原因的模糊而不确定的思辨时，他就停下来了(*Treat.*, i. § 4)。穆勒和斯宾塞被称作实证主义者，虽然他们在许多方面与孔德完全相对立。乔治·埃利奥特(George Eliot)有点像是一位更严格孔德意义上的实证主义者。参较自然主义。

参考文献：Comte, *Positive Philos.*; *Positive Polity* (synopsized in English by Harriet Martineau and George Henry Lewes); J. S. Mill, *Auguste Comte and Positivism*; Spencer, *Genesis of Science*; *Classification of the Sciences*; Huxley, *Scientific Aspects of Positivism*; Fiske, *Outlines of Cosmic Philos.*; E. Caird,
210 *Social Philos. of Comte*; *Encyc. Brit.*, art. on Comte; Laas, *Idealismus und Positivismus* (1879—1884); H. Gruber, *A. Comte* (1889). On Comte's Social Philosophy see Barth, *Geschichtsphilos. als Soziol.*, i. (J. D.-K. G.-J. M. B) ①

可能性，不可能性和可能的(possibility, impossibility, and possible) 源自〈拉〉*possibile*，出于 *posse*(可以，能，能够)，相当于〈希〉δυνατόν。〈德〉*Möglichkeit*, *Unmöglichkeit*, *möglich*，〈法〉*possibilité*, *impossibilité*, *possible*，〈意〉*possibilità*, *impossibilità*, *possible*。该词用于表达各种不同的意义，它们虽然本身有区别，却很容易彼此过渡。对于这些意义的分组，最好根据它们具有本体论上的客观价值还是逻辑上的主观价值，以及根据是现实性的或是必然性的对偶用法。从对偶的观点出发，是最方便的。

可能性可以指：某种东西是(1)非现实的；或者(2)它虽然拥有现实存在，但那种存在缺乏因果的或理性的必然性。

(1) 与现实的相对时，该用语再次产生了双重意义。(a)从客观上看，它可指某种东西由于未以现实客体化形式得以显示而尚未发展，但却能在未来某个

① 在《哲学与心理学辞典》中，J. D. 为杜威(John Dewey)的人名缩写。这里表示，该部分内容由杜威、格鲁斯和鲍德温三人共同完成。——译者

时间待所有实现条件发生时得以发展——隐藏的、潜在的存有。这意味着它有实现的能力；而且，如果这种能力从一种能动意义上看，则暗含某种内在的现实性倾向：该倾向若不受阻碍，可导致存有的最终完成。这包括能动意义上的**潜能**(potentiality)(参见该条)、**作用力**(force)(参见该条)等等。它接近于该术语的字面意义(posse，**可能有**)。这是希腊哲学中的主导性意义，关系到亚里士多德目的论的发展理论。参见**自然**和**力量**(power)(δύναμις和ἐντελέχεια)。(b)从逻辑上看，它是指存在某种根据去断定现实性，但还不足以证明为一种肯定陈述：**可以是**(may be)，以区别于**可能有**(can be)。例如，或许明天将下雨。它涉及到判断的确定性程度。参见**概率**(probability)。

(2) 在与必然的相对时，该词也有一种双重意义。(a)它可以意味着机会、偶然，作为一种客观事实。**机会**(chance)(参见该条)又有一种双重意义：(i)不能 211
由先前事实因果性地推导或解释出来的某种东西。有一些人断定此种机会的实在性(参见**偶成论**)。根据他们的观点，有许多的**可能性**存储在未来，我们无论多少知识都不能预见或预防。关于意志的非决定主义理论，也断定了此类可能性。(ii)机会可以指虽然因果性上必然但目的论上并不必然的：未加计划的，宿命论上的。根据这种观点，"可能的"乃出乎意料阻止意图或意向实现的。它一路通向逻辑上的那种意义(b)：据此，与必然相对的可能是某种不可能由理性推出其存在的东西——理性上说，其存在或许是别样的。与之相对的是数学或形而上学上的必然性：其存在不可能是不同于原样的别种情形。在此意义上，客观现实可以是仅仅(在逻辑上)可能的：当下的暴雨是现实的，但由于它不是出于一种思想上的必然，而仅仅出于经验前件，因此只是一种偶然的可能性。这种区分也追溯到亚里士多德，出现在他的逻辑学著作中，而作为潜在意义的可能出现在他的形而上学著作中。它在近代**理性主义**(参见该条)中扮演着重要角色，尤其在莱布尼茨哲学中，被等同于他的"理性真理"与"事实真理"之分。在数学、逻辑学和形而上学领域，不存在严格意义上的可能性；所有存在的都必然存在。在涉及时空世界的物理和实践领域，可能性这一概念占有支配地位。不与理性法则相矛盾的一切都是可能的；不可设想的、违反理性法则的，则是不可能的。不可能的是自相矛盾的。康德对作为真理判据的理性可设想性的批评大意是：它仅仅是形式上的，依赖于同一律和矛盾律，而当应用到存在时必须增加对于感觉的诉求，从而使得莱布尼茨的区分几乎只具有历史的趣味。

212 关于可能作为哲学范畴的问题可总结如下：它具有客观存在吗？或者它所表达的不过是某种逻辑态度？如果是前者，客观可能性是将会显示于现实性之中的发展过程的一个必然状态，或者它表达了一种特殊事实即机会的实在性？如果是只具有逻辑含义，它是出自先验理性与后验经验的区分吗？或者，它表达了关于事实的无知和确信的某种结合，以致**实在的**可能性也总是经验到的事实？

前定和谐（pre-established harmony） 〈德〉*prästabilirte Harmonie*，〈法〉*harmonie préétablie*，〈意〉*armonia prestabilita*。莱布尼茨给予他有关(1)单子彼此关系；(2)有关精神与物质、灵魂与身体之间关系的理论的命名。后一用法更通用一些，但相对而言，是表面化的。

有关心灵对身体影响的问题，因为笛卡儿而出名（参见**机缘论**）。莱布尼茨认为，其中之一并不对另一个产生实际影响，也没有上帝的干预使得在一个变化之时另一个也发生变化。但是，他已经永远将两者和谐起来，使得一个之变同步地表现着另一个之变。莱布尼茨经常运用两个极其准时的钟表来作比较。普通观点认为，某些影响从一个传递到另一个；机缘论认为，当一个发生变化时，是一位局外者改变了另一个；而这种理论认为，它们一开始就完全和谐，不会发生彼此的分离。在更广泛的哲学意义上，前定和谐是指：虽然每一单子实现自身本性而不受任何其他单子的阻碍，但每一单子在构造时就能“从其自身观点”反射、映照或表现整个宇宙。每一单子能动或发达的一面是精神；其被动或不发达的一面是物质。能动者给予被动者法则，即界定其目的或观念。因而，心灵与物质、思想与外延是普遍和谐的——这是莱布尼茨对于斯宾诺莎关于两种属性的平行论的动态解释。参较标准的哲学史著作。

213 **表象论（presentationism）** 源自〈德〉*Präsentationismus*，〈法〉*présentationisme*，〈意〉*presentazionismo*（热那亚大学E·莫斯利提供）。(1) 汉密尔顿用来表示表象（与再现相对）的知识理论。参较**自然实在论**。(J. M. B.)[①]

(2) 新近的著作家用作现象主义的同等词。该理论认为，唯一可知道的实在是作为意识内容所呈现给认知者的东西。

① 这里表示，本段内容由鲍德温撰写。——译者

首要、先初、原始[primary(1), primitive(2), primordial(3)] 源自〈拉〉*primus*(第一)+*ordo*(等级)。〈德〉(1)*erst*,*ursprünglich*,(2)*primitiv*,(3)*ursprünglich*;〈法〉(1)*primaire*,(2)*primitif*,(3)*primordial*;〈意〉(1)*primario*,(2)*primitivo*,(3)*primordiale*(这些区分在任一语言中都不严格)。这些词都与价值或元素有关,所刻画的是其原初的、非衍生的特征。“时间上早”、“等级上第一”这两种意义通常或多或少混在一起。由于在时间上早且如此根本,“等级上第一”这一观念最主要属于“首要”;它被用来强调非次要的或非辅助的重要性——作为首要的真理。先初则是指时间,而且可用作贬义词,指最初出现者的不发达的、素朴的特征。原始具有一种自然力的含义;它指后来发展由之得以继续的那些原初因素或力量。在新柏拉图主义者那里,它特别是指原初构件的胚种生命力。参较原初(original,1)。

原动天(primum mobile) 〈拉〉。在亚里士多德体系中仅次于上帝这个不动推动者的物理系统。参见运动(motion)。

运动是变化因此也是不完满的标记;但在那种等级上仅次于上帝的第一推动者具有一种能不断返回到自身的运动,因而提供了一种永恒性标记。其运动是循环反复的。由此天体的日间旋转得以说明。此种观念在托勒密系统中得到继承和发展,原动天乃第十个、最外层的同心球,它使得所有固定星体每天随着它一起旋转。

原则(principle) 源自〈拉〉*principium*(开端,开始),对于〈希〉ἀρχή(开始, *214*
权威)的翻译。〈德〉*Princip*,〈法〉*principe*,〈意〉*principio*。如语源学所示,“原则”一词具有(或曾有)一种双重意义:时间顺序的和规范的(有关一种类似联系,请参见首要)。它在字面上,指时间上第一。但是,这可被认为表达的是一种根本的绝对实在:从中其他一切都可衍生,相对而言,所有其他的都是次要的和辅助的。时间顺序上的那一意义在现代用法中几乎消失,原则开始指其他真理逻辑的、形而上学的基础或根据。(1) 在逻辑学上,原则是结论有效性所依赖的一种命题,它如果得到认同,便可确立结论为真:与后件相对。

(2) 在科学上,它是各种各样不然便无关联和不清楚的事实由之得以划分和解释的一种法则:与资料、素朴事实或“纯粹”事实相对。

(3) 在实践上或道德上，它是控制操行因素的一种法则：与作为直接的或个体的行动之源的快乐或利益相对。

(4) 在形而上学上，它是确定事实或真理秩序的。它拥有高级的、首要的实在性。虽然在前三种意义上，"原则"一词具有一种调节或规范的意义，但在形而上学上的这种意义却与建构性客观实在这一古老意义结合在一起。形而上学原则包括元素、原因和调节性法则这三个概念。

希腊哲学开始于对字面意义上原则的追寻：那种原初实在(a)是其他事物由之衍生的东西，(b)是其他事物所包含的东西。在意义(a)上，它是或明或暗动态性的一种作用力，一种因果力量；在意义(b)上，它是静态的一种持存成分。第一种意义通向亚里士多德作为原则的形式(**εἶδος**)；第二种意义通向他的物质(**ὕλη**)。近代思想更清楚地区分了主体和对象，往往把元素、原因、作用力和法则等概念从上述结果中区分出来。"第一原则"一词在技术上用来表达首要的直觉：对其必须给予认同而不再需要任何理由或根据的真理。

215 **特性(property)**　源自〈拉〉*proprium*(其自身的，属于)，对于〈希〉ἕξις(斯多葛学派的一个技术用语)以及ἴδιον的翻译。〈德〉*Eigenschaft*，〈法〉*propriété*，〈意〉*proprietà*，*qualità*。(1) 逻辑可谓性(predicables)(参见该条)中的一个；谓词与主词相联的五种方式之一(其他的包括属、种、差和偶性)，指谓词与主词之间具有内在关联。

(2) 因此，在本体论意义上，是指任何由拥有它的那种事物必然得出的性质或属性——因而与可属于也可不属于一事物的偶性区别开来。参较实体(substance)。

心理主义(psychologism)　源自〈希〉ψυχή(灵魂)＋λόγος(科学)。〈德〉*Psychologismus*，〈法〉*psychologisme*，〈意〉*psicologismo*。(1) 一种理论："灵魂在思想时不带任何实在对象，或带有的是由其自身提供的对象……人本身既是理智的又是可理解的，这足以构成他的智力，而不需依赖任何客观实在。"(Brownson，*Works*，ii. 482)参较存在学。

(2) 弗里斯(Fries)和贝内克(Beneke)的一种学说(参见法肯伯格和文德尔班的历史著作)，它把(康德)对理性的批判考察转化为经验心理学的术语。

纯(pure)(哲学中)　源自〈拉〉*purus*(干净)。〈德〉*rein*,〈法〉*pur*,〈意〉*puro*。不混杂有任何外来、异质或无关的物质;表达一种固有的本质或目的,而不包含其他任何东西;其中不涉及应用或使用,如纯数学。作为技术用语,是对康德应用于理性、自我、概念等等的"rein"的翻译,表示完全不带有任何经验成分或源于经验的因素;等同于先验。

例如,类似几何外延和图形的空间定势(spatial determinations)属于知觉纯形式,与属于感知的硬度、色彩等等相区别。康德可能是从沃尔夫那里借用了该词(参见 Wolff's *Vern. Ged.*, § 282)。他的用法又被费希特、谢林和黑格尔沿袭。

静寂主义(quietism)　源自〈拉〉*quies*(静止)。〈德〉*Quietismus*,〈法〉 216
quitiésme,〈意〉*quietismo*。**神秘主义(mysticism)**(参见该条)的一种形式,它强调人类精神关于神圣精神入注的被动和接受的态度,从而使得宗教事务上的活动(不论仪式活动或道德活动)以及一切沉思默想很少或毫无用处。

它把安息日作为上帝之中的一种静寂符号。它旨在把人的实践个性吸纳到上帝之中。它的主要代表为西勒修斯(Angelus Silesius)和莫利诺斯(Molinos)。后者是一位西班牙牧师,他在罗马天主教中影响相当大。参较**教父哲学**最后部分,以及**圣托马斯哲学**。费奈隆(Fénelon)作为它的代表,直到它在波斯维特(Bossuet)影响下受到教皇谴责为止。盖恩夫人(Madame Guyon)是它在文学上的主要代表。它有点接近于**虔诚主义(pietism)**(参见该条)和宗教上的公谊哲学。

理性主义(rationalism)　源自〈拉〉*rationalis*,出于 *ratio*(理性)。〈德〉*Rationalismus*,〈法〉*rationalisme*,〈意〉*razionalismo*。(1) 该理论认为,宗教上的一切都可理性地得到解释,否则就得否弃。它是普通逻辑标准和方法在信条上的应用,特别与超自然主义相对。如莱基所说(Lecky, *Hist. of Rationalism*, i. 16),它指的不是"任何一类确定学说……而是某种思想倾向或推理偏好……它使得人们处处把独断论神学服从于理性和良心的规定之下"。在此意义上,18世纪的**启蒙思想(enlightenment)**(参见该条)是其最好的体现。

(2) 该理论认为,理性是独立的知识来源,它与感性知觉不同,具有更高的权威。相对于**感觉主义**(参见该条)。参见**理性**(reason),参较**理智主义**(intellectualism)、**直觉**(intuition)、**奴斯**以及**知性**。

(3) 该理论认为,在哲学上,要寻求某些基础概念,而其余所有哲学内容都是由这些根本概念通过演绎方式推导出来的。与**经验主义**(参见该条)相对。在
217 此意义上它特别用来指笛卡儿首次明述、斯宾诺莎和莱布尼茨加以发展、沃尔夫详细阐明、最终为康德所驳斥的那种方法。

这三种意义在历史上是有联系的。18 世纪道德和神学上的理性主义,源于笛卡儿对方法以及真理的清楚性和分明性判据的主张。然而,它与由洛克而来的经验主义结合在一起。当然,理性观念用作其他观念由之演绎得出的来源是不可能的,除非有某种官能,借此可使得这些观念作为天生或先验观念或是通过直观得以认知,由此第二种意义和第三种意义就走到了一起。尽管如此,第二种意义的理性主义适用于哲学学说**内容**的特定部分,而第三种意义表示的则是在哲学中作为最终性的**方法**。以下概略仅限于第三种意义。

笛卡儿在追求确定性的判据时,偶然发现了内部经验毫无疑问的存在。他在那里发现,有某些观念既是**清楚的**(clear),即直观上出现和明显的;又是**分明的**(distinct),即本身以及相比其他观念而言严格确定的。由此,通过一种数学方法,各种其他观念都可得以推导;而且,由于这些原初真理和衍生真理的体系,某种真理或科学就最终得出了。波尔·罗亚尔(Port Royal)《逻辑》以及海林克斯(Geulincx)的逻辑论说,试图把这种方法阐释得更为明白些;但斯宾诺莎做到了,首先通过整理笛卡儿哲学,使其更像一种几何学,然后在《伦理学》(*Ethica*)中通过一系列公理、定义、命题等等来呈现他自己的哲学。莱布尼茨以他一贯的精力和系统化能力继续发展这一观念,并提出了对于哲学犹如微积分对于物理学的一种普遍逻辑和语言设想。他把其中所有观念分析得更为明确,表明所有基本概念的先验特征即必然性和普遍性;把矛盾原则或不可能对立原则设立为它们的判据;并推进了分明性判据,使其成为本身有别于所有其他概念的,也推
218 进了"充分性"(adequate)判据——即直到其最终构件以及它们彼此关系都是清楚的。沃尔夫将莱布尼茨的这些观念加以体系化,并结合它们对所有哲学分支作了一次学院式讲解。

康德通过了解休谟对于因果性和必然联系原则的怀疑主义批评,从理性主义学派的"教条主义睡梦"中苏醒,他最终反对把理性主义作为一种方法。他指

出:(a)将它等同于数学方法是错误的,因为后者不是通过概念**分析**而是通过空间和时间要素的**构造**而进行的;(b)从概念出发,只能推出它们原先所有的东西,因此该方法是同语反复或纯粹的“分析”;(c)理性概念要作为新真理的来源,或成为综合性的,就必须应用从经验中所获得的感觉材料;(d)当它们的用法使得似乎其本身为综合性的时,产生了某些根本的二律背反,或者相互矛盾的命题。康德仍旧试图把理性主义和经验主义各自的道理结合起来;这些必然概念独立于经验而**存在**,但只有当用于经验时才是**有效的**。虽然理性主义方法仍旧偶尔用到[甚至被那些声称属于“经验”学派的人用到,如斯宾塞的**普遍公设**(参见该条)],但康德对于它作为哲学的**唯一**方法给予了致命打击。黑格尔在一种经过转变的意义上复兴了理性主义,不是将其用于与经验相对的知识某一因素或状态,而是将经验本身构建为一种理性系统。

实在主义(realism) 〈德〉*Realismus*,〈法〉*réalisme*,〈意〉*realismo*。该词在哲学上具有彼此完全不同的两个重要意义。(1)在其中一个更为古老的意义上,它是指一种关于共相本身的实在性及其与个体关系的逻辑形而上学理论。其经典表达是说:共相是实在的,在上帝心中的(*ante res*),在自然中的(*in rebus*),在人类心灵的历史理解之中的(*post res*)。不过,它有着甚至更为极端的形式。

(2)在更为现代的认识论形而上学理论中,它是指这样一种学说:实在与其 219
意识显现或意识观念是分开存在的;或者,如果事实上,它对于神圣意识不具有独立存在,那不是因为有某种属于意识本身的东西。

它与**唯心主义**(有关此种意义的历史,参见该条)相对。历史上,它曾以多种形式出现,并具有多种名称。参见**自然实在论**。康德把他的哲学称作**经验实在论**,意指它坚持空间事物独立于我们特殊的意识状态而存在,与之相对的是断言时间和空间乃本身独立于我们感性的某种东西的**先验实在论**(*Crit. of Pure Reason*, 320-326, Müller's trans.)。斯宾塞把他的哲学称作**变形实在论**,意指“在**某些**条件下所呈现的**某种**客观存在”区分并独立于主观存在,是最终的思想必然性;然而,意识中的知觉和对象并非实在而且并不类似于实在,只是实在的一种符号。同时,他将此与“假言实在论”区分开来,因为后者仅仅把这种实在之存在断定为一种推断而非作为“事实”(*Psychol.*, ii. chap. xix)。刘易斯(Lewes)把他的理论称作**推理实在论**,他将之不仅区别于素朴或自然实在论,而且区别于变形实在论。他主张，外部存在即非我的实在性是在感觉中给予的，而且与意识密不可分地交织在一起。这里的实在主义似乎不是指对于意识的外部性，而是指在意识中对于主体或自我的外部性（*Problems of Life and Mind*，176－195）。也可参见**实在唯心论（或唯心实在论）**。

我们现在取实在主义的第一种意义。从一方面看，这些问题追溯至苏格拉底，他主张知识对象（因而真正的、确定的、实在的东西）是共相，试图以此来克服智者派的主观主义。在柏拉图那里，共相作为理念和真正的绝对存有出现；而说明有关获致它们的方法、它们的本性和相互关系，以及与各种形式的实在和经验
220 的关系，就构成了他哲学的主要目标。一种长期流行的观点，把他看作是中世纪意义上的极端实在论者，即认为共相是自我生存的，独立于与个体的任何关系。亚里士多德是这种解释的主要责任者，因为他一直在辩驳柏拉图的理念独立说；他对于经院学者是权威。但是，第一，就存在而言，亚里士多德的最终实在即纯型相，具有他所赋予柏拉图理念的同样一种超越性。亚里士多德（不论正确还是错误）批评柏拉图从根本上缺失了与世界的**动态联系**——他试图通过他作为目的（潜能物质总是试图达到这种目的并因而向之运动）的型相的理论弥补这种缺失。但是，第二点而且更为重要的是，整个中世纪和近代的实在主义观念都是不同于希腊哲学兴趣的，不仅包括柏拉图哲学，而且包括亚里士多德哲学。柏拉图和亚里士多德所关心的，是要表明实在是共相，以及在何种条件下它变成或是个体；但有关共相和个体的实在性这一较为正面的问题，却需要在这一段时期中表明起点确实已经被颠倒了。它是不可能出现的，除非心理学运动已足够发达至把共相与主体思想关联起来。

当然，这并不是说中世纪思想未曾自然地、必然地将其自身问题等同于希腊思想中的那些问题，甚至根据那种思想来改造。新柏拉图主义明确地从更具实在性的更大共相推演出连成层级的诸种形式的思想和存有，这是那种等同做法的直接动因，因此，实在主义是首先出现的，其充分的形式是在**斯科图斯·爱留根纳**（参见该条，另见**经院主义**）。关键的问题是，实在主义是那些特别关注哲学内容的人的学说，而唯名论初看起来更像是纯形式和逻辑的学说。如此说来，引发争论的是波伊修斯（Boethius）翻译的波菲利（Porphyry）为亚里士多德《范畴
221 篇》（*Categories*）所作导论中的一段话——务必不能忘记，那个时期对这篇论文的认识可以与亚里士多德形而上学和物理学完全分开的。该段话提出了属种问

题:(1)关于它们是本身存在的,还是仅仅存在于心灵中的;(2)如果存在的话,它们是肉体的,还是非肉体的;(3)它们是与可感事物分开的,还是置于可感事物之中的。罗瑟林(Roscelin)似乎是一位极端唯名论者,他认为,共相仅仅是对特殊事物的抽象(是 *post res*),而且它们本身仅仅是语词(*voces*)或名字(*nomina*)。香浦的威廉(William of Champeaux)主张一种最具极端形式的实在主义。只有属是实体;个体仅仅是它们的属性;人是本质的,苏格拉底是偶性的。此外,每一共相都是实在;白是实在的,即便不存在白色的东西。这些极端观点显然要求有某种居间尝试。这正是阿伯拉尔(Abélard)所提供的。他认为,共相即便作为名字,仍旧不仅是一种名字;它是谓词或 *sermo*(言辞)。这只有借助概念才能达到,与个体事物相比,概念达到的是"自然地"作为谓词的东西。至此,阿伯拉尔要归在概念主义者中。但是,他接着又发展了一种**自然谓词**的观念。由于共相是所有知识的器具,事物本性中必定有某种东西作为它们的基础,即事物本身中的**相似性**。而且,这种相似性是由于这样的事实:共相是上帝心灵中的样式或原型,上帝据此创造了具体事物——这种观点也受到沙特尔的伯纳德(Bernard)和波瓦第尔的吉尔伯特(Gilbert)的强调。然而,后者更多靠近实在主义,他认为,由于神圣心灵中的这些概念或形式只有在事物中才成为**共相**,它们实际上在事物之中(*in re*),而并非仅仅是反过来被人类心灵所理解(收集)的相似性因素。这里,讨论实际上暂时停下来了,其中所有成分似乎都受到公正处理。该学说被亚历山大以及托马斯主义者、司各脱主义者之流所接受,在**经院主义**的第二个时期,这种争论逐步变得不受注意。

然而,并不是完全休止;那些坚持纯形式逻辑传统的人专注于**命题**而非**判** 222
断,他们继续使用古老的唯名论术语。所谓的"近代逻辑",依赖着某种拜占庭式的目录得以发展。它所包括的理论是关于各种格式的三段论,其与分子命题的关系,以及这些命题的成分——实际上,很像是今天三段论逻辑中的内容。西班牙的彼得(Peter)对此作了详细阐述。按照此种理论,谓词(当然是共相)只是一种指号。对于彼得及其学派,该学说仍然属于无关痛痒的形式逻辑细节。但是,奥康的威廉对之作了发展,并将其与已经成为显学的有关(不同)个体本性的形而上学理论结合起来。即便温和形式的实在主义似乎也认为,作为本质实在的是类属,如果不是完全在事物之中或之前的话,它至少是上帝心灵中的"思想"。只要主要关注对象是全域整体、宗教和国家整体,该学说就自然而然受到欢迎。

但随着对特殊个体性(*haecceitas*,这个特别的、唯一的独特个体)的意识增长,该学说遇到了严重的困难。它似乎导致了极其彻底的先决论,据此,个体之中或有关个体的一切都永恒地在上帝思想中得到注定。邓·司各脱坚持个体性的首要特征,却仍旧将其视为型相,视为实体化的类属。但威廉认识到,这种观点仍旧令个体处在一个含糊位置;至少从逻辑上看,个体看起来仍然隶属于共相。因此,对他来说,唯名论并非如早期著作家所言,不过是对观念的言辞或概念特征的否定主张;它是这样一种肯定的主张:本身具有差异的具体个体性是实在的;共相是由我们最初对这些个体的直觉知识推论而来的(在这种直接的理解中,威廉包括进了感知、对我们自身内部状态的知识——比感觉知识更确定——以及对灵魂本质的理智直觉)。正是因为威廉的理论适合于当时(在政治和宗教上)
223 正在升起的实践上的个体主义,因为它符合正在出现的物理科学——强调对特殊现象而非抽象和神秘本质的知识,而且因为它顺应了日益增长的那种研究知识自然史而非仅其逻辑形式的心理学趋势,唯名论在这一时期赢得了早期实在论所曾有的地位。

随着中世纪精神的分化,讨论过渡到心理学中。其关注点在抽象观念和一般观念或抽象性和一般性,而不是在共相本身。由此,我们的叙述就此终结——只需指出,由于近代科学明显关于共相和法则,有关客观实在性是否要给予这些共相以及如果给予,又该以何种方式使这一问题重新走到近代逻辑的前台;因而在这个范围内,过去的讨论重新被提出来。根据早先的一个评论精神,我们可从另一观点指出古代和中世纪实在主义的差异。古代所涉及的共相,是作为**本质**、作为构成性因素的,不论是在个体之前还是之中;中世纪的处理,则是将其作为**类属**。所以,对于古代人,是不可能把共相等同于纯粹概念的,除非是绝对怀疑论的主张;而对于近代人,这却是一个自然出路。在新近的思想中,共相变成了法则或方法。参较拉丁和经院术语(latin and scholastic terminology)。

参考文献:关于(1),普兰特(Prantl)的《逻辑学史》是所有著作家实际细节方面的权威。参较**经院主义**之下所引用的标题。重要的如下:John of Salisbury, *Metalogicus*, ii. chap. Xvii ff.(对前面作家的观点做了总结,最为重要的是他自己承认未能采取任何立场);Barach, *Zur Gesch. d. Nominalismus vor Rocellin*; Löwe, *Der Kampf zwischen Nominalismus u. Realismus*; Exner, *Nominalismus u. Realismus*; Köhler, *Realismus u. Nominalismus*。

实有(reals) 〈德〉*Realen*,〈法〉*réels*,(*les*)*êtres*,〈意〉*reali*。赫尔巴特用以命名(多元论的)最终存有的一个术语。

各个实有都是单子,是自身绝对的。存有中的多元性质意味着一种相对元 224
素。因此,每一实有在性质上是完全简单的。这种性质是不可界定的。这些实有通过扰动的方式发生相互作用,并以自我保存的方式对扰动作出反应。表现(Vorstellungen)是对所谓心灵的那种实有而言的自保性反应。

具体化(reify, reification)) 源自〈拉〉*res*(事物)+*facere*(制造)。不在其他语言中使用。使得一种精神态度或抽象性适应于一种被认为真实的事物;把客观实体性赋予一种观念。它在实践上等同于实体化(hypostatize)。参见原质(hypostasis)。

关系(relation) 源自〈拉〉*re*+ *latus*, *ferre*(支撑)的过去分词。〈德〉*Beziehung*,*Verbindung*,*Verknüpfung*,*Verhältniss*,〈法〉*relation*, *rapport*,〈意〉*relazione*, *rapporto*。参见关系意识。

更具体地说,(1) 实践关系。一事物对另一事物的意义或影响——一事物"关涉"另一事物的方式;例如,A 证词与 B 有罪具有关系,发现一种新事实与某理论为真具有关系。

(2) 逻辑关系。两个或更多主词基于共同原则、事实或真理之上的相互依赖,如此使得对一个的断定会修改另一个的意义。由此,谓词对于一个主词为真或假并不是单独或孤立来看的,而只能参照、关注或考虑到另一主词。

示例:父子关系,买卖关系,主寄生关系。许多性质所谓述的 A 可能与对于 B 所断定或相信的毫无关联,但只要 A 与 B 具有关系(如父亲与儿子、卖者与买者,等等),这种无关性就不在了,取而代之的是完全(逻辑上)的相互性。这并不是说,A 和 B 是同一谓词的共同主词,或者是要合并起来或普遍地来看。恰恰相反,它们可以具有完全不同甚至对立的谓词;或者,A 的谓词可以是明确断定的,
而 B 的却仍旧极其不确定。它仅仅是指:每一种关于 A 的断定自身都进一步带 225
有某种对于 B 的断定;反之,任何关于 A 的断定,仅仅因为对 B 有某种限定才是可能的。其中任何一个的每一谓词都既依赖于又影响着另一个的。然而,这只有存在某进一步的谓词时才是可能的:该谓词是 A、B 所共有的,并为它们彼此

进一步所具有的关系提供了一种基础或根本——此乃真正的关系性(the relationship proper)。这种关系性通常也称为关系,而有关其本性的理论将我们引向了第三类意义。

(3) 形而上学关系。有关一事实的信念或判断如何影响我们对另一全异事实的判断内容?拿什么来保证有关如此转换的有效性这一假设?这是有关关系的逻辑用法的本体论或真实价值的问题。当我们看到所有判断和推理所预设的正是这样一种扩展时,该问题的重要性就极大拓宽了。它并非纯粹的关于父亲与儿子此类明显关联词的判断可能性的问题;科学所依赖的公设是关于既定事实与其他某事实之间某种关系的——这种关系即使隐蔽却是关于所单独看待的某一事实的任何科学陈述的真正根基。因而,带有逻辑程序效力的真理问题与有关关系本性的问题结合在了一起。对于该问题,提出了各种不同类型的回答。

(i) 有人断定,关系不具有客观的存在或相应东西。关系是纯粹的精神产物,它是指彼此实际毫无关联的事实在同一种观点下持有或比较时所出现的某种东西。该理论当然类似于过去的唯名论和概念主义,现代的关系相当于中世纪的共相。关系像是一种修辞上的明喻。比较星星和眼泪,就在比较者心中临时建立了一种关系;除此之外,什么都没有。同样的某种东西(而且不再有增加)也适用于因果关系。然而,只有怀疑论哲学家将该理论推至这样的逻辑结果。
226 大多数经验论者(他们以倡导这种观点为典型特征)毫不迟疑地认为,他们对相似关系有一种权利;许多人求助于时间相继和空间共存,以及(有可能)这些相继和共存的一致重复——理性主义者正是抓住这样的认同,废除了这种主观性的关系概念。

(ii) 另一观点是比较流行的中世纪实在主义残余。它受到进化论以前动物学和植物学的强化,认为不同的事物组成自然的类(classes)、族(families)或种(kinds),而且正是由于它们属于同一个类(sort)或属(genus),事物具有彼此关系。εἶδος即型(form)或种(species),因而是逻辑关系在本体论上的对应物。只要这种观点盛行,"关系"一词就比较少地使用;共相在本体论方面发挥作用,谓述则是运用在逻辑方面。随着唯名论的增长,随着以法则代替属的科学倾向,随着(3,i)观点的发展,使得关系成为划分的产物而不再作为划分基础,而且划分变成一种主观手段,这时必须找到另一种**基础关系**(*fundamentum relationis*)。

我们的(iii)这一倾向就是把关系看作相当于**法则**。这一点受到那种混同法则(law)和作用力(force)的共同倾向的支持；重力关系、重力法则、重力作用，对许多人来说实际上是同义词。或者，如果把问题再推进一步，可能要承认：虽然关系是看待事物的一种方式，因而只是理智上的，但所相关之物以某种方式与赋予关系以权威的那种法则"关联"在一起。不过，显然这不过是一种流行做法：通过循环推理回避问题要害。

(iv) 现代唯心论形而上学与(3, i)一样，认识到关系与判断过程连在一起，但它试图通过把世界看作单称永恒判断的内容因而由关系体系组成，从而赋予关系以有效性。试着遵循这种论证的路线，几乎等于书写康德以来的形而上学逻辑史；但我们可以简短指出下列几点。型、属、种等等的层级概念被完全抛弃； 227
开始认识到，问题实际上涉及有效判断的可能性。所有真实的判断都是综合性的——即涉及把一主词的谓词传递以影响到数值不同的(numerically distinct)另一主词的谓词。任何其他的命题形式都是同义反复，因而根本没有什么判断。因此，判断本身本质上而非仅仅偶然地与关系实在性问题联系在一起。这一肯定结论可以得到强化，如果指出：否定创立于判断之中的关系具有实在性，会走向完全的怀疑论，并破坏掉整个科学构造；同时，即便最为彻底的怀疑论者(或非关系论者)也必定要承认相似或类似关系以便给予心理总览(mental viewing together)或心理比较某种基础。总结起来，我们可以说，根据这种理论，关系是永恒而必然的判断样式：借此，知识对象以及作为知识唯一对象的世界得以构建。

(v) 这种观点必须对付三种固有的困难——

(a) 在强调关系知识时，它似乎使得推论性或反思性思想成为所有思想的唯一类型，而没有为直觉意识或主客体直接等同留下任何空间。

(b) 它强调有关共相的理智主义观点，把感觉和意志化归为认知判断形式。

(c) 它预设了特性(qualities)或关系活动得以开展于其上的某种非关系杂多。由此，黑格尔在反思性认识的逻辑中并因而在现象和本质的世界上给予关系一种中心地位，但他认为，这一领域居于直接的感觉认识域与把握自相关整体(self-related wholes)的理性直觉域之间。关于黑格尔，必须提到，他从未真正澄清自相关整体与其所包括和取代的自矛盾性关系安置之间的关联。正如格林(Green, *Prolegomena to Ethics*)对于康德作出极其一致的现代解读一样，布拉德雷(Bradley)在他的《现象与实在》(*Appearance and Reality*)中也极其成功地 228

追随了黑格尔。他指出，任何关系体系都有一种现象特征，而且关系本身必然终止于一种更为直接而和谐的整体。

(vi) 现在有一种日益增长的倾向，要回到一种简单实用的关系说法，即事物彼此之间如此"关涉"而产生出某人所感兴趣的某种结果，同时把这种观点分类并概括为一种体系哲学。参见实用的(pragmatic)。

按照(iv)和(v)，诸关系可还原为判断的差异统一(identity-in-difference)功能(它们之间的分歧在于，是判断的绝对意义还是纯现象意义)，诸关系是此种功能得以渐进性显示的各种样式。而根据现在所提出的观点，它们被还原为不同形式的手段目的(means-and-end)功能——即虽然它们形成于判断，但判断本身是一种规定经验的尝试，以便发现有价值的目的，以及用以实现目的的适宜手段。"关系"因而是对事物彼此实际上所具有的各种影响——即能够帮助或阻碍目标的实现，或者为这些目标提出所想要的修正——的客观定义。对于实际意义(practical bearings)的这种客观或理智规定，其最终价值本身是实践上的——即它有助于经验的和谐和扩展。通过明确地意识到何为障碍、何处有障碍，以及何处可找到有利影响，它本身成为设立和实现目的这一实践过程中一个有机部分。因而，"关系"是对如何运用经验某一部分或阶段而同时考虑到另一部分或阶段的一种规定。

它是有关行动方法的问题，而不涉及物理或形而上的存在结构。

历史情况。从以上叙述可明显地看到，包括在关系讨论之中本质的哲学问题乃知识的逻辑过程(而知识只有在逻辑范围内才是知识)与实在的本体秩序之
229 间的关联。因此，它在现代思想中所占据的位置，犹如作为柏拉图ἰδέα和亚里士多德εἶδος后继的中世纪属种一样。洛克对于产生这种转变具有主要的帮助。他把知识界定为"仅仅是对我们观念相联、同异和矛盾的知觉"(*Essays*, Bk. IV. Chap. i)。名义上看，他没有把这种同异界定为关系；但他明确地说，关系是一种知识形式，而三种知识形式中的其他两个即同一和共存只是特别的关系形式。第四种，"关于真实存在的知识"，把我们带向诸如上帝以及事物存在这样的命题。前者依赖于因果关系，而后者，至少就实践目的来看，依赖对于直接感知与其所对应的某对象之间关系的某种确信或信念。所以，关系直接或间接地成为知识的中心。贝克莱只需阐明这一事实，便可表明：由于这些条件项中有一个绝不可能是观念，它完全没有意义。由此，有关"对真实存在的知识"的问题就成为

一个有关我们的“观念”或经验之间关系性的某种有效性的问题，而不涉及“观念”与超出所有经验之外的某物的关系性。休谟阐明了这一问题，他公开地追求任何能确保经验项彼此之间有效指称的关系性，明确批评所有出现的其他可能性。他指出，对于认知目的而言，所有关系的价值都回溯到因果性。洛克说，关系是比较的结果，是心灵运作的结果(*Locke's Essays*, Bk. II. chap. xxv. § 1)。休谟贯彻洛克的这种逻辑，并证明每一分明观念其本身都是一种孤立存在，同时指出因果性(或任何关系)不可能影响实在本身，因而必定具有一种纯主观上的源起——他在由一观念轻松地滑向与之经常相连的另一观念的想象力中找到了这种源起(*Treatise upon Human Nature*, Bk. I, Part III)。众所周知，这种怀疑论“唤醒”了康德，让他开始思考关系及其在知识中的地位，从而使得他把判断重新界定为通过知性概念对感觉的必然综合，而不再是随意结合。于是，被康德及 *230*
其后继者们称为范畴(参见该条)的那些关系，是用以构建经验世界的必然的、普遍的因而先验的(内在于思想本身中的)判断功能(参阅康德《纯粹理性批判》中的先验分析部分)。休谟所否弃的那块石头，成为现代认识论唯心主义的基石。康德从形式逻辑承认的仅仅一张判断形式的目录，推演出了他的十二范畴表。他的后继者们更为严肃地对待它们作为必然的思想样式这一观念，并试图表明思想何以必然显示于如此这般的一个关系体系中。费希特的《知识学》(*Wissenschaftslehre*)和黑格尔的《逻辑学》(*Logik*)都是这样的结果。在黑格尔时代之后，这一潮流分化为两个支派：一个是专门逻辑的，试图更为经验性地和独立地研究判断中所用到的所有不同关系或范畴，譬如数、特性、事物和属性等等；而另一个是形而上学上的，关注于关系的客观有效性，因而也关注思想的客观有效性。

参考文献：从这篇概览可以发现，有关关系的探讨更多聚集在现代形而上学著作的整个写作过程中，而不是出现在某一段落中；但下列补充书目可能具有价值：Hamilton, *Lects. On Met.*, ii. 535—538; *Discussions*, 603—608; Reid, on *Intellectual Powers*, Essay VI. Chap. i; Mill, *Logic*, Bk. I. chap. ii. § 7, and chap. iii. §§ 10 and 11; Lotze, *Logic*, § 337—338; *Metaphysic*, § 80—84; Green, *Prolegomena to Ethics*, Bk. I, and the whole course of his criticism of Locke, Berkeley, and Hume (*Works*, i); Bradley, *Appearance and Reality*, Bk. I, especially chap. iii; Bosanquet, *Knowledge and Reality*。有关关系的心理学讨论很少。可以指出的有以下：Spencer, *Princ. of Psychol.*, § 65; James, *Psychology*, i. chap. ix (expecially 243—271) and ii. 663—675; Stout, *Analytic Psychol.*, Bk.

I. chap. iii；Lotze，*Metaphysic*，Bk. III. chap. iii。更为新近的心理学方法讨论，其总的要旨明显属于"实用的"方向上——它们认为关系的实在性是在经验固有的"驱动"(motor)倾向上，而非在感觉结构、随意结合或某种单独的"关系"功能上。参较 James，*Will to Believe*，especially the Essay on The Sentiment of Rationality。

231 **同与异(the same and the other)** 〈德〉(*das*)*Gleiche und*(*das*)*Andere*，〈法〉(*le*)*même et*(*le*)*différent*，〈意〉(*il*)*medesimo e* (*l'*)*altro*。这些词以及 sameness(同一性)和 otherness(异在性)都是关联词，它们的技术意义是作为柏拉图哲学中某些词的翻译——在其他方面，相当于**统一与差异**(identity and difference)(参见该条)、**永恒与机会**(permanence and chance)(参见该条)这些术语。柏拉图用*ταὐτότης*(ταὐτόν)一词来表示同一性。

自我同一性是理念、本质存有的特征性标记；而质料以运动作为其界定性特征，它处于不断的变化和过程之中，这种事实可通过称其为异在(*τὸ ἕτερον* = *θάτερον*)而表达。《智者篇》(254—260)旨在表明逻辑上同与异相互需要；从而驳斥了爱利亚学派的纯有观念。根据《蒂迈欧篇》(35—38，and 44)，上帝通过选择同(它是不可分的、不变的)并将其与异(它是可分的，而且与质料物有关)混在一起，然后将它们两者与存在混在一起而创造了灵魂(最初的世界灵魂)。这种混合物接着又根据复杂的数学原理进行划分；同和异的不同比例和位置说明了宇宙的那些特性(譬如，星空的齐一性，地球有规律的不规则性)，也说明了真正知识以及确定信念的可能性。这样把有关统一和差异的逻辑原理与有关永恒和机会的宇宙原理等同起来，因对**一与多**(one and the many)(参见该条)的数学思辨而得到强化，它对后来关于世界构成的新柏拉图理论产生了重大影响。黑格尔恢复了异在(das Andere)这一观念，认为它表示的是包括在每一种略有(Somewhat，Etwas)或定有(defined Being，Dasein)之中的非有，构成了变化(Veränderung)的有限性及内在倾向。例如，自然是精神的异在，严格说来它本身相对于自身也是异在性，再例如，时空世界(Hegle，*Werke*，iii. 115—118)。

怀疑主义(scepticism) 源自〈希〉*σκέψις*(怀疑，犹豫)，出于*σκέπτεσθαι*(仔细
232 看，细察)。〈德〉*Skepticismus*，〈法〉*scepticisme*，〈意〉*scetticismo*。(1)一种认为绝对而确定的真理不可能由人类理智获得的理论；或(2)一种认为在获致真理之前

有必要怀疑的理论。

由于怀疑主义代表某种心智态度或趋向，或者有关处理哲学问题的方法，其纯形式的定义比起大多数刻画哲学体系所用的术语实际并不那么必要。它变化不居，从教条式地断言不相信、不确定以及不可能获致真理，到甚至不说一切皆可疑的那种平衡得当的怀疑，一直到将所有哲学概念付诸不信任除非可以为它们找到理性根据。在最后这种意义上，它与教条主义相对，而非相对于那些认为不可能有真知识的理论。在此意义上，怀疑主义至少是所有独立哲学的一种潜藏因素；有些人（笛卡儿）将其断言为所有哲学信念的必要前提，而另有些人（黑格尔）认为它是每一哲学观念和体系完成自我进化的一个必要阶段。

极其不同的各种动机也促成了怀疑主义态度的发展：(1) **严格哲学上的**。这通常是作为对高度教条化体系的回应而出现的；它试图通过批判它们的前提和方法而表明它们整个都站不住脚。通常，这一主旨之所以得到强化，是因为事实上不同教条化体系持有正好相反的观点，而且一个的论证可用于对抗另一个的论证直至它们相互推翻对方。例如，赫拉克利特和巴门尼德学派的对立，对于产生**智者派**（sophists）（参见该条）的怀疑主义产生了重大作用。此外，快速出现的相异而排斥的体系，创造了一种极其有利于怀疑主义的心理条件，使人们对于体系感到不安和厌腻。

(2) **伦理学上的**。教条化的思想体系往往形成一种过于肯定、发奋有力的行动倾向，这样的性情坚持把普遍性推至所有的操行细节，并将其强加于其他人身上。它是政治上和神学上排外、迫害的根基。要解决这一点，可以通过指出所有此类原理的可错性和相对性，从而必然走向一个立场，即“可能性是生活的向 233
导”。因此有必要通过适应于环境来缓和甚至最一般的行动原理，这就是道德机会主义；而对于其他人的操行，要追求一种宽容政策。这种动机虽然不经常明述出，但或许正是它点燃了最具影响力的怀疑主义火花。它当然是中期学园派的主要动机。它也影响了皮浪（Pyrrho）为首的怀疑主义学派，但在他那里，被另一种伦理动机所遮蔽——即冷静（根据一种有点过于积极的解释，完全的平衡）只能通过完全的怀疑才能达到，而那正是完全而平静的幸福的先决条件。参较**希腊学派**（schools of greece）和**皮浪主义**（pyrrhonism）。

(3) **宗教上的**。废除达到实质性精神真理的理性能力已成为一种好办法，借此可证明需要有一种对于此种真理的启示，也可确立理性无法怀疑这种得到启示的真理。这种动机影响了宗教的拉丁教父们，也活跃在中世纪思想中，双重真理的唯名主义理论（参见经院主义）所清楚表述的正是最终作为正统哲学逻辑预设的那种东西。其在近代最有名的倡导者是帕斯卡（Pascal）；但该观点以另一种形式出现在曼塞尔（Mansel）的《宗教思想的限度》（*Limits of Religious Thought*）中，而且结合其他主旨，包含在贝尔福（Balfour）的《信念的基础》（*Foundations of Belief*）中。

（4）**文化观点**。这通常与第一种和第二种倾向结合在一起，它源于一种感觉，即思想的教条主义是与广泛学习以及礼貌文雅的气质不相容的。它出现在学园派学者那里，尤其是西塞罗（Cicero）。蒙田（Montaigne）是它在近代思想中坚定而乐观的代表；休谟受到它的触动；而像马修·阿诺德（Matthew Arnold）一样的间接型哲学著作家则无疑充满着这种思想。

古代思想中为怀疑主义所提出的论证可总结如下：（1）感觉的相对性：在人
234 和动物上；在不同人那里；在同一个人的不同的状态下；在同一时间下的不同感官间。（2）对象的相对性：依赖于媒介；依赖于位置和距离；而且显现在它们经常的变动和消解之中。（3）信念和意见的相对性：习俗、礼仪、基本道德和宗教信仰在不同民族那里有根本差异。（4）推理过程本身具有内在不充分性，因为所有证明依赖于先有假设或前提，如此无限下去——与使得亚里士多德设定最终未证自明的前提即公理的那种推理正好相反。塞克斯都·恩披里柯（Sextus Empiricus，大约公元200年）的著作对所有古代论证作了总结，它们对于学术复兴之后的思想产生了重大的影响。

如在休谟那里一样，近代怀疑主义大量利用了古代论证，然而却带有他们自己独特的风格。它主要是把感觉和理性这两种所认为的知识来源彼此反对，正如休谟一样；同时，试图通过对此种（所认为的）知识本身的过程及成分的分析而非对特殊情况加以积累，以表明其在获致有效结论上的天生无能。它因而是近代知识理论进化中一个不可或缺的因素。实际上，主要的差别正出现在这里。古代怀疑主义仅仅是用作那些不接受教条化体系的人的一种阻挡或对策。它出自于他们，但并未进入他们；他们实践上仍旧不受影响，除了在细节上。近代怀疑主义作为一种为整体所必需的因素，它不仅构成了近代思想的形式而且构成了其内容。在至少这种一般意义上，康德断言**批判主义**（参见该条）结合了教条主义和怀疑主义，黑格尔声称怀疑论的怀疑是所有哲学工作中的一个固有因素，这必须得到认可。

参考文献：Seth，art. “Scepticism”，*Encyc. Brit.*（9th ed.），xxi. 395—401；Zimmermann，*Darstellung d. Pyrrhonischen Philos.*；Sepp，*Pyrrhonische Studien*；MacColl，*Greek Sceptics from Pyrrho to Sextus*；Brochard，*Les Sceptiques grecs*；Tafel，*Gesch. u. Krit. des Skepticismus u. Irrationalismus*；Saisset，*Le Scepticisme*；Zeller，*Stoics, Epicureans, and Sceptics*；Städin，*Gesch. u. Geist des Skepticismus*；Owen，*Evenings with the Sceptics*。

图式(schema)　源自〈希〉σχῆμα（一种图表）。〈德〉*Schema*，〈法〉*schème*， 235
〈意〉*schema*。(1) 康德哲学中运用先验想象给予感觉以一般性、给予思想以特殊性的结果。参见图式主义。

(2) 一种结构样式；一种用于综合的公式：它作为公式或方法是一般的，但作为被体现或被作用的则是特殊的。例如，三角形或圆形，对于几何学是图式化的。它们是演示空间构造方法的一种图象（Kant，*Krit. d. reinen Vernunft*，126—130 of Müller's translation）。

量的图式是数；实在的图式是诸程度感觉的连续一致产生；实体的图式是时间永恒性；因果性的图式是服从于规则的、杂多在时间中的相继；交互性(reciprocity)的图式是服从于规则的杂多在时间中的共存。德谟克利特运用图式(schemata，σχήματα)一词来表示他的原子的典型形式。它也用来指亚里士多德三段论的格。

图式主义(schematism)　〈德〉*Schematismus*，〈法〉*schématisme*，〈意〉*schematismo*。在康德的知识分析中指有关运用先验想象调解感觉与知性的一种理论。

康德把他有关感觉与知性，或更严格地，直观材料与推论性思想的概念或功能之间的二元论推至极端，以至于要求有一点联结。前者是感性中所直接给予的或接受的，它构成了知识的内容，是杂多，其本身是盲目无序的。后者仅仅具有间接所指，是能动统一的过程，其本身是空洞的，即缺乏客观内容和有效性。康德最初似乎认为，先验知觉形式、时间和空间足供整理否则便混乱一片的感觉材料。至少它们在《美学》中被作为本身所予的和完整的。但显然在《分析》中空间和时间形式本身不得不借助于思想的综合功能得以构建。同时变得明显的

236 是，概念需要被想象出来，以便即使作为特定的主观思想而存在，更不用说要获得有效的客观所指。因此，需要一种居间的东西来克服所有知识中两个因素的异质性；而且，这种媒介甚至对于每一因素形式上独特的存在也是必要的。这出现在纯粹的或先验的想象中，它根据它们在整理时间成分（时刻、绵延和相继）时所发挥的那种功能而构建纯逻辑概念。时间就像是思想，是先验的；就像感性一样，是杂多；因而，它所拥有的特征使得它与两者同质，而且适合占据一种中间位置。如此一来，有关纯知性的图式主义，“涉及仅仅在其之下，才能运用纯知性概念的那些感觉条件”（Kant, *Crit. of Pure Reason*, Pt. II. Bk. II. Chap. i; see 119—124 of Müller's translation）。

经院主义（scholasticism, the Schoolmen） 源自〈拉〉*scholasticus*，对〈希〉*σχολαστικός*的翻译，出于*σχολάζειν*（讲演，做学校教师）。〈德〉*Scholastik*, *scholastische Philòsophie*，〈法〉*philosophie scolastique*，或简单地写作*scolastique*，〈意〉(*la*) *scholastica*。(1) 对一个时期中世纪思想的命名，其间所从事的哲学处于神学的支配下，旨在阐释基督教信条与理性的关系。参见**哲学史**以及**拉丁和经院哲学术语**。

(2) 以过度精致、细微为特征的一种思想方式；无穷无尽地作出形式区分，却没有具体观点。

经院主义一方面区分于行进在宗教圈之外的阿拉伯哲学（不过要再往下文看）；另一方面区分于**神秘主义**（参见该条），它在宗教内部与经院主义并行出现，后者强调逻辑和形式过程，而前者则强调感觉和内部体验。查理曼大帝(Charlemagne)在法国各地创建了学术学校，后来它们成为特别的学术和科学家园。这些学校的教师被称为*doctores scholastici*（Ueberweg, *Hist. of Philos.*, i,
237 据作者所言，该词的用法可上溯至西奥佛雷特斯），而漫游在各个教会传道学校里有学问的教师（scholar-teacher）被称为*scholastici*（Erdmann, *Hist. of Philos.*, i, 288）。他们是传教士，因此不出意料，他们的哲学工作完全围绕着宗教。其语言是拉丁语。其方法是对圣经章节、早期逻辑学家以及最主要是对教父和亚里士多德进行评注和阐释。他们把他们时代的全部科学和文化（“三艺”和“四科”）与他们严谨的哲学追求结合起来。参较**教父哲学**。

这类学校创建于8世纪，但一直到9世纪，特别哲学性的思想才出现。虽然在某种意义上，经院主义仍旧继续作为罗马天主教的官方学说，但其支配地位和独立角色在文艺复兴和15世纪终止。中间这五个世纪出于方便，可划分为三个时期：(1)经院主义的形成，其问题的表述；(2)体系化；(3)衰落。这三个时期也可根据它们与古代的关系得以刻画。第一时期基于亚里士多德逻辑著作片断和新柏拉图主义评注；第二时期则是由于对亚里士多德的系统了解；第三时期则是对所有古代学问的人文主义复兴，此时即便尊重亚里士多德，却给予他更为自由的解读。

I. 在第一时期，斯科图斯·爱留根纳在许多方面都接近于神秘主义而非真正的经院哲学，而且其神学是泛神论的。他主要受到新柏拉图主义者而非亚里士多德的影响。但有两点，他对狭义经院主义是极其重要的：(a)他断言，信仰与理性的内容在本质上是相同的，而且是以最为直接的方式。权威的意见是合理的，而每一种理性原则都可被视为教条；真正的宗教是真正的哲学，反之亦然。由此提出的有关两者关系的问题，对于整个这一时期具有至关的重要性。(b)他认为，存有层级作为一方面与另一方面的思想层级，从最普遍的一直到最特殊的，是完全平行的；前者包含并产生后者。创造相当于至上共相的逻辑展开或阐 238
明，从上帝开始，经过各个等级的存有，直到个体的感觉事物——最低级形式的实在。这可被称为演绎过程。另一方面是向上帝的永恒回归——即把殊相再一次逻辑地包含在共相之中，这是归纳运动。当应用到人时，这涉及救赎、不朽等理论。现在，这一点的意义不仅在于它公开陈述了实在主义(参见该条，1)，而且用这种实在主义来规定和解释根本的宗教学说——创世说、三位一体说、罪恶说、救赎说等等。

在此方面，形成了一个极具重要性的讨论——它涉及作为上帝这一共相与个体、人之间的关系。脱离了这种关系性，整个唯名论与实在论之争就退化为形式上的精致和琐碎。安瑟伦以一种系统的反省方式完成了对所有宗教信条的哲学陈述，他把实在主义看作仅仅是对于上帝至上权威和三位一体说的辩护，并断言唯名论不过是对可感事物的神化。这也导致了他的本体论证明(ontological argument)(参见该条)。作为一位唯名论者，罗瑟林指出，它在神学上的结果是用三神论学说替代三位一体说；然而，贝伦加尔(Berengar)却用它来反对圣餐变体论。如此一来，该学说进入了教会的禁止范围。但是，把实在主义表述为一种有关神的本性及创世的理论，这其中显露出本质上的困难。一旦承认共相是上帝心灵中的实在和所有造物的原型，便会产生一个问题：这些东西是如何与有关可感世界的东西相关的呢？该学说很容易得出一种泛神论解释者或者把个体并没(absorption)于上帝之中。这种倾向显现在香浦的威廉以及沙特尔的伯纳德那里。它也导致这样一种结论：既然作为实体的类是在它所包含的所有个体(这些存有实际上只是它的偶性)之中，同一种实体必定具有相互矛盾的属性。
239 因此，阿伯拉尔试图以一种现实主义的温和概念主义来调和这些极端观点。这个理论取得了长时期的完全胜利，并平息了上述纷争，看起来既在神学上又在逻辑上都令人满意。

但是，对于爱留根纳所提出的另一问题，阿伯拉尔则完全站在理性一边；他赋予理性一种决定性而非仅仅形式化的力量，并对教父们肆意批评。他引出教父们的矛盾，并不是要表明他们可以被取消，而是为了理性可以达到事情的真相——信仰的真实内容。就这场逻辑运动而言，我们发现，它此后在一种高度理性主义的神学中继续，如在波瓦第尔的吉尔伯特那里，而且发展了一种论证区分体系，至今对某些人来说仍是经院主义的主要特征。这带来了一种反应——谴责所有的辩证法；把信仰内容断言为至高于所有理性之上的，如在雨果(Hugo)那里，更有甚者是**威克多派**(victorines)(参见该条)——他们沿着有点神秘主义的路线，主要关注于一种有关内在宗教生活的人类学。索尔兹伯利的约翰(John of Salisbury)在另一方向作出反应，他专注于从心理学上考察那些在逻辑方面已经衰弱为空洞形式主义的问题——这些问题涉及感觉、知觉以及获致概念的理解之间的问题，以及信仰、意见和知识之间的心理关系；他同时对于前人思想作出学术概要。

II. 第二个时期不仅在内涵上更为丰富，在主要特征上也更为鲜明。与东方伊斯兰教的斗争以及十字军东征的结果，使得欧洲不仅了解阿拉伯哲学及其对亚里士多德的解释，并且了解阿拉伯和犹太科学。这些远比西方的更为广泛、更为精确，而且它们以亚里士多德的风格根据形而上学原理得到了系统化。因而，这一时期肇始于13世纪；虽然在该世纪的早期，亚里士多德的著作受到教会指责，但到下一个世纪，亚里士多德实际上与奥古斯丁这位最伟大的教父站在了同一地位上，被正式宣布为基督在自然事务上的先驱，好比浸信会的约翰(John the
240 Baptist)被视为神恩方面的先驱一样，而且基本上被认为是**唯一**的哲学家。亚里士多德的著作得到完整的认识；而不仅仅是那些最多只是片断式的逻辑论述。

经院主义方法得以成型，其在于：首先把所讨论的文本分为许多命题；然后，提出问题，列出各种可能的回答；第三，正反两面论证以三段论链条引出，导致一个结论。这种逻辑分辨或辩证法在前一时期也曾这样发展，但很少或从未有外在目标，而现在它却成为一种有用工具，得到大力运用，并由于亚里士多德逻辑更为实质的方面而得以强化。当我们把这套器具，包括内容上的形而上学、物理学、心理学和伦理学，以及形式上经过修正的逻辑或思想辩证法，用于服务宗教学说（其本身极其丰富地总结了有关精神和伦理经验的存在）时，我们就拥有了这一时期的经院哲学。对此，文德尔班曾说（*Hist. of Philos.*，311），它是“历史已知的、对最重大思想作出最为宏大壮丽的调整和设计”。

哈勒的亚历山大（Alexander of Hales）、大阿尔伯特（Albertus Magnus）和圣托马斯·阿奎那（St. Thomas Aquinas）乃是此时最伟大的代表人物。第一个人从实践上发展了这一方法，将其用来帮助有条理地阐释和证明信条；第二个人从理论上发展了它，将其不仅用于宗教信条而且用于整个亚里士多德哲学；而第三个人则对两种因素作了有机的融合，从而把该运动推向高潮。对于他们哲学的内容，必须铭记在心的是：阿拉伯亚里士多德主义是从新柏拉图主义意义上理解的。它具有泛神论的倾向，否认绝对理性或上帝的超越性；坚守物质的永恒性，认为“创世”是潜能的实现，而非由虚无产生世界的一种独特活动；同时，否认个体的灵魂不朽性。因此，大阿尔伯特和圣托马斯在忠于亚里士多德的同时，必须为超越的和创世的上帝，以及灵魂的不朽个体性[有别于以实在主义方式并没于神性之中的那种个体灵魂]等学说作出辩护。参较圣托马斯哲学（Philosophy of st. thomas）。

这些人的亚里士多德主义激起了一种以邓·司各脱为首的反对声：波纳文 241
图拉（Bonaventura）和埃克哈特（Eckhart）被归在神秘主义者中。他们的争论具体涉及三个方面：(1)信仰与理性的关系；(2)理智与意志的关系；(3)个体性的本性。

(1) 尽管（或更准确地说，因为）大阿尔伯特和圣托马斯关于亚里士多德与宗教信条关系的那种信念，他们被迫把某些学说另外作为完全的启示产物，全然不能为自然心灵所了解——显然，亚里士多德从未讲过三位一体说或道成肉身等学说（在这一时期，如同在更早时期一样，神秘主义者利用新柏拉图主义尝试对这些学说进行思辨性构建）。它们是在理性之上的，但并不与理性相反对。自然之光可导向某些真理即自然宗教和道德上的内容；但在此之上的是超自然的宗教和伦理真理，它是“关于神恩的”，而非关于自然，因而是启示的，而非发现的。这种所谓的**双重真理**学说，是阿尔伯特和圣托马斯学说的基础。但既行至此，就很难不再进一步；而断弦之音正出现在这里，它最终破坏了经院主义的统一性。司各脱（通常认为是本时期一位最敏锐的哲学家）坚持说，神学不过是一种实践事务，其目标在于拯救罪恶；与之有关的是意志而非理智，而哲学却是纯粹的理论。每一方在其自身领域内都是对的。该学说被认为是诚心诚意为了赋予信条一种不为理性所动的权利；因为司各脱极具敏锐性地看到，如果理性可以帮助或证实神学，它也就会攻击或批判它。但其实际效果，却是反方向的。理性被给予更大的范围和说服力；神学上作为异端的所有各类命题都得到证明，而只带上一个虔敬条件（有时是真诚的，有时却不是）：虽然根据理性如此，但根据信仰却是相反的。

（2）实践方面同样的一种坚持意见，也出现在司各脱的心理学和伦理学上。
242 在圣托马斯遵循希腊立场把知识、沉思、主客体在理性直观中的统一都一律高于意志时，司各脱所遵循的却是以宗教形式出现在圣奥古斯丁那里的拉丁思想。根据托马斯主义者的观点，意志决定于由理性在一般或特殊情形下所探明的善［参见**独己性**（perseity）］；而且，理性具有一种客观的形而上学指示，对于真理有一种内在关系。但是，司各脱却给出了一种心理学的或历史学的知识论说；知识是一种自然过程，因而如果意志依赖于它，它反过来实际上又决定于必然带有意志的自然。所以，意志作为自足的选择力，实际上是根本的。上帝是自由的，因为意志具有根本的首位性。他由他纯粹的意志创造了世界，而不是按照理性的规定——这种立场当然完全吻合神学与哲学的分离说。此外，救赎不再是上帝的永恒洞见或沉思，而是一种意志状态——爱——它高于沉思。

（3）对于理性的强调，往往使得个体处于一种不确定状态，因为它与断定共相具有更高实在性的希腊实在论联系在一起。亚里士多德曾坚持上帝是超越的个体，作为纯粹的形式；而阿威罗伊却坚持认为，不存在无质料的形式，并因而发展了一种泛神论观点。圣托马斯，如在他有关神恩和自然的范围的理论中一样，在此试图确立一种均衡。在非物质世界，纯粹而**独存的**（subsistent）形式是实在和能动的，与质料无关；而在物质世界，形式只有在质料中才能实现，它是**固有的**（inherent）。而人属于两个世界：作为理性灵魂，他是最低级的纯粹非物质形式；

作为动物灵魂(具有身体),他是最高级的那种类型。在人那里,这两者结合起来,成为单个统一体——那种唯一既独存又固有的型相。但是,圣托马斯同时得论及人的个性(personality)差异——所谓的**个体化原则**(*principium individuationis*)。上帝是绝对同时的属和个体,而且是唯一如此的。每一天使都是相对合而为一的属和个体。他们的差异是出于质料的决定,出于时间和空间的区分;因此,他 243
们要实体化,只能通过他们与特定身体的关系。司各脱主义者反对这种观点,在他们看来,它否定了精神和伦理上的个体性。根据他们的看法,个体灵魂,作为个体或有差异的,是一种自我独存的实在,而非仅仅由属决定而成(参见实在主义,1)。

III. 经院主义的分化既有内在原因,又有相对来说外在的原因。从内在原因上看,它在托马斯主义那里达到了顶峰。理性和信仰各自得到严格的地位,理性尽可能用来证明信仰;当不可能证明时,又尽可能表明至少信条是与理性不相反对的。在经过所有这些之后,其规划实际上已经完成。要再发展它,就是对它进行转型。而司各脱主义学说,则以更为主动的方式威胁到了该体系的统一性。出现这种情况,不仅因为它强调了理性在理论世界内部的权利,而且因为它对于个体灵魂实在性的断定,后者很容易发展成(如在奥康的威廉那里)认为只有个体才处处实在的极端唯名论学说。再者,这导致了经验主义,因为虽然共相可在思想中理解,但个体(甚至司各脱已经说过)必须在经验中才能被知道。再者,司各脱主义处处都比托马斯主义带有更多的心理学色彩,它推进了经验心理学上的反省,以至于引出一种新的思想方式。外部原因(虽然是由那些内部原因所激起的)有人文主义(humanism)(参见该条)、学术复兴,以及新觉醒的对自然的兴趣(带着它的女儿,即数学和物理科学)。后者的先驱是罗吉尔·培根(Roger Bacon),显现是在哥白尼(Copernicus)和伽利略(Galileo)那里。由于他们,经院学者那种其形而上学和神学紧密相连的自然世界得以破坏,而一种崭新的观念秩序得以产生。

参考文献:有关哲学史,埃尔德曼(Erdmann)的著作在该时期是极其全面的;至于文德尔班(他的著作大部分一直在被沿用),要特别指出,他抓到了所有各种不同著作中的主要问题和线索——这种事情在经院主义这里,比在其他地方更为棘手。普兰特的《逻辑学史》是逻辑学方面的权威。《大英百科全书》的"经院主义"词条是一种 244
极好的概括。关于通史,可参见 Hauréau, *Hist. de la philos. scol.*; Kaulich, *Gesch. d. skol. Philos.*; and Stöckl, *Gesch. d. Philos. d. Mittelalters*。也可参见**圣托马斯哲学**。

叔本华主义（schopenhauerism 或 schopenhauereanism）　〈德〉*die Schopenhauer'sche Philosophie*，〈法〉*Schopenhauerisme*，〈意〉*Schopenhauerismo*。(1)叔本华的哲学。(2)意志主义(参见该条)。

司各脱主义（scotism）　〈德〉*Scotismus*，〈法〉*Scotisme*，〈意〉*Scotismo*。约翰尼斯·邓·司各脱的哲学体系和倾向，与托马斯主义即圣托马斯(参见圣托马斯哲学)体系相对。其主要特征是:倾向于把哲学从神学中分开(参见双重真理);非决定主义，以及对于意志的强调(参见意志主义);它向唯名论方向发展，虽然司各脱本人仍然是实在主义者。参见词项论(terminism)、奥康主义和实在论(1)。

种子理性（seminal reasons）　源自〈拉〉*rationes seminales*，对〈希〉λόγος σπερματικός的翻译。居于物质之中并由此产生自然效果的那些作用力;自然的能动力量，例如热和冷。

正是由于它们，不确定的系列变化才发生;在通过上帝的原初创造活动而根植于自然之后，它们成为随后所有组合和分歧的原因。它们的最高形式表现在性过程中。作为自然变化和进化过程中的中介，它们是共相借以分化在个体中的一种媒介;然而，这些个体在具体本性上仍旧忠于它们的属。一个经院主义术语和概念。参较 Harper，*The Philos. of the School*，ii. 731—732，iii. 412—413。参见逻各斯(logos)和实在主义。

有关λόγος σπερματικός的理论，以 *ratio seminalis* 的形式进入奥古斯丁那里;接着，它被圣托马斯·阿奎那用于创世理论，而我们所给出的定义正是由圣托马斯得来的。直接创世的原因在于上帝，因而赋予它一种能力，把创世过程继
245 续下去而得到个体多样化的序、属和种(以及性过程)。参考我们所提到的哈珀(Harper)书中那些段落对于圣托马斯的论述。

感觉主义（sensationalism）　源自〈拉〉*sensus*(感觉)。〈德〉*Sensualimus*，〈法〉*sensationisme*(*sensualisme* 经常用到，乃英语中的对等词——J·M·鲍德温建议)，〈意〉*sensismo*。该理论认为，所有知识都源于感觉;所有认识，即使反省观念和所谓直观，都可追溯至基本感觉。

历史上，它通常与联想主义(associationalism)(参见该条)结合在一起。在

伦理意义上(不过,对此在英语中更常用到的是 sensualism),它指所有道德价值或善都最终可化归为心理学上用以决定意志的那些感觉状态:伊比鸠鲁主义。

最初,它是一种关于知识**起源**的学说,然而由于出现了关于(a)真理和确定性存在于感觉之外(以派生的形式)或是限制于感觉,以及(b)是否可在纯粹直接的感觉中发现某种真理这些问题,它开始同时成为一种关于知识形式有效性的理论。如此一来,它也经常用作经验主义(参见该条)的同义词。

有些智者[显然,尤其是普罗泰戈拉(Protagoras)]应用赫拉克利特有关一切皆变的观念,以至于把知识过程的有效性仅仅赋予本身在变、带有运动的东西即感觉(但这可能仅仅是《泰阿泰德篇》中的柏拉图式解释)。亚里斯提卜(Aristippus)这位昔兰尼学派的创始人极其明确地说,我们的知识限于感觉。斯多葛学派主张有关知识起源于感觉的思想,并未将其限于感觉。在他们那里产生了一个最著名的比喻,即灵魂一开始是白板(参见白板说),在其上面印有外部世界的记号(Windelband, *Hist. of Philos.*, 203)。

斯多葛学派把有效性给予那些由感觉所产生的一般观念,尤其是所有人都同样形成的那些观念;而伊比鸠鲁学派坚持认为,所谓确定性是带着感觉所强加于我们之上的那种必然性和清晰性的。

一些拉丁教父把这种感觉主义用作教条式正统信奉的基础。由于灵魂本身 246
限于感觉,它不可能获得上帝、救赎或不朽等观念,因此需要有启示来使这些观念为人所知和有效。新柏拉图主义和经院主义哲学普遍承认,有一种理性知识位于感觉之上(不过,在某些唯名论者那里,个体或实在似乎已被等同于显现于感觉的个体;但这一学说几乎没有留下什么影响)。霍布斯是近代感觉主义的创始人,他将感觉主义与关于运动物体作为所有感觉的所在和源头的理论结合起来。洛克除了坚持有感觉,还坚持有反省;后者给予我们有关自身或内部能力如记忆、判断等等知识;而感觉是有关外部世界知识的唯一源头。在三个方面,洛克的感觉主义对确定后来的认识论问题极具影响。(a)他告诉我们有关"简单观念"或基本感觉的学说。他本人赋予关系及一般观念(至少在数学上)以积极价值,而他的观点提出了有关关系的可能性和价值的问题,从而使得休谟走向怀疑主义——他以主观上的习惯原则替代客观上的因果性原则。(b)他(依照霍布斯的方式,但较少强调运动)把原子设定为感觉的真正根据和原因;但是,他从逻辑上充分感到,如果我们的知识限于感觉,它们的存在只能假言地断定——虽然推论出的、作为*未知*原因的那种存在毋宁说是实体或基质(他似乎从未公正地看待它们与物理原子的关系)。因此,有折中物理科学与感觉主义的问题。(c)他把知识界定为观念的一致(关系),然而在一些地方又把*确定*知识限于所直接经验到的感觉。因此,有知识作为判断以及此种知识与感觉之间的关系的问题。虽然法国学派在伏尔泰和孔狄亚克(Condillac)的影响下,把洛克犹豫不决的感觉主义转化为一种彻底的体系,并使其成为启蒙时期(参见该条)的流行哲学,但却
247 是休谟意识到其认识论和形而上学上的后果,并沿着其思想主线继续前进。康德受到休谟的直接触动,修正了他某一思想阶段上的经验主义,放弃了他天真的设定即对象本身可在感觉中给出,从而使得感觉降低为知识中的一个协同因素,即它给予知识以材料,然而却是混乱孤立的,除非感觉形式和知性范畴作用于其上。虽然说自他以来,感觉主义成为历史上一种不合时宜且有点过度(因为譬如斯宾塞持有感觉主义,甚至试图将其与物理科学的结果结合起来)的理论;然而,可以肯定的是,他极大地削弱了有关知识起源于原子式孤立感觉的观念,而且,大体看来,19 世纪感觉主义不过是对启蒙时期哲学的一种民间遗留。

享乐主义(sensualism)(伦理学上)　该词一个通俗的用法是指一种低级或颓废的道德理论。照它看来,沉溺于较为粗俗的快乐形式乃是生活的主要目的。

单元论(singularism)　〈德〉*Singularismus*,〈法〉*singularisme*(被建议的),〈意〉*singolarismo*(被建议的)。该词用来(参较 Külpe, *Introd. to Philos.*, § 14)刻画那些"把所有宇宙现象由单个原则予以解释或推演"的哲学学派,与多元论相对。参见一元论(monism)。

反思(speculation)　源自〈拉〉*speculari*(查看,凝视)。〈德〉*Spekulation*,〈法〉*spéculation*,〈意〉*speculazione*。(1) 心灵对于自身或精神性东西的沉思(meditation)或反省。

〈希〉θεωρία 意指对于超验的即时直观(schauen,观看),它是非推论的,因而与辩证法相对。(J. D. —K. G.)[①]

---

① 这里表示,该部分内容由杜威和格鲁斯合作撰写。——译者

(2) 一种超越可证实的观察反省的理论化形式，以松散而危险的假说为特征(通俗用法)。

(3) 在对立之中并通过对立而把握范畴统一性的那种思想运动的终结和完 248
成。这最后一种技术用法是在黑格尔哲学中。知性以非批判的教条形式规定命题；它没有意识到命题之间的任何关系，将每一个都孤立地断定为最终的。否定理性或辩证法揭示了本质上的自相矛盾和自我超越性，即所有这些固定概念的流动性。当作为最终性时，它便导致怀疑主义；而当作为一种因素来发展更为全面的观点以及从中既可解释以前孤立概念又可解释对立概念的观念时，它就过渡到反思理性。就像知性一样，这是肯定的，但它的肯定性表现在它是经由一个发展过程的而非被设定为固定不变(Hegel, *Logic*, § 82)。有关意义(1)和(3)的引述，参较 Eisler, *Wörterb. d. philos. Begriffe*，“Speculation”。

孔狄亚克雕像(statue of condillac) 孔狄亚克在他的《感觉论》(Traité des Sensations)(1754 年)中消除了洛克的“反省”，把洛克有关知识源于“感觉”的理论加以通俗化。在解说这一过程时，他运用了一个雕像的故事，这座雕像起初没有心灵，它接受感官一个接一个的馈赠，最开始有的是嗅觉；他试图表明，只靠这些感觉的呈现何以能产生所有的心灵过程和产物。感觉出现等于知觉；较强的感觉引起注意；先前感觉的重新出现是记忆；新旧感觉在实际中同时出现，是判断(比较)，等等；而触觉则附带着客观性意识。这一雕像故事成为对于感觉主义一种广受欢迎的文学比拟。

主体、主体的(subject, subjective) 源自〈拉〉*sub*(在下面，底下)＋*iacĕre*(掷抛)。〈德〉*Subjekt*, *subjektiv*，〈法〉*sujet*, *subjectif*，〈意〉*soggetto*, *soggettivo*。

(1) 思想或论说的材料或内容，以区别于思想与之关联的东西；或者，对象(参见该条)、题材。

(2) 因此指实质性的、实在的。

(3) 作为思想过程，或更广泛地说，作为所有心理过程的来源和中心的—— 249
自己(self)、自我(ego)、心灵。在后者这一点上，subjective 带有两种意义：(a)关注于或产生自心灵运作的，以区别于关于外部物质世界的 objective；(b)纯粹心灵上的，虚幻的，缺乏有效性的，非普遍性而限于某一个体并且是因为其构造上某种偶然性而限于个体的。

在美学上，subjective 和 objective 经常彼此相对，用于指两种类型的批评，前者是作者个性介入其中的；后者是非个人的、无偏爱的，以及多少有点冷淡的。

该词一开始在亚里士多德那里具有一种逻辑意义，然而就如通常的希腊思想一样，它同时带有一种本体论的意义。逻辑上看，它是命题或论说的主词，是某物所加以断定的东西，ὑποκείμενον。但是，柏拉图区分了作为主词的ὄνομα和作为谓词的ῥῆμα，ὄνομα是名词或实词，是与变化着的动词相对的恒量，因而代表οὐσία，即本质(*Theaet.*，206，and *Crat.*，399)。亚里士多德甚至更明确地把主体等同于基质、实体(参见该条)——实际上，它不过是对他ὑποκείμενον的拉丁语翻译；这作为不确定主体，是ὕλη即质料；但作为确定主体，它就是特定个体的存有，而属仅仅是第二位的主体。它只作为主词，而从不作为谓词(参见 Prantl，*Gesch. d. Logik*，i. 217ff.；Ueberweg，*Logic*，143—144；Trendelenburg，*Hist. Beitr.*，i. 13—34，and 54—56)。根据斯多葛学派(Prantl，*Gesch. d. Logik*，i. 428—432；Trendelenburg，*Hist. Beitr.*，221)，主体乃四个基本范畴之一，它代表没有性质的存有，因此是所有判断的最终主词，是非限定的——纯粹的共相。如此说来，它是构成性、理性或种子理性运作于其中的一种容器。

这里，我们把逻辑意义与本体论意义完全融合在一起了。阿普列尤斯(Apuleius)和卡佩拉(Capella)(Prantl，*Gesch. d. Logik*，i. 581，676)把 *subdita*
250 和 *subjectiva* 这些词用作命题或判断主词的技术用语；而波伊修斯第一次(Prantl，*Gesch. d. Logik*，i. 696)运用了 *subjectivum* 和 *praedicatum* 这些词。该词的这种形式，进入经院主义思想中。或许可以想到，我们应该把对于该词含糊性的首次阐明，以及其实在形式与逻辑意义(*ad existentiam*，*ad praedicationem*)之间的区分，归功于一位唯名论者奥康(Occam)(Prantl，*Gesch. d. Logik*，iii. 368)。对于司各脱，我们要把 subjective 和 objective 的区分归功于他，这种意义实际上一直持续到鲍姆嘉通(Baumgarten)和康德时代。

司各脱把这两个词等同于阿拉伯思想中所熟知的关于"第一意向和第二意向"的区分，subjective 指第一意向，具体的实体性；而 objective 指第二意向，或经由心灵运作所构成的那种事物(Prantl，*Gesch. d. Logik*，iii. 208；有关 objective 一词的其他类似用法，也可参阅索引词部分)。

盖尔森(Gerson)预见了该词的近代用法，他运用"objectum vel substratum"

这一措辞，并说到一种客观理性，“ratio objectalis”：它对知识中的真实存有起调解作用，“似乎具有两个方面，一个外部的，一个内部的”（Prantl，*Gesch. d. Logik*，iv. 145）。笛卡儿忠实于经院主义用法，objective 对他来说，总是意指呈现于思想的（理想地存在于理智中的）；而 subjective 则指实际上在事物本身之中的（*formaliter in se ipsis*）（*Medit.*，iii）。倭铿（Eucken，*The Fundamental Concepts of Modern Philosophic Thought*）在 18 世纪先于康德给出了该词的用法示例。在康德那里的意义倒转，是不难理解的。“我思”这一命题具有先验价值，就是说，它是思想自我统一的功能，其位于诸范畴的基础，是所有知识和经验的根本先天条件。然而，它不能看作一种事物，看作实体，即看作灵魂。“借助于这个**我**或**他**或**它**即能思想者，除了先验思想主体（= x），什么也不代表，它只有通过作为其谓词的那些思想才能被知道。”（*Critique of Pure Reason*，301，Müller's trans.）于是，它正好是所有判断的绝对主词；显然，这种所指足以把该
词与亚里士多德的逻辑意义联系起来。但是，具有这种功能的活动，通过感觉形 251
式和知性范畴，对于经验对象（经验上的，有别于先验对象或物自体）的构建是必要的；因而，从认识论上看，如果不从本体论上看的话，纯粹的“我思”或主体具有积极的意义或价值。譬如康德说：“如果我们取消我们的主体或我们感觉的主体形式，所有性质，所有时空对象的关系，而且时空本身，都会消失。”（*Critique of Pure Reason*，37）这样一来，在构建经验对象的精神活动中所扮演的所有角色又都称作“主体的”。这里显然包含双重意义：一方面，当物自体——具有内在本性的实在——在心灵中时，这个 subjective 是正对着 objective 的；它是那种现象的、不具有无限效力的东西的源头——往往走向该词的一个怀疑而虚幻的意义。但另一方面，它构成了所经验到的对象，因此具有完全（经验的）的客观性；实际上，因为其普遍而必然的特征，它比从经验本身发现的任何法则或对象更具有“客观性”（objective）。

康德的后继者们废弃了物自体，他们试图消除这种含糊性。他们试图给予纯粹的“我思”或思想统一性以完全客观的意义。实际上，康德本人已经承认先验对象同时作为思想主体的可能性（*Critique of Pure Reason*，311）。主体由此变成了同样出现在精神过程与经验对象世界中的一种活动。它与康德曾加以辩驳的灵魂实体的不同，在于它本质上是活动而非基质，因而也在于它是根据其在知识、道德、艺术世界结构中的功能，而非其孤立的实存而考虑的；同时，它是超

越历史的或经验的个体心灵的。这就是它在费希特那里的用法；而黑格尔在他的《现象学》导论（*Werke*，14）中，以一种古典的方式将这种区分固定化。他说，
252 真理、绝对者要被作为主体而非实体得以理解。但是，这种技术用法很容易变成松散、普通化的用法，以至于主体意指心灵、灵魂，虽然带有更多心理学涵义且更多涉及（不过，经常很模糊）心灵在知识过程中所扮演的角色。威廉·汉密尔顿爵士对康德的主客体区分为英语世界所熟悉，具有重要的影响；而库辛（Cousin）及德国思想的其他追随者对法语世界了解康德的主客体区分，产生了重要的影响。当诸如斯宾塞和孔德这样完全对立的学派成员采用这些词时，它们被完全自然化了，而且现在所具有的如此广泛用法已经取代了旧有用法。

参考文献：Eucken, *Fundamental Concepts of Modern Philosophic Thought*, chap. i; and *Gesch. d. philos. Terminologie*, 203—204; Franck's *Dict. Des Sci. Philos.*, iv. 468—471; Hamilton, ed. of Reid, 97, 221, 806—809; *Discussions on Philos.*, 5, 605; *Metaphysics*, i. 157—162。

主观主义（subjectivism） 关于词源，参见**主体**。〈德〉*Subjektivismus*，〈法〉*subjectivisme*，〈意〉*soggettivismo*。(1)该理论否认客观知识的可能性，把心灵限制于对其自身状态的意识，如此一来，就相当于主观唯心主义。

(2) 这种理论赋予主体因素在建构经验时所扮演的角色以相当的重要性。例如，康德主义有关知觉形式（空间和时间）和概念范畴的主体源头的学说。

(3) 指伦理学上的一种理论，它认为道德的目标是要获得快乐或幸福的感觉状态（Külpe, *Intro. to Philos.*, secs. 14,30）。参较**客观主义**。

各种各样的主观主义产品（而不只是生产者）都被认为具有"主观性"。

实体（substance） 源自〈拉〉*sub*（在……下面）＋*stare*（站）。〈德〉*Substanz*，〈法〉*substance*，〈意〉*sostanza*。

(1) 本质：任一主体的重要特征或构成要素。

(2) 任何个体的实在事物，一种独立存在体（entity）。

(3) 表现于各种特殊事物中的一般化实在。

253 (4) 位于任何精神物或物质体特性之下的实在；虽然不为人知，它们却是被普遍认可的；基质。特性具有一种模糊所指：一方面，它们被认为存在于实体之

中;另一方面,它们只不过是那种未知实体在我们感官之上所产生的印象。因此,它们一只脚站在对象上,另一只脚站在主体上。

在“实体”一词的早期历史上,其意义被分为主体(参见该条)和本质(参见该条)两方面。亚里士多德运用οὐσία一词的诸多方式,看起来明显不一致。一方面,它是具体的个体事物;它被断言不可能成为共相——这是他在反对柏拉图主义时用的。另一方面,他宣称所有科学和知识都是关于共相的。此外,它是质料和形式的混合或凝结,共相通过融合于殊相而得以实现。还有,基质或主体(ὑποκείμενον)有时被界定为纯粹的不确定质料。经院学者把这些意义糅合为一种,这样说或许太过,但他们无疑混淆了作为个体事物的实体和作为真实存有或形式、出现于特殊事物中的本质,从而为近代的三重意义铺平了道路。上文(1):作为本质,它是普遍而决定性的实在——笛卡儿和斯宾诺莎的用法——它是实质的,以区别于属性的或偶性的。上文(4):作为位于特殊事物和特性之下的东西,它实际上存在但不为人知;它不过是作为背景或原因,完全不知其真实本性——洛克以及由他而来的流行哲学用法——接近于康德的物自体。上文(2):作为任一个体的事物或对象,其最高哲学形式表现在莱布尼茨的单子论。贝克莱敏锐地看到,洛克的实体不过是一种抽象观念,如此一来,根据其唯名论就是无意义的;因而他废弃了物质实体。休谟再一次把实体作为一种对心灵的作用。康德给予实体一种新的意义——经过一系列时间变化而在量上持存的东西。参见永恒性。

实体论(substantiality theory 或 substantialism) 有关词源,参见实体。〈德〉
Substantialitätstheorie,*Substntialismus*,〈法〉*substantialisme*,〈意〉*sustanzialismo*。 254

(1) 一般指这样一种理论:在现象事实或事件之下有真实的实体或独特的存在体。

(2) 其更为明确的意义依照并随着其相对于什么而定。

(a) 相对于现象主义,它主张:“心灵”和“物质”这些实体存在,而且被知道存在,其确定性犹如特殊的物理和心理事实一样。

汉密尔顿说:“根据他们肯定或是否定意识有权给予自我和非我的显现一种基质或实体,哲学家划分为实在论者或实体论者和虚无论者或非实体论者。”(*Lect. On Metaphys.*, i. 294)在有点更加限制的意义上,该词用于指那些认为单独自我或灵魂与意识现象相区分的人的一种信念;而与之相对的观点却认为,灵魂不过是意识活动或样式的全部总和,后者这一学派被称为“现实论者”(例如,Hibben,*Problems of Philos.*,79),而其理论被称为“现实性理论”(参较Eisler,*Wörterb. d. philos. Begriffe*,“Actualitätstheorie”,其中有大量引文)。

(b) 相对于动态物质理论,实体论主张:物质不可能分解为“力的中心”或能量的样式,而质量是考察全域物理构造时一个必要而不可还原的概念,它在运动这一概念之上。

独特的(sui generis) 〈拉〉。有关自身特定类型的,单独的,独一无二的。

该词语用来指个体作为其种类的仅有代表或样本,因而就涵义来说,与其类属等同起来了。

综和论家(summists) 源自〈拉〉*summa*(汇集,总和)。〈德〉*Summisten*,〈法〉*sommistes*,〈意〉*sommisti*。在经院主义(参见该条)中用来命名雨果的后继者们。他们的主要目标是:把宗教大师们的著作体系化,并连成连贯一致的整体。如此
255 一来,他们开启了(虽然只是在形式上)把信仰与理性内容作统一处理的一种运动。

除雨果之外,苏利(Sully)、朗巴德的彼得(Peter of Lombard)和阿兰奴斯(Alanus)是该学派的主要代表。该名称源于这样一个事实,即雨果撰写了一部题为《箴言大全》(*Summa Sententiarum*)的著作。参见 Erdmann,*Hist. of Philos.*,ii. 331—347。

汇合主义(syncretism) 源自〈希〉σύν + κρητίζειν(可能指结合或联合)。〈德〉*Synkretismus*,〈法〉*syncrétisme*,〈意〉*sincretismo*。一种做法:从大量哲学体系中选择合并不同的成分,而不太顾及所选取内容的内在价值或组合所用的逻辑方法;大致等于选取主义(electicism),但它整体上是在有点更加贬抑的意义上使用的。

体系(system) 源自〈希〉σύν + στῆναι(被设立,站立)。〈德〉*System*,〈法〉*système*,〈意〉*sistema*。用来指其构成部分具有条理联系和排列的一种整体。

它与聚合(aggregate)、集合(collection)和目录(inventory)这些词的不同,在于它明确地指那些从理性理解和解释的观点把整体诸部分结合起来的有序性内在联结。它与有机体(organism)、总体(totality)和整体(whole)这些词的不同,在于它明确地指部分之间的相互依赖是根据**思想**或心智**方法**的观点。然而,它也与"划分"(classification)不同,因为它暗含着其心智方法已成功应用于事实并好像为事实重新打造一样;它不再仅仅是事实之外的一种心智方案。在体系产生之时,某种特殊计划、合用的假说或科学方法已被一致地、广泛地和演绎地应用于对一组事实的解释和安排,以至于从内部上赋予了它们理智的融贯性和统一性,从外部上赋予了它们与其他事实的明显独立或区分。将会发现的是,这种意义可用作太阳体系、邮政体系、柏拉图哲学体系、莎士比亚戏剧体系等如此明 *256*
显不同的用法。该词与其许多同属词(congeners)都有关系,但它更接近于"组织"(organization),所有这些同属词与它一样都指某种由部分组成的整体。参较**聚合**(aggregate)、**划分**(classification)、**集体**(collective)、**有机体**、**统一性**(unity)和**整体与部分**(whole and parts)。

白板说(tabula rasa) 源自〈拉〉*tabula*(板),*rasa*(空的)。同样的拼法也用在其他语言中。罗马人用来书写的蜡板;在隐喻上,用于刻画在感觉经验之前的灵魂;用来指经验主义的一种理论,据此,所有知识都是由对象印刻在被动的空白心灵上的。

柏拉图使用蜡板(κήρινον ἐκμαγεῖον)之喻(*Theaet.* 191)讨论记忆的印象。亚里士多德(*De Anima*, iii. 4)用一张书写纸作为隐喻来表达潜在与现实理性的关系。这一点被(如莱布尼茨)错误地用来判定他为白板理论的作者。它实际上是由斯多葛学派首次提出的。笛卡儿运用了这一用词,但只是偶尔地用作讽刺。莱布尼茨在批评洛克的《人类理解论》时不断从技术上运用这一用词,并且由于他,它获得了作为经验主义理论概括观点的普遍通用法(*New Essays*, Introduction)。洛克本人没有使用这一用词,虽然他把心灵说成一张白纸(*Essays upon Human Understanding*, Bk. II. chap. i. § 2),并一直使用"把感觉印刻在心灵上"这一隐喻。

托马斯主义(thomism) 〈德〉*Lehre des Thomas von Aquino*,〈法〉*le*

Thomisme,〈意〉*il Tomismo*。

托马斯主义者最初被称为阿尔伯特主义者,以圣托马斯的老师**大阿尔伯特**(参见该条)命名。一开始,多米尼加敕令把托马斯主义作为他们的官方哲学。它受到追随亚历山大和波纳文图拉的方济各会派的反对。由于唯名论者反对托马斯主义,并且由于前者受到教会禁令,有一种越来越增长的倾向把托马斯主义作为教会的正统哲学。由于教皇利奥十三世对其特别感兴趣,它在我们这个年代明显地获得了复苏。

257 **超验/先验(transcendent, transcendental)** 〈德〉*transzendent*(*-al*),〈法〉*transcendant*(*-al*),〈意〉*trascendente*(*-ale*)。(1)在经院主义思想中,*transcendent* 和 *transcendental* 是等同的,它们应用于比亚里士多德**范畴**(参见该条)更高的术语和概念,并对其作出补充(有关范畴第二特征的观念出于新柏拉图主义)。这些概念有 *ens*, *unum*, *verum*, *bonum*,以后又有 *res* 和 *aliquid*。

(2)康德区分开了超验和先验(虽然他并非总是忠于他的形式定义)。超验应用于经验和知识领域之外的东西;概念的超验用法是把经验内部有效的概念向经验之外领域的非法拓展——比如,把因果性概念用于上帝之上。因此,这个词具有一种不好的意义。相反,先验用于一种好的意义上。它应用于经验中的先天必然因素;因而,它并未超出经验之外,而只是超越了经验中那些经验上所给予的因素。

(3)超验的与内在的相对。参见**超越性**(神学中的)[这是与意义(2)的联系点。康德把保持在经验范围内的对其先验原理的内在用法与超越经验的超验用法对立起来]。它尤其在宗教哲学中用作界定上帝与世界的关系;超验论(首先由亚里士多德表述)坚持上帝的存在是外在于宇宙的,而内在论坚持上帝出现在世界之中(参较**泛神论**)。参见 Eucken, *Fundamental Concepts*, 92—94; Vaihinger, *Commentar zu Kant*, i. 83—84, 467—476。

根据普兰特(Prantl, *Gesch. d. Logik*, iii. 245),我们要把 transcendentia 一词归功于一位伪托马斯者,他用以表达四个最高概念,而且又增加了两个新的(res 和 aliquid),这可能是受到阿拉伯思想的影响。根据普兰特的进一步说法,圣托马斯·阿奎那受到源于阿拉伯的神秘的《论原因》(*De Causis*)的影响,后者试图对共相作出新柏拉图主义的推导。不过,圣托马斯避开了其泛神论特征,他

给予它们一种神学外衣——*ens* 属于本质本身，*unum* 属于圣父，*verum* 属于圣 258
子，*bonum* 属于圣灵(*Gesch. d. Logik*, iii. 8—9, 114)。在此之前，“先验术语”这一说法用于三段论格中的字母，以表示“毫无和一切”以及“不带内容的”。

先验主义(transcendentalism)　〈德〉*Transzendentalismus*，〈法〉*transcendantalisme*，〈意〉*trascendentalismo*。(1)康德意义上有关**先验**(参见该条，2)的哲学。他对于对象先天知识的可能性进行解释，同时系统地列举出可如此得以应用的那些概念，以及因它们应用于适当条件下而产生的原理。

(2) 康德的后继者试图(通过对康德物自体的消除或变形)把最终的知识主体和对象统一起来，并由此赋予绝对或纯粹思想的概念一种完全的而非仅仅现象上的价值。这样做，取消了康德的超验先验之分；而先验主义开始指断言世界依赖于理性活动的一种理论，倘若它能(如在费希特《知识学》和黑格尔《逻辑学》中那样)系统性地给予构成经验世界的那些特殊范畴一种条理化的理性发展。

(3) 在松散的意义上，指任何强调直观、精神和超感的哲学；任何过度非经验或反经验的思想方式。例如，我们听到有人说爱默生的先验主义等等。

过渡(transient)　源自〈拉〉*trans*＋*ire*(离去)。〈德〉*transgredient*，〈法〉(2) *transitif*，〈意〉(2)*transeunte*。(1)Transient 的早期用法相当于后康德术语**超验**(参见该条)，相对于内在。

(2) 应用于活动或原因时，参见己外的(TRANSEUNT)的参考书目。

亚里士多德区分了πράττειν(做)和ποιεῖν(造)，前者指自我消耗的一种活动，
后者指能对外部存在带来某种改动的一种活动。操行属于前一范围，艺术属于 259
后者。经院学者通常区分开 *causa* 或 *actio transiens* 和 *causa* 或 *actio immanens*。例如圣托马斯·阿奎那说 *actio* 是双重性的：既指 *transiens*，即走到外部质料中去的(变成热的，变成干的)；又指保持在行动体之中的，如思想、感觉、意志。参见 Eucken, *Grundbegriffe der Gegenwart*, 292 and note。

偶成论(tychism)　源自〈希〉τύχη(机会)。不在其他语言中使用。皮尔士(C. S. Peirce)引入的一个词，用以指这样一种理论：它给予机会一种在世界上的客观存在，而不将其视为是由于我们缺乏知识；一种赋予机会和必然在进化过程

中同等分量的理论。

“绝对的机会……在宇宙中发生作用,单单这一命题就可被称为偶成论。”皮尔士把通过偶然变异的进化称为 tychasm,而把将此看作第一重要性的理论称为 tychasticism(*Monist*,iii. 188)。该词的首次使用(*Monist*,ii. 533)似乎如下:“我曾试图表明什么观念应该构成哲学体系的线索,而且特别强调了绝对机会这一线索。在 1892 年 4 月那一期上,我进一步论证了那种思想方式,它可方便地命名为偶成论(*tychism*,源自τύχη,机会)。”

所在(ubication) 源自〈拉〉*ubicatio*,出于 *ubi*(哪里)。德文和法文都是一样的拼法,〈意〉*ubicazione*。经院哲学中用以表示独立存在体(an entity)位置的一个词。

它的所指既包括身体,也包括心灵;在后者意义上,它指心灵中被认为作用于身体之上的地点。参见 Harper, *The Metaphysics of the School*, 413—414。

知性和理性(understanding and reason) 〈德〉*Verstand und Vernunft*,〈法〉*entendement et raison*,〈意〉*intendimento e ragione*。这对关联词被用于区分两种知识形式,其中之一的知性(参见该条)是推论性的,因而基于本身不受反省的前
260 提和假说;而另一个即理性(参见该条),在一种直接活动中把握整个体系,不仅有前提还有推论,因而具有完全或无条件的有效性。

由此,对于那些坚持此种区分的人来说,知性是科学知识的工具,理性是哲学的工具。早期如柏拉图就感到需要有这种区分。他把全面而自足的知识界定为νόησις(参见奴斯),把条件性的界定为διάνοια——反省性的,“通过另一个而知道的”,因而是间接性的(ἐπιστήμη用法是不同的,有时包括两者,有时是反省性或间接性的,有时又是原初的或直觉的)。亚里士多德在相同的意义上使用νόησις一词,更多从技术上对公理化或自明性进行考察。对于已经达到确定性的间接知识[区别于纯粹概率、δόξα、意见(参见该条)的那种],他运用的是τέχνη一词[这是经验知识,同时知道其理由或根据。如埃尔德曼所指出的(Erdmann, *Hist. of Philos.*, i. 134),该词之所以同时意指“艺术”,从而相对于柏拉图διάνοια的用法,是由于这样一个事实:对柏拉图来说数学是它的典型,而对亚里士多德来说,那是经过训练的技巧,就像物理学家的那样。它是据理解释的经验]。

新柏拉图主义思想家在诸多方面增加了区分，但在本质上，他们仍忠于柏拉图。经院主义保留了其思想，从波伊修斯那里获得其术语（Eucken，*Philos. Terminol.*，59）。*Intellectus* 与 *noesis* 同义，而 *ratio* 与反省性知识同义[因而有"理性"（reason）在英语中的含糊性：经常意指推理（reasoning）或反省性思想，但有时又指直觉的或确定的知识；*raison* 在法语中富含逻辑过程这一概念，因此很难合适地翻译成德语的 Vernunft]。但是，它关于现代区分的含义是出于康德。知性是按照图式化范畴而进行的思想，因此具有相对于经验的有效性；理性是不涉及概念向感觉材料应用而进行的思想，从而飞跃至超感觉，所以它给予我们某种具有调节价值的理想，但并没有任何积极（或构成性）的品格。柯勒律治（Coleridge）在英语中大量运用这一区分，但没有注意到康德谨慎而批判性的限制。 261
黑格尔发展了这些思想，结果理性表示一种具有直接确定性和可把握性的知识，但它是知性发展出其充分涵义的结果（*Lesser Logic*，chap. vi）。参见反思（speculation）。他似乎遵循了库萨的尼古拉斯的路径，后者把知性界定为区分性和命名性的，它根据矛盾律区分开对立面，而理性则认识到了对立面的相容性。

知识统一（unification of knowledge） 不在其他语言中使用。赫伯特·斯宾塞用来界定哲学的一个用语。他区分了知识的三个阶段。第一个是普通的非科学知识，其中每一事实独立而孤单地存在。它是非统一的。科学把各种部门的相关真理加以概括，但并未试着把这些概括连成一个整体。它是局部统一的知识。"哲学真理对于最高级科学真理的关系，犹如每一种高级科学真理对于低级科学真理一样。……它是完全统一的知识。"就是说，它把例如物理学、心理学、社会学等加以概括，并将它们化归为某种更一般法则的特殊情形。在斯宾塞理论中，这种由之知识得以完全统一的最高概括是进化和分解法则，它被视为物质和运动的再分配公式，源自于作用力的持续（*First Princ.*，Pt. II. chap. i；see also Guthrie，*On Spencer's Unification of Knowledge*）。

一位论（unitarianism） 源自〈拉〉*unus*（一）。〈德〉*Unitarianismus*，〈法〉*unitarianisme*，〈意〉*unitarianismo*。威廉·汉密尔顿爵士一人所运用（*Lects. on Met.*，i. 295）的一个词，相当于一元论。那种否认二元论而认为或者心灵或者物质是唯一实在的人，是一位论者（unitarian）。

统一性及多元性(**unity and plurality**)　源自〈拉〉*unitas*(单一性)。〈德〉*Einheit*(和 *Mehrheit*),〈法〉*unité*(和 *pluralité*),〈意〉*unità*(和 *pluralità*)。从形式上看,统一性指所有存在的或被考虑到的、作为单个不可分实在的东西,而且
262 借助于它的重复,合成性的存有得以存在,或者借助于它的力量(agency),派生性的存有得以存在。

美学统一性:由感觉呈现所直接产生效果的单一性或相合性。

形式上和内容上的统一性:经院术语,源于亚里士多德。内容统一性是说它属于一个体本身,即便在思想上也不能从该个体中抽取出来;苏格拉底的内容统一性正是构成苏格拉底其人的那种东西。形式统一性是说它属于一个体但却可以与他的个体性区分开来;苏格拉底的人性(humanity)可与苏格拉底分开来看,如此便构成一种形式统一性。参较同一性(形式和内容上的)。

功能统一性:这种统一性不在于结构本身元素或部分的合成,而在于这些不同部分的共同作用或一起运作——从而产生价值的统一性——也称为目的论统一性。"理想统一性"一词的严格意义与之相同。

逻辑统一性:在确立一结论过程中推理的各个不同词项和命题彼此所给予的相互支持,构成了这种统一性。

形而上学统一性:它的同一性是内在固有的,它本身具有一种关于存有或行动的原则,使得它本质上区别于所有其他存有。

道德统一性:各种不同因素在某种有意识的调节原则下特意合作以实现一种特定结果,便产生了这种统一体;在此意义上,个人或国家都可以是道德统一体。

数值统一性:它的同一性是外在的,而非内在的;能足以分开或区别于被视为同属的其他事物的那种东西,也被称为物理或机械统一性。参较数(不同论题下的)。

有机统一性:这种统一性是在多样性之中并通过多样性而构成的,因为它需要杂多的部分或者成员之间彼此相互依赖;与之相对的是机械统一性或群
263 集统一性。在后者中,各个部分与其他部分以及整体如此同质,以至于其本身能够作为在性质上(虽然不在数量上)与原有统一体同等看待的一种统一体。参较有机体。

康德哲学也提供了大量技术区分法[参见康德术语(kantian terminology)——

尤其是有关统觉的综合或先验统一性——以及上文]。

我们要把最主要的区分归功于亚里士多德，他区分出了绝对统一性和相对统一性；前者是在其自身内连续、不可分的，后者是复杂而多样化的，犹如交响乐团那样。他把真正的统一性分为四种形式：第一，连续性的，不是因为接触；第二，形式和外形的自然统一——即原初的，而非由于强力或外力；第三，个体的，具有数值上的区分；第四，共相的统一性，由思想构成，出现在各种对象中——实践中相当于经院学者的形式统一性。

但是，对统一性这一观念的哲学关注，不可能根据某一组形式定义或区分来整理。它与该观念的内容结合在一起。所有哲学都是对于统一性的追求，或者，如果找不到唯一的，就追求统合性(unities)；因而，构成有关该词的真正哲学史的，是归属于统一性或统合性的那种本性和特质，以及为选择本身所提供的那些理由。参见一元论、单子、多元论、一和多。

此外，*unum* 在经院学者那里是对存有的三个最终谓述之一，而且它是一个哲学公理，即每一真实存有都是统一性，并且每一真正的(而非人为的)统一性都是存有。因此，对于统一性和对于实体的标准和定义都是一样的。参见实体和先验。整个有关数学(在算术和代数方面)的哲学基础的问题都涉及统一性问题。

共相及普遍性(universal and universality)　源自〈拉〉*universalis*(属于一切的)。〈德〉*allgemein*，〈法〉*universel*，〈意〉*universale*。(1)这个词语在中世纪用在我们现在使用一般(general)(参见该条)一词的地方。另一个同义词是 praedicabile (可谓性)，彼得·希斯潘诺(Petrus Hispanus)说，“可谓性是本性上适于谓述多 264
的一种东西(Praedicabile est quod aptum natum est praedicari de pluribus)”。大阿尔伯特说，“共相是虽然单数存在但在本性上倾向于复数存在的一种东西(Universale est quod cum sit in uno aptum natum est esse in pluribus)”。伯格底修斯(Burgersdicius)逐字翻译自亚里士多德，他说“共相被称作本性上适于谓述多的一种东西[Universale (*τὸ καθ ὅλου*) appello, quod de pluribus suapte natura praedicari aptum est]”，即*ὃ ἐπὶ πλειόνων πέφυκε κατηγορεῖσθαι*。当经院学者谈到共相时，他们所指的只是一般词项(这些被他们说成是**简单共相**)，除了以下例外。

(2) **属**、**种**、**差异**、**特性**、**偶性**这五个第二意向的词或更精确说五个谓述类，在中世纪(现在依旧)被称为“可谓性”(the predicables)。但是，由于可谓性同时指适合于作为一种谓词，在此意义上，它几乎与共相的第一种意义完全同义，所以这五种可谓性经常被作为"共相"(the universals)提到。

(3) 在全称命题中被谓述的或被断定的，无一例外被说成真的，不论主项可断言的是什么东西。参见量(QUANTITY)(逻辑学上)。……(C. S. P)①

(4) 逻辑用法(3)很容易过渡到形而上学。倘若共同属性被视为是重要的或本质的，倘若它被视为构成了"自然的"属或类，它就表达了所考虑之物的本质所在——其永恒持久的实在性，以区别于其暂时的偶性。但由于这种本质同时也是无数个体所共有的，作为客观整体的类本身也被视为一种共相。当此类谓词应用于一主词时，它所表达的不仅是经验的而且是必然向整个题材的应用；此关系性不再仅仅是数量上的，而且成为性质上或本质上的，例如，"所有天鹅都是白的"就是一种数量上普遍的判断，而且是经验上如此。但"所有事件都必须具有原因"，就是性质上普遍的——具有原因的乃事件的"本质"。如此使得中世纪思想把共相(universalia)或属概念(generic notions)与本质和类等同起来。由此产生了有关共相与个体事物之关系的讨论(参见实在主义，1)。参较抽象观念(abstract ideas)。

265 (5) 通过家族中各个不同成员——具有共同血统的那些成员——中的共同特征，亚里士多德把共有性解释为"自然"类的基础。该词的这一方面趋于把共相不仅等同于静态特质或本质，而且等同于一种生产力——类属是生成性的(the generic is the generative)——借此，数值上不同的个体彼此之间得以真正地联结起来。这种意义对于何谓共相的客观实在性提供了一种图景。在近代科学中，由于作用力、因果关系观念以及根据生产方式进行界定(如在几何学上)的倾向的增长，这种动态意义占据了静态意义的上风。这种意义上的用法，在黑格尔学派那里用来指一种一般：其作为功能或活动，仅仅在它自我决定所相对着的特定差异性上存在。

普遍公设(universal postualte) 在其他语言中没有等同的词。该词是斯宾塞的一个技术用语，用以指作为对既定主谓词必然共存性的至高验证的一种命

① 在《哲学与心理学辞典》中，C. S. P为皮尔士(Charles Sanders Peirce)的人名缩写。这里表示，该部分内容为皮尔士所贡献。——译者

题之“否定不可设想性”。它具有心理上的必然性——以如此这般方式思考命题的必然性；也具有逻辑上的必然性——那种认为命题有效的理由。这种判据实际上只是莱布尼茨所提出的**理性主义**（参见该条）判据——对立面的不可能性。如此一来，它被康德指出仅仅适用于“分析判断”。参较**真理检验**（tests of truth）。

全域（universe） 源自〈拉〉*unus*（一）+ *vertere*（转动）。〈德〉*Weltall*，*All*，〈法〉*univers*，〈意〉*universo*。该词经常用作世界（World）（参见该条）的同义词，但与其区别在于它的完全性、无所不包性观念。

因此，德语的 Weltall 也区别于 Welt。它不同于世界，相当于拉丁语的穆图斯（mundus）（参见该条）。它有时限于整个被造体系，但也用于同时包括上帝在内、像希腊语的全一（one-and-all，ἓν καὶ τὸ πᾶν）一样。在最后一种意义上，它相当于斯宾诺莎所用的自然。它在逻辑学上也用以指作为整体的题目或论题——**论域**（the universe of discourse）（参见该条）。

不可知者（the unkowable） 源自〈拉〉*in* + *gnoscere*（知道）。〈德〉*das* 266
Unerkennbare，〈法〉*l'inconnaissable*，*ce qu'on ne peut onnaître*，〈意〉*l'inconoscibile*。不被知道且不可能被知道的东西；其本性如此，以至于超越了心灵借以理解其对象的任何过程，或者不能被它们所理解。（J. D. —J. M. B）①

有关某种不可知东西的存在是从两个不同观点假定的，其中之一（大致说）是古代的，另一个是现代思想上的。根据古代观点，成为不可知者的是关于存有本质上的自然和尊严；心灵和知识是绝对实在的衍生物，后者因而保持在它们之上，难以言表。实际上，这种绝对实在其本身也具有超越性的存有源头。它位于存有与非存有，以及知识与无知的区分之上。这是新柏拉图主义者的态度。在现代思想中，有关不可知者存在的假设是知识官能有限性的结果。康德将他的物自体与现象对比，斯宾塞将他的绝对者与关系者对比，冯·哈特曼（V. Hartmann）将他的绝对者与无意识等同起来，这些都是有关不可知者的现代观念的典型代表。这些理论与不可知论者和实证主义者的不同，在于它们把绝对

① 这里表示，该段内容为杜威和鲍德温共同完成。——译者

实在断定为不可知道的，这是构成完整体系的一个部分；而在不可知论和实证主义那里，到底有没有超现象的存在是纯粹无关紧要的事情。它们与现象主义的不同，在于后者完全否定在可知的事实堆积和事件系列背后有任何这样不可知道的单独实体。

不可思议者（**the unthinkable**）　有关词源，参见思想。〈德〉（*das*）*Undenkbare*，〈法〉（*l'*）*inconcevable*，（*l'*）*impensable*，〈意〉（*l'*）*impensabile*。该词的技术用法出自威廉·汉密尔顿爵士的被设限者（the conditioned）学说，特别是由曼塞尔所发展、赫伯特·斯宾塞所借用的那种。根据汉密尔顿的理论，思想就是关连，或设限。因此，任何绝对的或无穷的或无限制的东西，都必然是不可思
267 议的。它是不可思议的，因而既不能肯定，也不能否定（Hamilton，*Discussions*，13—16）。

虚空（**uacuum**）　源自〈拉〉*vacuus*（空的）。〈德〉（*das*）*Leere*，〈法〉（*le*）*vide*，〈意〉（*il*）*vacuo*，（*il*）*vuoto*。空洞空间的状态；没有物质的空间。参较充实（PLENUM）和空间（space）。

充满（the full，plenum）和空洞（the empty，vacuum 或 void）这些概念很早便出现在前苏格拉底哲学的宇宙论之中。毕达哥拉斯学派曾断言，在世界的限度之外，有空洞空间的存在（Zeller，*Pre-Socratic Philos.*，i. 408—469，Eng. trans.）。为了有运动，这样做是必然的。因为要为运动物体准备空间，就必须把某种东西推向世界之外；它对于说明浓缩和稀薄也是必要的，而且对于把事物（甚至数）彼此划分开也是必要的（即如果一切都是充实的，就必然是完全同质化的而没有区分）。与此同时，依照前苏格拉底哲学的高度实在论特征，空洞的空间被等同于空气。巴门尼德轻松地意识到空气在，而且由于它是存有，就不可能被视为虚空所作为的非有（参见该条）。因此，一切都是充满的，因而是单一的、同质化的、静止的——从而承认，毕达哥拉斯学派把虚空断定为运动、区分和多元性的必要条件是有效的（Zeller，*Pre-Socratic Philos.*，i. 506，633—636）。原子论者由此走向论证的另一极端，他们断言不同的运动原子的多样性，同时断言有空洞空间（*τὸ κενόν*）的存在，以把它们分开而且使得它们可以到处活动（Zeller，*Pre-Socratic Philos.*，ii. 210—220）。相反，恩培多克勒否认有虚空的

存在，认为性质上不同的元素都有气孔，因此，不同的元素能够彼此无限地混合，从而产生有关变化以及无限多样性的现象。阿那克萨哥拉(Anaxagoras)试图通过一种更为彻底的存有性质混合，否定虚空却支持变化和区分。柏拉图达到了 268
对于纯粹或空洞的空间的抽象概括，它是非存有；而且作为虚空，是创造性能量的无所不包(πανδεχές)的背景，它通过首先分出几何图形，成为物理世界的框架(Zeller, *Plato*, 305—307, Eng. trans.)。在现存物理世界上没有虚空，因为宇宙是连续性的，它把所有东西都一起压缩在球状界面之内(*Timaeus*, 58—60)。因此，谈到自然，柏拉图与恩培多克勒和阿那克萨哥拉是一致的，但为了得到一个形而上的空洞空间，他又回到了毕达哥拉斯学派[它与几何学相关联，从而作为物理和数学的中间项，这种观念对于以数学形而上学的纯空间(参见该条)概念取代物理形而上学的虚空概念具有很大的影响]。亚里士多德明确而广泛地驳斥原子主义的虚空论：根据他的理论，空间是包含体对于被包含物的限制；因而，没有物体的地方显然就不可能有空间。特别具有独创性的是这样一种说法(与原子论者相反)，即与运动不相容的不是充实而是虚空。虚空在所有方向上都是绝对同质化的，没有位置区分，因此其中没有什么东西能给予物体某种特定运动(运动暗含着位置)，也没有什么东西能让物体永远停下来(Zeller, *Gesch. d. griech. Philos.*, ii. 399—401)。斯特拉图同意亚里士多德对于原子论者的辩驳，但仍旧断言虚空是为说明某些光热现象的必要性。然而，在世界之外，没有任何空洞的空间。斯多葛学派颠倒了这一立场。世界内的空间不过是物体的限度或物体限度之间的距离；但在世界之外，存在一种绝对空洞和无穷的空间。在此之后，此概念大多与空间概念联系在一起进行处理，只需指出笛卡儿通过把物质等同于外延从而把虚空概念贬低为一种自相矛盾的谬误。一般可以说，关于充实和虚空之间的冲突，乃趋于把空间等同于物质最终基础的数学逻辑式自然 269
构造(如柏拉图和笛卡儿)与类似原子主义的机械物理式构造之间更大冲突的一部分；或者，从逻辑上看，它涉及离散和连续之间的关系；从形而上学上看，涉及有穷与无穷的关系。

世界(world) 〈古英〉*wer*(人)＋*eald*(与年老同源)，人的年龄，一代人。〈德〉*Welt*，〈法〉*monde*，〈意〉*mondo*。任何存在甚或主体经验的范围或领域，被视为相对自我包含的整体。

当无限制地使用时，它通常指物理界、自然，特别是与人最接近的那一部分——大地或地球。然而，它在拓展后包括了视为一种对象的整个宇宙；而在用作限制术语时，是指任何作为探究、讨论或反省内容的对象或对象体系；例如自然和人的世界，艺术世界，精神世界：一种领域或圈子，无论是物理的或是理智的，它为临时目的而构成单独的统一化内容。参见宇宙(cosmos)、穆图斯、自然及全域(2)。

儿童与课程

理论上的深刻差异从来都不是无理由的或虚构的。它们产生于真实问题中 273
的冲突要素——这种问题之所以真实,因为那些要素就它们本身来看是相冲突的。任何重大问题都涉及当下彼此相矛盾的条件。要获得解决方案,只能离开已经得以确定的那些名词的意义,从另一观点因而也以一种新的眼光看待这些条件。但是,这种重构意味着思想的辛劳。与抛弃业已成型的观念、超越业已熟悉的事实相比,寻找理据来摒绝异端、固守成说,自然要容易许多。

如此一来就形成了派系,在意见上分成派别。每一派别选择对其有吸引力的那组条件;然后将它们建立成为一套完整而独立的真理,而不是将它们作为问题中一个需要调整的因素。

教育过程中的基本因素有不成熟的、未发展的人,以及体现在成熟后的成人经验中特定的社会目标、意义和价值。教育过程是这些因素的充分互动。这样一种彼此相关以促进最完全、最自由互动的观念,乃是教育理论的本质所在。

但是,这里出现了思想上的难点。单独看这些条件,背对着一个而主张另一个,把它们对立起来,这样比起去发现一种适合各方的实在性要容易得多。抓住儿童本性上的某种东西,或者抓住成人发达意识中的某种东西,并将其坚持作为整个问题的关键,这是一件容易的事。但是,这样做的时候,一个真正严肃的实
践问题——关于互动的问题——被转化成了一个非真实因而不可解决的理论问 274
题。我们没有看到教育的稳固和整体,看到的是相冲突的名词。我们以儿童与课程、个体本性与社会文化的对立为例,教学理论中的诸种分歧无不包含这类对立。

儿童生活在一个多少有点狭隘的人际交往的世界里。除了那些直接且明显地与自己或其亲友密切相关的事物,其他事物很难进入儿童的经验范围。儿童的世界是一个具有他们个人兴趣的人的世界,而不是一个事实和规律的世界。其要旨不是符合外部事实意义上的真理,而是友爱和同情。与此相对,学校里见到的学业所提供的材料,在时间上无限往回延伸,在空间上无限向外拓展。儿童被带离他所熟悉的物理环境(几乎不超过一平方公里左右的区域),而进入一个

广阔的世界——是的,甚至广至太阳系的范围。儿童狭窄的记忆力和知识领域被全人类长期的多少世纪的历史所窒息。

再者,儿童的生活是一个整体、一种总体性的生活。他很容易快速地从一个主题转移到另一个主题,就如从一个地点转移到另一个地点;但他意识不到这种转换或中断,既没有意识到有什么割裂,也没有意识有什么区别。他所关注的那些事物,通过他生活中所承载的个人和社会的兴趣统一性而得以结合起来。此刻,他脑海中最靠前的事物,对他来说便是整个宇宙。这一宇宙是流动的、不固定的,其内容以惊人的速度在分解和重组着。然而,那毕竟是儿童自己的世界。他那生命的统一性和完整性悉寓于此。上学以后,各种不同的学科便为他分割和肢解世界。地理学以某一特定的观点,对一组事实进行选择、抽象和分析。其他学科也如此选择、抽象、分析,算术如是,语法如是,诸学科莫不如此。

在学校中,这些科目每一个又被划分。各种事实从它们在经验中的原有位置上撕裂下来,继而根据某一般原则进行重新安排。划分类别本不属于儿童的
275 经验,事物对于个体不是鸽笼式出现的。关于友爱的那些关键联系,关于活动的那些联结纽带,把儿童各种各样的个人经验结合在一起。成人的心灵对于逻辑上条理化的事实这一概念如此熟悉,以至于认识不到——不可能意识到——直接经验事实在作为“学科”或学术分支出现之前所经历的大量分析和重新组合。对于学者来说,原则必须得以区分和界定;事实必须根据这种原则来解释,而不是依照它们本身所是那样。它们必须围绕一个完全抽象和理想的新的中心再次汇集起来。所有这一切,意味着形成一种特别的理智兴趣。它意味着能够无偏见地、客观地观察事实,即不涉及这些事实在儿童自己经验中的位置和意义。它意味着能够进行分析和综合。它意味着高度成熟的理智习惯和对于特定的科学探究技术和设备的掌握。总之,被划分后的各门学科是许多年代科学的产物而非儿童经验的产物。

儿童与课程之间这些明显的背离和差异,或许几乎可以无限地扩展。但我们这里所有的是基本的背离:第一,狭隘而私人的儿童世界与非个人而无限延伸的时空世界;第二,儿童生活的统一性、全神贯注的专一性与课程的专业性和分化;第三,抽象的逻辑划分和排列原则与儿童生活的实践和情感上的联结。

由这些冲突性因素产生出不同的教育派系。有一种学派将注意力放在课程中的教材上,认为它比儿童自己的经验更为重要。他们似乎在说:生活是琐碎、

狭隘和粗糙的吗？那么，学科以其意义的极其丰富性和复杂性，揭示出一个巨大而广阔的世界。儿童的生活是自私自利、以自我为中心、容易冲动的吗？那么，在这些学科中，可以发现一种有关真理、法则和秩序的客观宇宙。儿童的经验混乱、模糊、不确定而任由当时的幻想和环境的摆布吗？那么，学科引入了根据永 276
恒和一般真理加以安排的一个世界，在这个世界中，一切都得到衡量和界定。因此，其寓意是：把儿童的个体特性、奇想和经验予以忽略并降至最低的程度。它们都是我们需要摆脱的东西，必须把它们隐藏起来或予以消除。作为教育者，我们的工作正是把稳定而有妥当安排的现实代替那些肤浅和随意的东西；而这些现实就出现在学科和课堂中。

把每个论题分成若干学科，把每个学科分成若干课时，每个课时又分成若干特定的事实和公式。让儿童逐步掌握每一个单独的部分，最终他将遍及整个领域。这条乍一看如此之长的道路，若分成一系列的个别步骤，就很容易走了。因而重点是放在对有关教材的逻辑划分和连贯上。教学的问题就是要采用那些给予逻辑划分和排列的教科书的问题，并在课堂上以类似明确而分级的方式呈现这些内容。教材提供目的，同时也决定方法。儿童不过是尚未成熟而有待成熟的人，是识见浅陋而有待深化的人，是经验狭隘而有待拓展的人，他就是要接受、认可。当他顺从听话时，他的任务就完成了。

另一派别却说不是这样。儿童是起点、中心和目的。他的发展，他的生长，是教育的理想。所有的标准都源于这一理想。对于儿童生长来说，所有学科都是辅助性的；它们是工具，其价值在于服务生长的需要。个性、性格高于教材。作为目标的，不是知识或信息，而是自我实现。拥有世界上的一切知识而失去人的自我，这在教育上与在宗教上一样是可怕的后果。此外，教材不可能从外部进入儿童身上。学习是主动的，它涉及心灵的外拓，涉及从心灵内部开始的有机的同化作用。确切地说，我们必须站在儿童的立场上，以儿童为出发点。决定学习质和量的，是儿童而非教材。

唯一重要的教法，就是心灵进行外拓和同化的方法。教材不过是精神的食 277
粮，有可能成为滋养物。它不可能自我消化，不可能自动转化为筋骨和血肉。学校中一切死板、机械和形式的教学活动，其根源都正是在于把儿童的生活和经验隶属于课程。正是因为这一点，“学习”已成为令人生厌之物的同义词，课堂已等同于任务。

这两类学说所提出的儿童与课程之间的此种根本对立，可见于其他对立的语词中。“纪律”是那些夸大学科者的口号，“兴趣”是那些宣扬“儿童”的人旗帜上的标语，前者的立场是逻辑的，后者的立场是心理的；前者强调教师进行适当培训和学术训练的必要性，后者强调教师需要同情儿童并了解其自然本能。“指导和控制”是一派的口号，“自由和独创”是另一派的标语。这里断言规律，那里声称自发性。过去多年来吃力辛苦所致的旧有留存，为一派所钟情；新颖、变化、进步却赢得了另一派的偏爱。无为而老套，混乱而无序，这些指控来回飞掷。一方指责另一方忽视了职责的神圣权威，却遭到另一方反过来指责通过暴政专制而压制了个性。

这些对立很少能推至合乎逻辑的结论。常识面对这些结果的极端特征，进退两难。当常识在迷宫一样不一致的折衷做法上来回摇摆时，理论家的工作就开始了。把理论和实践常识更为紧密地联系起来的需要，预示着向我们原有主张的回归：即我们这里所碰到的是教育过程中双方必然彼此关联的一些条件，因为这恰恰是一种互动与调整的过程。

278 那么，问题是什么呢？问题正是摆脱一种偏见，即认为在儿童经验与构成科目的各种形式的教材之间，存在某些性质上（不同于程度上）的鸿沟。从儿童方面看，这个问题是要看他的经验如何本身已经包含一些事实和真理：它们与进入所设计学科中的那些成分恰好同属一类；尤其重要的是，看它如何本身包含了帮助我们把教材发展和组织到其现在水平的那些态度、动机和兴趣。从学科方面看，这个问题是要把它们解释为作用于儿童生活中那些影响力的产物，是要发现介于儿童现有经验与它们更丰富的成熟状态之间的那些步骤。

放弃把教材作为位于儿童经验之外的某种本身固定和现成东西的观念，不再把儿童经验想象为一成不变的，而将其看作某些变化的、在形成中的、有生命力的东西，我们便会意识到，儿童与课程不过是我们用以界定一个过程的两极。正如由两点确定一条直线一样，儿童的现有观点与学科的事实、真理界定了教学。它是一种连续的重构，从儿童的现有经验一直到由我们所谓学科的那些有组织体系的真理所代表的经验。

从字面上看，算术、地理学、语言、植物学等各种不同的学科本身就是经验——它们是种族的经验。它们所体现的，是人类种族一代又一代努力、奋斗和成功的累积性结果。它们对此所作的呈现不是纯粹的累积，也不是孤立的经验片段的混杂体，而是以某种条理化、系统化的方式——也即反思性构想——呈现的。

因此，进入儿童现有经验中的以及包含在诸学科教材中的那些事实和真理，分明是一个现实的起点和终点。拿其中一个来反对另一个，就是把同一成长生命的幼年和成年对立起来；这是把同一过程的运动趋势和最终结果相互对立，就是认为儿童的天性与其必须达到的发展目的相克。

如果情况是这样的话，有关儿童与课程关系的问题又可如此发问：从教育上 279
说，能够在一开始就看到终点，有什么意义呢？能够预见未来阶段，可以怎样帮助我们应对早期生长阶段？如我们已经同意的，各门学科表现了内在于儿童直接而素朴的经验中的发展可能性；但是，它们毕竟不是当下直接生活的一部分，那么，为何或如何重视它们呢？

这样提出问题时，答案已然寓于其中。看到结果，就是知道现有经验在朝什么方向前进，假如经验运行得正常和可靠的话。对我们那么遥远而没有意义的那个目标，一旦用它来界定现有的行动方向，便开始具有重大的意义。如此来看，教材并不是有待于完成的渺茫和遥远的结果，而是用以应对当前的指引方法。换句话说，成人心灵中系统的、精确的经验对我们具有的价值，在于对儿童当下生活的直接表现进行解释，并循此进行指导或引领。

我们且来看一下这两种观念：解释和指导。儿童的现有经验绝不是不释自明的。它不是最终的，而是过渡性的。它本身绝不是完整的，而只是某些生长倾向的记号或标识。如果我们把注意力仅仅局限在儿童此时此刻的表现，就会迷惑不清，误入歧途。我们就不可能读懂儿童经验的意义。在道德上和理智上极端贬抑儿童，以及对儿童过于热情的理想化，都根源于一个共同的谬误。两者都源于把儿童生长的各阶段当作某种孤立和固定的东西，前者没有看到，本身看来毫无希望和令人厌恶的那些感觉和动作里所包含的前景；后者没有看到，即便最为令人喜悦和美好的表现也只是迹象而已，而一旦把它们作为完成了的东西，它们就开始出现毛病。

我们所需要的东西是：它使我们能够解释和评价儿童现在出现的和消失的
那些因素，以及他的强弱点的种种表现，按照它们在比较大的生长过程中占有的 280
地位加以解释和评价。唯独如此，我们才能有鉴别力。如果我们把儿童现有的倾向、意图和经验与其在生长过程中所占的地位，以及在一种发展的经验中必须完成的作用隔离开来,那么,一切便都处在同一平面上,一切都同样的好或同样的坏。但是,在人类的活动中,各种不同的因素处在不同的价值层面上。有些儿童行为象征着一种正在减弱的倾向,它们是已经完成使命、正失去重要作用的一种器官机能的残余。给予这些特性以正面关注,就是把发展抑制在一个低级层面上,这等于故意维持一种发展不完全的生长状态。有些活动标志着一种能力和兴趣达到顶点,对于它们就要应用"趁热打铁"的法则,它们或许是不容错失的良机。这些活动如果加以选择、利用和重视,可以成为儿童整个一生中有益的转折点;而一旦忽视,机会就失去,永远不可能再来。其他的一些行为和感觉是先兆性的,它们表现为一道闪光的初现,只有在很远的将来才会持续闪耀。关于这些活动,现在能做的很少,唯有给予它们公正而充分的机会;至于明确的指导,要等待将来再说。

总体上,正如"旧教育"的缺点,在于它在儿童不成熟的状态与成人成熟的状态之间作不公平的对比,把前者视为需要尽可能早、尽可能多地加以摆脱的某种东西;而"新教育"的危险,在于它把儿童现有的能力和兴趣视为某种本身具有最终意义的东西。实际上,儿童的学识和成就是流动可变的,每日每时都在变化着。

如果儿童研究(child-study)在普通人心中留下的印象是:特定年龄段的儿童已具有明确的意图和兴趣,教育不过是顺水推舟而已,那么将是有害的。实际上,兴趣不过是对可能发生的经验的种种态度,而不是已经完成了的东西,其价值在于它们所提供的杠杆作用,而非它们所表现的那种成就。任何把给某一年
281 龄段儿童所呈现的现象当作不释自明的或独立自足的,都不可避免地导致放纵和溺爱。不论儿童或是成人的任何一种能力,当其被有意满足于一时的和现有的水平时,就是一种放任自流。这些能力的真正意义,在于为达到较高的水平提供推进力。这正是与之有关的。用当下的水平迎合儿童的兴趣,意味着激发(excitation),意味着利用能力,其目的是持续挑逗、持续煽动这种能力而不将它引向明确的成就。不断地迸发,不断地开始种种不能有所结果的活动,就所有实际目标而言,这与不断压制创造力以符合某种据认为具有更完美的思想或意志的兴趣一样,是十分糟糕的。这就像是儿童永远在品尝但从未吃到;总是在情感上被挑动着味觉,但从未得到内在的满足,而这种满足乃是来自食物消化并把它转化成有用的能力。

与此相反的观点，即认为科学、历史和艺术的教材足可以用来为我们揭示真正的儿童。如果不将儿童看作萌发的种子、含苞的花蕾或待熟的果实，我们便无从知晓其所偏爱的意向和行为表现的意义。视觉所及的整个世界，远不足以回答儿童生性喜好光亮和形式的意义这个问题。儿童对吸引其注意的某种偶然的变化寻求答案，虽穷尽整个物理科学，也难以向我们充分揭示其好奇心的微妙。儿童喜欢绘画和涂鸦，即便拿拉斐尔或柯罗的艺术成就，也终究不够评估儿童心中所激起的冲动。

有关教材在解释上的应用就谈这些。它进一步运用于引领或指导，不过是同一思想的一种扩展。解释一种事实，就是在它充满活力的运动中审视它，就是在它与生长的关系中去审视它。而将其看作正常的生长的一部分，就等于获得了用以指导它的基础。指导并不是外在的强加，**它是指释放生活过程，以达到其自身最充分的实现**。上文说到，有两种情况导致对儿童当下经验的忽视，或是认为儿童当下的经验距成熟经验遥远而不足道，或是在情感上将儿童幼稚的性情和行为理想化。对此，可以换一种略为不同的说法予以阐述。有那样一些人，他 *282*
们看不到在从外部强迫儿童与完全放任儿童之外，还有其他选择的可能。由于看不到其他选择的可能，有的选择其中一种方式，有的选择另一种方式，两者陷入同一种根本性的错误。双方都不能明白：发展是一种特定的过程，有着其自身的规律，这种规律只有在适当的和正常的条件具备时才能实现。真要解释儿童在数数、测量和有规律地排列事物时所出现的天然冲动，就要涉及数学的学问——这种有关数学公式和关系的知识。这种知识在种族历史上，正是产生自如此不成熟的开端。要弄明白介于这两者之间的全部发展史，实际上，就是弄明白儿童此时此刻需要采取什么样的步骤，弄明白他需要怎样使用他的盲目冲动，以便使它可以变得明朗起来并获得力量。

再重复一次，如果“旧教育”趋于忽视儿童现有经验中固有的动态性、发展力，因而认为指导和控制之事不过是武断地将儿童带到既定道路上，并迫使他在那里行走，那么，“新教育”的危险就是完全以过于形式化和空洞的方式看待发展这一观念。我们希望儿童从他自己的内心“发展”出这个或那个事实或真理。我们叫他独立地思考事物或完成事情，而不提供为发动和指导思想所必需的任何周围环境的条件。无中不能生有，粗陋也自变不了雅致——而这正是当我们让儿童最终依靠他所实现的自我，并要求他从已实现的自我中构想出有关自然或行为的新真理时必然发生的。期望儿童从自己小小的心灵发展到一个宇宙，这如同让一个哲学家去尝试完成这一任务一样，当然是徒劳的。发展并不意味着仅仅由心灵获得某种东西。发展是经验的发展，是真正需要的东西成为经验。
283 而此种发展是不可能的，除非刚好提供的教育媒介使得已被选中的那些有价值的能力和兴趣能发挥作用。这些能力和兴趣必须起作用，而如何起作用将完全取决于其周围的刺激物，以及它们起作用所凭借的材料。因而，所谓指导这一问题，就是要为本能和冲动选择适宜的刺激，以求其可用于获得新的经验。我们不可能指出什么样的新经验是想要的，因而需要有什么样的刺激，除非对于所要达到的发展目标有某种理解。总之，除非利用成人知识来揭示儿童面前展开的可能的前程，而这是不可能知道的。

把经验的逻辑方面和心理方面——前者代表教材本身，后者代表教材与儿童的关系——进行区分并相互联系，或许是有益的。对经验所进行的心理学陈述，是继经验的实际生长之后的；它是历史性的；它关注实际所采取的步骤，即有效的和成功的，以及不确定的和曲折的步骤。另一方面，逻辑的观念把发展看作已经达到某一确定的完成阶段。它忽视过程而看重结果，进行总结和整理，从而把所取得的成果与这些结果起初出现时所采取的实际步骤脱离开来。我们也许可以把逻辑的经验和心理的经验之间的这种差异，与探险家在一片新地区披荆斩棘尽力找出路时所作的笔记和他在完成整个地区的探险后所绘制的地图之间的差异，进行对比。这两者是相互依赖的。如果没有探险家或多或少意外和曲折的探路，就不会有可资利用的事实来绘制完整而连成一体的地图。但是，如果不把这个探险家的旅行与其他人所从事的类似的漫游进行比较和核对，便没有人能够从他的旅行中获益；除非那些所掌握的新地理的实况、所跨越的河流、所攀登的山脉等等，不仅仅作为某个旅行家旅途中的偶然所见，而是结合其他所已
284 经知道的类似的事实(完全除开探险家的个人生活)来看待。地图对个人的经验进行整理，将它们彼此相联，而不论它们最初发现的时间、地点等环境上的偶然。

对经验作如此系统的叙述有什么用呢？地图有什么用呢？

好，我们可以先讲讲地图不是什么别的东西。地图不是个人经验的替代品。地图代替不了现实的旅行。一门科学或分支学问中，一门学科中，具有逻辑规定的内容并不能代替我们所拥有的个人的经验。关于下落物体的数学公式，并不能代替对于下落物体的个人接触和直接的个人经验。但是，地图作为一种总结，

作为对以往经验一种有序的观点，可以用作未来经验的向导；它给出了指示，有助于控制；它节省人力，防止漫无边际的乱闯，并指出最为快速、最为可靠地通往意想结果的路径。借助地图，每个新的旅行者都可以让自己的旅行从他人的探险中获益而免于浪费精力和消耗时间——如果不是因为借助于对他人经验的客观的和概括的记录，他必定会被迫徘徊不前。我们称为科学或学科的那种东西，把过去经验的最后结果转化成最便于未来使用的一种形式。它代表了一种可立即转成利益的资本，在各方面都节省下了人们的脑力劳动。记忆的负担减轻了，因为那些事实被聚拢在某个共同的原则下，而不同于他们最初发现的各种不同的偶然事件单独地拴在一起。观察是有帮助的；我们知道要寻找什么，以及在哪里寻找。这是大海捞针与在整理好的橱柜中寻找指定文件之间的差别。推理是有方向的，因为有某种一般的路径或路线被制订了出来；人们的思想可以自然地沿着它前进，而不会从一个偶然联想转向另一个偶然联想。

那么，对于经验的逻辑诠释，没有什么是最终性的东西。它的价值不是包含
在自身之内；其重要性是在它的观点、立场和方法上。它介于过去较为随意、暂 285
时和迂回的经验与将来较有控制、有条理的经验之间。它把过去的经验呈现为一种纯粹形式，使得它对未来的经验最为可用、最有意义、最有成果。它所引入的抽象、概括和分类，都有正确观察事物的意义。

于是，这种构想出的结果便不与生长过程相对立。逻辑的并不与心理的相对立。这种经过考察和设计的结果，在生长过程中占据一种重要的位置。它标志着一个转折点。它指明了我们怎样才能从过去的努力中获益，以控制未来的努力。在最为宏大的意义上，逻辑的立场本身就是心理的；它所具有的意义，是作为经验发展上的一点；它的根据，是在它所确保的未来生长中发挥功用。

因此，需要把诸学科或学问分支的教材恢复为原来的经验。它必须回到它所由之抽象出来的那种经验中。它需要**作心理分析**；反过来，又变成它由之起源并产生意义的那种直接而个体化的经验。

每一学科或科目因而具有两个方面：一个是对于作为科学家的科学家，另一个是对于作为教师的教师。这两个方面绝不对立或冲突。但是，双方也均非直接同一。在科学家看来，教材的内容代表的不过是一定的真理，可供用于找到新问题，确立新研究，并得出可证实的结果。对科学家来说，科学的教材是自身独立的。他把教材的各个不同部分相互参照，把新的事实与其相联。作为一个科

学家，他不需要走出特定的范围；如果超越出范围的话，也只是要获得更多的同类型的新事实。对于教师来说，问题就不同了。作为教师，他不关心对他所传授的科目增添新的事实，提出新的假说或对它们加以证实；他所关心的，是科学的教材代表了经验发展的某一阶段或状态。他的问题是要诱发学生产生一种生动
286 的个人体验。因此，作为教师，他所关注的是该科目通过什么方式可以成为经验的一部分；就这一科目而言，儿童的现有经验中有什么是合用的；这些合用的因素如何被运用；他自己有关该教材的知识如何帮助解释儿童的需要和行为，并决定儿童应被安排在什么环境，以便使他的成长可得到适当的引导。他所关心的不是教材本身，而是把教材作为在全部的生长经验中一个相关因素。因此，理解它，就是对其作心理分析。

正是由于未考虑教材的双重性，造成了我们前文所说课程和儿童的彼此对立。正如在科学家看来，教材与儿童的现有经验并无直接关系，它外在于儿童。这里所说的危险不仅仅是理论上的，而且在实践上受到各方威胁。教科书与教师相互竞争，要把专家眼中的那种教材呈递给儿童。这种教材经过一些改变和修正，不过是删除某些科学上的难点，普遍降至一个较低的理智水平，其素材并没有转化为生活用语(life-terms)，而是直接供作儿童现有生活的替代品或外加的附属品。

有三种典型的弊病因而产生：第一，由于与儿童所见、所感或所爱的东西缺乏有机联系，致使其内容完全形式化和符号化。这里的意思是，不可能对形式化和符号化评价过高。真正的形式、实在的符号乃是掌握和发现真理的工具。这些工具是探索者用来极其稳健、大范围地向未知领地突破的，是他用以承载以往探索中所成功获得的全部现实的东西的手段。但是，这只有在符号真正作为符号时——当它代表并简要地概括个人所经历的实际经验时——才会如此。如果
287 一种符号从外部引入，而不引向最初的经验活动中，这样的符号在我们看来，是空洞的或纯粹的，是僵死的或无结果的。现在，任何事实，不论是算术、地理或是语法，如果并非从儿童生活中由于自身原因而占有重要位置的东西逐渐被引导进去，就被迫处于这样的境地。它并非现实的，而不过是某些条件得到的话，或许会被经历到的一种现实的符号。但是，生硬地把他人所知道的事实呈现给儿童，一味要求儿童加以学习和强记，却不考虑那些条件不能满足，就使事实成了一种象形文字。这意味着只有在某人拥有诀窍时，才拥有某物。由于没有解决

问题的线索，它始终是一种空费心思的无聊玩物、一种心灵的累赘。

这种外部化呈递(external presentation)的第二种弊病是动机缺乏。不仅先前所感受的事实或真理不能够用以占有并吸纳新事物，而且也不存在渴望、需要和诉求。当对教材作心理分析后，即把它看作儿童现有倾向和活动的结果时，我们很容易看清某种理智上、实践上或伦理上的障碍；如果能掌握所提到的这种真理，障碍便能得到适当的处理。这种需要提供了学习的动机。唯有儿童自身的目的，才能带他去掌握实现目的的手段。但是，当教材是通过课堂学习的形式直接提供时，需要和目的之间的联系纽带显然就不存在了。我们所指的机械和死板的教学，就是这种动机缺乏的一种结果。有机和生动意味着互动——它们意味着精神要求和教材提供之间的相互作用。

第三种弊病是：即便以最合逻辑的方式所整理的最为科学的教材，当以外部的、现成的方式加以呈递时，也会在到达儿童之前就失去这种特性。为了排除某些难以领会的部分，以及减少某些随之而来的困难，教材不得不经过某种修改。这会发生什么情况呢？那些对于科学家最为重要的、在现实探究和分类的逻辑性中最有价值的东西被取消掉了，其真正激发思想的特征被遮蔽掉了，其组织性 288
机能消失了。或者，如我们通常所言，儿童的推理能力、抽象和概括的本领没有得到充分开发。因此，教材被抽去了逻辑价值，而且被呈现为仅仅用作“记忆”的东西；然而，教材之所以成为教材，正是因为从逻辑的观点上看的。这是一种矛盾：儿童既没有得益于成人逻辑规划方面的优势，又没有得益于他自己与生俱来的理解和反应能力方面的优势。因而儿童的逻辑受到阻碍和抑制，而如果他没有从一两代人以前获得科学力量的那些东西中得到实际上非科学的、乏味的、陈腐的残渣——那是一些别人在前人早已经历过的经验的基础上构想出来的东西的退化记忆——那么，是我们的侥幸。

一系列的弊病远不止于此。常常有彼此对立的错误理论直接有利于对方。心理学方面的考虑也许会被模糊或推向一边，但它们不能被排除出去；在赶出大门后，它们又从窗户回来。学习的动机必须以某种方式、在某个地方引起注意，在心理与材料之间必须建立联系。问题不在于不带有此种关联进行教学，而在于它是产生于材料本身与心理的关系，还是由外部力量所强加并把它们拴起来。如果课堂上的教材能够在儿童发展的意识中占有适当的地位，如果教材是从儿童自己过去所做、所思和所经受中产生出来，能应用于未来的成就和知识接受，那么就不必为了引起兴趣而求助于各种策略和技巧。心理化了的教材，是充满兴趣的——即它被置于整个有意识生活之中，因而它分享了生活的价值。但是，那种从外部呈递的教材，它那由此产生的远离儿童立场和态度的构想，与儿童的动机格格不入。这样的教材不会有其地位，因而只能求助于外部力量加以灌输，以及通过人为的训练而加以推进，通过人工诱惑而加以吸引。

289 这种求助于外部方式赋予教材某种心理意义的做法，有三个方面值得提及。习惯会生漠视，但它也导致类似感情的东西。如果我们习惯了戴着镣铐，一旦除去还会若有所失。这是一个古老的话题。那些令人生畏的东西，因习惯的力量，我们能渐而变为与之相安相乐。因为无意义且令人不悦的活动，如果足够长期地予以坚持，也会变得惬意。**如果外在条件持续地导向某种老套或机械的运作模式而排斥另一套模式，那么，人的心灵也有可能会对之渐渐产生兴趣。**我经常听到令人麻木的方法和空洞的联系，因为“儿童对它们有‘兴趣’”而得到辩护和赞美。是的，那是最糟糕的事情——人的心灵不让它用于有价值的事情，对适当的行为没有要求，就降低到让它随便做什么的水平，最终必然就是对狭隘局促的经验产生兴趣。在其自我运用中找到满足，这是心灵的正常规律。而如果对于心灵重大而有意义的事情加以否定，它就尽量自我满足于留给它的那些形式运动——这经常都会成功，除非出现那些他们难以适应的、更为紧张的活动情形。难以应对紧张的活动任务，造成了不守规矩的失败学生。对于符号形式理解以及反复记忆的兴趣，在许多小学生那里替代了原初对于现实的兴趣，这一切都是因为课程教材与个体的具体心理缺乏联系。所以，必须找到能够与心理建立起有效关系的某种结合物，并加以精心研究。

对于教材现实动机的第二种替代是对比效应；课堂的材料可能本身没有趣味，但至少与某个其他经验相比是有趣的。课堂学习比起接受斥责、受到普遍嘲笑、留校、得到可耻低分或不能升级，是较为有趣的。所谓“纪律”中的很多东西，
290 以及以反对柔性教学法和高举努力和职责旗号为荣的东西，这些都是如此求助于“兴趣”的对应面——恐惧、厌恶各种身体的、社会的和个人的痛苦。教材没有吸引力，也不可能产生吸引力；它并不产生于成长经验中，也不产生什么结果。所以，要利用许许多多与外界无关的力量，它们可用于通过单纯的回绝和反弹而把儿童的心理重新推回其经常逃离的教材中去。

然而，人类本性如此，它往往在合意的而不是非合意的，以及直接快乐而非

痛苦中寻求动机，因而就出现了现代关于“引起兴趣”（在该词的错误意义上）的理论和实践。教材依然是那种教材；就其自身特征而言，那些教材只是由外部选择和规定的，仍然是那么多的地理、算术、语法等科目，而很少涉及儿童经验在语言、地球和被计算和测量方面的那些潜能。因而，它们很难把儿童的思想集中到课业上来；这些课业引起儿童反感，注意力分散，使得其他行为和意象挤入而驱除了功课本身。正当的出路就是改变这种教材，将教材心理化——再说一遍，就是将它放在儿童生活的范围区域内加以发展。然而，更容易、更简单的做法是：让它保持不变，然后通过方法诀窍**激起兴趣，使其变得有趣味**；将它包上糖衣，用起调和作用和不相关的材料把枯燥无味的东西掩盖起来；而最终好像使儿童咽下并消化了那些难吃的饭菜，虽然他喜欢品尝的是极其不同的东西。但是，这是多令人伤心的类比啊！心智的同化，是意识上的事情；如果注意力没有集中在实际的教材上，那么，这些教材就不会被儿童所理解，也不会转化为他们的能力。

那么，“儿童—课程”这一公案该如何处置呢？该怎么裁定呢？我们所提出的最初辩论，其根本谬误在于它假定了我们要么任由儿童自己无控制地发展，要么从外部给予指导，除此之外别无选择。行动是回应，是适应、调整。不可能有 291
纯粹自我活动这样的东西——因为所有活动的发生都是在一个生活环境里，在一个情境里，并需要一定的条件。但是，我们还是要说，不可能有外部强加的真理、外部介入的真理这种东西。一切都依赖于心灵在回应外部呈现之物时自身所经历的那种活动。现在，构成学业的那些大量系统的知识，其价值在于它使得教育者能够**确定儿童的环境**，从而间接地加以引导。其首要的价值，其首要的指向，是对教师而言的，不是对儿童而言的。它对教师说：这样的能力和成就是儿童在真、美及行为方面所能达到的。现在要确保的是每天都应如此，必须使得**他们自己的活动**不可避免地走向这个方向并由此完善自身。让儿童的本性自我实现，让其向你揭示当今世界中科学、艺术和实业等等领域的奥秘。

儿童与课程这一公案的要点，在儿童这一方。儿童需要将现有的能力拿来表现，需要将现有的才能拿来发挥作用，需要将现有的态度拿来实现。但是，如果教师不了解、不能明确而彻底地了解我们所谓的课程中包含着的种族经验，那么，教师便不会了解儿童现有的能力、才能和态度，当然也就不会了解如何使它们表现出来、发挥作用并得到实现。

逻辑理论研究

序 言

本卷代表了芝加哥大学哲学系创建 10 年来在逻辑理论方面所取得的一些 295
成果。这 11 篇研究成果出自 8 个不同的人之手，他们除编者外都曾在本校做过一段时间的研究员，海德尔（Heidel）博士研究希腊方面，其他人研究哲学方面。他们的名字以及目前各自的职务列在目录中。编者偶尔（可是很难得）增加脚注或片言只语，以便将彼此的研究内容更为紧密地联系起来。书中关于假说的讨论《论穆勒和惠威尔》是由编者所作的。[①] 除此之外，每位作者个人对各自的研究完全负责。

编者相信，这些研究所代表观点的异同程度就根源条件而言是自然的。不同的作者在研讨班和报告课上相互接触，从事共同的论题，他们必定已经相互影响了各自的观点。另外有几个人虽然没有出现在本书中，但他们也参与了这里所提出的观点的发展。对于他们，全体作者要表示感激。书中观点的差异源于不同作者在处理逻辑话题时各种各样的兴趣，也源于所讨论的观点事实上仍旧（令人愉快地）在发展中，丝毫没有要成为封闭体系的迹象。

如果这些研究本身未能对不同作者在方法上的一致性和一致度给予充分考
虑，那么，序言也就不大可能做到这一点。不过，对于重复触及而在别处又未接 296
着详细说明的问题——所提出观点更为根本的哲学方面——稍作评论，或许是合适的。编者敢说，所有人都同意，判断是认识的中心机能因而提供了逻辑的中心问题。由于认识行为密不可分地与感情、评价和实践的类似却不同的机能联

① 参看本卷第 368—375 页。

系在一起，把认识作为一个自封闭、自解释性的整体就只会曲解所达到的成果——因此，逻辑理论与机能心理学具有紧密的联系。由于知识作为经验内部的一种机能同时又对其他机能的过程和内容施加判断，它的工作和目标就必须具有独特的重构性或改造性。由于实在(Reality)必须根据经验来界定，因此判断就是一种媒介，借此，有意产生的实在之进化得以进行。不存在普遍合理的真理(或认识机能成功)标准，我们只能设定实在因而是动态的或自进化的；而且就具体标准来说，也只能根据认识在调整和扩展生活手段目的时所要求承担的特定职责。所有人都同意，上述观念是科学的有效方法与道德生活的真正要求可以据以合作的唯一有希望的基础。无疑，所有这些并不意味着我们可以继续下去以达到详尽的结论，但或许从正确的方向启程要好于在未来思想运动途中明确设置一面堵路的墙。

一般而言，作者们在逻辑问题上所感到的义务与他们的批评方向大致相称。总体上，大多是由于他们所极力反对的那些观点而起的。因此，对于穆勒(Mill)、洛采(Lotze)、鲍桑奎(Bosanquet)和布拉德雷(Bradley)，作者们要特别予以感谢。编者个人要感谢的是他现在的同事们，尤其是哲学系的乔治·H·米德(George H. Mead)先生，以及密歇根大学前同事艾尔弗雷德·H·劳埃德
297 (Alfred H. Lloyd)博士。为了作者们得以写作的灵感与开展研究的便利条件，我们所有人都要对哈佛大学的威廉·詹姆士(Willian James)表示特别的感激。我们希望他能接受本书的这种致谢，本书是对于我们既尊重又仰慕的心情的一种微薄的表示。

1.

思想与题材的关系[①]

没有人会怀疑,思想,至少反省性的(区别于有时所谓的构建性的)思想,是 298
派生性的、第二位的。它出现在某种东西之后并源于某种东西,而且是为着某种东西。没有人会怀疑,每日实践生活以及科学中的思想是属于这种反省类型的。我们反复思考,我们彻底反省。如果我们问对于思想什么是首要的和根本的,如果我们问思想介入是为了什么最终目标,如果我们问我们在什么意义上把思想理解为一种衍生程序,我们就进入了逻辑问题的正中心:思想与其经验前情以及由之得出的真理的关系,真理与实在的关系。

然而,从朴素的观点看,这些问题不带有任何困难。思想的前情是我们生活和爱的领域,是我们评价和斗争的领域。我们对任何东西,对于一切事物进行思考:地上的雪,楼下传来的乒乒乓乓声,门罗学说与委内瑞拉内乱的关系,艺术与工业的关系,波提切利绘画的诗性,马拉松之战,对于历史的经济解释,对于原因的真正定义,削减成本的最优方法,是否以及何时修复破裂的友谊关系,对流体力学方程的解释,等等。

经过如此疯狂的混杂引用,很大程度上也就出现了相应方法:任何东西——
事件、行为、价值、理想、人或地点——都可以成为思想对象。反省一样可以针对 299
物理性质、有关社会成就的记载,以及对于社会愿景的努力。对于这样一些事

① 首次以"思想及其题材:逻辑理论的一般问题"为题发表于《逻辑理论研究》(*Studies in Logical Theory*),由杜威与其芝加哥大学哲学系同事合作完成,收录于《十年出版物合辑之系列二》,第11卷(芝加哥:芝加哥大学出版社,1903年);修改后重印于《实验逻辑论文集》(*Essays in Experimental Logic*),芝加哥:芝加哥大学出版社,1916年。

务，思想是衍生性的；对于它们，思想是介入性或媒介性的。通过把行动、感情或社会结构领域的某一部分作专门处理，并充分专注于此，以期解决所提出的特别困难，思想便发表论题，进而进入更为直接的经验。

在短暂坚持这样一种朴素立场时，我们认识到，在直接实践与衍生理论、基层构造与次生批评、生动评价与抽象描述、积极尝试与苍白反省之间有某种节律。我们发现，每每有直接的初始态度在必要时变成接下来审慎的、推论的态度。我们发现，后者在完成其任务后，又消失而让位于下一个。从朴素立场来看，这样的节律被认为是当然不过的。并不企图规定那种要求有思考态度的时机的本性或规划一种用以判断其成功的标准的理论。至于思想与其前身、后继的关系，也不提出什么一般理论。我们很少问经验环境何以产生思想合理性，也很少问反省何以可能具有决定真理并由此构建未来实在的能力。

如果我们要求对朴素生活的思考能够以最小的理论刻画提出有关其自身实践的观念，就得到了不可能不类似的一种回答：思想是一种在特定需要下实施的活动，正如我们在有别的需要时从事其他类的活动一样，比如与朋友谈话、为房子设计图案、散步、吃饭、买一套衣服，等等。一般而言，其素材是在广阔天地里看起来与此种需要有关的任何东西——可用作界定困难或提出有效处理方法的
300 任何资源。对于其成功与否的检测，其有效性的标准，正是指思想在多大程度上实际上处置了困难，并允许我们掌握能立刻具有更为确定和深刻价值的更直接经验的方式。

如果我们询问，这种朴素态度为何不继续把有关其自身实践的这些含义制作成系统的理论，从其自身来看的答案是显而易见的。思想的产生，是对其自身时机的回应。这种时机非常严格，因此所需要的时间只够进行在该时机下所需要的那种思考——不够对思想本身作出反省。反省紧随其适当的暗示之后，其重点很明显、很具实践性，整个关系也很有机，因此一旦承认思想产生于对特定需求的反应这一立场，就不会有所谓逻辑理论这一特殊类型的思想，因为对此类反省并不存在实践上的要求。我们的注意力带着特殊的问题和特定的答案。我们所必须认真对付的，不是“我如何才能普遍地思考”这样的问题，而是“我就在**此时此刻**该如何思考”；不是“什么是一般思想的检验”，而是“对于**此种**思想什么可令其有效、加以证实”。

按照此种观点，就可以说，对我们思想行为的发生学说明——那种被称为逻

辑理论的发生学说明，出现在其中情境已失去上述有机特征的历史时段。有关反省的一般理论与其具体运用相对立，它出现在反省时机过于不可抗拒和相互冲突而不能在思想上作出特定的充分反应之时。同时，它出现在实践事务过于多样化、复杂化和难以控制而不能成功地加以思考之时。

无论如何（坚持朴素的立场），有一点是真的，即对所谓逻辑理论那种特殊的反省性思想形式的刺激物出现时，当时场景要求有思考行动但又阻碍其清楚连贯的细致思考；或者当时它们引起思考然后又阻止思考结果对即时性生活关注
带来直接影响。在这些条件之下，我们得到如下这些疑问：合理思想与素朴的或 301
未加反省的经验之间的关系是什么？思想与实在的关系是什么？是什么障碍物阻止理性完全进入真理世界？是什么使得我们时而生活在思想本身在其中找不到满足的具体经验世界，时而生活在充满有序思想但却只是抽象和理想的世界？

我这里并非想要采用所如此建议的历史探究路线。实际上，这一点不会被提及，如果它不能用于把我们的注意力集中在逻辑问题的本质上。

正是在处理上述后一类问题时，逻辑理论带有一种转向，从而将其与实践思索和科学研究的理论涵义明显地区分开来。后两者不论在细节上如何彼此不同，但它们在一个根本原则上是一致的。它们都认为，每一反省性问题和操作都是针对某**特定**情境而产生的，而且服务于依其自身时机而定的一个**特定**意图。它们承认并遵守独特的限定——关于由哪里、到哪里的限定，有一种起源上的限定：需要有引起反省的那种特殊情境；有一种终点上的限定：要能成功地解决所提出的特殊问题——或在受到阻碍之后，转而接过某个其他问题。关于逻辑理论的本质，我们立即会面对一种疑惑：对于反省的反省是否将认识到这些限定，从而试图更为严格地阐明它们并更为充分地界定它们彼此之间的关系；或者，它是否将抛弃限定，取消有关特定条件和特定思想目标的问题，从而普遍地讨论思想及其与经验前情和合理结论（真理）之间的关系？

初看起来，似乎逻辑理论作为反省过程的概括这一本质必然会无视特殊条
件和特殊结果这一问题，将其视为不相关的。其隐涵之义是说，除了通过消除细 302
节、将其视为不相关的，反省如何才能变成一般化的？这种观念在确定逻辑中心问题时，一劳永逸地确定了其未来的进程和内容。逻辑的关键事务因而是讨论思想本身与实在本身的关系。实际上，它可以包括许多心理学内容，尤其是在讨论思想之前、唤起思想的那一过程时。它可以包括许多对运用于各种不同科学

中具体的调查和证实方法的讨论。它可以专注于区分各种思想类型和形式——不同的构想方式，各种判断形态，各种推断性推理(inferential reasoning)类型。但它自己对任何和所有这三个领域的关注，都不是为了它们自身或作为最终目的，而是隶属于一个主要问题：思想本身或普遍思想与实在本身或普遍实在之间的关系。所提到的那些详细考察，其中有的可帮助了解思想与实在发生关系的条件，例如，帮助了解它必须尽可能服从的某些特殊限制；有的可帮助了解思想在批评和理解实在时所采取的形式，但最终所有这些都是附带性的。最后只有一个问题成立：对于思想本身的规定如何可适用于实在本身？总之，逻辑被认为产生于一种认识论疑问，并指向对此种疑问的解决。

从这种观点看，逻辑理论的各个方面在一位著作者那里得到了极好的表述。对于他，我们将稍微详细地加以考察。洛采提到[①]，“普遍的思想形式和原则在判定实在和评估可能性时处处适用，*不论其对象有任何差异*”。这界定了纯逻辑的任务。这显然是思想本身的问题——就普遍思想或一般思想而言。于是，我们有这样一个问题：“最完整的思想结构在多大程度上……可认为是对我们似乎
303 被迫设定为我们观念对象和机缘的那种东西的充分说明。”这显然是一个关于普遍思想与普遍实在之关系的问题。它是认识论。之后出现的是“应用逻辑”：它关涉到具体的思想形式在研究特定论题和题目方面的实际应用。这种“应用”逻辑，如果采用实践思索和科学研究的立场的话，就是唯一真正的逻辑。但是，由于对思想本身的存在已达成共识，我们在这种“应用”逻辑中所得到的，仅仅是对如何尽可能削弱“纯粹”思想在特殊问题上所遇到的特殊阻力和反对的一种次要探究。它所涉及的是预防普遍思想与普遍实在关系上过失的诸调研(investigation)方法，因为这些都出现在人类经验的限制之下。它所专门处理的是障碍以及克服障碍的措施，它受制于功用性考虑。当我们仔细想到这一领域包括了实践思索和具体科学研究的整个程序时，便开始意识到具有某种重大意义的如此一种逻辑理论：它把特定源起和特定结果的限制视为无关要义的，它所采取的一种思想活动是“纯粹的”或“本身上的”，即“不论其对象有任何差异”。

通过对比，这让我们想起了一种相反的对于逻辑理论问题的规定方式。对于反省过程本质的概括，当然包括把日常生活和批判科学的思想情境中许多特

---

① Lotze, *Logic* (translation, Oxford, 1888), I, 10,11.

定材料和内容清除掉。然而，与此极其相容的一个想法是：它抓住某些特定条件和因素，旨在把它们引向清晰意识——而不是废弃它们。在消除特殊实践和科学活动中的特殊素材时：(1)可以抓住各种在思想之前或之初并唤起思想的不同情境中的共同点，(2)可以试着表明特定思想前情中的典型特征何以引出了多样化的典型思想反应方式，(3)可以试着指出思想在完成进程时特定结论的本性。

(1)它不取消对激发思想的特定机缘的依赖，而是试图界定：是什么使得各 304
种机缘激发了思想。这种特定机缘没有被消除，而得以坚持并凸显出来。由之，经验考虑不再是次要的附属物，而具有本质上的重要性，因为它们使得我们能够探寻思想情境的发生。(2)根据这种观点，各种不同的构想、判断和推理类型及方式不是被看作有关思想本身或普遍思想的限制条件，而是有关包含在对特殊机缘最为经济有效的特定回应中的反省的限制条件；它们是为控制刺激而作的适应。聚集在“形式”逻辑上的那些区分和划分是相关材料，但它们需要从用作对物质前情和刺激的调整器官的观点加以解释。(3)最后，思想有效性或最终目标的问题是相关的；但其相关性在于：它是有关思想机能特定进程中特定结果的一个问题。各种科学中所有典型的调查或证实程序，都是指思想实际上以什么方式成功地完成对各种类型问题的解决。

认识论类型上的逻辑，如我们所看到的那样，使得工具类型的逻辑只占有从属地位(在应用逻辑的名下)，而工具类型的逻辑把思想作为相对于特定前期机缘和随后特定完成情况的一种特定程序，它也没办法得到青睐。根据它的观点，试图讨论思想的前情、材料、形式和目标而不涉及所占据的特殊地位，以及在经验成长中所扮演的特殊角色，这样所得到的结果，与其说是或真或假的，不如说是根本无意义的——因为它们是脱开限定而看的。其结果不仅是抽象(因为所有理论工作都以抽象而告终)，而且这些抽象不可能具有指涉或意义。从这种观点看，脱开历史或发展情境的限定而看待某物(无论这种东西是思想活动还是其 305
经验刺激或客观目标)，这正是形而上学程序——在与科学之间具有鸿沟的形而上学意义上——的本质。

读者无疑已经提前知道，本章的目标是要从朴素经验(我所用的该词之意义要远比实践程序和具体科学研究广泛)的立场上提出反省性思想的问题和专题研究。我继续要说的是：这种观点不承认在非反省生活的经验事物和价值与最为抽象的合理思想过程之间有任何固定区分。它不承认在大力发挥理论与控制实践构造和行为细节之间有任何固定的鸿沟。它按照当时的场合和机会，从爱、斗争和做事的态度过渡到思想态度，并从思想的态度过渡到爱、斗争和做事的态度。它的内容或素材来回变换价值，从技术的或功利的，到美学的、伦理的或感情上的。他根据需要利用对意义或推断构思的知觉材料，正如发明家根据由他目标所设定的需要，时而利用热，时而利用机械力，时而利用电。来自过去经验中的任何东西，都可被用作规定或解决目前问题的一种因素。因而我们可以理解不确定可能域与限定的现实域之间的无矛盾共存。未加界定范围的可能素材根据一种目的而成为特定性的。

对于所有这些，科学方法和那些普通人的方法并无种类上的差别。其差异在于，科学对规定问题，对选择和运用相关的感觉和概念素材，具有更大的可控性。两者彼此相关，正如未开化人无计划、反复试错的发明对于现代发明家为生产能完成全套工作的某一复杂装置所进行的深思熟虑、连续不断的努力一样。普通人和科学探究者在从事反省性活动时，都没有意识到从一种存在领域向另
306 一种领域的过渡。他们不认为有两个固定的世界——一方面是实在，另一方面是纯粹的主观观念；他们意识不到有任何需要跨越的鸿沟。他们认为，在从日常经验到抽象思想、由思想到事实、由事物到理论之间以及反过来时，具有无间断的、自由流畅的过渡。观察进入到对假说的形成，演绎方法进入到对特殊事物的描述运用，推理进入到行动，这一切都不会感到困难，除非是在所涉及的特殊任务那里。一个根本性的假说是**连续性**。

这并不是说事实与观念混淆，或观察材料与自主假说混淆，理论与做事混淆，正如旅行家从陆地进入水体时不会把两者混淆一样。它只是意味着，对每一方的定位和运用都要根据它对表现另一方的作用，并且根据另一方的未来用途。

只有对传统争议的认识论审视，才意识到这样一种事实：普通人和科学人在这种自由而轻松的交往中，轻率地设定了穿越实在结构本身之裂隙的权利。这个事实对于认识论者提出了一种令人不快的疑问。科学人不断地从事事实与观念、理论与法则、真实事物与假说之间的冒险交易，为何却如此完全未意识到他所从事工作上一个根本而一般（以区别于特定的）的困难呢？我们因而又一次要探询：认识论逻辑学家难道不是在把科学人总是面对的一个特定困难——这个具体困难，关系到把**这样**一组事实与**这样**一组反省考虑来回转换的正确性和可靠性——无意间转变成了一个完全不同的关于普遍思想与一般思想的总体关系

的问题吗？如果这样属实的话，很显然，正是认识论类型的逻辑对于既关系到经验前情又关系到客观真理的那种思想问题的规定方式，使得该问题难以解决。有用的条件项，作为弹性而历史学的、相对而方法论上的所用条件项，被转变为绝对、固定而先定的存有属性。

当我们意识到每一科学探究在历史上都至少经历四个阶段时，可以进一步 307
接近问题。(a)这些阶段中第一个——如果我可以胡扯——是科学探究根本未出现的阶段，因为在经验的性质上没有出现什么问题或困难以激发反省。我们只得把目光从任何科学的现存状态往回推，或从科学中任何一特殊论题的状态往回推，以发现一个对事情不具有反省性或批判性思考的时期——那时，事实和关系被视为当然并因而消失且吸纳在由经验所自然产生的纯粹意义中。(b)在该问题诞生之后，出现了一个时期，专注相对天然而未加组织的事实——搜寻、安置和收集原材料。这是经验的阶段；对此，现有科学不论如何夸耀所达到的理性，都不能否认其始祖地位。(c)接着又有了思辨阶段：一个猜测、作假说、制订后来被称为纯粹观念而已的观念的时期。这是一个作区别、作划分而后来却被视为仅仅具有心智训练特征的时期。然而，科学不论如何夸耀其现在在经验保证上的安全可靠，都不能否认这样一个学术源头。(d)最后出现的是纯观念与纯事实富有成果的互动时期：在这个时期，观察决定于依赖着某些指导性观念用法的实验条件；反省处处受到实验数据用法的指引和检验，而且这种指引和检验来自于一种必然性，即要为自己寻找如此一种形式，使得它能用于演绎而推出新意义的进化，并最终导向能阐明新事实的实验探究。在一种更为有序而重大的事实领域以及一种更为连续而自明的意义体系兴起之时，我们对给定科学的逻辑达到了一种自然的进化极限。

不过，让我们来看看，在这样的历史记载上发生了什么。未加分析的经验分裂为有关事实和观念的区分；其事实方面是由不确定的、几乎各色杂乱的描述以及累积性列表所形成的；其观念一面是由未受抑制思辨性详述而出的定义、划分 308
等等所形成的。于是，得到认可的意义被赶到纯粹的观念地域；一些得到认可的事实进入纯粹假说和意见的区域；反过来，不断有从假说和理论区域产生的观念进入事实区域，进入得以认可的客观而有意义的对象区域。从只是**表面的**事实和仅仅**可疑的**观念的世界，出现了一个在确定性、有序性和显明性上不断增长的世界。

这种进步在每一份科学报告中都得到了证实，但它在一方面设定一般思想、另一方面设定一般实在的认识论观点下，绝对是一种畸形。之所以它对实际接触到这种进步的那些人没有被作为这样一种怪物和奇迹出现，那是因为，指称和使用上的**连续性**控制了所指定存在方式和所分配意义类型上的多样性。意义和事实的区分在科学或任何特殊科学问题的成长中被看作是一种**诱导性**的和**意向性**的实践分工，被看作是根据任务完成情况所指定的相对位置，被看作是为作更经济使用而对所掌握力量的故意分配。把光秃秃的事实和假言观念加以吸纳，用于形成一个科学把握和理解的世界，这不过是对所提到的那些区分由之得以构成的一种目标的成功实现。

这样，我们便回到了逻辑理论问题。把思想和事实等等的区分作为本体论上的，作为内在固有于存有结构的构成上的，这使得把科学探究和科学控制的现有技术仅仅作为一种辅助论题——最终仅仅具有功用价值。它同时规定了一些条件，据此思想与存在以一种完全不同于具体经验的方式交易，结果创造了只能根据其自身(而非根据生活操行)才能讨论的问题。与此相对立，将自身与反省
309 性思想在日常生活和批判科学中的起源和使用结合在一起的那种逻辑所遵循的，是作为生命过程从而具有自己的发生前情和刺激、自己状态和前景，以及自己特定目标或限定的思想的自然史。

这种观点使得逻辑理论有可能对心理学作出让步。当逻辑学被认为所涉及的是关于思想本身的整体活动时，有关某一个特殊思想由之发生的历史过程，以及其对象何以碰巧显示为感觉、知觉或概念的问题，就是完全不相关的。这些东西不过是时间上的偶然。心理学家(不将注意力从可变领域转移开)可以在它们中找到有兴趣的内容。他的全部工作就是围绕着自然史——探寻事件之间彼此的相互激发和抑制。但我们知道，逻辑学家具有一种更深刻的问题和一种更为不受限制的视域。他所处理的问题，是思想的永恒本性以及其对于永恒实在的永恒有效性。他关注的不是发生而是价值，不是历史周期而是绝对的实体和关系。

仍然有一种疑问纠缠着我们：实际上果真如此吗？或者，是某一类型的逻辑学家通过让他的术语无关乎它们在其中得以产生的特定时机以及它们在其中发挥机能的情境，随意弄成这样？如果是后者，于是，对历史关系的否定，对历史方法重要性的否定，正表明他自身抽象的非真实特征。这实际上是说，所考虑的那

些事务已经从它们唯有在其中才具有确定意义和指定品格的条件中被孤立出来。令人惊奇的是：面对进化论方法在自然科学中所取得的进展，任何逻辑学家都坚持断定起源问题与本性问题、发生与分析、历史与有效性之间具有严格的区分。这种断言不过最终重申了形成于前进化论科学并在其中具有意义的一种区分。不顾科学方法至今所取得的最为显著进展，它断定仍遗留一种素朴时期的
逻辑科学程序。我们别无选择，除非要么把思想视为对特定刺激物的一种回应， 310
要么把思想视为“自足”的某种东西：它仅仅在自身而且对于自身才具有某些特点、元素和法则。如果我们放弃后一观点，就必须接受前者观点。在此情形下，它将仍旧拥有独有特性，但那将是关于对特定刺激作出特定反应的特性。

进化论方法在生物学和社会历史上的重要性是：每一独特器官、结构或形态，每一种对细胞或元素的分组，都被视为对特殊周围情境的一种调整或适应工具。它们的意义、特征、作用力，在而且只有在其被视为为满足包括在某特定情境之中的条件而作的安排时才可知道。这种分析的进行，是通过追寻发展的连续阶段——通过试图找到每一结构所源于其中的特殊情境，通过追寻在它们适应变动介质而达到现有形态所历经的连续改动。[1] 坚持从自然史等同于进化过程之前所指的那种自然史立场来指责自然史，这不只是把自然史立场从哲学考虑中排除出去，而更多是产生了对其真正意谓的忽视。

作为对经验活动所历经的各种态度和结构的一种自然史，作为对某一态度出现于其中的条件以及此态度通过激发或抑制而影响其他状态或反省形态之产生的方式的一种解说，心理学对逻辑评估是不可或缺的，一旦我们把逻辑理论看作为有关对其自身产生条件的反应的思想的一种解说，并因而通过其在解决问题上的效率来判断其有效性。历史学观点描述的是序列，规范方法推出历史的结论，然后反过来通过将其对照自身结果来判断每一历史步骤。

在改变经验的过程中，我们平稳地从情感性的情境转到实践性、评价性或反 311
省性的情境，因为我们一直铭记着任一特殊区分所出现的语境。当我们把经验的每一典型机能和情境拿来细看时，发现它们都有一种两面性。只要有斗争的地方，就有阻碍；只要有情感的地方，就有爱的人；只要有做事的地方，就有成绩；只要有评价的地方，就有价值；只要有思想的地方，就有所论内容（material-in-

① 参见《哲学评论》，第11卷，第117—120页（《杜威中期著作》，第2卷，第13—16页）。

question)。当从一个态度转到另一个态度,从一种特征性转到另一种特征性时,我们的立足点不变。因为在整个变动中,这个位置都被我们所参与其中的特殊机能占据着。

每一态度、机能与其前身、后继**之间的**区分是序列上的、动态性的、操作上的。任一给定操作或机能**内部的**区分是结构上的、同时性的、周延性的。我们说,思想紧随斗争,而做事紧随思想。履行其自身机能时的每一步,必然唤起其后继。但共在、同时和对应,在做事**过程中**是做事者和所做之事的特点;在思想机能**内部**,是思想与所思内容的特点;在斗争机能内部,是障碍与目标、手段与目的的特点。我们这样做是很直接的,因为我们未把序列和机能关系的经验类型与既定机能内部具有同时性和结构特征的元素混淆起来。在看似迷宫一样的无穷混乱和无限变换中,我们借助发生于我们所实际参与的一过程之中的刺激和抑制,找到了我们的路。在经验情境内部操作时,我们不把作为某一操作构成元素的条件与作为另一机能周延项之一的状态对立或混淆起来。当我们忽略这些特定的经验线索和限制时,我们的手上立刻有了一种因为无意义而无法解决的问题。

312 现在,认识论逻辑学家故意避开普通人所本能依赖、科学人有意寻求并用以构成他的技术的那些暗示和标准。因此,他可能把一种仅仅在系列机能性经验情境之一中才具有地位和意义的态度,与那种刻画另一情境部分结构构造的积极态度对立起来;或者,同样不加辩护地把不同阶段所特有的材料相互吸纳。他把像他那样具有高度爱意或评价活动的行动体,与在反省过程内部所界定的事实的外部性对立起来。他把思想选择作为问题材料的素材,与由成功探究活动所导致的那种重大内容等同起来;而这反过来,又被他视为思想开始之前所提出的、其特性乃作为唤起思想之手段的那种素材。他把思想机能的最终存量等同于其自己的发生前情,然后又通过某种形而上学考虑而清除掉在逻辑探究和(由他所解释的)科学完成任务后继续保留的作为结果的余数。他这样做,不是因为他喜欢混乱甚于秩序或喜欢错误甚于真理,而只是因为在历史序列的链条被切断后,思想容器漂浮在海面上转动,探不到水深,又没有停泊处。只有两种选择:或者存在一种心灵"本身"的对象"本身",或者存在一系列的情境,其中的元素随着它们所属的机能变化而变化。如果是后者,唯一可界定情境特征条件的方式就是通过把它们所属于的机能加以区分。而认识论逻辑学家在选择把他的问题作为仅仅具有"思想"形式的思想问题而不带有它所要做的特殊工作的限定时，已经让自己脱离了这些支持和依靠。

逻辑学问题具有一种比较一般的方面和一种比较具体的方面。它以一般形式处理这样一个问题：经验中一个类型的机能性情境和态度如何从另一个中产生又变成另一个，例如，技术上的或功利上的转变为美学上的，美学上的转变为宗教上的，宗教上的转变为科学上的，而这个又变成社会伦理上的，如此等等？ 313
较为具体的问题是：被称为反省性情境的那种特殊的机能情境是如何起作用的？我们该如何刻画它？其多样化的同时性区分或分工，其相应的状态，具体都有什么？这些又以什么具体方式相互作用以导致由事务需要所提出的特定目标？

在本章结尾时，我们可以提到经验逻辑更为根本的价值。这种逻辑是在更广泛意义上看待的，即作为对彼此具有决定关系的各种典型经验机能或情境的序列所作的一种解说。被界定为如此一种逻辑的哲学，并不打算成为对封闭和终结的宇宙的一种解说。其所关乎的不是获取或保证某一特殊实在或价值。相反地，它获得的是一种方法的重要性。各种典型的经验状态彼此之间的正确关系和调适，是一个在每一生活领域都感受到的问题。从理智上对这些调适进行改正和控制，不可能不反映在实践方面愈加的清晰和安全。或许，一般逻辑不可能成为科学、艺术或实业活动的直接指引工具；但它对于批判和组织直接研究之工具具有价值。它还对评估特殊领域内所获致的结果的社会或生活意图具有直接的重要性。许多直接的生活事务做得不好，都是因为不了解我们所从事工作的发生和结果。我们对在各种不同社会利益领域和行业所获致工具的利用方法及程度是片面而不完善的，因为我们不清楚一种经验机能对于其他经验机能所应有的权利和责任。

研究对社会进步的价值、心理学对教育程序的意义、美术与工艺的相互关系、科学专业化程度和性质与应用科学的要求相比较的问题、宗教愿景向科学命题的调整、当大众经济能力不足时为少数人精英文化的辩护、组织化与个体性的 314
关系——这些只是许多社会问题中的个别几个，对它们的回答，要求掌握和运用一种作为探究和解释方法的一般的经验逻辑。我不是说，离开所指出的经验逻辑这种方法就不可能在这些问题上取得进展；但是，除非我们对已有态度或兴趣产生于其中和相对于其而产生的那种接点（the juncture）具有一种批判而确定的观点，除非我们知道它由此被要求发挥的作用以及它充分发挥该作用所借助的机关和方法,我们的进步就是受阻的和不稳定的。我们拿部分是为了整体,拿手段是为了目的;或者,我们从整体上抨击某个兴趣,是因为它妨碍了我们选作的那种最终兴趣产生理想化的影响。一种对社会信念清晰而全面的共识,以及随之而来的集中而省力的努力方向,只有在存在某种方式可为每一种典型兴趣和事业找到定位和角色时,才可得以保证。意见的领域是冲突之域,其法则是随意的、高代价的。唯有理智方法,才提供了意见的替代品。单凭一般的经验逻辑,就可为社会性质和目标作出自然科学经过几个世纪奋斗后正为物理领域的活动所做的那些。

这并不是说,哲学体系试图离开经验运动特殊情境的限定而规定一般思想和一般实在的本性,就是无价值的——虽然那的确意味着它们的工作在某个方面被误用了。形而上学理论的展开为积极评价典型的经验情境和关系作出了巨大的贡献——即便其内心的意向是完全两样的。每一哲学体系本身都是一种反省样式;因此(如果我们的主论点是对的话),它也是由特定的社会前情唤起的,而且已经用于对它们作出回应。它对修改它所源于其中的那种情境产生了某种效果。它可能尚未解决它有意提出的那种问题;许多时候,我们可以直率地承认
315 所提出的那种问题后来被发现提错了因而不可能解决。然而,在全然相同的意义上,完全一样的事情也出现在科学史上。正因为这个,如果不为别的话,科学人不可能首先抨击哲学家。

任一部门的科学进步都不断意识到,它们先前陈述形式上的问题是不可解的,因为那是根据非真实条件而提出的,因为真实条件已经与心灵造物或错误结构混合在一起。每一种科学都不断懂得,其所认为的解决方案不过是表面上的;因为该"方案"解决的不是现实问题,而是人为造出来的问题。但是,这样提出问题,这样给出错误答案,引起了对现有理智习惯、立场和目标的改动。通过在问题上付出努力,我们演化出了控制探究的新技术,寻找到了新事实,建立了新的实验类型,获得了对经验的有条理的控制。而所有这些,都是进步。唯有陈腐的犬儒主义者、失去活力的感官主义者和狂热的教条主义者,才认为科学的这种连续变化所表明的是:既然接连每一种说法都是错误的,整个记载就都是过失和蠢行;现在的真理,不过是尚未探明的错误。如此描绘的正是这样一种训言:绝不要去关心所有那些东西,或企求某种外部权威一劳永逸地提供固定不变的真理。但是,历史上的哲学即便在其不正常形式下,也已证明是经验评估中的一种因

素；它揭示了问题，它唤起了无之则价值将只是名义的理智冲突；甚至通过其所可能呈现的绝对主义孤立状态，已经对共同依赖和相互强化获得了认同。然而，如果它把自己的工作界定得更为清晰，就能集中力量解决它自己的特有问题：各种典型兴趣和事业的相互参照所具有的经验起源和经验机能。

2. 思想的前情和刺激[①]

316 我们已经区分开关注于经验中一系列特有功能和态度的广义逻辑学与关注于反省性思想之功能的狭义逻辑学。我们必须抵挡住一种诱惑，即把逻辑学等同于两者中的一个而排斥另一个，或者认为可以把一个与另一个最终隔离开来。一种对反省器官和方法更为细致的处理不可能得以可靠执行，除非我们对反省在典型经验功能之中的地位具有正确观念。然而，我们不可能确定此种宏大定位，除非对我们对反省的意谓——其现实构造如何——具有一种明确而分析(区别于纯粹含糊而粗糙的)的观点。有必要在这种广义和狭义之间来回转换，把其中一方的各种增益都变成另一方的工作方法，并由此对其进行检验。现有逻辑理论存在明显的混用，它对自身范围和界限不能确定，往往在判断意义和推理有效性这些重大问题以及科学技术细节之间摇摆，并把形式逻辑的区分转化成调查或证实过程中的行为，这些都表示需要有如此一种双向运动。

接下来的三章打算从对位于逻辑理论广义和狭义观念边界上的某些考虑入
317 手。我将讨论的是思想机能在经验中的处所，要求这种处所能使我们刻画反省
过程中某些最为根本的区分或分工。在接手思想题材这一问题时，我们将尽量
澄清：根据经验控制所达到的重要阶段，它采取三种极其不同的形式。我将试着

① 最初以“思想及其题材：思想机能的先决条件及暗示”为题，发表在《逻辑理论研究》上；修订后重印于《实验逻辑论文集》。

表明，我们由以考察题材的立场必须是：第一，唤起思想的那种前情[1]或条件；第二，呈现于思想的与料或直接素材；第三，思想的专门目标。在所分出的这三种之中，第一个，前情和刺激的那种，显然是指直接先于思想机能本身的那种情境。第二个，与料或直接所予材料的那种，指在思想过程内部所分出来的一种东西，其乃思想工作法的一部分，且是为了思想的工作法。它是思想方案的一种状态。第三个，内容或对象的那种，指在任一思想机能中所取得的进步，指在探究实现其意图的范围内通过探究而得以组织化的素材。本章将间接而非直接地涉及思想的前提条件这一问题，途径是指出近代最为强劲而敏锐的一位逻辑学家洛采所被动陷入的一种矛盾境地：因为他没能根据对经验事物的适应和控制史来界定逻辑区分，并由此被迫把某些概念解释为绝对的而非历史上的或方法论上的。

然而，在直接开始对洛采的阐释和批评之前，以略微自由的方式来处理该问题将是合适的。我们不可能以完全直接而强硬的方式着手逻辑探究。我们必然要给予它某些区分——这些区分，部分是具体经验的结果，部分是由于逻辑理论已经体现在日常语言和当前理智习惯中，部分是源于谨慎的科学和哲学探究。这些或多或少现成的结果是资源，它们是我们用以处理新问题的唯一武器。然而，它们充满了未加考察的设定，它们把各类逻辑上有预设的结论提交给我们。在某种意义上，我们对新题材例如逻辑理论的研习，实际上不过是对研习时所带 318
理智立场和方法进行的一种回顾、一种再检验和批判。

当今，每个人都天然对主观和客观、物理和心理、理智和事实之间具有某种现成区分。(1)我们已经学会把情绪不安、不确定的渴望视为专属于我们自身领域的；我们已经懂得把与之相对立的观察和有效思想的世界看作不受我们情绪、希望、畏惧和意见影响的东西。(2)我们也开始区分直接出现于经验中的东西与过去将来的东西；我们把记忆和期望的领域与感官知觉的领域对照起来，更为一般地，我们把所与同推断形成对照。(3)我们已经习惯于把所谓的现实事实区别于我们对该事实的心智态度——推测、惊奇或反省性调查的态度。逻辑理论的目标之一，正是要使我们批判地意识到这些各种不同区分的重要性和意义，将它

---

[1] antecedent，在今天的形式逻辑课本中，通常译为"前件"；但考虑到杜威本人对于该词的使用往往并不限于单纯的形式逻辑范围，而同时延伸至一般的哲学讨论，所以我们有时也采用更具哲学味道的"前情"一词来作对译。——译者

们从现成设定转变成有控制的观念；但我们的心智习惯如此定型，使得它们往往在我们那里有各自的方式；在我们逻辑理论中隐藏着一些观念：它们形成之时，我们甚至还未想到那种最终以赋予所讨论词项专门意义为己任的逻辑工作。因此，我们的结论受制于需要批判和修正的那些概念。

我们发现，洛采异常清晰地罗列出各种预备区分，并对由将它们引入逻辑理论结构而产生的问题非常认真地尝试进行解决。(1)他明确把具有逻辑品格的问题与心理起源上的问题分开。由此，他对逻辑题材的抽象使其完全不同于历史处所(locus)和情境(situs)的问题。(2)他同意按常识一样认为逻辑思想是反省性的，因而预设了既有素材。他所关心的，是那些先决条件的本质。(3)他所
319 要处理的问题，是一种素材在思想之前形成并无关乎思想却又能提供思想可应用于其上的东西。(4)他明确提出了一个问题，即由外部而独立地作用于外在物质的思想如何将这种物质塑造成有效的即客观的结果。

如果这样的讨论是可行的，如果洛采所提供的这种中介可跨越思想把逻辑机能作用于完全外在于思想的一种物质时所出现的鸿沟，如果他能表明思想题材的起源以及思想活动的问题对于其意义和效力的问题是不相关的，我们将不得不放弃我们已经采取的立场。但是，如果我们发现洛采的工作仅仅是详细描述了一个根本困难，时而这样呈现，时而那样呈现，但总是把问题弄得似乎它自己就具有答案，则我们的一个想法便得到证实，即需要从另一种观点来考察逻辑问题。如果我们发现，不论他形式上的做法如何，他总是事实上求助于某个有组织的情境或机能以同时作为探究素材和过程的源头，我们将在此程度上拥有对我们理论的一种阐明甚至确证。

我们一开始的问题是关于思想的物质前件——这些前件制约着反省，并通过给出暗示而唤起反省以作为反应或回应。洛采与许多同类逻辑学家的不同在于，他对这些前件提出了一种清楚明白的说明。

1. 思想的最终物质前件出现在由于作为刺激的外部对象而引起的印象中。从它们自身来看，这些印象只是心理状态或事件。它们根据引起它们的那些对象是同时地或是接连地运作，并排或依次存在于我们之中。然而，这各种不同的心理状态的出现并非完全依赖于激发性事物的存在。某一状态一旦被激发后，它就有能力唤醒与之相伴或紧随其后的其他状态。有关觉醒(revival)的联想机制起着一种作用。如果我们完全了解刺激性对象及其效果，并知道此种联想机

制的细节，应该能够根据既有与料，预见某一给定观念之列或观念之流的整个过 320
程(因为同时或依次连接的印象变成了观念和一种观念之流)。

从其自身来看，感知或印象不过是“我们意识的状态，我们自身的一种情绪”。任何既定观念之流都是一种必然的存在序列(其必然性正如任何接连着的物质事件一样)，它发生在某个特殊的感觉灵魂或有机物上。“正是因为每一种这样的观念系列在各自条件下都是通过同样的一种必然性和法则而结合在一起的，因此就没有理由作出诸如真与非真一样的价值区分，从而把每一类都对立于所有其他类。”①

2. 至此，上一段引文已经明确指出，不存在反省性思想的问题，因而也没有逻辑理论的问题。但进一步的考察显示了这些观念之流的特有属性。有些观念只是巧合的，而其他观念可称为连贯的。也就是说，我们有些同时性和接连性观念，它们的激发性原因是真的联在一起的；而在其他情况下，它们则只是碰巧同时出现，它们之间并不存在真正的联系。然而，连续性组合和纯巧合性组合两者都是通过联想机制而重现的。第一类型的那种重现为认识提供了正面素材，第二类给出的是出错场合。

3. 确定反省性思想特有问题的，是巧合和连贯的一种特殊混合。思想之功用在于发现和确认一种连贯、一种真正的关联，恢复其所附有的一种对连贯性之真实基础的辩护性观念，与此同时它消除了巧合本身。纯粹的观念之流是正好发生于我们之中的某种东西，但通过规定关联之真正根据和基础所作的消除和
确认过程，却是心灵本身所进行的一种活动。如此区分，便把作为活动的思想与 321
任意心理事件、与作为纯意外之事的联想机制划分开来。一个所关注的是纯粹事实上的共存和序列，另一个关注的则是这些组合的认识品格。②

考察思想在根据价值标准检查、分类和决定各种不同观念上的特别工作，将是我们在下一章所要做的。在此，我们所关注的是洛采所描述的那种思想的物质前件。初看起来，他似乎提出了一种令人满意的理论。他避免了先验逻辑的过度，后者认为所有经验之事都是一开始就由理性思想决定的；而且他还避免了

① Lotze, *Logic* (translation, Oxford, 1888), I, 2. For the preceding exposition see I, 1, 2, 13, 14, 37, 38; also Mikrokosmus, Bk. V, Ch. 4.

② Lotze, *Logic*, I, 6, 7.

纯经验逻辑的陷阱，后者没有把纯粹观念的重现结合与如此所产生之各种连接的真实品格和效力区分开。他允许根据感知及其组合加以界定的非反省经验提供思想的物质条件，但他又为思想保留了一种自身独特的工作和地位。感觉经验提供了前情；思想不得不引入并发展系统的联系——合理性。

然而，对于洛采做法的深入分析，使我们相信，他的陈述布满了不一致和自相矛盾的地方；实际上，其任何一个部分要得到维持，只能否定其他某些内容。

1. 印象是最为纯粹或最为天然形式（根据我们对于它的审视角度）上的最终前情。它是从未经受（不论好坏的）思想影响的东西。在结合到观念内后，这些印象激发或唤起了立刻指向它们的思想活动。作为它们所引起并施加于自身之上的那种活动的受体，它们还提供了思想的物质内容——其实际的填充物。洛采一而再、再而三地说："本身已经存在于印象之间的那种关系，当我们开始意
322 识到它们时，正是仅仅作为某种反应的思想行动得以引起的地方；而这种行动仅仅在于把我们发现存在于我们被动印象之间的关系解释到印象问题的方方面面之中去。"[1]再有："在印象之事上找不到区分的地方，思想也不可能作出区分。"[2]再有："思想程序的可能性和成功取决于这种原初的对整个观念世界的构造和组织：这种构造虽然在思想中不必要，对于使得思想成为可能却尤为必要。"[3]

印象和观念因而扮演了一种多能角色；它们时而担当最终前情和激发性条件的角色，时而是天然素材的角色；而经过整理后，有时又以某种方式作为思想内容。正是这种多能性，引起了怀疑。

虽然印象只是主观的，而且是我们自身意识的一种空无状态；然而，不仅它的存在，而且它与其他类似存在的关系，都是由作为刺激（如果不是作为原因）的外部对象所决定的。它也同时决定于一种心理机制，后者具有完全客观或恒常的作用可赋予观念之流一种任何物理序列所同样拥有的必然特征。如此一来，那种"不过是我们意识一种状态"的东西，结果直接变成了事实体系中一个具有明确确定性的客观事实。

这种无条件的转变是一种矛盾，但更清楚的一点是：这样一种矛盾，是洛采

---

① Lotze, *Logic* (translation, Oxford, 1888), I, 25.

② Lotze, *Logic* I, 36.

③ Lotze, *Logic* I, 36.

所不可或缺的。如果印象不过是意识状态、我们自身的情绪、空无的心理存在，
可以充分肯定的是：我们就从来不会知道它们是如此这般的，更不用说将它们用
作思想的充分条件和素材了。唯有把它们看作实在世界中的真实事实，唯有通
过某种确信而难以解释的方式把对那些造成它们的宇宙事实进行表现的能力给
予它们，印象或观念才在某种意义上进入思想范围。但如若前情真的是客观环 323
境中的印象（impressions-in-their-objective-setting），那么洛采区分思想品格与毫
无客观意义的纯粹存在或事件的整个方式就必须从根本上修改。

当我们提到洛采的理论即思想的直接前情是观念**材料**时，有一种涵义就变得清楚了，即印象实际上具有它们自己的性质或意义。当思想被说成是“对思想自身活动不创造但它们已通过有关心理状态的无意识机制为思想做好准备的**诸关系**进行识别”①时，就明确地把客观内容、把指称和意义归赋予观念了。观念构成了洛采的一个最为便利的中间点。一方面，因为它绝对在思想之前，作为一种物质的先决条件，它纯粹是心理上的，是光秃秃的主观事件；另一方面，作为思想的题材，作为为思想工作提供素材的前件，它明显有资格作为内容。

虽然我们已经知道，印象不过是一种所接受到的刺激而不涉及心灵活动，但鉴于观念的这种能力，我们不出意料地得知：心灵不仅对于刺激的接受而且对于它们未来的联想组合，实际上具有一种决定性作用。主体总是涉足心智对象的呈现，甚至是感觉，更不用说知觉和想象了。要能够对既定事物状态有所知觉，只有根据一种假设，即“知觉主体由自身本性既能够又被迫把由对象所获得的刺激变成这样一些形式：它们是主体在对象中所要感知到的，而且主体认为自己不过是要从对象中**接收**它们”。②

正是通过不断地由作为心灵状态和事件的印象与观念转变为作为逻辑**对象**
或内容的观念，洛采跨越了由仅仅是刺激性的前件到思想的具体物质条件之间的
鸿沟。再说一次，此种矛盾对于洛采的立场是必要的。为了一开始就直接有作为
前件的对象，要求对认为逻辑与其前情之间差别乃有关**品格**与仅仅**存在**或**发生**之 324
别的问题这整个观点进行重新考虑。它将表明，由于意义或价值已经出现在那
里，思想的任务必定是通过一种间接过程所进行的变形或**意义重构**。另一方面，

① Lotze, *Mikrokosmus*, Bk. V, Ch. 4.

② Lotze, *Logic*, II, 235; see the whole discussion, Secs. 325 - 327.

如果坚持认为观念只是单纯的存在，将不会得到任何即便可称为思想前情的东西。

2. 为何会有一种变形任务？对素材唤起思想、给出暗示这一功能的考虑，将有助于补充有关矛盾以及真实事实的这幅图景。纯巧合观念与连贯观念之间的冲突形成了一种以激发思想作出反应的需要。这里，洛采左右摇摆，时而(a)把巧合和连贯同时视为心理事件；时而(b)把巧合视为纯粹心理上的而把连贯视为至少是准逻辑上的；时而(c)使得两者都成为反省性思想范围内部的定势(determinations)。严格按照他自己的前提，巧合和连贯应该都仅仅是作为我们自身内部事件的观念之流的特性。但这样来看，那种区分就完全没有意义了。事件不粘连，至多是某些事件集比起其他事件集多少更经常地发生，唯一可以理解的差别是巧合频率上的差异。但即便这样，也给予事件一种消失后又重现的超自然特性。甚至要界定巧合，也得根据与被认为激起同时发生的心理事件的那些对象的关系。

新近的心理学讨论已经充分表明，相联结的是观念的材料、意义或内容，而非作为状态或存在的观念。以太阳围绕地球转这一观念为例，我们可以说它意味着各种不同感觉印象的连接，但我们内心所断定的却是属性的关联或互涉。确定无疑的是，我们对太阳的心理图像并非在心理上围绕我们的地球心理图像
325 进行转动。如果这样属实的话，那将是可笑的；戏剧以及所有剧种表现将会不受重视。但实际上，太阳围绕地球转是一种单独意义或理智对象；它是一个统一题材，其内部出现有某些指称上的区分。它所关注的是：当我们在思考地球和太阳以及它们彼此关系时，我们的意向是什么。它是关于当我们有机会思考某一题材时该如何思想的一种法则、规定或指引。把这种互涉看作似乎它不过是由心理物理上的刺激和联结所产生的一种心灵事件相结合的情形，此乃心理学谬误的一种深刻形式。实际上，我们可能对有关相信某一类对象的一种经验进行分析，发现它源自于感觉机体的某些状态，源自于感知和联想的某些特性，因而作出结论说其中所包括的信念没有从事实本身得到证实。但是，太阳围绕地球转这一信念在其持有者那里的意义正在于这样一个事实：它并非被看作仅仅是感觉的联结，而是作为客观经验整体结构的一个特定部分；它受到该构造中其他部分的保证，并对它们给予支持和定调。对他们来说，它是所经验到的事物框架——真实世界——的一部分。

换言之，如果这样的例子所指的不过是心理状态的结合，那么其中就绝对没有任何东西能唤起思想。洛采本人指出(*Logic*, I, 2)，每一个作为事件的观念都可看作是充分而必要地限定于它所占据的某一位置上的。在事件方面，绝对没有所谓纯粹巧合对弈(*versus*)真正关联这样的问题。作为事件，它在那里，并属于那里。我们不可能把某物同时作为单纯的存在事实和逻辑探究的问题题材。采用反省的观点，将从全新的方向上看待问题；如洛采所说，那就是提出对某一位置或关系的合法要求的问题。

当我们把巧合与关联对比时，问题可变得更加清晰。把巧合仅仅作为心理上的而把连贯作为至少是准逻辑上的，这把两者置于如此不同的基础之上，以至于不可能产生任何对它们进行比较的问题。在有效的或有根据的连贯之前的那 326
种巧合(此种结合作为对象共存和行为序列是完全充分的)，作为前情，它从来都不是与连贯相对立的那种巧合。我书架上书的并排性，从我窗户传来的连续声音，并不在逻辑上成为我的麻烦。它们不是错误，甚至不成为问题。一种共存完全与另一种共存一样好，直到有某种新的观念或新的目标出现。如果它是关于图书排放方便的问题，那么它们目前排列的价值就成为了难题。然后，我把作为单纯结合的它们目前的状态与另一种连贯的方案进行对比。如果我把声音系列作为言语说话的一种情形，则它们的次序就变得重要了——那是一个有待确定的难题。询问一种既定组合所呈现的是表面关联还是真实关联，这表明已经有一种反省性探究在进行。月亮的此种状态真的意味要下雨吗？或者只是碰巧在月亮达到这种状态时暴雨降临？提出这样的问题，表明已令客观经验世界某一部分服从于为了确定性重述而进行的批判分析。把某种组合看作是纯粹巧合，这种倾向绝对是心灵寻求真实关联的运动的一个部分。

如果共存本身被与连贯本身相对立，正如非逻辑对立于逻辑一样，那么，由于我们整个空间领域都是一种排列性领域，而且由于该领域中的思想最多只是以一种排列替代另一种排列，整个范围内的空间经验就被不加考虑地永远宣称为反理性。但实际上，与连贯相对的巧合，与关联相对的结合，不过是**有怀疑的**连贯：它只是受到积极探究的攻击。这种区分仅仅产生于逻辑或反省机能的内部。

3. 这使得我们清楚地意识到一种事实，即根据包含在某一组或一对观念自
身之中的元素或意义，既没有巧合，也没有连贯。只有当它们在不只是包含“巧 327
合”或“连贯”、不只是包含两者算术之和的某一情境或机能中作为共同因素时，

思想活动才被唤起。洛采继续处于这样一种两难:思想要么制作自己的物质,要么只是接受物质。在第一种情形下(由于洛采不能摆脱一种预设即思想必须具有固定的现成前件),思想活动只能是改变原材料,从而使得心灵远离于实在。但如果思想只是接受其素材,思想何以会有任何独特的目标或活动呢?如我们已经看到的,洛采试图通过一种假定来避开这种两难,即虽然思想接受其素材,但它加以检验,它把素材中的某些部分消除并对其他的加以重述,再加盖上具有自身效力的印章。

洛采极力反对康德的一种观念,即思想以某些现成的理解方式等候着题材。这种观念引发了一种难以解决的问题,即思想如何设法把每一印象材料归于与其相适合的那种特殊形式下(*Logic*, I, 24)。但他并没有避开困难。思想如何知道哪些组合是纯粹巧合的而哪些又是纯粹连贯的?它如何知道哪些要作为无关的加以消除而哪些又作为有根据的加以确认?这种评估要么是它自己的一种强加,要么就得从题材获得暗示和线索。现在,如果巧合和偶然本身有能力给出这种指示,它们就已经归好类。思想接着要做的,就是一种额外工作。它最多不过是将那些已经存在的物质组合标记出来。这样的一种观点,显然使得思想工作成为一种不必要的形式、无用的力量。

但是,没有其他的可能性,除非认识到:实际激发思想的是整个的情境或环境,其中不仅存在后来发现为纯巧合的东西,而且有后来发现为真实关联的东西。唯有原先所认可的经验在整体上与另一种同样完整的经验对立出现,唯有某个更大经验出现:它要求每一个都作为其自身的一部分,但在它内部,这些所
328 要求的因素又显示出相互的排斥,这时才会激起思想。激起思想并非纯粹的巧合或纯粹的关联或纯粹的两者相加。刺激物是一种有组织的或构成为整体的情境,然而它分裂为各个部分——在自身内部相冲突的一种情境——这又激起一种寻求以发现什么才真正是在一起的,并引发相应的努力以排除那些仅仅表面上在一起的东西。而真正的连贯,指的正是有能力存在于一个包容性整体内。认为初始情境中具有那些仅仅存在于(更不用说固定在)探究过程内部的纯粹素材结合与有效连贯之间的区分,这是一种谬误。

然而,在结束本阶段的讨论之前,我们要十分清楚:我们所反对的并非洛采有关反省性思想出自一种具有非反省特征之前件的立场,也不是他的这样一种想法,即此种前件具有它自身的某种结构和内容,可以规定思想的特有问题、给

出特定活动的暗示、确定其对象。相反，我们所要坚持的正是后面这一点，并由此(通过强调)指出：否定地说，这种观点与洛采有关心理印象和观念乃真正的思想前件的理论绝对不一致；肯定地说，引发和指引思想的是**整体情境**而非其任何一个孤立部分或其内部的某个区分。我们必须意识到一种谬误，即认为是先前情境中某一成分孤立或单独地导致了只能产生自整个躁动情境的那种反省。从否定的一面看，对印象和观念的刻画所产生的区分仅仅是在那种对作为真正思想前件的情境的反省内部。正面来看，产生思想情境的是整个的动态经验，它具有性质上普遍的连续性，其内部活跃不安，其元素彼此争执、彼此紧张，各个都要求有专门的定位和关系性。

从这样的观点看，发展到这一阶段，主观客观之分具有一种典型意义。再重 329
复一次，前件是这样一种情境，其中各个因素彼此之间剧烈排斥；然而正是在这种斗争之中并通过这种斗争往往构成了一个整体，重新规定了各个部分。这种情境本身显然是“客观的”。它在那里，它作为整体在那里，各个部分都在那里，而且那里有它们彼此之间的剧烈排斥。在这个时候说某一特殊的情境部分是虚幻的、主观的或仅仅是现象，或者某一其他部分是真正实在的，等于什么道理也没讲出。所存在着的经验，都是其元素之间处于重大而剧烈的混乱和冲突的经验。此种冲突不仅在事实意义上是客观的(即实际存在)，而且在逻辑意义上是客观的；正是此种冲突，导致了向思想情境的过渡——反过来，这只是不断走向确定均衡的运动。此种冲突具有客观品格，因为它是思想的先决条件和暗示。否定事物组织内部有相互竞争的排斥性倾向出现，思想就会变成纯粹“心灵上的”。

每一种反省性态度和机能，不论是朴素生活、深思熟虑的发明，还是有控制的科学研究，都是凭借某种如此总体性的客观情境而产生的。抽象逻辑学家可能告诉我们，感知或印象，或联想观念，或纯物理事物，或约定性符号，是先决条件。但这样的说法，在提到关于现实实践或现实科学研究单独的思想情形时并不能得到证实。当然，通过极端的干预，符号可以变成激发思想的条件。它们变成了积极经验中的对象。但只有在它们构成新整体的运作引起阻力因而出现相互紧张时，它们才成为思想的刺激。符号及其定义的发展，使得对于它们的处理本身就是一种具有独特性的经验；正如对于商品的买卖或对于发明之部分的设计，是一种特定经验一样。

作为思想前情，总是有一种关于物理或社会世界或先前得以组织的理智世 330

界中的题材的经验，其诸部分彼此处于剧烈的对抗——以至于它们预示着情境有破裂的危险，由此该情境为了自我维持需要对其紧张的部分进行谨慎的重新界定和重新建立关系。这种新界定和新关系是所谓思想的一种建构过程：这种重构情境，其诸部分处于紧张中并朝向彼此运动趋于成为对事物的一种统一安排，它就是思想情境。

这立即使人想到了主观阶段。这种情境，这种经验本身，是客观的。有一种关于混乱而冲突性的倾向的经验，但到底**具体什么**是客观的，到底情境以**什么**形式作为组织化的和谐整体，是不知道的，这正是难题所在。关于**是什么**经验的不确定性与关于**的确有**这样一种经验的确定性，两者合起来激发了思想机能。从这种不确定性观念来看，该情境整体是主观的。不可能立刻断言任何特殊的内容或所指。确定性断言被公开保留起来——那将成为现在所开始的反省性探究程序的结果。如此不对内容采取确定性断言的立场，如此将内容视为有待改善的对象，正是我们以主观来指自然史的该阶段所要表达之意。

我们已经跟着洛采穿过了他复杂的矛盾路线。或许，为免给人留下印象似乎这些都**只是**辩证矛盾，最好冒险作些徒劳的重复。揭示矛盾是一件无价值的任务，除非我们认识到它们关系到滋生它们的一种根本设定。洛采决心把思想与其前情区分开来。然而，他在这样做时，想要借助一种把思想情境与其前身根本隔离开的成见，想要借助一种完全、固定而绝对的差异或普遍的差异。那是一种思想本身与他所要求的其他事物本身之间的总体差异，而不是过程中某一时间段、韵律中某一节的经验与其他阶段、其他节的差异。

331 洛采发现，这种完全而刚性的差异，就是作为**单纯存在**或发生的经验与关于品格、真理、正确关系的经验之间的差异。而事物自身具有关联、组织、价值或作用力、实践上和美学上的意义。行为、感情等等也同样如此。唯有感觉状态、纯印象等等，似乎符合"作为存在而给定但毫无品格等等方面的限定"这一必备条件。于是，观念之流自身提供了一种现成的事件流、存在流，其特征是：完全没有反省性限定，并作为思想的自然前身。

但这种存在流刚刚被考虑到，就被发现完全不能充当为思想的物质条件和暗示。它对思想的相关性，差不多就像是月亮背面所发生的事情一样。因此，一个接着一个，我们已找到的整个一系列作用力和品格限定被引入到作为**纯粹存在**之物的构造本身和内在结构之中，即：(1)纯印象在某种程度上**代表**其时空关系的那些事物，(2)意义——重大的、具有性质而非作为单纯事件的一种观念，(3)存在流内部具有显著特点的巧合和连贯。我们已经看到，所有这些特征都被明确地断定；位于它们所有之下、贯穿于它们所有之中的，是对一种已被组织化为整体但现在内部构造上相互冲突的情境的最高价值的认可。

这些矛盾全都源自试图把思想工作在客观有效性方面与作为纯粹前在发生事件的经验对立起来。这种对立之所以产生，是因为试图把思想视为某种独立的一般东西；但在我们的经验中，它却依赖于所给予它的一种纯印象的原材料。因此，要想从根本上避免矛盾，唯一可获得的办法就是把思想看作所经验事物运动中的一个特定事件：它具有自己的特定机缘或要求，以及自己的特定位置。

有关思想机能前件所拥有的那种组织和作用力的本质是一个太大的问题，不 332
可能在此详细涉及。洛采本人提出了答案。他谈到观念之流犹如一股潮流，它为我们提供了“大量用以调节日常生活的根据充分的信息”(*Logic*, I, 4)。它产生了“有用的组合”、“正确的期待”、“及时的反应”(*Logic*, I, 7)。实际上，在他的谈论中，它似乎不过是日常的朴素经验世界、所谓的经验世界，以区别于在科学和哲学探究中经过批判性修正和理性化的世界。此种解释与那种作为纯粹的心理印象流的解释之间的矛盾，再一次显示了已讨论过的那种困难。但其措辞暗示出了真正的事物状态。未加反省的世界，是有关实践事物、有关目的手段及其有效适应、有关根据结果控制和调节操行的世界。未加批判的经验世界也是一个有关社会目标和手段的世界，它处处涉及爱慕和依恋、竞争和合作的工具和对象。它自身还包含了具有美学价值的诧异——对于光的突然喜悦，对于音调和形式所表现出的优雅的惊奇。

我并不是说，这总体适用于与批判性思想情境相对立的、未加反省的经验世界——这样一种对比所蕴含的那种对思想的整体而普遍的考虑，是我正努力加以避免的。无疑，许许多多的思想活动已参与导致了对我们最普通的实践-感情-审美环境的组织。我只是想指出，思想的确在这样一个世界之中发生，而不是在纯存在的世界之后；而且，虽然我们对组织化科学所谓的那种更为系统的反省可在某一公正意义上被认为是后出现的，但那出现在本已得到实现的情感、艺术、技术兴趣之后。

在如此多地涉及一种难以贯彻的建议之后，我胆敢再扯开一次。认为与纯粹存在性有别的价值或意义是思想或理性的产物，而洛采矛盾的根源正在于试图在思想之前或先于思想找到某种情境，这是一种常见的观点——甚至有可能， 333

我对于洛采的批评已经被某些读者在此意义上进行了解读。[①] 这就是所谓的新黑格尔主义立场(虽然,我认为在精确性上可疑),它已被许多著作者在批判康德时加以发展。该立场与本章所采取的立场的确在某些方面大体一致。它们共同反对由先前的纯存在或纯事件发展出富有成效的反省的事实性和可能性。它们共同否认存在或可能有任何诸如单纯存在——不在组织和作用力方面受到限制的现象,不论是心理现象或是宇宙现象——一样的东西。它们一致认为,反省性思想有机地形成于已经得以组织的经验,并且就在这样一种有机体内部发挥功能。但当"所有组织化意义都是思想的工作吗,并因此意味着反省性思想由以产生的那种组织是某一其他类型思想如纯思想、创造性或构造性思想、直观理性等等的工作吗"这样一个根本问题被提出时,它们就分道扬镳了。我将简要地指出在此分化的理由。

为了把所有实践的、社会的、美学的对象都包括在内,"思想"一词必须加以延伸,以至于该情境也可以描述典型经验形式的其他名字称呼。更为具体些,当反省性探究由以出发的那种有组织、有安排的配置与反省性探究自身之间的差异减至最少(而且,对于坚持反省性思想的前件本身就是某种思想,不存在其他
334 理由)时,与当把它们的区分夸大至纯存在与合理的连贯意义之间的区分时所显示完全一样的难题又出现了。

因为越是坚持前件情境由思想构成,就越是会感到诧异:为何还要有另一类思想,是什么样的需要激发了它,它如何可能改善先前构造性思想的工作?这种困难立即迫使唯心主义者由有关具体经历到的经验的逻辑转到一种关于纯假言性的经验的形而上学。构造性思想在我们有意识的思想运作之前;因而,它必定是未被我们的反省所意识到的某一绝对普遍思想建造组织化世界的结果。但是,这种策略只会加深困境。这种绝对的构造性和直观性思想何以会做一件如此可怜和拙劣的工作:它竟然需要一种有限性的推断活动以拼凑出产物?这里

① 我们在亨利·琼斯教授那里(Henry Jones, *Philosophy of Lotze*, 1895 年),看到了一种由该观点出发对洛采所进行的最为尖锐和重要的批评。我的具体批评与他在主线上一致,我很乐意表示对他的谢意。但是,我不能认同一种信念,即思想之务在于限定实在本身;在我看来,思想所要做的是决定实在某一方面或部分的重构并步入实在自身的进程中,实际上,这是思想活动的典型形式。而且,我不能同意实在本身随着知识日益丰富而显示为一种思想体系;虽然刚刚已经指出,我不怀疑实践存在正如感情和美学等其他方面的存在一样,在时间进程中显示为思想限定(thought-specifications)。

又要求有更多的形而上学：绝对理性现在必须在有穷的、感觉和时间性有机体的限制条件下工作。因此，反省性思想的前件并非纯净无污的思想的决定产物，而是思想在屈尊戴上变易和感觉的束缚后所能做到的。对于如此狂想而未加以解决的一个形而上学问题，我放下不予理睬：一个完美、绝对、完整、完结的思想为何以及何以会发现有必要屈从于外在的、扰乱的、堕落的条件，以便最终能从反省性思想片面、零散、完全不适合的方式恢复到它一开始以更为满意的方式所拥有的东西？

我要把自己限于逻辑上的困难。从其与构造性思想的工作方式的对比和差异来看，片断性的感觉、印象、知觉将思想与构造性思想区分开来，而且它们根据思想产物对反省性思想给予暗示：思想如何将自己与这些感觉、印象和知觉建立起联系？这里，我们所具有的问题又正好是洛采所一直面临的，我们有了同样一种不可解决的问题：思想活动如何涉及一种完全不确定的非理性化的、独立的、前在的存在。在这一点上处理问题的绝对唯心主义者将发现，自己被迫进入那 335
种与洛采所做一样的持续摇摆：同样一种时而粗暴抢夺、时而无偿馈赠的方案。一个简单的事实是：这里正是洛采所开始的地方；他曾看到原先的先验逻辑学家未触及我们被认为有限、反省性的思想与其自身前件的关系这一具体问题，因而他着手弥补这一缺陷。如果反省性思想被需要是因为构造性思想工作于感觉的外部限制条件下，那么，我们便有某些元素最终不过是存在、事件等等。或者，如果这些元素是从思想之外的某一源头得到组织的，并且不是作为纯印象等等，而是通过它们在某一整体中的位置而激起反省性思想的，我们就已经承认有可能离开理性而实现经验的组织化，因而设定纯粹构造性思想的根据就被抛弃了。

当我们从思想活动及其特有形式的方面来看时，矛盾同样会出现。毕竟，我们对构造性思想的所有知识都是通过考察反省性思想的运作而获得的。这一完美的思想体系极其完美，它是一个明亮而和谐的整体，不带确切的部分或区分——或者，如果有这样的部分或区分的话，也只是反省才将它们揭示。因此，构造性思想的范畴和方法必须根据反省性思想的工作法来刻画。然而，后者的发生仅仅是因为有关它产生于其中的特有条件的一种特有问题。以通过康德而变得熟悉的术语来说，它的工作是渐进性的、改革性的、重构性的、综合性的。因此，我们不仅没有理由把它的定势转移到“构造性”思想，而且被禁止做这样的转移尝试。把那些受制于对构造性思想的抵抗这一基本事实的逻辑过程、状态、技术、结果，等同于构造性思想的结构，我们发现，这完全是诉诸不同类属的一种谬误。起初，构造性和反省性思想根据它们的非相似性甚至对立性而得以界定；然
336 后，直接又把对后者的描述形式全部转移到前者！

这并非仅仅是一种有争议的批评。它直接指向了本书各章节的一个根本论题：在思想内部所发现的有关与感知相对的概念、有关各种样式和形式的判断、有关丰富多样的推理运作的所有区分——所有这些都在思想情境内部，它们出自一种特有的、先前的、典型的经验构成；它们的目的是要解决关于思想机能由以产生或发展而来的一种特定问题：从它所陷入的内在冲突中恢复出一种经过深思熟虑加以整合的经验。

先验主义逻辑的失败，其根源与经验主义逻辑（不论是纯粹形式，还是洛采所提出的混合形式）的失败一样。它把具有历史性或时间性起源和意义的那些事物绝对而固定地区分为存在和意义，区分为一种意义与另一种意义。它认为，思想就是试图一劳永逸地表现或规定实在，而不是尽量根据它们更为有效和重要的使用而确定其某些阶段或内容——而不是重构性的。每一种这样的逻辑所撞上的礁石都是：要么存在已经具有思想正试图给予它的那种规定，要么不具有。在前一情形下，思想是无用的重复；在后一情形下，它是虚假的。

批评洛采的重要性在于：他以特有的方式努力将一种先验主义的思想观念（即思想具有自己的能动形式，其自身是纯粹的）与某些关于思想依赖于具体经验前件的显明事实结合起来，这揭示了同时为经验主义逻辑和先验主义逻辑所有的根本缺陷。我们在两者那里发现了一个共同的不足：未能根据它们在重建经验上的必然功用而看待逻辑条件项和区分。

3.

与料和意义[1]

我们已经在经验素材上到达了一个冲突点。正是在这种冲突之中并因为这种冲突，素材或重要的可感特质(quales)作为素材凸显出来。只要太阳围绕地球转不存在疑问，这种"内容"就丝毫未被抽象出来。它与作为素材的经验形式或样式的区别，是反省工作。同一种冲突，使得其他经验呈现为可分辨的对象化；这些经验也不再是生活方式，而变成独特的观察和考虑对象。行星、日食等等的运行乃是例证。[2] 维持统一经验已经成为一种问题、一种目的，因为它不再安全可靠。但这涉及重新规定相冲突的元素，以使得它们能在新经验的世界中占有一席之地；它们必须以某种方式得以处理，而且可以经过处理后最终正如它们被规定的那样。就是说，它们不能被简单地否定、排除或消灭，它们必须被包含在内。但这样引入，显然要求对它们作或多或少的修改或变形。思想情境是对经验中一种组织的刻意维持，它要批判地考虑各种相互冲突的内容对某一地位的权利，并最终赋予它们一种位置。

337

338

① 最初以"思想及其题材：思想的与料"为题，发表于《逻辑理论研究》；修订后重印于《实验逻辑论文集》。

② 这仅仅是说，把对象呈现为具体不同的经验事物乃反省之事，把**被经验**(experienced)的某物区别于**施经验**(experiencing)的样式也是反省之事。当然，后一说法只是前一说法的一种特例；因为施经验之行为乃是许多可由原初经验中分辨出来的对象之一。在经过如此分辨后，它的存在地位完全等同于任何其他被区分出的对象；看(seeing)与所看之物处于同样的存在性层面上。但最初的经验是不带有对**什么**被经验以及**如何**施经验或施经验之样式的辨别的。我们在其中没有意识到看，也没有意识到**作为**所看之物的对象。所有处于非反省阶段的经验都不带有主体和对象之区分。其内部既包括有经过反省性分辨后那些位于有机体外部的对象，又包括那些指涉有机体的对象(该注释为修订时增加)。

冲突情境必然走向极化或二分。在不相容者的竞争中,有些东西未被触动。有某种东西保持安然,不受质疑。另一方面,有些可疑而不稳定的成分。这样便给出了一种框架,把领域一般性地分为"事实"、所与、所现、与料,和观念、目的、构想、推断。

a) 在思想过程任何一阶段上的任何问题情境中,都总是有某种东西不受质疑[①],即便它仅仅是冲突或紧张这一事实。因为这从来不会**只是**普遍紧张。它受到那些处于竞争中的特殊元素的彻底限定或特征描绘。因此,它是**这样的**冲突,是独一无二、不可取代的。它现在出现,正意味着它此前从未出现过;它现在接受检查并达到了某种确定性,意味着刚好**这样的**冲突永远不会重现。总之,冲突直接就是这样的而非任何别的种类,而且这种直接给予的性质是一种不可还原的与料。**它**是事实,即便所有其他的都是**可疑的**。随着它接受检查,它失去了含糊性并呈现更为确定的形式。

然而,唯有在非常极端的情形下,这种确定无疑的成分才最低降至我们这里所设想的条件项。某些事物作为事实凸显出来,而不论其他东西如何受到怀疑。太阳有某些**明显的**日间变化和某种年度路线或轨迹,行星有某些夜间变化和某
339 些季节规律性的路线,这些的意义可能受到质疑:它们到底**意谓**真正的太阳变化还是地球变化?但变化是存在的,而且是具有某种特定性和数值确定特征的变化。显然,这些突出的事实(存在[②])构成了思想机能中的与料、所与或所显。

b) 显然,这仅仅是总体情境中的一个关联面(correspondent)或事态。随着意识到**此**(this)作为确定的、作为所予要加以对付的东西,开始意识到一种对于**它作何所指**——它何以被理解或解释,即它的指涉和关联——的不确定性。事实在**作为**呈现或存在时,是确定的;**作为**意义(在有待获得的经验中的位置和关系),它们是可疑的。然而,怀疑并不排除记忆或预期。实际上,怀疑只有通过它们才是可能的。对于过去经验的记忆,使得"太阳围绕地球转"成为专注的对象。对于某些其他经验的回忆,唤起了地球每天绕轴旋转和每年围绕太阳转动这一观念。这些内容随着对变化的观察而出现,但至于关联性,它们仅仅是可能。由

---

① 当然,这样一种成分可以是不稳定的、理想的,并有可能是对某一其他情境的幻想。但由此得出结论说一切都是不确定的、突然的或如此等等,便把历史的变成了绝对的。这样所产生的是形而上学怀疑论,它不同于作为所有反省和科学探究固有因素的那种有效怀疑论。

② 原文为 ex-istences,从词根上看,有"突出在外"(stand out)的字面之意。——译者

此，它们被加以归类或处理：作为观念，作为意义，作为思想，作为构思、理解、解释事实的方式。

这里指涉上的相符，如存在上的相关一样，是明显的。在逻辑过程中，与料并非仅仅是外部存在，观念并非仅仅是心理存在，两者都是存在的样式——一个是**给予的**存在，一个是**可能的**、推断的存在。而如果后者从所指向的统一经验的观点被认为仅仅具有**可能的**存在，与料也要被视为不完全的、不确定的。或者，如我们通常所言，观念是印象、建议、猜想、理论、评估等等，而事实是天然的、原始的、未加组织的、素朴的。它们缺乏关系性即确定的地位，缺少连续性。作为与料绝对不受质疑的，仅仅是太阳相对位置的变化，是一种纯粹的抽象：或者是从所遗留下的有组织的经验的观点抽象，或者是从作为终点即目标的重组经验的观点抽象。它不可能作为持久对象。换言之，与料（datum）和观念（ideatum）是为了经济地处理有关经验整体性的维持问题所引入的劳动分工、合作手段。 340

再一次地，而且很快地，与料和观念会（而且肯定、实际会）各自分化为物理的和心灵的。只要"地球围绕太阳转"这一信念得以发展，过去的事实就分化为一个新的宇宙存在和一个新的心理条件——即认识到一种过程：据此，小星体对于每个遥远的大星体的运动被颠倒过来加以解释。我们不是仅仅消除旧有内容中的错误源头。我们重新对其进行解释，使它在自己的位置上有效即作为知觉心理学的一个例子，虽然其作为宇宙结构的素材是无效的。直到我们查明错误源头本身是一种完全真实的存在，我们是不会在科学上感到满足的。如果我们判定这条蛇不过是幻觉，我们的反省在主旨上是不会完整的，直到我们找到某种所存在的事实就像是有蛇存在一样，以此来说明那种幻觉。除非临时地，我们从来不止步于提到某个心灵或认知者作为错误源头。我们寻求的是一种特定存在。换言之，随着对所与的确定不断精确，基于方法论上的考虑而出现了感觉经验的**性质**或材料及其**形式**——感觉认识（sense-perceiving），它本身是一种心理事实，具有自己的地位和法则或关系——之间的区分。此外，旧有的太阳转动那种经验继续存在，但它被认为是属于"我"的——属于这样的经验个体，而非属于宇宙界。

于是，在思想情境的成长之**内部**并作为确定**具体**条件下**具体**真理的过程之一部分，我们在此首次获得了一种区分的线索：这种区分是现成的，位于所有思想之前的。它是洛采一开始所提出的，即印象质料区分于作为个人事件的印象。

这种区分从普遍来看产生了一种难以解决的难题。它出现在特殊的反省性探究内部，是对存在图式的一种必然分化。

341 同样一类事情也发生在思想或意义方面。日益得到认可的、正发展成为与料意义(meaning-of-datum)的那种意义或观念，具有逻辑上的、理智上的或客观上的作用力；而那种正失去地位、不断受怀疑的，却只配作为一种想法、想象、偏见、误解——或最终不过是一种错误、一种心灵过失。

在从**效力**上被认为是空想之后，它变成了纯粹想象的一种存在。[①] 它没有被消除，而是得到了一种新的指称或意义，因而主观性和客观性之间的区分并非意义本身和与料本身之间的区分。它作为一种规定性，相应地出现于与料和观念**两者**之中。在形成认可意义的过程中所遗留下来的那种东西，仍旧被刻画为真实的；但其真实性现在仅仅是相对于某一经验方式——相对于有机体的某一特性。那种运动所朝向的东西，被认为在宇宙的或机体外的意义上是真实的。

1. **思想的与料**。——当我们回到洛采时，我们发现，他把思想所呈现的材料即它的与料同与料由之得以组织或系统化的那些具有典型特征的思想方式清楚地区分开了。同时需要指出的是：他规定与料时所依据的条件，是不同于思想前情的那些界定条件的。从观念作用于其上的那种与料或材料的观点看，重要的不是同现、并置或连续，而是某一范围上的程度渐进；所要强调的不是时空排列下的事物，而是相互区分却又相似和同类的性质。每一印象都应彼此绝对不同，正如甜与暖之别一样，对于这一想法并无内在的不可设想性。但在值得注意的场合下，那样就不属实了。我们具有系列以及系列之网。我们具有同一类下
342 的多样性——多样的色彩、声音、气味、味道等等。换言之，与料对于思想幸好是先定安排好的感觉特性，它们是具有同一性的各种色差、程度、变异、性质下的某种东西。[②]

所有这一切，都是给予、呈现给我们的观念活动的。甚至共相，遍及蓝、绿、白等各种性质的那一共同色彩，也不是思想的产物，而是思想发现已存在着的某种东西。它制约着比较和相互区分。特殊地看，所有数学定值，不论是计算(数

---

① 但这是反省内部的一种缓慢进程。柏拉图对使人们意识到这种一般区分产生了重要的影响。不过，在他的思想和作品中，似乎“意象”(image)本身是一种奇怪的客观存在；它只是逐步地才被处理为个人经验的一个状态。

② Lotze, *Logic*, I, 28 - 34.

目)、程度(多少)还是数量(大小),全都具有与料的这种特性。这里,洛采以相当大的篇幅详述了一个事实,即思想之所以成功以及具有可能性,正是由于这种特有的普遍化或初步排序(*prima facie* ordering):以此,质料被给予思想。彼此毫无关系的两个事物的这种先定适合,当然造成了很大诧异并很值得庆幸。

不难明白洛采在描述思想质料时为何运用与描述思想先决条件时所用不同的范畴,即使根据他所说两者是绝对相同的。① 他在心中所想的是不同的**功能**。 343 一种情形是,质料必定被刻画为唤起性的、动机性的、刺激性的——从这种观点看,时空安排与连贯或关联相比而言的独有特征就得到了强调。但在另一情形下,质料必定被刻画为提供填充物、实际内容的。与料不仅是**对于**思想所给予的东西,而且也是**属于**思想的事物、原材料。一方面,它们必须被描述为完全在思想之外的,如此使得它们显然属于感性知觉领域。它们是既有**感知**的材料,不带有任何推断、判断、关联的影响。感知正是**不**出现在记忆或预期设计中的东西——它是直接的、不可还原的。另一方面,感觉**材料**是性质上的,可感特质是在一个共同基础上构成的。它们是共同性质上的不同程度或级别。因而它们具有了有关相互区分和指涉的某种现成的安置,那几乎(可能不是十分)已经算是作为思想明确特点的比较及关联效应的那种作用。

根据我们所说到的,很容易对这种神恩式的奇迹加以解释。与料实际上正是**作为**当下的、直接性的、所加以选取和留下的那种东西。因而,它们是**给予未来**思想的。但选择是根据思想需要而进行的;它不加变动、不经讨论地列举出思想可在此种特殊问题上依赖的那种资源。因此,不用奇怪,它对适用于思想的未来工作具有一种特有的合用性。在恰好抱着那种目的进行选择后,如果没有如

---

① 需要明白一点:显然,洛采最终被迫区分了思想前情的两个方面,其中之一是必要的以便有某种东西能唤起思想(一种缺乏或问题);另一个是为了在思想被激发后能随手找到与料——即可用于接受和回应思想作用的质料。"杂多的观念材料呈现在我们面前,不仅**在性质关系上具有系统秩序,而且富有各种局部性和时间性的组合。……异质观念的组合……构成了难题所在**:据此,思想**随后**将努力地把共存变成连贯。另一方面,同质或相似的观念引起对它们的重复加以区分、联结和计算"(*Logic*, I, 33, 34;楷体为我所加)。没有局部性和时间性并置的异质多样性,就不会有什么东西能激发思想。没有对于性质的系统安排,就不会有什么东西能对付思想,对于思想努力作出回报。**在思想之前的质料中**,性质关系的同质性提供了工具或手段,从而使得思想能够成功地应对在同一质料中所发现的那种异质的并置和结合!可能会有人认为,在洛采达到这一点时,他或许已开始怀疑:在他出色地进行思想刺激、思想质料和思想工具的相互调整时,他最终所处理的必定不是思想机能之前的某种东西,而是思想情境的必要结构和工具。

此相合，倒是会感到奇怪。一个人可以制造假钱用在他人的身上，但几乎不会有意将其流通到自己的手上。

我们在这里的困境是：心灵从对感觉与料的逻辑解释突然转到由抽象心理
344 探究而来的对感觉与料的现成观念。孤立的感觉特质以某种方式强加于我们而且强加于我们所有人，因而完全是从外部制约思想，而非作为由被经验事物中所选取（出于决定思想这一目的）的工具或元素而决定思想：这种信念太过于固定了。感觉特性**的确是**强加于我们的，但**不是普遍的**。经验的感觉与料总是出现**在语境之中**，它们总是呈现为连续性的变异。甚至打扰我的雷声（举一个明显具有非连续性和无关性的极端例子）之所以影响到我，也是因为它被视为雷声：作为与我的妻子、房间和屋子同在的空间世界的一部分。而且它之所以被看作是打断和扰乱的一种影响，**那是因为**它是共同的因果世界的一部分。这种连续性的解决方案本身是实践的或目的论的，因而预设和影响着生命过程中意图、工作和手段的连续性。它不是形而上学。它作为生物学，强化了一种观念，即实际的感觉不仅作为事件世界中一个事件是确定的，[①]而且是发生在控制和运用刺激的某一时期中的一种发生之事。[②]

2. **思想与料的形式**。——由于感觉与料是思想工作的质料集，思想由以开展的观念形式因此完全符合材料的需要。有关连贯之根据的那种“附属性”[③]概念，结果实际上并非对与料的一种形式的或外在的补充，而是对它们的重新限定。思想的附属性是指它起到一种共同作用，而非指它仅具有补遗作用。“思想”是要把纯粹的巧合消除掉而断定有根据的连贯。洛采澄清说，他最终不是把“思想”看作一种“自身”施加连贯形式的活动；而“思想”的组织工作只是渐进地实现所经验质料中的一种内在统一性或系统。思想借以施加其“附属”力量的特定
345 模式——名称、概念、判断和推理——是对最早作为与料呈现于我们的材料进行充分组织的连续阶段；它们是努力克服与料原始缺陷的连续阶段。概念开始于有关感觉的共相（共同成分）。然而（而且这是重要的一点），它并不简单地抽取出这

① *Supra*, pp. 322 - 323.

② 关于感觉经验与冲突性或紧张性经验中最强张力点的同一性，参看《心理学中的反射弧概念》(The Reflex Arc Concept in Psychology)，《心理学评论》，第3卷，第57页；《杜威早期著作》，第5卷，第96—109页。

③ 有关思想的“附属性”特征，参看：*Logic*, I, 7, 25 - 27, 61 etc。

样的共同成分，而是有意识地不顾自身差异性便将其加以一般化。这样一种“共相”不是连贯，这正是因为它没有**包括**和支配时间性和局部性的异质性。**真正的**概念(参见 *Logic*，I，38)是一种属性体系，它们基于某个基础或决定性、支配性原则而聚集在一起——这种基础能控制它自己的所有例示，以使得它们成为内在关联的一个整体；而且，它能指定自己的界限以排除所有其他的东西。如果我们把颜色抽象为各种色彩的某一共同元素，结果就不是一个科学观念或概念。为了给出它的概念，要发现一种光波过程，其各种不同的频率构成了光谱中的各个色彩。而当我们得到这样一种概念时，先前那种仅仅具有时间突兀性的色彩经验就让位于色彩体系中的有条理部分。这种逻辑产物——换言之，此种概念——并非一种形式上的标志或印记，它彻彻底底是处于动态连续性存在之中的与料关联。

把与料和观念相互之间的连续性转变表示出来的那种思想形式或样式是判断。判断揭示了对决定某个整体内部关联的一种原则的设定。它明确地把红色规定为色彩法则或过程**这样的**情形或例子，从而进一步克服了仍旧被概念所遗留下的题材或与料缺陷。[①] 现在，判断在逻辑上以析取形式终结。它给出了一 346

① 鲍桑奎(Bosanquet，*Logic*，I，30－34)和琼斯(Jones，*Philosophy of Lotze*，1895，Ch. 4)注意到洛采对判断的处理中有一种有趣矛盾。一方面，他的说法如上文所给出的那样，判断产生自概念，它阐明了蕴含在概念中的共相对于其自身殊相的决定关系；但另一方面，判断根本不产生自概念，而产生自有关在变化中确定关联这一问题。洛采名义上为后一观点所提供的理由是：概念世界是纯粹静态的；由于现实世界是一种变化世界，我们需要鉴定出在变化中真正联系在一起的(因果性的)东西，以区别于诸如纯粹巧合性的那些东西。但是，琼斯清楚表明，它也与一种事实有关，即虽然洛采名义上断言判断产生自概念，但他把概念作为判断的结果。这是由于第一种观点使判断仅仅成为对观念内容的阐释，因而仅仅是阐释性的或分析性的(在康德意义上)，因此要将之适用于实在的话是极其可疑的。这种事情太大而不能在此讨论，我将只是提到讨论过的(参看本卷边码第 342 页，注释)在冲突性内容之间的摇摆不定以及感觉特性的分级。由前者所产生出的是判断，因为判断是整个情境本身；概念可以指后者，因为它是整体(对于与料可能意义的解决)之内的一种抽象，正如与料作为另一种抽象一样。实际上，由于感觉与料不是绝对的而出现在历史语境下，被认为构成与料的那些特性仅仅界定了冲突在整个情境中的处所。它们所修饰的是抵触性事物中的紧张内容，而非安稳平静的基本因素。在《逻辑学》第 1 卷第 33 页和 34 页上，洛采认识到(如我们刚刚所看到的)，事实上，激起思想并为其提供材料的既是具有系统分级或数量定值的感觉特性(有关承认数量在真正概念中的必要地位，参看 *Logic*，I，34)，**又是**那种“丰富多样的局部性和时间性组合”。但是，通常他只是把这看作一种历史巧合，而并不认为提供了整个问题的唯一钥匙。总之，异质的并列和连续构成了激发思想的那种问题成分，而感觉特性的数量定值提供了思想借以解决问题的两个主要手段之一。它即是把原来的抵触性内容化归为一种形式：借此，经过重新整合的努力可达到最大效力。概念，作为理想意义，当然是另一种手段。它把各种可能的与料意义进行变形，使得它们有效用于分析与料。这对于判断主词和谓词的关系不可能在此讨论。

种共相，可以决定大量可选择的特定殊相中的任何一个，但至于选择什么样的一个却是随意的。系统性推理阐明了法则或支配性共相据此应用于这个而非那个可选殊相的物质条件，因此它完成了对于题材的理想组织。如果这一活动是完好的，我们将最终拥有一个整体；据此，我们将知道那些决定性和有效性或权威性的成分，以及依此其他东西由它们而得出的那种发展次序或依赖层级。①

347 根据洛采对思想形式的运作的这种解说，我们面前显然出现了一幅图景：一方面是对与料的连续而相关的决定，另一方面是对观念或意义的决定，直至经验重新得以整合，与料完全得以界定和关联，观念成为题材的相关意义。无疑，我们这里大致描述的是实际所发生的。但同样很少有疑问的是：这种描述可能与洛采的那些假定完全不一致，即思想的质料或与料完全与思想前情一样；或者，观念、概念是某种纯粹心灵的东西，它们作为思想唯有的本质特征由外部施加于现成备好的质料。这只意味着一件事：具有冲突性内容的经验要想维持统一性和整体性，只能借助于把得以精确描述和正确关联的事实与得以充分分析和适当指涉的意义作严格对应的区分。与料是思想情境之中所给予的，而且是为了进而限定思想或意义。但即便在这一点上，也出现了难题。探明什么是所与，这种探究把反省推向极致。科学方法上每一重要的进步都意味着更好的凭借、更巧妙的技术，不过是为了把完全在那里的或所给予的加以分离和描述。有能力探明在某一特殊探究中什么可以可靠地作为在那里的、作为所给予的，因而可作为一种质料而得以进行有条理和可证实的推理、富有成果的猜测及持有解释性和说明性的观念，此乃系统的科学探究的一个努力阶段。它表示的是归纳阶段。把在更为复杂的情境中发现是可靠证据的东西，当作似乎是绝对或孤立所给予的或不涉及某一特殊的历史位置和语境，这是作为逻辑理论的经验主义的谬误之所在。把概念、判断、推理等思想形式看作是对“纯粹而不带有任何对象差异的思想”的限定，而不是作为质料（或对象）得以渐进组织中所出现的连续倾向，这是理性主义的谬误。像康德一样，洛采试图将两者结合起来，由此认为它们可以相互修正。

348 洛采认识到，如果感觉与料是最终与料，如果唯独它们才是真实的、真正存在的、独立的和有效的，思想就是无用的。他看到，如果经验主义关于所给予与

① 有关洛采对这些区分的处理，参见：*Logic*，I，38，59，61，105，129，197。

料的真正品格的设定是正确的话，思想就会是荒谬的妄求者，要么吃力而可怜地重复做那些不需要做的事情，要么固执地偏离真理。他意识到，思想是因为有需要才被激起的，并且思想要做的工作不仅是形式上的而且导致对经验题材的修改。由此，他设定了一种思自体(thought-in-itself)：带有它自身的某些行动形式和样式，带有一个拥有自身指导和规范品格的意义领域——理性主义的谬误之根。他试图在两者之间所做的折衷，结果是基于对两者不合理观念的一种设定——一方面是所给予思想的独立质料的观念，另一方面是思想形式的独立品格或作用力的观念。

如此指出矛盾会显得陈腐无用，除非我们将它们重新联系到其根源——把作为发生学和历史学上的、作为可行性或工具性分工的区分变成僵硬、现成的实在结构上的差异。洛采清楚地认识到，思想的本性是依赖于其目标的，而其目标依赖于它的难题，这种难题又依赖于它在其中找到动机和借口的那种情境。它的工作是为其裁减出来的。它所做的不是它将会做的，而是它必须做的。如洛采所言，“逻辑学与思想有关，但那不是假言条件下的思想样子，而是实际上所是的那种思想”(*Logic*, I, 33)，这种说法显然是与大意为思想质料特性制约思想活动的那些说法结合起来的。同样地，在我们已经引用过的一个段落中，他说：“思想产出的可能性和成功度，一般取决于对观念世界整体的一种原初构造和组织；这种构造虽然在思想中不必要，对于使得思想成为可能却尤为必要。”①

我们已经看到，概念、判断、推理的本质特性取决于所提供质料的特性，而它 349
们作为形式的重要性取决于它们开始于其中的那一组织阶段。

由此，只有一种结论是可能的。如果思想本性取决于其现实条件和环境，首要的逻辑问题就是研究处于制约之中的思想(thought-in-its-conditioning)，那就是找到思想与其题材相互区分、相互参照出现于其中的那种危机。但洛采如此彻底地束缚于某种现成前情，以至于这种发生学考虑对他毫无价值。历史学方法仅仅是心理学之事，它毫无逻辑品格(*Logic*, I, 2)。我们必须预设一种心理机制和心理质料，但逻辑学无关于起源或历史，而有关于权威、品格、价值(*Logic*, I, 10)。再有：“逻辑学不关注思想所利用的那些元素得以存在的方式，而是关注它们在以某种方式存在*之后*对开展理智运作的价值。”(*Logic*, I, 34)

① *Logic*, I, 36; see also II, 290, 291.

最后:“我在全部工作中都坚持,逻辑学不可能从对**思想作为心理过程所出现于其中的那些条件**的讨论中获得任何重要的好处。逻辑形式的重要性……在于有关思想的表达中,在于它所强加于思想活动之后或期间的那些法则,而不在于位于某种产生思想之物背后的那些条件。”①

实际上,洛采代表了逻辑理论进化中的一个踌躇阶段。他走得太远而不能满足于重复纯粹形式的思想本身那些纯粹形式的区分。他认识到,形式思想是某种质料的形式,其作用仅仅是把那种质料加以组织以符合理性的理想要求;而
350 且,“理性”实际上只是对质料或内容的一种充分系统化。由此,他开始承认提供此种质料的“心理过程”。在把质料放进来之后,他必定在面对质料由以前行的那些过程时,又关闭大门——把它们作为不相干的入侵者而加以排除。如果思想是以如此秘密的方式获得与料的,就再也不会奇怪有关思想关涉质料的合法性问题仍旧是悬而未决的。逻辑理论,就像哲学科学的每一分支一样,有赖于放弃这样一种顽固信念,即虽然思想的工作和目标受到提供给它的那种质料的制约,但对于它绩效**品格**的判断要完全脱离开起源和发展条件。

① *Logic*, II, 246;同样的内容重复在 II, 250 处,那里起源问题被作为逻辑学的一种腐化而提起。某些心理活动作为逻辑运作的“条件和机缘”是必要的,但“心理机制与思想之间的深刻鸿沟仍未填补”。

4.

思想的对象[1]

在前面的讨论中，特别是在前一章中，我们不断被引向一种认识，即思想具 351
有它自己独特的对象。有时候洛采倾向于让步，把思想全然根据它对完全外在的质料所进行的活动样式和形式来界定。但是，有两种动机一直把他往另一方向上推。(1)思想所要做的是一种独特工作，其中包括对所呈现质料的(至少是)**关系性**进行性质转变；它只要一完成这种工作，题材就以某种方式变成了思想之题材。我们刚刚已经看到，与料逐步得以组织，以符合思想的整个完整理想，其内部成分按照某一决定性原则而相互关联。这种渐进性组织对与料与思想形式彼此之间起初完全不相关这一设定造成了怀疑。(2)一个类似的动机是从题材方面引发的。作为纯粹相异和外部的东西，它过于异质化而不能接受思想的作用和影响。如我们在第一章中所见，观念作为一种便利工具，使得洛采由此从纯粹异质化的、完全无关于思想意图和工作方式的心理印象或事件过渡到可对思想作出回报的一种事态。观念作为意义，构成了由具有素朴事实性的心理印象过渡到具有连贯价值的思想自身内容的一道桥梁。

我们在本章要从两个观点来考察有关观念或思想内容的问题：第一，这样一
种内容的**可能性**——它与洛采的根本前提的矛盾；第二，它的**客观特征**——它的 352
效力和验证。

I. 有关特定思想内容的可能性问题，是一个有关观念之作为意义的本性的

① 最初以“思想及其题材：思想的内容和对象”为题，发表于《逻辑理论研究》；修订后重印于《实验逻辑论文集》。

问题。**意义**是思想的典型对象。我们至今没有质疑洛采一直所设定的作为某种思想单元、作为思想结构基石的意义。在洛采对意义的论述中，他关于思想前件、与料和内容的自相矛盾导致了最充分结果。他明确地使意义成为思想活动的产物，同时又成为思想运作由以产生的未经反省的质料。

这种矛盾已经被琼斯教授精确而完整地呈现出来。[①] 他将其总结如下(pp. 98—99)："他(洛采)没有其他办法，除非这样：首先把一切都赋予感觉，然后把一切都赋予思想，而最后之所以把某种东西赋予思想只是因为它已经在其质料中。这种**摇摆性**对于他的理论是绝对必要的；根据他对它们的描述，知识成分只有通过彼此交替抢夺才能存在下去。"我们已经看到，洛采极力坚持一种事实，即所给予的思想题材完全被视为一种物理机制的作用结果，"不涉及任何思想行动"。[②] 但洛采同时指出，如果心理机制的产物"容许以特定的**思想**形式进行组合，它们每个都需要先有某种改造，以使得它们作为逻辑基石并把它们由**印象**转变为**观念**。没有什么东西真正会比这种初步的思想运作更为我们所熟悉了；我们通常忽视它，其唯一理由就是在我们所继承的语言中，它已经得以贯彻，因此它似乎属于思想的自明预设，**而不属于它自己的特定工作**"。[③] 再有(*Logic*, I, 23)，判
353 断"仅仅在于不再作为纯印象的观念之间的组合：每一种这样的观念必定至少经历过上文所提到的那种简单构成"。洛采进而主张，这样的观念已经是初步的概念——也就是说，逻辑决定性。

把在其他地方明确赋予任何思想活动之前心理机制的那些事务条件赋予一种预备性的特定思想工作，这其中的逻辑矛盾是显然的，但它不应妨碍我们认识其重要性和相对必要性。还记得，印象不过是我们自身意识的一种状态——我们自身的一种情绪。如此说来，它仅仅具有一个事件与其他相似事件之间的事实关系。但反省性思想所关注的，是一种内容或材料与其他内容之间的关系。因此，印象必须在能到达思想作用范围之前具有一种材料。它该如何确保这一点呢？呃，通过一种预备性的思想活动，把印象加以对象化。蓝色作为纯粹的感官刺激或知觉，被给予一种性质："蓝色"这一意义——蓝(blueness)；感觉印象得

---

① Jones, *Philosophy of Lotze*, Ch. 3, "Thought and the Preliminary Process of Experience."

② *Logic*, I, 38.

③ *Logic*, I, 13.

到了对象化;它所呈现的"不再是我们所经历的一种条件,而是本身具有存在和意义,而且不论我们是否意识到,其都继续作为它之所是、意谓它所意谓的某种东西。很容易看到这里**必然要有我们上面应用于思想本身的那种活动**:它尚未能够把共存转变为连贯。首先它必须完成前面的一种任务:赋予每一单个印象一种独立效力,没有这一步,后面把真正的连贯与纯粹的共存对立起来,就失去了任何可理解的意义"①。

这种对象化把一种感觉状态转变为感觉状态所指的一种可感材料,它同时给予这种材料一种"位置"即某种典型特征。它不是以纯粹的一般方式加以对象化的,而是给予一种特定种类的客观性。在这些类别的客观性中,有三种要提起:实质内容的;附着依赖型内容的;把各种内容彼此关联起来的一种能动关系 354
性的。简言之,我们有以名词形式、形容词形式、动词形式体现在语言中的那些意义类型。通过思想的这种预备性构成活动,反省性或**逻辑的**思想呈现了一种意义世界:诸种意义以相对独立和依赖的次序加以排列,而且被安排成为其各个构成部分相互影响彼此意义的一种意义复合体中的成分。②

如通常一样,洛采把**由**思想所构造的质料和仅仅呈现**给**思想的同样质料之间的矛盾加以调和,他借助于一种更进一步的设定物:它与每一方都完全不同,但在交替与各方建立联系之后,它似乎弥合了那一鸿沟。在如上描述了思想的先前性构造工作之后,他接着讨论了介于这个与第三个思想阶段即真正反省性思想之间的**第二个**思想阶段。这第二种活动是把所经验到的可感特质分系列、分组加以安排,从而给予各种不同的情形某种共相或共同的某物(我们已经描述过这一点,参看本卷边码第 342—343 页)。一方面,明确规定这第二个思想活动阶段实际上与第一个阶段**一样**。这是由于所有客观化都包括定位,定位涉及把一种材料与其他材料区分开来,而这又涉及到将它置于一个系列或分组中:以此,每一种在其差异程度和本性上都足以与所有其他划分开。我们被告知,我们仅仅是从两个不同侧面来考察思想的"一种真正密不可分的运作"的:第一,关于发挥对象化作用的思想对于与知觉**主体**相对立的那种材料的效果;第二,这种对

① *Logic*, I, 14.

② 参见:*Logic*, I, 16-20。在第 22 页上,这种工作被宣称不仅是首位的,而且是所有思想运作中最不可或缺的。

象化对于与其他材料有关的那种材料的效果。① 然而，后来这两种运作被宣称是在类型和本性上根本不同的。第一个是决定性的和构成性的；它给予观念“一种塑造，无之，逻辑精神将不可能接受观念”。在某种程度上它发布“自己的法
355 则，给予它的题材”。② 第二种思想活动却是被动的和接受性的。它只认识到那里所有的东西。“在找不到已在印象问题中的东西的地方，思想是不做什么区别的。”③“我们看到，最初的共相只能在直接感知中才能经验到。它并非思想的产物，而是思想所发现已经存在着的某种东西。”④

与这种进一步矛盾的显然性相伴的，还有它的不可避免性。思想是不确定的，它在对意义的处理上随意而狂放，除非它从现实经验中获得起步和暗示。因此，有必要坚持把思想活动作为仅仅是认可所已经给予的内容。但是，另一方面，在思想工作之前，对于洛采来说没有任何内容或意义。需要有思想工作把某种东西从感觉刺激之流中分离出来，并赋予它思想自身的一种意义。任何著作者只要不愿意从它们在经验运动中发生条件的观点来把思想活动和思想内容的本性看作是关联性的，这种两难就是不可避免的。而从这样的一种观点看，解决原则是很显然的。我们已经看到(本卷边码第 327—328 页)，经验的内部分歧导致原先整合在具体经验中的某些因素分离出来，成为具有自身特性色彩的诸面向；而且，它们暂时(把整体暂时打破，以变成作为未来一种重构经验的直接性质)归入到一种纯粹意义的世界、一种到处都是理想的领域。接着，这些意义变成思想工具以解释与料，正如对所呈现情境加以界定的感觉特性作为思想的直
356 接材料一样。两者相互指涉时就是内容。就是说，与料和意义彼此相互限定，构成了思想的目标(objective)。

达到这种统一，是思想的目标或目的。反省性探究的每一连续断面都代表

① *Logic*, I, 26.

② *Logic*, I, 35.

③ *Logic*, I, 36. 参看已经引用过的那些强说法，本卷第 321—322 页。如果这一标准应用于上文所提到的第一种思想活动：把纯粹状态转变为持久特性或意义的那种原初对象化，结果会如何呢？这就是说，倘若有人说第一种发挥对象化作用的活动不可能从纯粹的感觉状态得出实质性的(或附着的)可感特质，它就必须找到那里所已经作出的一种区分！显然，我们将立刻得到一种无穷后退。我们在此发现洛采直接面对着这样一种根本的两难：思想要么随意强加自己的区分，要么只是重复已经存在于那里的东西——要么是错误的，要么是无用的。关于对印象的影响，我们已讨论过这同一种矛盾，参看本卷第 323 页。

④ *Logic*, I, 31.

着某种理所当然视为先前思想的结果，并作为未来反省性程序之决定因素的东西。它们被用以界定思想机能所达到的程度，并充当未来思想中的构成单元，因此是内容或逻辑对象。洛采把所给予思想的质料和作为思想自身“基石”的内容彼此等同并对立起来，这是他可靠的直觉。他的矛盾只是源于一种事实，即他的绝对的、非历史的方法使得他不可能在一种可用因而相对的意义上解释这种既等同又区分的情况。

II. 有关意义或思想内容的存在何以被理解的问题，不知不觉融为一个有关此种内容真正客观性或有效性的问题。洛采所考虑的困境是现在常见的一种：只要他的逻辑学迫使他认为这些意义是思想的拥有和产品（由于思想是一种独立活动），观念就仅仅是观念；除了对它们自身相互一致性的一种非常不当的形式检验之外，不存在任何客观性检验。出于对此的反应，洛采重新回到一种想法，即这些内容是在印象自身内所给予的原有材料。这里似乎有一种客观的或外部的检验。借此，思想运作的实在性可得到试验；一种既定观念得到证实或表明为错，根据对它与经验材料本身的符合性所作的测度。但是，我们现在的情况并没有好起来。印象与思想原有的独立性和异质性如此之大，以至于无法将后者的结果与前者相比。我们不可能把品格区分与纯粹的事实存在差异进行比较或对比（*Logic*, I, 2）。客观性的标准或测试是彻彻底底外部的，根据原有定义，它完全处于思想领域之外。思想如何把意义与存在进行比较呢？

再或者，经验中不带有思想的所予质料，恰恰是相对混乱和无组织的；它甚 357
至降为一种心理事件序列。要我们把科学探究的最高结果与我们自身感觉状态的单纯序列比较，甚或与正是因为其片段性和不确定特征才着手科学探究的那些原初与料进行比较，有什么意义呢？前者如何能在某种意义上对后者的价值进行检查或测验呢？这明明是通过与所构建意义系统由以产生的那种有缺陷的东西进行比较，对一种意义体系的有效性进行检验。

我们随后的探究只是要找出那种典型由一端走向另一端的跷跷板游戏的某些状态。那是现在所熟悉的一种两难：要么思想分离于经验材料；要么思想的客观结果已经在前件质料中，因而思想要么是不必要的，要么无法对其自身绩效进行验证。

1. 我们已经看到，洛采对于每一种由自身独立而看的意义或限定内容，设定了某种独立效力。“蓝色”由自身独立具有某种意义；它是意识本身的一个对象，而非仅仅是它的状态或情绪。在它由之得以间接产生的原有感觉刺激消失之后，它持续作为一种有效意义。此外，它也是他者的一种思想对象或内容。因而它具有双重的效力标记：在我们自身经验的一部分与另一部分相比中，以及在我的整体经验与他人的比较中。这里，我们具有了根本不产生有关形而上实在性的问题的某种有效性(*Logic*, I, 14, 15)。洛采因此似乎避免了必然以思想自身领域之外某一实在用作观念有效性的检验或测试。诸如"联合"、"选举权"、"构造"、"代数零点"等等，这些词声称拥有客观有效性。然而，这些词中无一承认指涉思想之外的一种实在性。对这种观点进行概括，意义的有效性或客观性
358 仅仅意味着"对所有意识都同一的"那种东西(*Logic*, I, 3)；"思想世界的某些部分指示思想心灵之外具有独立实在性的某种东西，或是它所包含的一切都仅仅存在于进行思考的那些人思想中而且对于他们所有人具有同样的效力，这是完全无关的"(*Logic*, I, 16)。

至此，似乎畅通无阻。然而，我们一旦询问何谓"所有思想的自我同一内容"，困难就显现了。那得以静态方式还是以动态方式来理解？就是说，它所表达的事实是指既有内容或意义实际上呈现于所有类似的意识吗？这种同等出现能保证一种客观性吗？或者，赋予既有意义或内容的有效性是说，它指引和控制未来的思想行为并因而指引和控制着未来新知识对象的形成？

唯有前一种解释符合洛采的想法，即独立观念本身被赋予某种有效性或客观性。唯有它符合他的主张，即概念在判断之前。也就是说，唯有它符合这样一种观念，即反省性思想在一开始就被给予一种观念或意义领域。但他是不可能接受那样一种说法的。根据洛采的说法，促使思想不断从观念或概念进入到判断和推理的刺激，实际上不过是缺乏有效性和客观性的、其原来独立的意义或内容。独立的意义恰恰就是不具有有效性的一种东西，它是一种纯粹的观念、一种"想法"、一种幻想，或最多是一种结果可证明有效的猜测(当然这表示可能有所指)，一种由未来积极使用而决定其价值的观点。"蓝色"作为单纯的孤立漂浮着的意义，作为普遍的一种观念，它之所以获得有效性并不只是因为在某一既有意识中持续存有，或是因为在同一时刻成为所有人类意识所关注的持存对象。如果所需要的就是这一切，奇想、半人怪兽或任何其他主观臆造就很容易获得有效性。"基督教科学"正是把这样一种想法作为它哲学基础的。

359 一个简单的事实是：在阐释"蓝色"、"选举权"、"联合"这些词时，洛采所本能

地考虑的情形并不是纯粹独立和分离的意义，而是包括了一种经验领域，一种相互决定性社会活动领域。认为指涉一种社会活动并非意味着与在物理问题上所发现的那同样一种超越性的意义指涉，因而可以说，完全不带有对于意义外存在的那种指称问题，这是人类思想领域曾发现的最为奇怪的观念之一。物理指称和社会指称，或者两者都是或者两者都不是逻辑上的；如果都不是，那是因为意义在最初是运行于带有自身检验性的一种特定情境中的（参看本卷边码第311—312页）。洛采的构想要想成为可能，只有通过无意识地把作为活动安排中决定因素的那种真正的对象定义替换为这样一种想法，即对象是一种为大量个人所有的思想内容（或者对于每一意识来说的某种事实东西）。后者符合洛采的思想观念，但至于有效性或意向却是完全不确定的。前者是在所有具体思想中所实验性地运用到的一种测验，但它意味着要对洛采的设定作根本的转变。关于联合、选举权或蓝色的某一给定观念是有效的，并非因为每一个人都碰巧持有它，而是因为它表达了既有经验运动中的控制或指引因素。对于观念有效性的检验[①]，是观念在促使相对冲突性经验转变为相对整合性经验方面的功能性或工具性运用。如果洛采的观点正确的话，"蓝色"一旦为有效将永远有效——即便实际上为满足特定条件所要求的是红色或绿色。这就是说，有效性实际上指在断定联系时有关施行上的正确性或适当性——而不是指作为独立沉思的一种意义。

如果我们再次提到一个事实，即真正的思想前情是结构元素处于无组织的 *360*
一种情境，我们便很容易理解某些内容何以会独立分开地视为现实或可能的意义或所指。我们可以理解，这些分离内容何以会用于引起对整个经验的检验，并为维持行为整体性而进行的重构提供立场和方法。我们可以理解，对意义有效性的测度何以是根据并非纯粹意义的某种东西、根据超出其原样的某种东西——即，意义作为控制方法而进入其中的那种对于经验的重构。日常经验和科学探究把客观性同样地给予知觉材料和所构设关系——给予事实和法则——这种悖论并不构成特别的困难，因为对客观性的检验是处处一样的：任何东西都是根据它借助于冲突而控制经验运动达到重构性转变，才成为客观的。并不是首先有一种感官知觉或概念对象，后来它以某种方式施加这种控制性影响；而是

① 我们已经看到，概念、意义本身总是反省情境中的一个因素或状态；它总是一个判断谓词，用于解释和发展逻辑主词或知觉与料。

说，作为客观性的乃能发挥控制功能的任意存在。它可以仅仅控制探究活动，它可以仅仅着手怀疑，但这都是对后来经验的指引，而且在此程度上乃客观性的一种记号。它是必须认真对付的东西。

对于具有自身有效性的思想内容或意义，就说这些。它所具有的不是一种孤立或既定或静态的意义；它是在动态指称、在用于决定未来经验运动中具有意义的。换言之，为了完成统一经验进化中某一职责而选取和制作的那种“意义”，其检验方式只能是看它是否完成了它所想要完成和打算完成的事情。①

361 2. 洛采必须更进一步面对这种有效性问题：什么构成了作为总体态度、活动或机能的思想客观性？根据他自己的说法，意义或有效观念最终不过是逻辑思想的基石。有效性因而并非它们独立存在时的一种属性，而是它们彼此相互指称时的一种属性。思想作为一种过程，是要设立这些相关指涉并把各种散乱而分离的基石构造成为连贯的思想体系。在体现于各种类型的判断以及各种形式的推理中，各种思想的有效性是什么？直言判断、假言判断、析取判断；归纳推理、类比推理、数学方程推理；划分法，解释理论——所有这些都是反省过程：借此，有组织的整体关联被赋予思想一开始所具有的那些片断意义。对于这些过程的有效性，我们该说些什么呢？

洛采有一点是非常清晰的。这些各种不同的逻辑活动并非真的参与对有效世界的构造。逻辑形式本身只能在思想过程中保持。有效真理的世界并不经历一系列扭曲和进化，就像是我们自身思想进程中所特有的那些接连进步又退步，接连尝试性的试验、撤消又重来。②

洛采明确表示，唯有思想过程所导致的思想内容才具有客观有效性；思想行动“只不过是我们自身心灵的一种内部运动，它由于对我们本性以及我们在世界

---

① 罗伊斯在《世界与个体》第一卷第6和7章中批评了有效意义的这种观念，但其批评方式暗含着有效性和实在性之间存在差别，认为有效观念的意义或内容只有在直接感觉中所经验到时才成为实在性的。当然，前述蕴含着有效性与实在性之间有差别，但认为有效性检验在于发挥观念所声称或主张的一种指引或控制功能。同样的一种观点，会对罗伊斯有关他所谓“内部”和“外部”意义的解释带来深刻的改动。参见：摩尔，论“存在、意义和实在”，《芝加哥大学十周年出版物》(*University of Chicago Decennial Publications*)，第3卷。

② *Logic*, II, 257, 265, and in general Bk. III, Ch. 4. 重要的一点是：作为思想行动而与其自身内容相对的思想本身在此被当作心理上的而非逻辑上的。因而，我们在文中看到，这使得他又面对一个困难：一种根据职权来说纯粹心理和主观的过程如何能产生逻辑上(更不用说本体论意义上)有效的结论。

上地位的构造而对我们成为必要的”(*Logic*, II, 279)。

这里,有效性问题显示为一种有关思想行动与其自身产物之间关系的问题。 362
洛采在他的解决方案中运用了两个隐喻:一个源于建筑工作,另一个源于旅行。建造一个建筑物必然需要某些工具以及外在的构架、工作台、脚手架等等,它们对于实现最终构物是必要的,但并没有进入建筑物本身中。此种活动对于产品具有一种工具性的但不是构造性的价值。类似地,为了从山顶获得景观——这种景观是客观的——旅行者不得不事先经历迂回道路前行。再一次地,这些都是前提条件,但并不构成所达到景观的一部分。

有关与思想内容相区分的思想活动的问题所铺开的一个难题实在太大,不可能在此得到完整考虑。然而,所幸前面的讨论使得我们能够限于这里所关注的议题。难题就是:是思想活动要被视为完全由外部附加在前件之上并从外部对与料加以指引的一种独立机能,还是它标志着经验进程(不论是实践的、艺术的、社会倾向的等等)为了得到有意控制而经历的一种转变阶段?如果是后者,一种完全可理解的意义便可赋予这样一个命题,即思想活动是工具性的,其品格不在于它自身连续的状态本身,而在于它所带来的结果。而若思想作为一种独立活动,以某种方式发生在独立前件之后对独立题材发挥作用,并最终导致一个独立结果。这种想法,只会使我们面临更多的疑难。

我不是要质疑思想严格的工具性特征。问题不在这里,而在于对工具本性的解释。洛采立场的困境是,它迫使我们接受一种有关手段和目的的设定:它们彼此之间只不过是外在关系,然而却必然相互依赖——这种立场无论何时出现,
都是完全自相矛盾的。洛采摇摆不定,时而把思想视为外部意义上的工作,是在 363
最终建筑物中毫无地位或分量的纯粹脚手架;时而把思想视为一种内在固有的工具,视为建筑工作本身组成部分的一种脚手架,它的设立是因为建筑活动只有借助和通过脚手架才能有效进行。唯有在前者意义上,脚手架才能看作是纯粹的工具。在后者意义上,外部脚手架并非器具;实际工具是有关设立建筑物的行动,而这一行动其中有脚手架作为其本身的一个构成部分。建筑工作并非与所完成的建筑物相对立,就像纯粹手段与目的之间的关系一样;它正是在过程中或从历史、纵向、时间上来看所采取的目的。此外,脚手架不是建造过程的外部手段,而是一个有机成分。“建筑”(building)具有双重意义,即同时意谓过程和所完成的产品,这并非纯粹的语言巧合。思想产出是开展至完成阶段的思想活动;

另一方面，思想活动是从尚未实现因而仍在继续的某一点所看到的思想产出。

唯一阻止我们轻松而直接地接受这一观点的一种考虑，是把思想作为某种纯粹形式东西的想法。奇怪的是：经验主义者没有看到，他坚持认为材料是偶然地给予思想的，这只会强化理性主义者那里所认为的思想作为独立活动、与经验事务实际构成相分离的观点。思想作为施加于某些感知或意象或对象之上一种纯粹形式的活动，这提出了一个绝对无意义的命题。心理学上把思想等同于联想过程，则更接近于真理。实际上，它是在通向真理的路上。要领会思想如何完全是一种对现实经验内容彼此关系的重构运动，我们只需要认识到，联想是关于材料或意义的，而非关于作为存在或事件的观念的；我们所谓思想的那一类联想与随意的空想和幻想的区别，在于它是根据一种目的而控制的。

364 不足为奇的一个事实是，工具和质料在获得有效结论的过程中相互适应。如果它们在源头上彼此外在并外在于结果，实际上，这整个事情就提出了一个难以解决的问题——其如此难以解决，以至于如果这是事态的真正条件，那么我们将甚至从来不知道存在着一个问题。但是，实际上，质料和工具都是根据在引起所渴求目的——维持一种和谐的经验——方面的经济和效力而获取并确定下来的。建筑者发现他的建筑是指建筑工具，同时也指建筑质料。它们各个都是根据其在整个功能上的合用性而逐步进展而来；而且，这种进展都时时根据其自身的关联方得以检验。木匠并非普遍地对其建筑进行思考然后构建出全部工具，而是说他根据所进入其中的质料来思考他的建筑，并通过此种途径来考虑有益的工具。

这并非一个形式问题，而是有关实际进入经验之中的那些材料的地位和关系的问题。而且，它们反过来决定了正好采取那样的心理态度，正好运用那些心智运作，以最为有效地处理和组织质料。思想通过对特殊客观内容的调整而适应于一种目的。

思想者像木匠一样，他在过程的每一阶段都同时受到所面对的特殊情境的刺激和控制。一个人正处于期望新房子的阶段，那么，他的质料包括可获得的资源、劳动价格、建筑成本；他的家庭、职业等等的状况和需求；他的工具有纸、笔和圆规，或可能有作为信用器具(credit instrumentality)的银行等等。接着，工作开始。基础打下了。这反过来又决定其自身特定的质料和工具。接下来，建筑物就差不多要开始入住了。具体过程是：移开脚手架，清理地面，布置和装饰房间，等等。这一特定运作又决定了其自身的一套装备或相关的质料和工具。它界定

了开始和停止运用那些质料和工具的时间、形式和方法。逻辑理论将如认知实 365
践一样进展顺利,只要它严格坚持和遵守经验循环进化中每一连续阶段上所固有的指引和检验。有关思想过程有效性的一般问题不同于某一过程的有效性,它只有在思想脱离其历史位置和物质语境时才会出现(参看前文,边码第311页)。

3. 但洛采仍未解决有效性这一问题,即便从他自己的立场来看。他的立足点又发生了转变。它不再是有关思想被认为一开始所具有的那种观念或意义的有效性问题,它不再是有关根据其自身产出而进行的思想过程的有效性问题;它是有关产出有效性的问题。最终,倘若最后的意义或逻辑的观念是完全连贯和条理化的,倘若它是所有意识本身的一种对象,这又一次产生了一个问题:甚至最连贯和完整的观念,其有效性是什么?——这个问题一出现就不会消除。我们可把有关狮头怪物的想法加以重构,直到它不再是一种独立观念而成为希腊神话体系中的一个部分。当它不再作为独立神话而成为神话体系中一个成分时,它就获得了有效性吗?它过去是神话,就永远是神话。神话集不是通过增大而获得有效性的。我们如何知道对作为我们极其认真而广泛的科学探究产物的那些观念并非同样如此呢?再说一次,把内容视为所有意识的自我同一对象,毫无用处;幻觉的题材,不是按照其社会触染性而获得有效性的。

根据洛采的说法,最后的产出终究仍旧是思想。现在,洛采永远地束缚于一种想法,即任何形式的思想都受到外部实在的指引并指向一种外部实在。这种幽灵始终萦绕着他。毕竟,甚至理想中完美的有效思想,又该如何应用于或指涉实在呢?其真正的主体仍旧超出自身。最后,洛采对这个问题的处理,只能是把它看作一个形而上的而非逻辑的问题(*Logic*, II, 281, 282)。换言之,**从逻辑上**
说,我们最终正好站在我们一开始所曾在的地方——在观念领域内而且仅仅在 366
观念领域内,另外意识到了有必要以这些观念指涉一种实在:它超出观念之外,完全不为它们所接近,它处在观念所能施加的任何影响之外,并超越与观念结果的任何可能比较。洛采说:"不愿意承认这里所包含的循环是没用的。……我们关于外部世界所知道的一切,都依赖于我们自身之内有关它的观念。"(*Logic*, II, 185)"因此,是我们内部这种多变的观念世界构成了唯一直接呈现于我们的那种质料。"(*Logic*, II, 186)正如它是唯一所给予我们的质料,它也是思想唯一所能最终得到的质料。说通过纯粹在我们之内的观念来知道外部世界,就是在说一种固有的自我矛盾。不存在外部世界与我们观念遭遇的任何共同地。换言之，最初把独立的思想质料与独立的思想机能和意图分开，这必然把我们带向主观唯心主义的形而上学，另外相信有一种超然的未知实在：它虽然是不可知的，却被认为是有关我们观念价值的最终检验。最后，在经过所有策略之后，我们处在了我们所开始的地方：——两个分离的完全不同的东西，一个是意义却无存在，另一个是存在却无意义。

洛采矛盾的另一方面是明显的，它最终完成了一个圆圈。我们提到他原来的命题，可以记得：一开始，他被迫把印象、观念元素的起源和结合看作本身是由已经存在着的事物世界所作用的结果(参看边码第 334 页)。他设立了一个独立的思想世界，然而却不得不承认，它在源头和终结处都绝对必然地指向其自身之外的一个世界。正是由于他顽固地拒绝把如此在起点和终点上指涉自身之外的思想看作是具有**历史**或时间意义、指示一种特殊发生地和一种特殊完成点的，洛采才迫使给予这样的客观指称一种先验转向。

367 当洛采进而说(*Logic*, II, 191)，对于经验特殊部分的真理测度在于问，当被思想进行判断时，它们是否与其他经验部分一致；当他进而说，试图把整个观念世界与作为非存在的一种实在(除非它本身会成为一种观念)比较是毫无意义时，他到达了他早该坦率地由以开始的地方。[①] 他让自己免于陷入彻底怀疑论的办法，只是宣称怀疑主义的明确设定——需要使现成观念本身与外在现成质料本身符合——是无意义的。他正确地把思想工作界定为：在于把经验中各种不同的部分彼此协调。在此情形下，有关思想的检验就是实际所产生的经验协调或统一。对于思想有效性的检验是在思想之外，正如在另一端上，思想源于一种不依赖于思想的情境一样。如果在历史意义上将此向前、向外解释作为有关思想机能在经验与其他非理智的事物经验关系中所占据的地位和扮演角色的事情，思想的中间性和工具性特征、思想存在对于非反省性前件的依赖、思想最终检验对于后继经验的依赖性就成为重大而必要的了。而如果普遍来看却不考虑时间发展和控制，我们便被投入到一种复杂透顶、自我缠绕的形而上学的深渊之中。

---

① 洛采在这一点上甚至说，我们观念与它们所指向的对象之间的对立本身是观念世界的一部分(*Logic*, II, 192)。除“观念世界”(与连续经验的世界相对立)这一用语外，他只需要由这一点出发就可直接得到结果。但是，他绝对不可能在坚持这一观点的同时，又主张在思想中所予某物的最初独立存在以及思想活动、思想形式和思想内容的独立存在。

5. 论穆勒和惠威尔

英国逻辑理论往后①的发展受制于一种尝试，即在承认实验科学程序的同 368
时，把经验主义逻辑的种种理论组合为一种体系。此种尝试在约翰·斯图亚特·穆勒的《逻辑学》中达到顶峰。关于他对他所看到的实验科学的实际程序的兴趣和忠实，不容置疑。对于他在导论结尾处说出下面的话，他的诚意无可怀疑："我可以负责任地断言，本书中所写下的每一命题之所以要采纳，都不是因为要确定某一知识或探究部门中的、思辨世界尚未定论的某些先定意见，或者因为它的使用适宜作出此种确定。"然而，穆勒同样依恋的一种信念是：对于人类心灵来说的最终实在，是感知中所既有的，是独立于观念的；所有的有效观念都是组合物，以及运用此种既有质料的便利方式。穆勒的高度正直，使得这种信念不可能不处处决定他对思想过程及其各种工具性的处理。

在第三编第 14 章中，穆勒讨论有关解释的逻辑，而且在讨论这一话题时自然发现有必要考察科学假说的真正用法。这种考察是从它们反映在科学发现技术中的用法的角度进行的。在第四编第 2 章中，他讨论了"抽象或概念形成"——这一话题显然涉及假说的形成。在该章中，他的考察不是根据科学程序，而是根据一般哲学理论进行的；而且，这种观点被一种事实所强调，即他正在反对惠威尔(Whewell)博士的某种观点。

这两章中说法上的矛盾将有助于揭示两个已经提到的要点，即与料和假说 369
的相应性特征，以及后者在问题情境中的起源和它后来作为统一和解决工具的

① 培根之后。——编者

用法。穆勒首次指出，假说的创造是为了使演绎方法能够更早地应用于现象；而且，它在这样做时，抑制了归纳、推论和证实这三个步骤的第一步。他说道：

> 在任何复杂的、初看起来混乱的一组表现中寻找规律性的过程，必然是试探性的；我们一开始作出假设，即便是错误假设，以看由其可得出什么结论；然后，通过观察这些与真实现象如何不同，我们懂得该对我们的设定作哪些修订。**……归纳和演绎两者都不能使我们理解哪怕是最简单的现象，**如果我们不是常常一开始就预测某些构成探究最终对象之构思的结果，作出最初实质上为猜测性的一种临时假设。①

如果我们还另外意识到：根据穆勒的说法，我们对于自然的直接经验总是为我们提供一组复杂而混乱的表现，那么我们就完全不会怀疑观念作为对尚未拥有的可能经验的预测的重要性。由此，他说道：

> 初看之下发觉的自然秩序所提供的，总是一片混乱紧接着另一片混乱。我们必须把每一种混乱分解为单独事实。我们必须学会在混乱前件中看到大量有区别的前件，在混乱后件中看到大量有区别的后件。②

在同一章下一节中，他进而谈到，在对各种不同前件和后件加以识别后，我们接着“要查明哪一个与哪一个相联”。这要求对复杂和混乱再进一步作出解
370 答。要想达到这一点，我们必须变换场合，必须根据对我们意图的实现而改动既有的经验。为实现此种目的，我们得求助于观察或实验：“我们可以或者在自然中找到一种情形*适合于我们的意图*，或者通过对环境的人为安排而制作一个”（楷体“适合于我们的意图”是我加的；其他是穆勒的）。他接下来继续说，在观察和实验之间没有真正的逻辑区分。穆勒对实验探究四种方法讨论所明确依据的，是它们对由混乱不分的直接经验中挑选出实际关联在一起的前件和后件所具有的品格。

---

① Bk. III, Ch. 14, Sec. 5. 以“如果我们不是常常一开始”开始的那一段话的后半部分，是穆勒引自孔德的。“归纳和演绎两者都不能使我们理解哪怕是最简单的现象”，是他自己的话。

② Bk. III, Ch. 7, Sec. 1.

我们只要从它们彼此的逻辑关联（而且这种关联遍及穆勒对于科学探究的整个论述中）上接受这些说法，就可以认识到假说在从事任何有目的的探究或科学操作中所具有的绝对必要性。由此，我们不必吃惊看到他说“假说的功能是必须在科学中看作绝对不可或缺的功能”，以及“假说通过对观察实验作出暗示，把我们推向了独立证据之路”。[①]

实际上，穆勒从理论观点上撤消了这里从科学程序立场所谈论的观念必要性。由于这是伴随着他对惠威尔的批评，如果我们首先转向惠威尔的观点，[②]那将使我们的讨论进入一个更好的视角。后者一开始就指出了一种区分：它可能很容易就发展成为与本章乃至整本书中所提理论相一致的一个有关事实与观念关系的理论。他（在第 2 章中）对理论和实践之间区分的固定性提出质疑。他指出，我们所谓的事实，实际上不过是得到认可的推断；而我们所谓的理论，可刻画为事实，按照它们在多大程度上得以完全确定。真理论是事实。“所有在世上已成功得以确立的伟大理论，现在都被认为是事实。”“最深奥的理论在严格确定后 371
都可被接受为事实，最简单的事实似乎都包括某种理论性的东西。”

其结论是：该区分是历史性的，依赖于当时的知识状况以及个体的态度。在一个时代或对于已知时代某一探究者为理论的东西，对于某一其他时代或甚至对同一时代某一其他更高级探究者却是事实。当包含在事实判断中的推理成分被有意识揭示出来时，它就是理论；当那些条件使得我们从未有机会质疑其中的推理，或者在经过质疑后，对其推理过程彻底进行检查，以致于没有必要再把它呈现给我们看，因而再一次回到无意识中，这时它就是事实。“如果区分事实与理论的只是如此更多或更少地意识到我们自身内部的活动，我们就必须承认此种区分还是站不住脚的。”（就是说，作为固定区分是站不住脚的。）“事实与理论不具有本质区分，除了在它们的**确定性和熟知性**程度上。理论变得严格确定并稳居于心灵中时，就成为事实。”（第 45 页，斜体是我所加）当然，同样真实的一点是：只要事实受到猜疑或有疑惑时，它们某些方面就转而进入到理论甚至纯粹的意见范围内。

我认为，这种观念原本可以用一种完全符合本章立场的方式得到发展。若是事实与观念之间的最终区分能仅仅在“相对确定性和熟知性”这些要点的基础

---

① Bk. III, Ch. 14, Secs. 4 and 5.

② William Whewell, *The Philosophy of the Inductive Sciences*, London, 1840.

上得到表述,这便会发生。由此种观点来看,事实与观念之间的区分是纯粹相对于怀疑-探究这一功能的。它涉及经验在有意识确信度上的进化。它源自于问题情境。凡是作为问题出现在我们面前的,都相对着出现一种可能解答。凡是思想对象特别指涉的问题方面的,都是理论、观念、假说。凡是与解答方面有关
372 的,都是确信、不容置疑的熟知、事实。这种观点使得那些区分完全相对于对经验进行反省性转变过程中的迫切情况。

然而,惠威尔一开始坚持这种思想路线,随即就又背弃了它。在第三章中,他把他已经声称为相对的、历史的、可用性区分的那种东西,转变为一种固定而绝对的区分。他区分了感知和观念,不是基于关于确定未来运作条件的一种发生学基础,而是根据心灵被动所予之物与心灵所呈现之*活动*之间根本上的划分界线。如此一来,他把他刚刚加以拒斥的那种分割做法,以一种最为一般和固定因而最为恶性的方式重新又恢复了。感知是一种素朴、不变的事实成分,它独立于观念而存在和持续;观念是一种心智运作的样式,它以自身一种独立的个体性而发生和重现。如果他能贯彻他开始时的那种思想路线,感知作为事实就会是那种不能得以消除的剩余熟知性和确定性,不论经验的其他部分在内部冲突中如何得以消解。观念作为假说或理论,就会是经验中相对应的那种成分:它对于把那种剩余物重新整合到一种连贯而重大的经验中是必要的。

但是,由于惠威尔没能坚持他自己的思想路线,反倒是依靠康德有关感觉和思想的那种对立,所以他一分开事实和观念、既有与料和心理关系,就又被迫重新把它们结合在一起。观念成了一种"一般关系,它被一种心灵活动强加于知觉上,而且不同于我们感觉直接提供给我们的任何东西"(第 26 页)。这样一些概念,对于把我们由感觉所获得的事实结合到真理之中是必要的。"心灵自身所提供的理想概念被附加于最初呈现于观察的那些事实之上。在归纳真理被发现之前,事实就在那里,但它们是杂多的、不相关的。发现者应用于它们的那种概念给予它们一种联系和统一。"(第 42 页)根据惠威尔的意见,所有归纳因而都依赖
373 于增添(superinduction)——把独立于心灵而存在的某些观念或一般关系强加于感觉材料之上。[①]

① 所已论及的(参看第 3 章)惠威尔观点与洛采观点之间的本质相似性,当然可以根据他们与康德的共同关系而得到解释。

我们不必再次展现对此种观点所提出的那些异议：事实不可能作为观念的有序刺激，以及不可能对强加于事实之上的观念进行检验。“事实”和概念是如此完全的不同和独立，以至于任何感觉与料都无差别地同样关系到任何可设想的观念。把某一观念或假说而非其他的“增添”到某一组特殊与料上，这并没有什么根据。

在我们已经提到的论抽象或概念形成的那一章中，穆勒抓住了这一困难。然而，他和惠威尔有一点是共同的：他们两人一致认为，存在着某一种题材，它是为着逻辑上的意图而完全在逻辑过程之外给予的。穆勒与惠威尔共同设定了有关纯感知与料的一种原材料。在批判惠威尔有关观念增添到事实之上的理论时，他因此走向一种对立面，认为观念本身完全依赖于所与事实本身——换言之，他走向了对一种根本的培根经验论的重申；并因而实际上撤消了他关于观念对富有成效的科学探究（不论是观察过程中还是实验过程中）的必要性曾经所作的断言。关于穆勒的撤消程度，下列引言给予了一种比较好的认识：

> 于是我们用于事实综合和条理化的那些概念，其本身不是在内部形成的，**而是由外部印在心灵之上的**；它们从来都不是通过比较和抽象之外的方法获得的，而且在最为重要、最为大量的情形下，它们是通过**对其有职责加以综合的那些现象**的抽象而演化来的。[1]

即便这里穆勒对科学探究实证一面的判断足以使他明白：“事实”在某种程度上是不充分的、有缺陷的，因而需要来自观念的协助——然而，帮助事实的这些观 374
念将成为那些不确定事实的印记！当穆勒说“真正棘手的情形在于：注定要从黑暗和混乱中创造光明和秩序的概念，不得不在它后来用于安排的那些现象中寻找”[2]时，其中的矛盾非常清楚地显现出来。

当然，在一种意义上，穆勒的观点比惠威尔的观点更接近于真相。穆勒至少看到了，“观念”必须相关于它所要加以安排、将借助于观念把“光明和秩序”引入它们之中的那些事实或与料。他足够清楚地看到，这是不可能的，除非观念形成

---

① Bk. IV, Ch. 2, Sec. 2.

② *Logic*, Sec. 4.

于“黑暗和混乱”的事实所呈现于其中的那同一经验**内部**。他进而足够正确地表明：冲突性与料如何使得心灵在混乱经验的与料和某一其他有序（或者已加以综合和条理化的）经验的与料之间具有一种“模糊的类比感觉”，以及这种含糊感觉如何通过对经验进一步探索和比较的过程，获得一种更加清楚、更加充分的形式，直至我们最后接受它。他表明了，在此过程中，我们如何根据其对**我们意图**的适宜性而对处于形成过程中观念的品格不断加以判定。他甚至说到：“适宜性问题是相对于**我们所考虑的特定对象**的。”①他在总结他的讨论时说：“我们不能预先设计出好的一般概念。我们所获得的概念是我们想要的那种，这只能在我们已经**完成我们希望它所意指的那种工作**时才知道。”②

这一切描述了事情的实际状况，但它仅仅符合一种逻辑理论，这种理论使事实与假说之分成为经验从混乱转变到有组织形式的工具。它不符合穆勒的一种
375 想法，即感知在某种程度上是最后完整给予的最终事实，而观念只是对此种事实的一种重置。假说在经验**进程中**被印在心灵之上（在心灵中的任何想法都是所留下的印象这一意义上），这种说法是十分公正的。如果有人要界定他在指什么，则完全可以说：假说是通过既有事实甚或感知的媒介所留下的印象（就是说，所发生的或被暗示出来的）。但同样真实的一点是，**事实**是被呈现出来的，而**感知**则出现在经验进程内部：这种经验要比单纯的事实更为广泛，因为其中包括事实之间的冲突以及相应那种以某种方式对待它们以获得统一经验的意向。事实要有能力把观念暗示给心灵——“留下印象”——只有通过它们在处于解体和重构的整个经验中的位置——它们的“边缘”（fringe）或对于倾向的感觉与它们一样，完全是事实性的。“我们所获得的概念是我们所想要的那种，这只能在我们已经完成我们希望它所意指的那种工作时才能知道”，这一事实足以表明：所产生假说的并非单纯的事实，而是与需求和意图有关的事实，以及与事实有关的意图。

① *Logic*, Sec. 4; in Sec. 6. 他甚至更加明确地指出：任何概念都是适宜的，根据它“帮助我们达到我们所希望理解的东西”的程度。

② *Logic*, Sec. 6.

附　　录

我们的学校应把什么归功于儿童研究[①]

西奥多·诺斯(Theodore B. Noss)

对儿童的研究,正如对自然的研究一样,许多发现都是在最近20年出现的。我 379
们说,当今是一个非凡的发明、发现的时代。有可能,所有这一切中最伟大的发现就
是有关儿童的。人们会问:“我们已经进行了20年儿童研究。它又为我们的学校做
了些什么呢?”对此的回答是:它在为我们提出新型教育方面功不可没。比较具体地
说,儿童研究为初等学校提供了:(1)一种改良的课程;(2)一种更好的方法;(3)尤其
是在一种新的目标方面,作出了卓越贡献。

课程——新式小学的工作与30年或40年前的那些小学相比,很不一样。那时的儿童要做的很少,要记忆的却很多。然而令人痛心的是,甚至现在我们也看到,在成千上万的小学中,教师着迷于过去的传统。在条件不足的地区,儿童仍旧未把时间用在做有趣、有用的事情上,而是用在记忆那些多半为呆板、无用的东西上。今天最优秀的小学工作的秘密在于,它实质上是在做事情而不是牢记某些东西。已经有人正确地指出:“儿童身上最强大的潜力是行动的能力。”

在幼儿园中,很少感到有习俗的不良影响,而是常常被引向自然、有趣的东西,那
里占支配地位的是自由和自动(self-activity)的原则。在大学和技术学校(它们在一
定程度上抓住了幼儿园的精神)中也是这样,那里作为需求的常常是有用和重大的东
西,自由和自动的方法再一次占据主导地位。只是在这些愉快的两端之间,在许多方 380
面,学校的做法仍旧显示出那种愚蠢记忆的习惯,课本里仍包含着过去时代的弊病。
而现在,我们有幸看到,许多这样的学校正朝向光明前进。我们新型的教育观点令教

① 西奥多·诺斯为宾夕法尼亚州加利福尼亚市西南州立师范学校的校长。本文首次发表于《国家教育协会会议录与演讲集》,1902年,第716—719页。

材和学校工作适应于小学生的真实需要和兴趣，这难道不是在很大程度上多亏了儿童研究吗？

遗憾的一点是并未取得很多进步，而且仍有许多学校坚持着那些脱离了真理灵魂的陈旧形式。上课内容的选取，在以前是根据生活实用；因而流行的观念是 3R[①]的至上价值。现在，我们对这样教育的幼稚已无法忍受。儿童自身作为有待发展的人格，其效益具有其他任何东西都无法与之相比的突出重要性。

儿童研究重新强调一种古老的学说，即教育的本质因素不是知识而是训练。在实际教学法中，所罗门(Solomon)的格言最为正确："要在孩子所应从事的方向上充分训练孩子，这样到他长大时，他就不会偏离了。"教育主要在于塑造心灵而非知会心灵；主要是创造兴趣、培养习惯，而不是存储传统知识的记忆。

早期训练中所有的重大成功，都源自于儿童自身充满才智、富有同情的兴趣。儿童研究出现之时，正当大多数人要求把教师注意力和兴趣引向教育过程中儿童自身的至上重要性，要求重视开端的重要性。注入生命之初者，被注入到了整个一生。最早的努力产生最优秀和最丰富的成果。专注早年，就抓住了关键点。输掉这个，我们就输掉了整场战斗。成千上万男男女女因为忽视早期训练而失败和荒废的生命，乃现代生活最令人伤心的悲剧。

方法——在教育中，最大值不是取决于学习什么，而是取决于如何学习以及跟谁学习。教师的方法往往是重要的。这里蕴藏着教学艺术的无价之宝。教学方法是如
381 何被学到的？仅仅是通过对于教材的研究吗？不，是通过一种耐心的、悉心周到的儿童研究。

儿童研究教给了我们动机在教育中的价值。埃利奥特(Eliot)校长最近说过："当你吸引儿童所用的动机不是他长大成人时将用到的时，你就没有给他带来多少帮助。"他补充道："动机正是奴役与自由、苦难与幸福之间的差别所在。"我们有时听到一种担心，说这些新型方法会使教育过于容易。的确，要达到最优的结果，再三重复的艰难努力是必要的；但从来不需要的是，付出这样的努力时不带任何动机。艰苦工作是必要的，但难道它就应该永远不带任何兴趣以及令人愉悦的回报感吗？"有兴趣之时，就是有机会之时。"我们找不到理由要把本可以简单而有吸引力的事情弄得沉闷单调或困难重重。对待儿童，必须要真诚、自然。通过寻找最长而不是最短、最慢而不是最快、最难而不是最易的路线，我们别指望获得成功。有关农场、商店和街头

① 3R 即读(Reading)、写(Writing)、算(Arithmatic)三种能力。——译者

热闹繁华生活的常识，正是教室中所需要的。优秀的教师很快就不再相信，有些学科对于其他任何东西都无益却仍有益于规训。最好的规训就是而且必须在于：做值得做的事情并把它做好。生命是一个统一体，是从摇篮到坟墓连续着的。学校不能仅仅视为对生活的准备，而要作为生活的一个极其重要的部分。对于整个生命过程所特有的那些兴趣都应该得以启动，那些方法都应该开始用到，那些意图都应该得到渗入。

如果这一说法是确凿无疑的，以下将是何等重要：我们要非常仔细地检查学校的作用、工作和方法，以免可能发现我们只是浪费时间、空耗能量，在非常愚蠢地对待儿童！

目的或目标——现在比以前任何时候都更加明显的一点是：教育的真正目标并不纯粹是或主要是知识，而是多方面的发展。儿童研究增强了我们工作的产出价值，
从而极大地帮助了我们。这些并不局限于手、眼、舌的技巧，体态优美的身体，富有同 382
情心的利他主义的本性，强大而有价值的兴趣，意志力，以及行事能力。

知识并不是目的。小学生虽然拥有各种知识却没有兴趣和动机，这对他们没有任何好处。那么，我们在教育中应该关注什么呢？关注儿童个人的需求。只有一个规则对于我们永远不会失效，那就是研究并服务于每一位儿童，其他一切都必须位居其次。学校不过是用来帮助儿童的设计物。严格的课程和学校程序都必须以某种方式服从于儿童个人的需求，否则在很多情况下，最好让儿童离开学校。迄今整个儿童研究运动最为丰富的成果就是：对于受教育儿童的兴趣大幅增长。

一位伟大导师说过："细看地里的百合，看看它们是如何生长的。"许多教师已开始真正"细看"儿童，我们终于高兴地等到了这样一个教育阶段。

儿童研究似乎注定要引起我们规训方法的革命化，而不仅仅是加以修改。不了解儿童的身体虚弱和家庭缺陷而惩罚儿童的教师是不可原谅的，虽然知道这些但未被许可而惩罚儿童的教师是残暴野蛮的。没有谁可以对教室里的年轻生命动手，除非是充满慈爱的灵巧之手。一位 18 岁姑娘未加训练或准备而被雇用来教育儿童，这如同她未经特别培训而雇来在药店里开处方，几乎是一样的。这种要求应该是急迫、恒久和持续的，因而唯有训练有素的教师才能掌管学校。儿童研究对于这种要求的强调，超出任何其他教育运动所做到的或能够做的。

尽管儿童研究已经有了所有这些成果，近来仍有著作者说："有一些健康信号表明，现已被推向如此极端的儿童研究偏好，差不多已走到了尽头。"依我判断，未来基础教育最有希望的信号是：儿童研究才刚刚起步。

文本研究资料

文本说明

本卷作品所及1902、1903两年，约翰·杜威在芝加哥大学工作；他在那里已经呆了10年，即将离开。1902年，他承担了许多新的行政工作，尽管由此带来不少困难[①]，但那一年却极其多产——即便是对于高度多产的杜威来说。在本卷所包括的诸多文章中，只有《逻辑理论研究》发表在1903年；余下全部，包括杜威为《哲学与心理学辞典》撰写的119个词条，均发表在1902年。[②] 385

在1902年的这些论文中，有8篇仅仅发表过一次：《应用于道德的进化论方法》；对于魏特默《分析心理学实用手册》和罗伊斯《世界与个体》的两篇书评；《学术自由》；《回忆弗朗西斯·W·帕克》；两篇同一标题的《芝加哥大学教育学院》[③]，以及对于诺斯《我们的学校应把什么归功于儿童研究》一文的讨论。之前未曾发表过的1902年有关男女同校的两篇论述也收录于此。对于这10篇文章，不存在编辑处理上的问题，直接把原有版本作为范本。本卷余下的6个篇章，我们在下面将作分别讨论。[④]

---

① 有关这些岗位及其所带来的困难的详细讨论，参见：罗伯特·麦考尔(Robert McCaul)，《杜威与芝加哥学派》(Dewey and the University of Chicago)；《学校与社会》，第89期(1961年)，第152—157、179—183、202—206页。

② 《为进步而战》[收录于《教育杂志》，第61卷(1902年)，第249页]一直作为一篇"讲话概要"算在杜威本年度的作品中；而它其实是摘录自《有关学科课程的处境》[收录于《学校杂志》，第62期(1901年)，第421页]。参见《杜威中期著作》，第1卷，第260—261页。

③ 杜威在1902年12月1日的一封信中告诉杰克曼(Wilbur Jackman)，他曾写过一份未署名的通知发表在《公报》上。参见：杜威著作特辑，南伊利诺伊大学，莫利斯图书馆特别馆藏。

④ 有关《杜威中期著作》各卷所采取的校勘原则和程序，鲍尔斯在《杜威中期著作》第1卷第347—360页中予以充分讨论。

386 ## 《原始心灵释》

首次发表于《心理学评论》(第 9 卷,1902 年,第 217—230 页),[1]这也是本卷所采用的范本。本文于 1909 年重印在《社会起源资料汇编》[威廉・艾萨克・托马斯(William Issac Thomas),芝加哥:芝加哥大学出版社,1909 年,第 173—186 页]上。它得到了杜威的许可,但显然他并未介入编辑工作。1931 年,本文的一个精简版收录在杜威的文选《哲学与文明》(纽约:明顿鲍尔奇出版公司,1931 年,第 173—187 页)中。杜威为后一次出版所作的几处实质性修订,出现在本卷的"1931 年异体字表"中;这些变化没有被吸收进我们的校勘文本中,因为杜威的修订远在《杜威中期著作》所涉时期之后。

《作为社会中心的学校》

杜威于 1902 年 7 月在国家教育协会上的讲演稿,首次刊印于 10 月份的《小学教师》(第 3 卷,1902 年,第 73—86 页);次月,经过修订发表于 1902 年《国家教育协会会议录和演讲集》。

《小学教师》是由弗朗西斯・W・帕克在 1900 年创办的,当时名为《学业课程》。用杜威的话说,当时它一直(即便在更名后)"基本上是帕克上校的个人冒险,并非一
387 个官方的大学机构"。[2] 在 1902 年 3 月帕克去世后,主办这份杂志的责任落在了教育学院身上;而 1902 年夏天,杜威成为该学院的主任。虽然杜威在那年夏天对该杂志的生存能力表示怀疑,但从 1902 年 10 月开始的各期都带有这样的说明:"芝加哥大学教育学院编,约翰・杜威任编委会主任,埃拉・F・扬(Ella Flagg Young)任执行编辑"。杜威与弗兰克・曼尼(Frank Manny)的通信显示,事实上,埃拉・F・扬乃唯一的编辑,杜威的角色只是为杂志寻找、筛选素材。[3]

---

① 威廉・詹姆斯在本文发表后立即写信给杜威,他说:"我忍不住要感谢你,你做了十分'具体'且充满真实的心理想象的一件事。它同时是富于人道的,足以令我们极具破坏性的自负'文明'感到沮丧。请继续沿着这样的研究路线进行。"参见拉尔夫・巴顿・佩里,《詹姆斯的思想与品格》(*The Thought and Character of William James*),波士顿:利特尔布朗出版公司,1935 年,第 2 卷,第 520 页。

② 杜威致弗兰克・曼尼的信,1902 年 7 月 3 日。弗兰克・曼利著作特辑,安阿伯:密歇根大学,历史文献馆藏。

③ 杜威致弗兰克・曼尼的信,1902 年 7 月 3 日、1902 年 10 月 20 日。弗兰克・曼利著作特辑,安阿伯:密歇根大学,历史文献馆藏。

杜威在明尼阿波利斯发表讲演后，于7月下旬回到芝加哥大学；之后的8月以及9月的大部分时间，他呆在纽约州埃塞克斯县的避暑别墅。有可能，他在《小学教师》上的这篇文章的打印本，就是他在明尼阿波利斯讲演时所用的打字稿或手稿。《小学教师》(EST)在八九月之外的每月第一天出版。由于《国家教育协会会议录和演讲集》(PA)在11月下旬出版，杜威很可能把EST版本的打印稿修订后提供给PA作为打印本。我们这里采用的文本，取用自EST上的第一次刊印本。

在EST版本和PA版本之间，存在64处实质变动以及83处小改动。除了一个例外，那些实质性变动显然构成了杜威对于内容的修订，因而被作为他自己想要的改动，吸收进我们的编辑版本。在83处小改动中，有18处的PA校读作为修正意见出现在本书的版本中，它们被认为是杜威自己或直接出于实质性修订或为更合乎实质性修订而作出的改变。譬如，按照实质性变动，在83.12、87.2—3、88.32、89.8、91.18(3)等处删除或增加了逗号；在91.12、91.13—14等处的修订时，以破折号替换冒号；在83.20处，为了引入说明性内容而把句号改成了逗号，而且在对90.26处修订时增加了一个逗号；在81.15处，为表示系列而增加了第二个破折号； 388
83.18处的分号被改成了逗号；88.2处第一个连续主语后面的逗号被去掉了；在90.21—22处引入了一个新的分段标记；在85.25处的"de-nationalized"和91.35—36处的"dance-house"，分别增加了一个连字号。

《纪念弗朗西斯·韦兰·帕克上校》

杜威在弗朗西斯·W·帕克纪念仪式上所作的讲话，发表于《小学教师》(第2卷，1902年，第704—708页)，它很可能是基于打字机速记报告整理而成的。这个打印稿被用作我们的校勘文本的范本。该讲演以"弗朗西斯·W·帕克"为题，重印于《人物与事件》(约瑟夫·拉特纳编，纽约：亨利·霍尔特出版公司，第1卷，1929年，第95—99页)，杜威本人没有参与编辑。

《哲学与心理学辞典》条目撰稿

这部由"许多人参与撰写，詹姆士·鲍德温担任主编，国际顾问编辑团队参与合作并给予协助的"巨作《哲学与心理学辞典》，其第2卷于1902年出版(纽约：麦克米兰出版公司)。与在此前一年出版的第1卷一样，在该卷中，杜威的名字既作为"咨询编辑"(英语)又作为"撰稿人"(哲学)出现。不过，在第1卷中，杜威并没有独立地撰稿，而在第 2 卷中署他名字的各种长度的小论文总计 119 条。①

389 这两卷《哲学与心理学辞典》于 1925 年重印，标题页增注“新版本，修订版”。这第二次刊印并没有重新排版，扉页上以及杜威撰稿中的“修订部分”主要是更新学衔和地点，把 141.29 处中的“to which”改成“to that which”。在 211.21 处右下角漏掉的“Aristotle”之后的逗号表明所用的是同一印版，这也可从人工校对(sight collation)各种同类印刷错误中得到证实。不可能利用西门校对机(the Hinman Machine)进行版本对比，因为找不到它们的合订本，而且静电复印而成的(紧凑装订)版本不适合进行机器处理。国会版本图书馆藏书(90555)与南伊利诺伊大学图书馆藏书(63418)相比所进行的两次人工校对显示，在杜威文本方面，只有我们所提到的两处差异。1925 年印本的传真版，于 1940 年由彼得·史密斯(Peter Smith)出版。

对于首次刊印版本的修订，包括第二次印刷时在 141.29 处所增加的“that”；对于 174.23 处页码、180.6 处引文、198.36 处“philosopic”的修正；把 146.37、179.14、186.38—39、198.6、226.9、263.37、264.12 等 7 处所出现的“middle ages”作大写化处理；恢复杜威对“-ize”和“-or”单词的典型拼法，以及把“&c.”统一调整为“etc.”。

《儿童与课程》

这是杜威和埃拉·F·扬的“教育贡献”(Contributions to Education)丛书的第 5

390 本。这本小册子出版于 1902 年，虽然在首次出版时甚至没有一份刊物对它作过评论，但至今仍被广泛地阅读和使用。

《儿童与课程》的 25 次印刷，每次都是 1 000—2 000 册。在杜威生前，这本书都

---

① 第 1 卷中署名(J. R.，J. D.)的“哲学史”词条在《杜威中期著作》第 1 卷中被略去，因为它是由乔赛亚·罗伊斯撰写的，杜威作为顾问编辑仅仅进行审核。在“编者序言”中，詹姆士·鲍德温作出说明(p. xii)：“另一种情况是，两人共同署名，但中间是逗号而不是连字号(A. B. C.，X. Y. Z.)。这表示，该词条是由 A. B. C 撰写，X. Y. Z. 未加改动予以接受，从而增加了该词条的权威性。”类似地，《哲学与心理学辞典》第 2 卷中的“心灵”词条没有包括在杜威文集中，因为它署名为(J. M. B.，J. D.)。鲍德温进一步解释说，人名之间的连字号表示共同撰写，即便说“很多时候，这种署名方式表示，该词条最初由 A. B. C. 撰写……但为了应对 X. Y. Z. 的批评或建议而在某种程度上经过了重要修改”。在《哲学与心理学辞典》第 2 卷中，与杜威共同署名的，或作为合作者，或作为独立的相关部分的撰写者，包括 C. S. P.(查尔斯·桑德斯·皮尔士)、J. M. B.(詹姆士·马克·鲍德温)和 K. G.(巴塞尔大学 K·格鲁斯)。

是同一印版，在1902年到1950年间总共发行超过27 000本。把第一次印刷的版本馆藏本(24726)与其第25次印刷本(西北大学803174)进行机器校对，我们在正文中只找到一处变化——在290.35处对于“curirculum”的修正；然而，在前言页中存在许多变动，包括日期变动以及印次列表，页首标题与页码在第13次到第18次刊印之间作了重新调整。

1956年，芝加哥大学出版社将《儿童与课程》与《学校与社会》结集出版，作为凤凰图书(Phoenix Books)丛书之一；这个结集版是平装本，而两本书同时分别以精装本销售。目前，这个凤凰图书版本是第三版的第11次印刷，平装本以及封套装已经售出260 000本。

《逻辑理论研究》

《逻辑理论研究》出版于1903年，但汇集了许多年的研究，[①]其中包括杜威的四篇论文，以及他在哲学系的同事和学生的撰稿，最后由杜威编辑而成。[②] 杜威撰写的本 391
书的其他两个部分——前言以及对于穆勒和惠威尔的讨论——乃在《逻辑理论研究》单行本之外首次印刷。

《逻辑理论研究》的首次印刷，是作为芝加哥大学十周年出版物第二系列中的第

---

① 杜威于1903年3月致信威廉·詹姆斯，他说：“至于(《逻辑理论研究》一书的)观点，——我们大约12年来一直工作于此。”(参见：佩里，《詹姆斯的思想与品格》，第2卷，第520页)。多年之后，杜威认为，在《逻辑理论研究》中，他首次公开发表了自己在随后35年间所形成的哲学观的精髓[参见：“经验、知识和价值”，保罗·席尔普(Paul Schilpp)编，《杜威的哲学》(*The Philosophy of John Dewey*)，埃文斯顿：西北大学出版社，1939年，第520页]。

② 有关《逻辑理论研究》首次印本的10篇书评，出现在1904年至1909年之间：William James, *Psychological Bulletin* 1(1904)：1—5, reprinted as an article “The Chicago School” in James's *Collected Essays and Reviews* (New York: Longmans, Green and Co., 1920)；Ferdinand Canning Scott Schiller, *Mind* n. s. 13(1904)：100—106；*Monist* 14(1904)：312；William Henry Sheldon, *Journal of Philosophy* 1(1904)：100—105；Arthur Kenyon Rogers, *Dial* 36(1904)：328—329；Charles Santiago Sanders Peirce, *Nation* 79(1904)：219—220；Edwin Lee Norton, *Educational Review* 28(1904)：310—313；Andrew Seth Pringle-Pattison, *Philosophical Review* 13(1904)：666—677；Francis H. Bradley, “On Truth and Practice,” *Mind* n. s. 13(1904)：309n；Bertrand Russell, *Edinburgh Review* 209(1909)：363—388。这些书评一般都是热情洋溢的，而最早且最具热情的是来自作为本书题献之人的威廉·詹姆斯。詹姆斯写道：“芝加哥有一个思想学派！——可以有把握地预言，该思想学派将在未来25年的文献中被称为芝加哥学派。有些大学展示了大量思想，但没有学派；有些大学富有派别，但没有思想。……这……当然是美国人可引以为豪的事情。”

11卷，总共印刷1 000本；1909年5月的第二次印刷是根据原印版印刷的，共517本。[1] 把杜威在本书第二次印刷[2]中的撰稿(pp. ix—xi，1—85，160—168)与第一次印刷的版本馆藏本(A66023)进行机器校对，我们发现它们之间没有任何改变。

在1914年之前，《逻辑理论研究》销量每年大约削减50本，于是芝加哥大学出版社决定制作一个抽印本：仅仅采用部分，而不是重印整本书，或等待它脱销。出版社的兰恩(G. J. Laing)在1915年10月5日致信杜威说，出版社相信“最好是仅仅发行你自己所撰写的那些章节。它们是前四章，总共有85页。我们将重新排版，采用你《学校与社会》一书所用的开本”。[3]

392 由于杜威提出把自己与该书其他撰稿人脱离会显得他“无礼”，出版社为这个新提出的版本从所有其他撰稿人那里获得了许可。杜威对兰恩说，他“很高兴能有机会作些改动；如果你打算进行某种重新排版的话，不会让你为此增加支出的，费用由我来承担”。[4] 兰恩于1915年11月1日回信说，他要送给杜威一本书，“以便你可以按照你的意愿在页边作些修改。由于我们将对该书重新排版……你也可以增加些内容”。在首次向杜威提议推出新版的那封信中，兰恩曾鼓励他“增补一些你想要的内容”。到了12月，他又写信说：“请放心增加内容，如果你愿意这样做的话。”兰恩的鼓励带来了意想不到的结果：1916年1月，杜威寄回经过修改的那四篇论文，并对兰恩说：“如果你希望做长条校样的话，你可以立刻开始了。”兰恩接着就照这样做了，但杜威在同一封信中告诉他：“所寄回的那些部分，大约是整本书的一半。”到了2月末，杜威所作的增补显然很大，令出版社感到为难。麦可法兰德(A.C. McFarland)在致出版社社长纽曼·米勒(Newman Miller)的一份备忘录中指出：

> 杜威《逻辑理论研究》的所有稿子现在都到位了，可是我们发现，该书比我们原来计划的要大得多。我们最初估计有224页，因为我们以为他在原书中主笔的那四个章节将用作修改，而只作少量增补。但现在我们发现，来自其他地方的几个章节被增加进来，这使得本书将达到大约450页。在了解到这些事实之前，

① 第二次刊印本的书评由鲍桑奎[《心灵》，第20卷(1911年)，第435页]所作。他指出：“本卷是不带任何改变的再次发行。现要求有第二次印刷，这足以表明人们对于逻辑理论推进的普遍兴趣。”

② 杜威中心(a)。

③ 芝加哥大学出版社，兰利办公室。除非另外注明，所有关于芝加哥大学出版社的通信及档案均来自于此，而且全部经出版社许可而引用。

④ 1915年10月11日。

首批稿子已开始排版,但现在我已经停下了。

尽管书的厚度翻倍,可开本并未改变,而且已经作好清样的第一部分显然并未重新排版;不过,报价已由 1.25 美元增至 1.75 美元,因为印刷、排版、装订等预计费用由 650 美元升至 1 135 美元。

这本新的增订版有了一个新的书名,它是由纽曼·米勒和杜威共同建议的。米 393
勒于 1916 年 2 月致信杜威,提出想要"对书名略作改动",他说:"我们一直感到,'逻辑理论研究'让某些读者感到有点敬畏。"他建议书名为"实验逻辑研究"(Studies in Experimental Logic),或者,基于对实用主义的兴趣,他认为最好改为"实用主义逻辑研究"(Studies in Pragmatic Logic)。杜威回复说,他认为:"对书名略作改动,无论如何都是必要的;在内容出现大量变化的情况下仍沿用旧书名,这会很让人迷惑。我曾想到把'研究'一词改为'专论'。……专论或许不那么令人敬畏,但我并不怎么讲究。"看到 1916 年 2 月 17 日的这封信,出版社把"实验逻辑论文集"(Essays in Experimental Logic)记下,随即新的书名诞生了。

芝加哥大学出版社用同一套印版对《实验逻辑论文集》印刷三次,分别为 1916 年 6 月、1918 年 5 月和 1920 年 10 月。等到本书销量下降到每年不足 75 本时,出版社于 1925 年 12 月听任本书脱销绝版。直至 1940 年,出版社的仓库里仍旧保留有制版,但该书再未有过重印。

把第二次、第三次印刷①的杜威《实验逻辑论文集》(EE)中的 4 篇《逻辑理论研究》文章与版本馆藏本(A433372)进行机器校对,我们发现,直到第三次印刷都未曾有过一次重新排版,有可能修理了一块制版,而且有 5 处对行末的连字符作了完善或加以消除。

本书的选文采用杜威《逻辑理论研究》的版本馆藏本作为范本,把他在送给芝加哥大学出版社准备用以 EE 打印时所作的实质性改动作为其修改意见;在未曾收入 EE 的《论穆勒和惠威尔》那一部分中,我们作了三处编辑修订。

此外,在 4 篇《逻辑理论研究》论文中校订了大量小的误用,这些主要关系到他的 394
实质性修订,或者说,杜威显然有意地改正那些小的误用。那些各种有意的改动包括:按照他通常的拼法,在 313.22 处恢复为"cannot";在 313.24 和333.4—5处恢复为

① 第一次印刷本来自杜威中心;第二次印刷本来自明尼苏达大学(1329092);第三次印刷本来自芝加哥大学出版社档案藏书库。

“criticizing”;337.4、341.8、352.5、359.4、359.18—19、360.3、360n.5、363.9 等处的斜体字部分;在 307.21—22、330.5、341.6(2)、342.5 等处删除部分单词中的连字号而保留其他一部分;在 304.38、304.40、308.34、316.5、367.11 等处,用括号或破折号替换复杂的长句中的逗号。

原文注

16.30 quotations illustrate] 当杜威引入该引文时,他可能本想只用一段话,结果他在后面未能修正他的引导性说辞"The following quotation illustrates ..."。由于他自己在 17.6 处(如"The implication of the quotations ...")也意识到存在两段非常独立的引文,我们已经对第一处作了统一处理。 395

23.18 are] 显然,杜威把主语"certain conditions"仅仅看作是"facts described"中的一种,但他在句子结构上未能反映出这种意向。

81.38 goes on in] 范本中的"on"一词对于整句意思来说是必要的,有可能是在对该文修订版进行排版时不小心漏掉了。

89.27 the country] 在修订印刷时漏掉了"the",这似乎是一种排字脱误。

180.6 outness — no power] 漏掉原引文中所出现的"no"一词,造成该词条的基本定义发生变化;由此,我们作了恢复。

319.18—19 as matter of fact] 杜威的这种典型表达,常常被编者改变成更为通用的"as a matter of fact"。"a"可能是编者增加上去的,而非杜威在准备修订版时所为,因此,我们这里未将其作为一种修订。

350.7—8 disciplines] 在修订版中用"disciples"一词来替代,这一定是校读时错过的一个印刷错误,而非杜威想要的一种改变。

358.3 besides] 原引文最后的"s"有可能是在排版时漏掉了,这样,该词就可能会被不正确地读作介词而非副词。

364.18 helpful.] 在《实验逻辑论文集》中的修订版略去的这个脚注与《逻辑理论研究》文本中的数字不一致。如在勘误表中所显示的,我们把这个脚注数字增加在它逻辑上所在的"conflict"一词后面。

符号表

396 左边的页码—行数来自于本版；除标题之外，所有行数都已计算在内。页码—行数前的星号表示该内容在“原文注”中有讨论。

在页码—行数之后的缩写 *et seq*. 表示在那个章节中该内容在以后的所有出现都作相同处理。括号前的内容来自本版。

方括号标明来自于本版的内容的范围，其后出现的是指示该内容首次出现的版本（缩写的大写字母或者版本印刷号码）。

W 表示作品（Works）——本版，并且在此第一次进行修订。

缩写的 *om*. 表示括号前面的内容在该缩写后面所指定的版本和印次中被省略；*not present* 被用来标明在指定版本中没有出现的材料。

缩写的 *rom*. 表示罗马字体，并用来标明斜体字的省略；ital. 指斜体。

Stet 和版本或者印次一起，指后来被修订的版本或印次中被保留的一个重要的内容；分号后面是不再被使用的改动。

修订的页码—行数之前的星号，指该内容在原文注中被讨论。

上标“+”表示该内容在指定版本之后的所有修订印次和版本中都出现。

当修订只限于标点时，波浪线“～”表示括号前的相同词语，脱字符号“‸”指缺失一个标点符号。

校勘表

范本中所有实质的或偶发的校勘均被记录在下表中，除了一些形式上的变化。397
方括号左边的词条出自本版，括号后面是首次出现的校勘内容来源的缩写。其后是一个分号，分号后面是范本的校勘内容。所有校订文本中的主要变化都记录在此；因此，这个列表既是一个修订记录，也是一个历史校勘。

每个条目的范本都在对该条目的校勘伊始得到确定；对于那些在它之前只有一个版本的条目，下列表中没有这个范本的缩写。

以下这些形式的或机械的更改遍及全书：

1. 书名和杂志名改为斜体；文章和书的章节名加了引号。必要时，书名被补充或扩展。

2. 脚注形式被补全并保持一致；星号仅用于编者的脚注。

3. 不在所引内容之内的单引号被改成了双引号；必要时，补充了开始或结束部分的引号。

下列单词(括号左边)的拼写已调整为杜威的风格：

although] altho 59.10
analyzes] analyses 217.34
anyone] any one 192.13,204.36
centre] center 15.23,49.31,80.1,80.4,80.8,80.9,80.23,84.3,84.13,90.17, 398
90.21,90.34,91.3,91.20,92.9,92.38,93.16,93.17,116.1,275.11,276.27; (-s) 11.29,15.9,91.28,124n.11
clues] clews 311.36
color] colour 215.35; (-ing) 163.3,234.15,243.24; (-less) 190.14
cooperation] coöperation 124.22,125.6,127n.11

coordinations] coördinations 42.12,43.2
criticize] criticise 78.7; (-ing) 36.5,373.18
demarcation] demarkation 372.10
emphasize] emphasise 102.4
endeavor] endeavour (-ed) 170.15,230.10,251.23–24,251.24; (-ing) 219.34; (-s) 204.20,218.19,232.23
entrenched] intrenched 10.32
favor] favour 261.32; (-able) 232.33; (-ed) 226.23; (-ing) 228.28
favorite] favourite 179.25,233.17,248.31
fulfill] fulfil 291.17,331.7,359.31; (-ment) 159.23,281.38,283.21,287.10,304.22–23, 304.28,311.20,366.38; (-ments) 291.13; (-s) 303.40
fullness] fulness 275.36,333n.10
honor] honour (-ed) 164.7; (-ing) 237.24
meagreness] meagerness 89.5
modelling] modeling 75.28,79.22,92.16
mold] mould 121.28
monopolizing] monopolising 112.10
program] programme 77.29
sceptical] skeptical 36.29
scepticism] skepticism 57.12,338n.5(2),367.8,367.9
self-enclosed] self-inclosed 296.9
theatres] theaters 324.40
thorough] thoro (-ly) 59.14,61.14–15; (thorough-going) 64.39
though] tho 103.10
through] thru 54.4,56.5,57.32,63.40; (-out) 61.9
willful] wilful 348.6; (-ly) 30.9
zoology] zoölogy 41.9,99.29,226.9

以下词的分割和连接的情况已经根据方括号前的已知杜威的方式在编辑上做了修改。

clay-modelling] clay modeling 75.28
coeducation] co-education 105.10,105.13,105.16,105.17,105.21,105.23,105.25, 105.27,105.30,106.1,106.7,106.15,106.16,107.24,107.26; (-al) 105.20
co-instruction] coinstruction 115.6
399 common sense (n.)] common-sense 70.21,277.30,277.31,277.33-34,318.36
cooperate] co-operate 70.20–21,296.26; (-ing) 72.30,153.2,262.28; (-tion) 74.20,75.16,111.20–21,332.20; (-tive) 68.36,340.1
coordinate] co-ordinate 148.25,193.12,247.4
elementary-school (adj.)] elementary school 75.20
face-to-face] face to face 57.35,84.27,355n.9
life-history] life history 27.24
public-school (adj.)] public school 97.6
reinforce] re-enforce, re-inforce 66.11; (-ed) 78.26

secondary-school (adj.)] secondary school 79.30
someone] some one 37.1
subject-matter] subject matter 46.18
today] to-day 6.30,28.37,29.7,65.25,149.21,222.7
tomorrow] to-morrow 210.34
thorough-going] thoroughgoing 198.40,201.29,232.11,246.37,267.37,345.23

《应用于道德的进化论方法》

范本是先前唯一的一次印刷,发表于《哲学评论》,第 2 卷(1902 年),第 107—124、353—371 页。

9.39 unjustifiable] W; unjust-/fiable
16.26 process ‸] W; ～,
16.28 viz.] W; ～‸
16.30 quotations illustrate] W; quotation illustrates
16.31 ‸ We may "raise] W; "We may ‸ raise
17.5 pp.255 - 56] W; p.255
23.18 are] W; is

《原始心灵释》

范本是首次印刷的《心理学评论》,第 9 卷(1902 年),第 217—230 页。在《哲学与文明》(纽约:巴克·明顿出版公司,1931 年)第 173—187 页上的重印,首次作了一个修订,并已采用。

40n.1 *Sociology*] W; *Ibid*.
40n.2 *Sociology*] W; *Ibid*.
40n.3 *Sociology*] W; *Ibid*
41.31 traits] W; tracts 400
45n.2 Hodgkinson] W; Hodinksson PC; Hodginkson
50.26 ‸ fights with "a maximum] W; "fights with ‸ a maximum
50.27 - 28 maneuvering] PC; manouvering
50n.1 Part Four] W; Vol.IV.

《学术自由》

范本是先前唯一的一次印刷,发表于《教育评论》,第 23 卷(1902 年),第 1—14 页。

60.22 propagate] W; progagate

《芝加哥大学教育学院(公报)》

范本先前作为《公报信息 2:芝加哥大学官方出版物》中的一部分,唯一的一次出版印刷。

73.33 two,] W; ~‸

74.2 student's] W; students

74.13-14 *Departments*] W; *Department*

75.11 subject] W; suhject

75.15 the School] W; The School

75.17 two years' course] W; Two Years' Course

《作为社会中心的学校》

范本是首次出版,发表于《小学教师》,第3卷(1902年),第73—86页;后经修改重印于《国家教育协会会议录和演讲集》,1902年,第373—383页,所作修订均已被本版采用。

80.12 that occupy] PA; occupy

81.2 has] PA; have

81.5 on the principle of] PA; through

81.15 etc. —] PA; ~;

401 81.30 education function] PA; function of education

81.31 in] PA; a

*81.38 goes on in] *stet* EST; goes in PA

83.12 citizenship‸] PA; ~,

83.13 what is the] PA; what the

83.13 school] PA; school is

83.18 ages,] PA; ~;

83.20 here:] PA; ~.

83.33 Constitution] W; constitution

84.10 efficacy] PA; efficiency

84.15 one another] PA; each other

84.17 of the circulation] PA; the circulation

84.36 peoples] PA; elements

84.37-38 instrumentalities of which ... taken.] PA; instrumentalities which may be taken advantage of.

85.3 in] PA; by

85.14 different] PA; differing

85.25 de-nationalized] PA; denationalized

85.32-33 of the newly] PA; of newly

86.5 ^{2}the] PA; this

86.10 was] PA; is

86.21 ties themselves, as between] PA; ties between

86.22 wife] PA; wife themselves,

86.22 as in relation to] PA; as to their

86.26 away from it] PA; away

86.27–28 and of keeping them] PA; that kept men
86.29–30 which rested for their force upon] PA; whose force rested in
86.34 results which] PA; results
87.2–3 further‸] PA; farther,
87.18 When] PA; Where
87.20 was just] PA; was
87.21 the] PA; only the
87.25 just] PA; but
88.1 come] PA; comes
88.2 anatomy‸] PA; ~,
88.30–31 great motives for the flourishing] PA; chief reasons for the success
88.32 day‸] PA; ~,
88.32 is not only] PA; besides
88.33 but] PA; is
88.38 forms] PA; is
88.40 added] PA; has added
89.7 social] PA; the social
89.8 them,] PA; ~‸
89.9 engaging] PA; engaged
89.25 accurate the study, did] PA; accurate, does
*89.27 the country] *stet* EST; country PA
89.33 and so the] PA; and where therefore the 402
89.39 history. Now,] PA; history, and
90.13 one] PA; him
90.21–22 centre. [¶] It] W; center. [¶] It PA; center. It
90.24 interpret] PA; so interpret
90.26 engaged:] PA; ~‸
90.26 that is, must] PA; that it will
90.29 supply him compensation] PA; compensate him
90.29 and] PA; and of
90.32 such ways as] PA; ways that
90.39 mixing people up] PA; a mixing up of people
90.39 bringing] PA; a bringing
91.4 is particularly] PA; particularly is
91.8 And we] PA; We
91.8 work] PA; function
91.11–12 exchanged, not merely in] PA; exchanged in
91.12 discussion—] PA; ~,
91.13–14 prejudice—] PA; ~;
91.14 in ways] PA; it is much more a place
91.16 all] PA; they
91.17 barriers] PA; the barriers

91.18 caste,] PA; ~‸
91.18 class,] PA; ~‸
91.18 race,] PA; ~‸
91.35–36 dance-house] PA; ~‸~
92.2 recreation there is] PA; recreation is
92.31 it as a natural] PA; that it is quite as natural
92.32 part] PA; a part
92.32–33 duty-quite ... children-to provide] PA; duty to provide
92.36 them.] PA; them, as it is to give instructions to little children.
93.3 excepting] PA; except
93.9 resources] PA; sources
93.10 dispute —] PA; ~:
93.12 fullness] PA; fulness
93.16 demand] PA; the demand

《我们的学校应把什么归功于儿童研究》

范本是先前唯一的一次出版,发表于《国家教育协会会议录和演讲集》,1902 年,第 719—720 页。

103.37 excrescences] W; excresences

403 ### 《致哈珀校长论男女同校的备忘录》

范本是 1902 年 1 月 9 日杜威致哈珀的信函的打印稿,来自芝加哥大学图书馆特别收藏区《校长文件 1899—1925 年》。

106.8 safeguard] W; safe guard
106.20 especially] W; especilally
106.27 University] W; Unoversity
107.4 introducing] W; introduction
107.15 a.] W; ~/

《致 A·K·帕克论男女同校的信函》

范本来自芝加哥大学图书馆特别收藏区《校长文件 1899—1925 年》。

113.22 alone] W; alonr
113.31 University] W; university

《世界与个体——吉福德系列讲演之二:自然、人与道德秩序》

范本发表于《哲学评论》,第 2 卷(1902 年),第 392—407 页。

122.13　deficiencies] W;　deficences
124.9　we recognize] W;　were cognize
126.7　processes] W;　process
128.3　Absolute] W;　absolute
129.7-8　pp.315-16] W;　p.315
132.8　the] W;　the the
133.16　443] W;　445
135.28　instant] W;　incident

《哲学与心理学辞典》条目撰稿

范本是J·M·鲍德温主编的《哲学与心理学辞典》第一版(纽约:麦克米兰出版公司,1902年),第2卷;1925年第二版曾做过一处修改,已采纳。

141.29　to that which] D^2;　to which 404
143.22　as (α)] W;　(α) as
145.12　*Antigone*] W;　[*rom.*]
146.37　Middle Ages] W;　middle ages
147.29　*Hist. of Philos.*] W;　loc. cit.
153.12　headquarters] W;　head quarters
154.37　Leontini] W;　Leontium
168.35　is such] W;　as such
174.23　30] W;　34
179.14　Middle Ages] W;　middle ages
180.5　Hutchison] W;　Hutchinson
*180.6　outness-no power] W;　outness, power
181.15-16　*Panpsychismus*] W;　*Pampsychismus*
186.38-39　Middle Ages] W;　middle ages
187.2　1525] W;　1625
187.2　(1484-1558)] W;　(1558)
197.39　(C.487-C.A.D.583)] W;　(469-A.D.508)
198.6　Middle Ages] W;　middle ages
198.36　philosophic] W;　philosopic
203.9　*kontinuierliche*] W;　*continuirliche*
215.37　Wolff's] W;　his
216.10　Molinos] W;　Molinox
226.9　Middle Ages] W;　middle ages
240.7　*con*‸] W;　~.
244.10　Johannes] W;　Joannes
247.5　gives it matter] W;　gives its matter
249.31　*Gesch. d. Logik*] W;　op. cit.
249.31-32　*Hist. Beitr.*] W;　op. cit.
250.1-2　*Gesch. d. Logik*] W;　loc. cit.

250.7　*Gesch. d. Logik*] W;　loc. cit.
250.15 - 16　*Gesch. d. Logik*,] W;　[*not present*]
250.22　*Gesch. d. Logik*,] W;　[*not present*]
251.10　*Critique of Pure Reason*] W;　ibid.
251.28　*Critique of Pure Reason*] W;　ibid.
256.25　*Essay upon Human Understanding*] W;　loc. cit.
257.1　*transzendent*] W;　*transscendent*
258.6　*Transzendentalismus*] W;　*Transscendentalismus*.
259.19　*Monist*,] W;　ibid.‸
263.37　Middle Ages] W;　middle ages
264.12　Middle Ages] W;　middle ages
267.26　*Pre-Socratic Philos*.] W;　op. cit.
267.31　*Pre-Socratic Philos*.] W;　op. cit.

405 **《儿童与课程》**

范本是第一版(芝加哥:芝加哥大学出版社,1902 年)。

290.35　curriculum] W;　curirculum

《逻辑理论研究》1. 思想与题材的关系

范本是首次印刷,以“思想及其题材:逻辑理论的一般问题”为题发表于《逻辑理论研究》(芝加哥:芝加哥大学出版社,1903 年),第 1—22 页;修改后发表于《实验逻辑论文集》(芝加哥:芝加哥大学出版社,1916 年),第 75—102 页。所有修订已被本版采用。

298.1 - 2　I. THE RELATIONSHIP OF THOUGHT AND ITS SUBJECT-MATTER] W;　II The Relationship of Thought and Its Subject-Matter EE; I Thought and Its Subject-Matter: The General Problem of Logical Theory
298.27　hydrodynamics,] EE; ~;
299.10　into] EE; upon
299.20　either to state] EE; to state either
299.22　or] EE;　nor
299.36　clothes,] EE;　~;
299.36　etc.] EE;　etc., etc.
301.14　question] EE;　questions
302.35 - 36　‸of “how] W;　“of ‸how
303.38　out diverse] EE;　out to diverse
304.2　thought,] EE;　~;
304.3　occasions renders] EE;　situations constitutes
304.5　Consequently,] EE;　~‸

304.6 empirical] EE; psychological

304.6-7 but are of] EE; but of

304.8 From] EE; So from

304.11 reflection] EE; thought

304.18-19 but relevant] EE; but is such

304.21 indicate] EE; are inherently concerned as indicating

304.22 brings to] EE; brings itself to its own

304.23 its] EE; in

304.25 logic)‸] EE; ~), 406

304.28 fulfillment‸]W; fulfilment‸ EE; ~,

304.30-31 objectives] EE; objective

304.33 experience,] EE; ~‸

304.38 something (whether] EE; ~, ~

304.39 be a thinking] EE; be thinking

304.39 stimulus] EE; condition

304.40 goal)] EE; ~‸

305.2 that] EE; the

305.6 from the] EE; from this latter point of view. I recur again to the

305.10 empirical things and values] EE; empirical values

305.12-13 and a control] EE; and control

305.18 ethical] EE; ethic

305.19 perception of meaning or] EE; perception or

305.22 aim.] EE; aim. From this point of view, more definite logical import is attached to our earlier statements (p. 2) regarding the possibility of taking anything in the universe of experience as subject-matter of thought.

305.25 coexistence,] EE; ~‸

305.25 contradiction,] EE; ~‸

305.26 range] EE; set

305.27 possible materials] EE; means

305.31 by] EE; in

305.33 and conceptual] EE; or ideational

306.6 into] EE; to

306.7-8 action, all with] EE; action with

306.9 *continuity*.] EE; *continuity* in and of experience.

306.15 the future] EE; future

306.16-17 spectator . . . is] EE; spectator is

306.30-31 reflective considerations] W; reflective consideration EE; ideas

306.32 to] EE; with

306.37-38 relative and methodological,] EE; relative,

306.39 properties] EE; forms

307.5 presents] EE; has presented

307.11 net meaning] EE; value

307.14 hunting] EE; the hunting

307.14 collecting raw] EE; collecting of raw
307.20 distinction-making] EE; distinction
307.21-22 mentally‸gymnastic] EE; ∼-∼
307.30 such a form] EE; such form
307.30 serve in] EE; serve as premise in
308.3 Then there] EE; There
308.9 objects] EE; contents
308.10 world] EE; universe
308.17 because *continuity*] EE; because there is a certain *homogeneity* or *continuity*
407 308.18 use controls] EE; use which controls
308.18 in the] EE; in both the
308.19 types] EE; grades
308.19 significance] EE; value
308.20 meaning] EE; thought
308.22-23 assignments of relative] EE; relative assignments of
308.25 absorption] EE; interaction
308.26 formation] EE; outcome
308.33 results in treating] EE; is to treat
308.33 technique] EE; development
308.34 topic —] EE; ∼‸
308.35 It also states] EE; It is also to state
308.37 to concrete] EE; to the use made of these distinctions in concrete
308.37 that it creates] EE; as to create
308.39 life.] EE; life — metaphysics again in the bad sense of that term.
308.39 logic] EE; problem of a logic
309.1 critical] EE; in critical
309.1 science follows] EE; science, is to follow
309.6 psychology.] EE; psychology.[1] ... [1]See Angell, "The Relations of Structural and Functional Psychology to Philosophy," *The Decennial Publications of the University of Chicago*, Vol. III (1903), Part II, pp. 61-66, 70-72.
309.10 sensory] EE; sensation
309.10 perceptual] EE; perception
309.10 conceptual] EE; conception
309.14 trace events] EE; trace series of psychical events
309.20 entities] EE; distinctions
309.23 so] EE; thus
309.26 relationship,] EE; ∼‸
309.26 the denial] EE; and
309.27 indicative of] EE; indicative only of
309.37 asserts,] EE; ∼‸
309.39 made,] EE; ∼‸

310.4 - 6 former. In ... stimulus.] EE; former.

310.7 significance] EE; entire significance

310.9 is] EE; has

310.12 force] EE; value

310.14 analysis] EE; analysis of value

310.14 out] EE; out in detail

310.28 attitude] EE; state

310.30 reflection] EE; consciousness

310.32 response] EE; mode of adaptation

310.33 consequently judge] EE; judge

310.35 history] EE; sequence

310.37 outcome.] EE; outcome.[1] ... [1]See statements regarding the 408
psychological and the logical in *The Child and the Curriculum*, pp. 28, 29.

311.1 in moving] EE; as we move

311.12 - 13 because of] EE; because we know

311.13 movement] EE; growth

311.14 engaged.] EE; engaged, and the position within the function of the particular element that engages us.

311.22 doing‸] EE; ~,

311.24 obstacle and] EE; obstacle of

311.26 sequential and] EE; sequential, efficient, and

311.27 contemporaneous and] EE; contemporaneous, correlative, and

311.31 process in which] EE; process

311.31 - 32 engaged.] EE; engaged with.

311.32 Operating within empirical situations we] EE; We

311.33 condition] EE; condition or state

311.34 status] EE; status or element

311.35 - 36 function. When ... limitations, we] EE; function. If we do, we

312.3 attitude] EE; sort of object or material

312.8 materials] EE; terms

312.12 its problematic data as] EE; its own basis for further procedure to be

312.13 results from] EE; it secures for itself in the

312.14 inquiry] EE; its aim

312.15 before thinking began, whose] EE; at the outset, and whose

312.16 means] EE; express means

312.26 mind] EE; thought

312.26 - 27 situations‸where elements] EE; values which

312.28 - 29 way ... situations can] EE; way these values can

312.30 belong.] EE; belong. It is only conditions relative to a specific period or epoch of development in a cycle of experience which enables one to tell what to do next, or to estimate the value and meaning of what is already done.

313.9 ultimate] EE; alternate
313.22 cannot] EE; can not
313.24 criticizing] EE; criticising
313.24 and organizing tools] EE; and in organizing the tools
313.24 - 25 research.] EE; research in these lines.
313.28 know the] EE; know in relation to its congeners the
313.28 genesis] EE; organic genesis
313.30 goods] EE; values
314.1 mass, the ... individuality —] EE; mass —
314.2 answer] EE; *final* answer
314.6 expetience] EE; genetic experience
314.12 end;] EE; ～,
409 314.12 we attack] EE; attack
314.13 some interest] EE; some other interest
314.18 occupation.] EE; occupation in experience.
314.20 A] EE; The
314.21 alone can] EE; can alone
314.21 for social qualities] EE; for the region of social values
314.25 nature of] EE; nature either of
314.26 situations] EE; crises
314.27 movement] EE; growth
314.39 been found afterward] EE; afterward been found
315.14 - 15 new technique] EE; new forms of technique
315.15 inquiry] EE; its treatment

《逻辑理论研究》2. 思想的前情和刺激

范本是首次印刷，以“思想及其题材：思想机能的先决条件及暗示”为题发表于《逻辑理论研究》(芝加哥：芝加哥大学出版社，1903 年)，第 23—48 页；修改后发表于《实验逻辑论文集》(芝加哥：芝加哥大学出版社，1916 年)，第 103—135 页。所有修订已被本版采用。

316.1 - 2 2. THE ANTECEDENTS AND STIMULI OF THINKING] W; III The Antecedents and Stimuli of Thinking EE; II Thought and Its Subject-Matter: The Antecedent Conditions and Cues of the Thought-Function
316.3 sense —] EE; ～,
316.5 experience —] EE; ～,
316.5 - 6 concerned with the] EE; concerned in particular with description and interpretation of the
316.12 position] EE; historic position
316.12 amid the typical functions] EE; in the evolving
316.20 evident] EE; apparent

316.22 meaning] EE; inherent worth

316.22 the validity] EE; validity

316.24 translate] EE; translation of

316.24 acts in] EE; terms of

316.30 - 31 thought in experience so] EE; thought, so

316.31 to characterize] EE; to select and characterize

317.4 control] EE; transformation

317.4 experience. [ ] EE; experience; and that continual confusion and inconsistency are introduced when these respective meanings are not identified and described according to their respective geneses and places. I

317.7 secondly] EE; second 410

317.8 thirdly] EE; third

317.8 *objective*] EE; *content*

317.17 material] EE; the material

317.17 by inquiry] EE; into the thought-/situation,

317.17 - 18 as inquiry] EE; as this

317.18 purpose. This chapter] EE; purpose. It goes without saying that these are to be discriminated as stages of a life-process in the natural history of experience, not as ready-made or ontological; it is contended that, save as they are differentiated in connection with well-defined historical stages, they are either lumped off as equivalents, or else treated as absolute divisions — or as each by turns, according to the exigencies of the particular argument. In fact, this chapter

317.23 - 24 readjustment ... experience] EE; readjustment of experience

317.24 being thereby compelled] EE; therefore endeavoring

317.25 historic] EE; periodic

318.1 criticizing] EE; criticising

318.3 Nowadays everyone] EE; Everyone

318.5 mental] EE; psychical

318.7 - 8 belonging peculiarly] EE; belonging somehow peculiarly

318.9 the world] EE; a world

318.13 - 14 anticipation with that of] EE; anticipation of

318.14 - 15 perception; more generally we contrast the] EE; perception; the

318.15 inferential] EE; ideal

318.22 conceptions] EE; constructs

318.27 - 28 meaning. Our ... revision.] EE; meaning.

318.30 distinctions,] EE; ~;

319.1 afford stuff] EE; afford it stuff

319.1 thought may] EE; to

319.6 this] EE; his

319.7 - 9 the exercise ... external to it;] EE; an independent thought-material and an independent thought-activity;

319.10 subject-matter of thought] EE; thought -/material

319.11 meaning and validity] EE; worth

319.13 the fundamental] EE; the same fundamental

319.15 always] EE; never effecting more than

*319.18 - 19 as matter of fact] *stet* SLT; as a matter of fact EE

319.20 material] EE; specific thought-material

319.20 process of inquiry] EE; specific thought-activity in correspondence with each other

319.23 We] EE; 1. We

319.25 giving its] EE; giving it its

411 319.26 - 27 furnishing] EE; affording us

319.28 I. The] EE; The

319.29 impressions‸] EE; ~,

320.37 This] EE; It is this

320.37 - 321.1 distinction marks] EE; distinction which marks

320n.2 *Mikrokosmus*] W; *Microkosmus*

321.2 mere] EE; receptive

321.4 the cognitive *worth*] EE; the *worth*

322.4 - 5 again: "Thought] EE; agajn:[2]"Thought

322.6 impressions."[4]] W; impressions."[2] EE; impressions."

322.6 again: "The] EE; again:[3]"The

322.10 - 11 possible."[5]] W; possible."[3] EE; possible."

322.12 ideas thus play] EE; ideas play

322.29 impressions] EE; the impressions

322.36 cause] EE; arouse

322n.2 *Logic*] W; *Ibid*.

322n.3 *Logic*] W; *Ibid*.

323.5 quality] EE; matter or quality

323.15 bald] EE; a bald

323.17 - 18 it characteristically qualifies content] EE; it is *meaning*, characteristic quality of content

323.34 as logical *objects*] EE; as cognitive (or logical) *objects*

323.38 ‸objects‸] EE; "meanings"

323n.1 *Mikrokosmus*] W; *Microkosmus*

324.6 *meaning*] EE; *worth*

324.7 process.] EE; process of valuation.

324.14 which] EE; that

324.15 that] EE; which

324.16 between (*a*)] W; (*a*) between

324.16 considering both coincidence] EE; considering coincidence

324.17 as psychical] EE; as both affairs of existence of psychical

324.19 making] EE; the inherent logic which makes

324.21 ought both] EE; both ought

324.26 frequency] EE; repetition

324.34 *say*] EE; [*rom.*]

324.35-36 connection] EE; conjunction

325.1 discount. But in] EE; discount. In

325.2-3 intellectual object] EE; idea

325.6 is a rule, specification,] EE; is really a specification‸

325.8 treat this] EE; treat the origin of this

325.9 mental events] EE; ideas

325.10 by psycho-physical] EE; by conditions of original psycho-physical

325.12-13 experience involving ... kind and] EE; experience and

325.17-18 by those who held it] EE; as an item of the experience of those who meant it 412

325.22-23 experienced frame] EE; experience-frame

325.23 world] EE; universe

325.32 a bare] EE; bare

325.32 a problematic] EE; as problematic

326.6-7 not trouble] EE; not as such trouble

326.12 contrast] EE; may contrast

326.12 present state as bare] EE; present bare

326.13 over against another] EE; with a

326.13 as one which is coherent] EE; of possible coherence

326.16-17 presents] EE; means only

326.21-22 objective experience] EE; experience

326.23 some] EE; one

326.24 as mere] EE; as bare conjunction or mere

326.26 set against] EE; set over against

326.35 the logical] EE; the grasp of the logical

326.38 neither] EE; no such thing as either

326.38 nor] EE; or

327.12 material yet] EE; material, it yet

327.13 up,] EE; ~:

327.15 Kantian notion] EE; notion

327.20 avoided] EE; really avoided

327.28 labeled] EE; practically labeled

327.33 alternative] EE; alternative in this dilemma

327.34 or environment] EE; of experience

327.34 exist] EE; are

327.35 that which is afterward] EE; that afterward

328.3 The stimulus] EE; It

328.5 yet which] EE; which yet

328.8 goes] EE; belongs

328.10 whole. To] EE; whole. It is a case of the psychologist's fallacy to

328.11-12 coherence] EE; relationship

328.13 process of inquiry is a fallacy.] EE; thought-process.

328.19 of] EE; which evokes

328.19 thought, giving] EE; thought ‸ and gives

328.20 activities and determining its object. On] EE; activities. On

328.22 so as (by insisting) to] EE; and, by insisting,

328.25 positively, to show that] EE; positively, that

328.29 - 30 reflection] EE; thought

328.32 idea are] EE; idea (whether as mental contents or as psychical existences) are

328.33 that] EE; the

328.34 thought.] EE; thought; while the distinction of psychical
existences from external existences arises only within a highly
elaborate technical reflection — that of the psychologist as
413 such.[1] . . . [1]The emphasis here is upon the term "existences," and
in its plural form. Doubtless the distinction of some experiences as
belonging to me, as mine in a peculiarly intimate way, from
others as chiefly concerning other persons, or as having to do with
things, is an early one. But this is a distinction of *concern*, of
value. The distinction referred to above is that of making an
object, or presentation, out of this felt type of value, and thereby
breaking it up into distinct "events," etc., with their own laws of
inner connection. This is the work of psychological analysis.
Upon the whole matter of the psychical I am glad to refer to
PROFESSOR GEORGE H. MEAD's article entitled "The Definition of
the Psychical," Vol. III, Part II, of *The Decennial Publications*
of the University of Chicago.

328.35 continuity] EE; identity of value

328.36 inner active distraction] EE; inner distraction

328.37 each contending] EE; contending each

328.38 which] EE; that

329.4 and yet] EE; and which yet

329.6 "objective."] W; 'objective.' EE; ‸~.‸

329.11 real. The] EE; real. It is the further work of *thought* to exclude some of the contending factors from membership in experience, and thus to relegate them to the sphere of the merely subjective. But just at this epoch the

329.12 conflict among its elements.] EE; conflict.

329.15 a transition] EE; the transition

329.18 worth] EE; logical value

329.19 - 21 thought. Deny . . . "mental."] EE; thought.

329.32 - 33 stimuli to thinking] EE; stimuli

329.38 a specific] EE; an individual

329.38 - 40 experience. [¶] There] EE; experience. There

330.1 - 2 or the previously organized] EE; or organized

330.4 situation] EE; entire experience

330.5 redefinition] EE; re-definition
330.6-7 This redefining and re-relating is] EE; This is
330.7 constructive] EE; reconstructive
330.9-10 arrangement of things] EE; experience
330.29 repetition‸] EE; ~,
330.30 dialectical contradictions] EE; self-contradictions
330.31 unless] EE; save
330.34 upon doing] EE; to do
330.39 temporal phase] EE; phase
331.4-6 Now things ... account. The] EE; Now things, objects, have already, implicitly at least, determinations of worth, of truth, reality, etc. The
331.6 etc.] EE; etc., etc. 414
331.13 regarded] EE; there
331.15 relevant to thinking as] EE; relevant as
331.18 force and] EE; value or
331.20 (1) things] EE; (1) value as determined by things
331.21 mere impressions] EE; things
331.22 (2) *meaning*] EE; (2) hence, value in the shape of *meaning*
331.23 traits] EE; values
331.24 features] EE; kinds of value
331.27 has been] EE; is
331.27-28 yet is now conflicting] EE; yet conflicting
331.30 objective] EE; value or
331.30 validity,] EE; ~‸
331.32 This] EE; Since this
331.32 attempt] EE; deeper attempt
331.34 nevertheless] EE; yet
331.34-35 dependent ... it. Hence the] EE; specifically dependent, the
331.36 avoidance] EE; avoiding
331.36-38 secured only ... experienced things,] EE; found in the endeavor to characterize thought as a specific mode of valuation in the evolution of significant experience,
331.40 force] EE; value
332.5 *daily life*] EE; [rom.]
332.6 useful combinations] EE; [*ital.*]
332.6 correct expectations] EE; [*ital.*]
332.6-7 seasonable reactions] EE; [*ital.*]
332.14 real state of things] EE; type of value possessed by it
332.15 things] EE; values
332.17 results. The] EE; results. Even the most purely utilitarian of values are nevertheless values; not *mere* existences. But the
332.17-18 experience also is] EE; experience is saved from reduction to just material uses and worths; for it is

332.19 goods and objects] EE; values
332.29 environment] EE; region of values.
332.31 existences; and] EE; existences lacking value-specifications; and
332.31 while the] EE; the
332.33 it] EE; but to
332.33 comes] EE; come
332.34 realization.] EE; realization and expression in building up a world of values.
333.4-5 criticizing] EE; criticising
333.10 *mere*] EE; [*rom.*]
333.11 organization and force] EE; meaning
415 333.22 objects] EE; values
333.25 form] EE; value
333.27 scheme] EE; scheme of values
333n.12 practical . . . course] EE; reality appears
333n.13 thought-specifications,] EE; thought-specifications or values,
334.1 which] EE; that
334.2 existences] EE; unvalued existences
334.9 idealists] EE; us
334.40 idealist] EE; rationalist
335.4 Lotze began] EE; Lotze himself began
335.12 source than thought,] EE; source,
335.15 organization] EE; organic unity
335.32 "constitutive"] EE; ‸~‸
335.32-33 but are prohibited] EE; but we are absolutely prohibited
335.34 which] EE; that
335.36(2) constitutive] EE; such
336.2 former!] EE; former![1] . . . [1]Bradley's criticisms of rationalistic idealism should have made the force of this point reasonably familiar.
336.3 not a] EE; not meant for a
336.3 It points] EE; It is meant to point
336.5 discovered within thinking] EE; of the thought-function
336.6 of various] EE; of judgment in its various
336.7 forms of judgment,] EE; forms,
336.17-18 makes into absolute] EE; makes absolute
336.18 distinctions] EE; certain distinctions
336.19 things which] EE; which
336.20 historic] EE; wholly historic
336.20 or temporal] EE; and relative
336.24 employ] EE; reciprocal employ
336.25 existence] EE; reality

《逻辑理论研究》3. 与料和意义

范本是首次印刷，以“思想及其题材：思想的与料”为题发表于《逻辑理论研究》（芝加哥：芝加哥大学出版社，1903 年），第 49—64 页；修改后发表于《实验逻辑论文集》（芝加哥：芝加哥大学出版社，1916 年），第 136—156 页。所有修订已被本版采用。

337.1 - 2	3. DATA AND MEANINGS [¶] We have reached the point] W; IV Data and Meanings[¶] We have reached the point EE; III Thought and Its Subject-Matter: The Datum of Thinking [¶] We have now reached a second epochal stage in the evolution of the thought-situation, a crisis which forces upon us the problem of the distinction and mutual reference of the datum or presentation, and the ideas or "thoughts." It will economize and perhaps clarify discussion if we start from the relatively positive and constructive result just reached, and review Lotze's treatment from that point of regard. [¶] We have reached the point 416
337.2	matters of] EE; matters or contents of
337.4	matters,] EE; matters or contents,
337.4	out *as* matters] EE; out as such
337.5	without question] EE; without tension or question
337.5 - 6	"content‸" is not] EE; "content," or fact, is not
337.6	abstracted.] EE; abstracted *as* content or object.
337.6	Its distinction from] EE; Its very distinction as content from
337.7	its matter] EE; such
337.7	work] EE; result
337.8	reflection] EE; post-reflection
337.9	discriminated] EE; conscious
337.12 - 337n.17	point.[1] . . . [1]This is . . . revision.)] EE; point.[1] . . . [1]The common statement that primitive man projects his own volitions, emotions, etc., into objects is but a back-handed way of expressing the truth that "objects," etc., have only gradually emerged from their life-matrix. Looking back, it is almost impossible to avoid the fallacy of supposing that somehow such objects were there first and were afterward emotionally appreciated.
337.13	end, for it] EE; end. It
337.15 - 16	in the world of the new] EE; in the new
337.19	fold. But such] EE; fold of the new experience; such
337.19 - 338.1	introduction clearly] EE; introduction, on the other hand, clearly

338.2 deliberate] EE; conscious
338.3 an organization in] EE; the unity of
338.5 place,] EE; place within itself,
338.5 final] EE; deliberate final
338.10 are doubtful] EE; are rendered doubtful
338.12 - 13 ideas, the *Quaesitum*, the] EE; ideas, the ideal, the
338.13 - 14 the Inferential. [¶] *a*) There is] EE; the Thought. For there is
338.23 conflict is] EE; conflict as such is
417 338.23 immediately of] EE; immediately expressed, or felt, as of
338.24 given] EE; apprehended
338.29 terms as low] EE; as low terms
339.4 in] EE; of
339.6 [¶] *b*) It is obvious] EE; [¶] It is obvious
339.10 - 11 interpreted, ... connection. The facts] EE; interpreted. The facts
339.11 presentations] EE; presentation
339.12 meanings] EE; meaning
339.20 connection‸] EE; worth,
339.21 as ideas] EE; as just ideas
339.26 external] EE; real
339.26 - 27 existence] EE; unreality
339.28 of *possible*, of inferred existence] EE; of *mental* existence
339.28 - 29 latter is regarded] EE; mental existence is in such cases regarded
339.30 existence] EE; value
339.31 regarded as] EE; regarded, from the value standpoint, as
339.31 unassured. Or,] EE; unassured. The very existence of the idea or meaning as separate *is* the partial, broken up, and hence objectively unreal (from the validity standpoint) character of the datum. Or,
339.33 facts] EE; the facts
339.35 place;] EE; place in the universe;
339.36 relative] EE; apparent
339.40 object.] EE; object in experience or reality.
340.6 mental] EE; psychical
340.9 process] EE; mental process
340.12 eliminate] EE; eliminate as false
340.14 perception] EE; apperception
340.15 - 23 structure .... In other] EE; structure. In other
340.31 world.] EE; world. It is *psychic*.
340.37 a personal] EE; psychical

340.40 existence] EE; values

341.6 prejudice] EE; pre-judice

341.6 misconception] EE; mis-conception

341.8 *validity*] EE; [*rom.*]

341.8–9 becomes . . . existence.[3]] EE; becomes mere image-subjective;[1] and finally a psychical existence.

341.13 ideatum. That] EE; ideatum, as affairs of the direction of logical movement. That

341.14–15 is still characterized] EE; is characterized

341.15–16 but real . . . . That] EE; but only in a psychical sense; that

341.17–19 in a cosmic or extra-organic sense. [¶] 1. *The*] EE; in 418
an objective, cosmic sense.[1]

The implication of the psychic and the logical within both the given presentation and the thought about it, appears in the continual shift to which logicians of Lotze's type are put. When the psychical is regarded as existence over against meaning as just ideal, reality seems to reside in the psychical; it is *there* anyhow, and meaning is just a curious attachment — curious because as *mere meaning* it is nonexistent as event or state — and there seems to be nothing by which it can be even tied to the psychical state as its bearer or representative. But when the emphasis falls on thought as *content*, as significance, then the psychic event, the idea as image[2] (as distinct from idea as meaning) appears as an accidental but necessary evil, the unfortunate irrelevant medium through which *our* thinking has to go on.[3]

[¶] 1. *The*

1. Of course, this means that what is excluded and so left behind in the problem of determination of *this* objective content is regarded as psychical. With reference to other problems and aims this same psychic existence is initial, not survival. Released from its prior absorption in some unanalyzed experience it gains standing and momentum on its own account; *e. g.*, the "personal equation" represents what is eliminated from a given astronomic time-determination as being purely subjective, or "source-of-error." But it is initiatory in reference to new modes of technique, re-readings of previous data — new considerations in psychology, even new socioethical judgments. Moreover, it remains a fact, and even a worthful fact, as a part of one's own "inner" experience, as an immediate *psychical reality*. That is to say, there is a region of *personal* experience (mainly emotive or affectional) already recognized as a sphere of value. The "source of error" is disposed of by making it a *fact* of this region. The recognition of falsity does not *originate* the psychic (p. 38, note).

2. Of course, this is a further reflective distinction. The plain man and the student do not determine the extraneous, irrelevant, and misleading matter as image in a *psychological* sense, but only as *fanciful* or fantastic. Only to the psychologist and for *his* purpose does it break up into image and meaning.

3. Bradley, more than any other writer, has seized upon this double antithesis, and used it first to condemn the logical as such, and then turned it around as the impartial condemnation of the psychical also. See *Appearance and Reality*. In chap. 15 he metes out condemnation to "thought" because it can never take in the psychical existence or reality which is present; in chap. 19, he passes similar judgment upon the "psychical" because it is brutally fragmentary. Other epistemological logicians have wrestled — or writhed — with this problem, but I believe Bradley's position is impregnable — from the standpoint of ready-made differences. When the antithesis is treated as part and lot of the process of defining the truth of a particular subject-matter, and thus as historic and relative, the case is quite otherwise.

419 341.26 data or material] EE; material
341.27 counts,] EE; ~;
341.29 arrangement] EE; grouping
341.30 yet resembling and classed.] EE; yet classed — as differences of a common somewhat.
341.36 data are] EE; datum is
342.5 common ‸ color] EE; ~-~
342.12 datum.] EE; datum of thought.
342.20 material] EE; given material
342n.11 form] EE; forms
342n.24 his] EE; this
343.3-4 feature of spatial and temporal arrangement in contrast with] EE; combination of coincidence and
343.4-5 coherence or connection] EE; coherence
343.11 matters] EE; matter
343.19 effects which] EE; and these
343.37 isolated sensory] EE; sensory
343.37 which are] EE; as
343n.2-3 structures and tools] EE; elements in and
344.3-4 selected from experienced things for that very purpose] EE; in its own scheme
344.4 Sensory] EE; Such
344.6 experience always] EE; experience, as distinct from the psychologists' constructs, always
344.7 continuum.] EE; continuum of values.
344.9-10 taken as thunder: as] EE; taken as
344.13 a] EE; my
344.19-20 control and use of stimuli.] EE; evolution of experience, marking a

certain point in its cycle, and, consequently — having always its own conscious context and bearings — is a characteristic function of reconstruction in experience.

344.22 work] EE; the work
344.29 clear] EE; absolutely clear
344.33 experienced] EE; experience
345.3 data] EE; datum
345.4 data] EE; datum
345.5 universal] EE; given universal
345.8 it over] EE; it as over
345.14 and which so] EE; and so
345.21 ordered] EE; organic
345.23-24 connection] EE; transformation
345.24 dynamic continuity of existence] EE; given sense
345.30-31 further overcomes] EE; overcomes further
346n.22 34] W; 43
347.3 data being thoroughly] EE; data thoroughly
347.3 connected] EE; corrected
347.4 being] EE; completely incarnate as
347.4 meanings] EE; meaning 420
347.6-7 the description is] EE; it is
347.9 antecedent] EE; antecedents
347.10 somewhats extraneously brought] EE; somewhats brought
347.11 thought, upon] EE; thought, extraneously upon
347.15 facts] EE; fact
347.16 meanings] EE; meaning
347.26 inference] EE; thinking
347.30-31 is discovered ... *situation* as] EE; is given *in* the thought-/situation, for the sake of accomplishing the aim of thought (along with a correlative discrimination of ideas or meanings), as
347.31-32 absolutely and in isolation, or] EE; absolutely, or
347.37 objects),] EE; ~)‸
347.38 Lotze, like Kant, attempts] EE; Lotze attempts
347.40-348.1 sense-data as data are] W; sense ‸ data as data are EE; sense-data are
348.7 thought is] EE; thought really is
348.16 matter given to thought] EE; matter of thought
348.17 force] EE; value
348.22 structural differences of] EE; differences of structural
349.4 possible] EE; suggested
349.26 any] EE; and
349.34 adequate] EE; ideal
*350.7-8 disciplines] *stet* SLT; disciples EE

《逻辑理论研究》4. 思想的对象

范本是首次印刷，以“思想及其题材：思想的内容和对象”为题发表于《逻辑理论研究》(芝加哥：芝加哥大学出版社，1903年)，第65—85页；修改后重印于《实验逻辑论文集》(芝加哥：芝加哥大学出版社，1916年)，第157—181页。所有修订已被本版采用。

351.1 4. THE OBJECTS OF THOUGHT] W; V The Objects of Thought EE; IV Thought and Its Subject-Matter: The Content and Object of Thought
351.3 repeatedly led] EE; led repeatedly
351.4 distinctive objects] EE; content
351.12 subject-matter] EE; own
351.17 thought-forms] EE; thought-form
351.25-26 bridge over] EE; bridge
421 351.26 impression] EE; impression over
352.5 *Meaning*] EE; [*rom.*]
352.5 object] EE; content
352.5 thought.] EE; thought as such.
352.16 98-99] W; 99
353.9 import] EE; meaning
353.36 sorts] EE; kinds
354.7 arranged] EE; ranged
354.8 one another's] EE; each other's
354.13 each by] EE; each in a pair, and by
354.31 *subject*;] EE; ~,
355.22 factors] EE; values
355.22-23 integrated] EE; absorptively integrated
355.23 in] EE; into
355.23 aspects] EE; part
355.24 coloring,] EE; ~;
355.25 being‸] EE; ~,
355.25 qualities] EE; values
355.26 experience),] EE; ~)‸
355.30 matter for] EE; object to
356.1-3 and the ... of] EE; and the thought-mode or idea as connected are the object of
356.4-5 goal. Every] EE; goal. Exactly the same value is idea, as either tool or content, according as it is taken as instrumental or as accomplishment. Every
356.5 reflective inquiry] EE; the thought-situation
356.7 and as] EE; and consequently as
356.9 in] EE; of

356.10 content or logical object.] EE; content.
356.17 existence] EE; possibility
356.39 meanings] EE; its own contents
356.40 existences] EE; that which is wholly outside itself
357.4 sense] EE; rational meaning
357.11 defects] EE; defects and errors
357.12-13 meanings. [¶] Our] EE; meanings by which to rectify and replace themselves. Our
357.23 certain meaning] EE; certain validity, or meaning
357.24 *object*] EE; [*rom.*]
357.24-25 such, not merely its state or mood.] EE; such.
357.27 valid meaning] EE; valid idea, as a meaning
357.37 etc.,] EE; etc., etc.,
*358.3 besides] W; beside
358.14 the sense that] EE; so far as
358.16 objects of knowledge] EE; contents of consciousness
359.4 *region*] EE; [*rom.*]
359.4 experience, to] EE; cosmic experience, or to
359.7 a meaning] EE; thought
359.8 found] EE; involved
359.9 problem] EE; metaphysical problem *422*
359.9 existence] EE; reality
359.12 logical] EE; metaphysical
359.16 an object] EE; object
359.16 a content] EE; content
359.18-19 *determinant*] EE; [*rom.*]
359.19 activity] EE; experience
359.32 really] EE; always
359.34 a] EE; the
359.34-35 as contemplated in detachment.] EE; as detached and contemplated.
359n.4 perception.] EE; perception. See Study VII, on the Hypothesis.
360.1 is disorganized] EE; is tensional as regards its existing status, or disorganized
360.2 elements, we] EE; elements, yet organized as emerging out of the unified experience of the past and as striving as a whole, or equally in all its phases, to reinstate an experience harmonized in make-up, we
360.3 *held*] EE; [*rom.*]
360.4 possible.] EE; possible (according as they are viewed with reference to the past or to the future).
360.8 behavior] EE; experience
360.10 it] EE; the idea
360.11 it] EE; thought

360.12 method of control] EE; mediator

360.15 difficulty‸] EE; ~,

360.15 because the] EE; because we see that the

360.18 transition.] EE; transition from one unified form to another.

360.21-22 is ... function] EE; is such in virtue of the exercise of function

360.24-25 objectivity. It ... with.] EE; objectivity.

360.30 "meaning,"] EE; "meaning" or idea as such,

360.30 made‸up] EE; ~-~

360n.1-2 criticized] EE; criticised

360n.5 *feeling*] EE; [*rom.*]

360n.5 foregoing] EE; above

361.2 respect] EE; aspect

361.6 property] EE; question

361.16 connection] EE; mutual connection

361.16 organized] EE; individualized

361.17 meanings] EE; meanings or ideas

361.17-18 thought sets] EE; thought as it sets

361.18 out.] EE; out is supplied.

361.27 that only] EE; that it is only

361.28 issues has] EE; issues that has

361n.3 *University*] EE; *The University*

423 361n.7-8 psychical ... logical.] EE; psychical. Even this explicit placing of thinking in the psychical sphere, along with sensations and the associative mechanism, does not, however, lead Lotze to reconsider his statement that the psychological problem is totally irrelevant and even corrupting as regards the logical.

361n.8 it gives] EE; it only gives

362.19 here. The] EE; here. It is once more the

362.19 question is whether] EE; question whether

362.23 the phase] EE; merely a phase

362.25-26 for ... control.] EE; in entering into a tensional status where the maintenance of its harmony of content is problematic and hence an aim.

362.37 instrument] EE; organ and instrument

362.41 thoroughly] EE; so thoroughly

362.41-363.1 self-contradictory.] EE; self-contradictory as to necessitate critical reconsideration of the premises which lead to it.

363.5-6 and which is set] EE; and set

363.9 is *not* the] EE; is not itself the

363.12 building] EE; erecting

363.14-15 longitudinally, temporally viewed] EE; longitudinally viewed

363.26 accidentally] EE; extraneously

363.35 matters] EE; contents or matters

363.36 existences] EE; bare existences

363.37 from casual] EE; from the associations of casual

363.37-38 revery by control in reference] EE; revery in an element of control by reference

363.38 end,] EE; end which determines the fitness and thus the selection of the associates,

363.40 other.] EE; other, and for the sake of a redintegration of a conflicting experience.

364.18 helpful.] EE; helpful. Life proposes to maintain at all hazards the unity of its own process. Experience insists on being itself, on securing integrity even through and by means of conflict.[1]... [1]Professor James's satisfaction in the contemplation of bare pluralism, of disconnection, of radical having-nothing-to-do-with-one-another, is a case in point. The satisfaction points to an æsthetic attitude in which the brute diversity becomes itself one interesting object; and thus unity asserts itself in its own denial. When discords are hard and stubborn, and intellectual and practical unification are far to seek, nothing is commoner than the device of securing the needed unity by recourse to an emotion which feeds on the very brute variety. Religion and art and romantic affection are full of examples.

364.19 place] EE; placing 424

364.20 matters] EE; matters or values

364.21 they] EE; this

364.21 determine] EE; determines

364.23 operations‸] EE; ~,

365.1-2 the practice of knowing when] EE; reflective practice, when

365.4 experience] EE; experiencing

365.7-8 context (see *ante*, p.311).] EE; context.

365.18 arises] EE; rises

365.20-21 the notion] EE; our notion

365.30 subject-matter] EE; matter

365.31 validity] EE; worth

365.31 contagiousness.] EE; contagiousness. Or the reference proves that we have not as yet reached any conclusion, but are entertaining a hypothesis — since social validity is not a matter of mere common content, but of securing participation in a commonly adjudged social experience through action directed thereto and directed by consensus of judgment.

366.8 involved .... All] W; involved .... all

366.17 original separation] EE; original implication of a separation

366.21 although unknowable] EE, unknowable

366.22 ideas. At] EE; ideas as just subjective. The subjectivity of the psychical event infects at the last the meaning or ideal object. Because it has been taken to be something "in itself," thought is

also something "in itself," and at
366.23 began:‸] EE; ~:-
366.33 and at its termination] EE; and termination
366.36 a *historic* or temporal meaning] EE; a historic meaning
366.38 fulfillment,] W; fulfilment, EE; fulfilment in the drama of evolving experience,
366.38 objective] EE; bifold objective
366.39 references] EE; reference
366.39 transcendental] EE; purely metaphysical
367.5 non-existent (excepting] EE; ~, ~
367.6 idea),] EE; ~‸,
367.6 he lands] EE; Lotze lands
367.9 scepticism —] W; skepticism — EE; ~,
367.10 such‸] EE; ~,
367.10 ready-made] EE; independent
367.11 such —] EE; ~,
367.13 other. In] EE; other: a definition which has meaning only in connection with the fact that experience is continually integrating itself into a wholeness of coherent meaning deepened in significance by
425 passing through an inner distraction in which by means of conflict certain contents are rendered partial and hence objectively conscious. In
367.14 effected. The] EE; effected. In that sense the
367.15 validity of thought] EE; reality
367.15 thought, just] EE; thought, as thought, just
367.17 dependent upon thought] EE; reflectional in character
367.20 non-intellectual experiences of things, and then the] EE; functions, and the
367.23 its final test] EE; its test of final validity
367.24-25 large, ... control, it] EE; large, it
367n.5 experience),] EE; experiencing)‸

《逻辑理论与研究》5. 论穆勒和惠威尔

范本是首次印刷,发表于《逻辑理论研究》(芝加哥:芝加哥大学出版社,1903年),第160—168页。

368.6 *Logic*] W; logic
368.9 Introduction] W; [*ital.*]
369n.1 14] W; 2
372.30 ‸a "general] W; "a‸general
374n.1 *Logic*] W; *Ibid.*
374n.2 *Logic*] W; *Ibid.*
374n.5 *Logic*] W; *Ibid.*

1931年《原始心灵释》变更表

方括号左边是作为本卷范本的《心理学评论》(PsR)中的读法;方括号右边是 PC 426
新版《哲学与文明》,纽约:明顿鲍尔奇出版公司,1931年,第173—187页)中所引入的实质性变动。

40.7 man] PsR; men PC
40.16 character) PsR; trait PC
40n.1 *Ibid.*,] PsR; *Sociology*, I, PC
41.10 carnivor] PsR; carnivora PC
41.10 herbivor] PsR; herbivora PC
41.16 with] PsR; to PC
42.13 the hunting] PsR; a hunting PC
42.13 or] PsR; as a PC
42.14 type] PsR; pattern PC
42.35 had] PsR; have PC
44.21 Such immediacy] PsR; Immediacy PC
45.9 or] PsR; nor PC
45n.2 Hodgkinson] W; Hodginkson PsR; Hodkinsson PC
46.15 involved] PsR; that are involved PC
48.11 by seeing] PsR; when we see PC
49.14 It] PsR; There PC

引文勘误

427 杜威用诸多不同的方法再现资料来源，从记忆性的复述到逐字逐句的引证。在有些情况下，杜威在脚注中完全明确了他的材料；在另一些情况下，他仅仅提到作者的名字，或者干脆假定读者可以在没有参考文献的情况下辨认出引文来源。

本卷中包含在引号里的所有资料(除了引号明显是用于强调或重复以外)出处都已被找到，引文内容也已被证实，并在必要时对文献资料进行了搜证和校勘。尽管就文献资料的校勘，在《文本的校勘原则和程序》(《杜威中期著作》第 1 卷，第 347—360 页)中已有陈述，但是，考虑到杜威的引用与原著之间差异的重要性，编辑仍将其列出。这些改变可以在“校勘表”中找到。

除此之外，在本书中，所有引文均保留了其首次发表时的原貌。为防止可能的排版或打印错误，与原文本相比所发生的实质变异在校勘表中同样被标以“W”。引文的形式变动显示，正如同时代的许多学者一样，杜威对形式的准确性也不关心。然而，所引资料中的许多变化也可能是在印刷过程中出现的。例如，对比原著与杜威的引用可以看出，所引资料除了杜威自己的变动之外，也带上了一些杂志社特有的印刷风格。因此，在本版中，除了杜威改变了其形式的概念词外，原始资料的拼写和大写都被复制下来了。

杜威在所引材料中最为频繁的变动是改动或省略标点符号，他也不常使用省略
428 号或分别使用引号去显示资料有省漏。倘若变动只是局限在省略或改变标点符号(包括省略号)这种类型的话，就不会有杜威引文材料或原文引文问题的出现。在杜威省掉省略号的情况下，一些被省掉的短语可能在上下文中出现；否则，如果有一行或者更多的内容被省略，则无法提醒读者注意。

斜体通常被认为是偶发拼读，当杜威省略了资料来源中原本使用的斜体的时候，这样的省略不予注明，但杜威自己添加的斜体仍被列了出来。倘若被改变的或被省略的偶发拼读具有重要的内涵，就像某些表示概念的单词的大写中的情况那样，引文则予以注明。杜威式的引文材料与其资料来源中的原文出现在同一表格中，这种形式旨在帮助读者判定杜威是将资料摆在案头，还是仅凭自己的记忆。

这部分的标注符号遵循这样的格式：首先是目前文本中的页码，随之是浓缩为首单词和末单词的文本，以便足够清晰，然后是半个方括号，接着是标示杜威某个作品的符号。分号后边紧跟的是必要的更正，无论是一个单词或一段比较长的段落，都按需列出。最后，圆括号里边分别是：作者的姓氏、逗号、“参考书目”中的来源简称，然后是逗号和参考资料的页码。

有 4 处引文没有被列入，因为这些引文是杜威为了引用英语材料而直接从德文翻译过来的。它们是：181.12 - 14，178.3 - 11，323.8 - 11，207.21。

印刷风格拼写变动被改回原来的形式，如 259.19 (endeavored)，259.22(favor)，60.26 和 60.31(although)，60.38(though)。

《原始心灵释》

50.26 boast,] PR; boast and (Horn, *Scientific Expedition*, 36.10 - 11)

50.27 and] PR; with (Horn, *Scientific Expedition*, 36.11)

50.27 casualties PR; actual casualties (Horn, *Scientific Expedition*, 36.11)

《世界与个体——吉福德系列讲演之二：自然、人与道德秩序》 429

122.7 - 8 the small] WS; these small (Royce, *World and Individual*, 2d Ser., 58.23)

123.20 significant relations] WS; significant, or, if you will, in essentially practical relations (Royce, *World and Individual*, 2d Ser., 125.28 - 29)

129.2 evolution] WS; *the evolution* (Royce, *World and Individual*, 2d Ser., 315.6)

129.3 this same] WS; *the same* (Royce, *World and Individual*, 2d Ser., 315.7)

132.14 - 15 are inseparably] WS; are thus inseparably (Royce, *World and Individual*, 2d Ser., 389.27 - 28)

132.27 - 28 our own] WS; my (Royce, *World and Individual*, 2d Ser., 392.22)
132.29 laid] WS; laid out (Royce, *World and Individual*, 2d Ser., 392.23)
133.15 - 16 to the life] WS; to, although not necessarily temporally continuous with, the life (Royce, *World and Individual*, 2d Ser., 443.25 - 26)

《〈哲学与心理学辞典〉条目撰稿》

146.21 accordance] DPP; agreement (Erdmann, *History of Philosophy*, 189.41)
174.23 God,] DPP; God who is the image of the intellectual, (Plato, *Timaeus*, 515.29 - 30)
174.24 - 25 perfect possible, the image of its maker] DPP; perfect — the one only-begotten heaven (Plato, *Timaeus*, 515.31)
229.4 repugnance of our ideas] DPP; repugnancy, of any of our ideas (Locke, *Essays*, 424.18)
236.14 conditions] DPP; condition (Kant, *Critique of Pure Reason*, 119.32)
240.21 known] DPP; seen (Windelband, *History of Philosophy*, 311.21)
261.17 truth of philosophy bears] DPP; truths of Philosophy thus bear (Spencer, *First Principles*, 133.29)

《逻辑理论研究》

320.14 thus placing] SLT; which would place (Lotze, *Logic*, 1:2.35)
430 320.14 others] SLT; rest (Lotze, *Logic*, 1:2.36)
322.7 thought's] SLT; its own (Lotze, *Logic*, 1:36.21)
322.7 procedure] SLT; procedure in general, (Lotze, *Logic*, 1:36.21)
342n.13 be made] SLT; have to be made (Lotze, *Logic*, 1:34.8)
347.35 pure thought] SLT; pure or formal logic (Lotze, *Logic*, 1:10.35)
347.35 apart from any] SLT; irrespective of any (Lotze, *Logic*, 1:11.2)
347.36 objects] SLT; the objects (Lotze, *Logic*, 1:11.3)
348.33 thought's production] SLT; its own procedure (Lotze, *Logic*, 1:36.20)
348.36 thought] SLT; thinking (Lotze, *Logic*, 1:36.23)
349.18 but] SLT; but with (Lotze, *Logic*, 1:34.27)
349.18 value *after*] SLT; value, when (Lotze, *Logic*, 1:34.27)
349.18 - 19 somehow] SLT; somehow or other (Lotze, *Logic*, 1:34.27)
349.20 maintained] SLT; maintained the opinion (Lotze, *Logic*, 2:246.25)

349.22 – 23 *the conditions . . . as a*] SLT; [*rom.*] (Lotze, *Logic*, 2:246.27)

349.23 *psychological*] SLT; psychical (Lotze, *Logic*, 2:246.27)

349.23 *process comes about*] SLT; [*rom.*] (Lotze, *Logic*, 2:246.28)

349.25 thought,] SLT; thought or (Lotze, *Logic*, 2:246.31)

349.26 in the conditions] SLT; in those productive conditions of thought itself (Lotze, *Logic*, 2:246.33)

349.26 – 27 lie back of any which produce thought] SLT; lie behind (Lotze, *Logic*, 2:246.34)

349n.4 – 5 gulf between psychical mechanism and thought] SLT; gulf which (Lotze, *Logic*, 2:251.11 – 12)

349n.5 unfilled.] SLT; unfilled between the psychical mechanism and thought; (Lotze, *Logic*, 2:251.12 – 13)

355.3 of] SLT; of the (Lotze, *Logic*, 1:36.7)

355.4 – 5 universal, . . . is] SLT; universal, therefore, is (Lotze, *Logic*, 1:31.5 – 6)

358.2 the] SLT; this (Lotze, *Logic*, 1:16.7)

358.2 of] SLT; the (Lotze, *Logic*, 1:16.8)

366.6 is] SLT; is in (Lotze, *Logic*, 2:185.25)

366.10 us which] SLT; us, it matters not where they may have come from, which (Lotze, *Logic*, 2:186.4 – 5)

368.12 for] SLT; to (Mill, *Logic*, 8:2.23)

368.12 in] SLT; for (Mill, *Logic*, 8:2.23)

369.17 the] SLT; on the (Mill, *Logic*, 327:1.5 – 6)

371.3 seem] SLT; appear (Whewell, *Philosophy of the Inductive Sciences*, 1:21.22)

372.30 perception] SLT; our perceptions (Whewell, *Philosophy of the Inductive Sciences*, 1:26.33 – 34)

372.31 an act] SLT; acts (Whewell, *Philosophy of the Inductive Sciences*, 1:26.34)

372.31 is] SLT; are (Whewell, *Philosophy of the Inductive Sciences*, 431
1:26.34)

373.32 most numerous] SLT; the most numerous (Mill, *Logic*, 427:2.1 – 2)

374.26 *particular . . . view*] SLT; [*rom.*] (Mill, *Logic*, 429:1.51 – 52)

375.18 can] SLT; can only (Mill, *Logic*. 432:2.21)

375.18 known only when] SLT; known when (Mill, *Logic*, 432:2.21 – 22)

杜威的参考书目

432 杜威引用的参考书目的书名和作者都已经过核对和补充，更为准确地符合这些原著；所有这些修正，都出现在"校勘表"中。

本节给出了杜威所引著作的全部出版信息。在杜威给出每本著作页码的时候，他所使用的版本完全是通过寻找相应引文而加以确认的。同样，杜威个人藏书也被用于核对他的某个具体版本的引用。至于其他的参考文献，这里列出的版本是他有可能掌握的各种版本之一；但是，出于出版地或出版时间之故，或是根据通信和其他材料之故，以及出于当时通行的版本，该版本最有可能是他的参考版本。

在《哲学与心理学辞典》每一词条内部以及末尾以简略形式引用的参考文献，在我们的列表中被略去了，因为完整的参考文献信息出现在《哲学与心理学辞典》第3卷中。

Angell, James Rowland. "The Relations of Structural and Functional Psychology to Philosophy." In *Investigations Representing the Departments.* University of Chicago, The Decennial Publications, vol. 3, pt. 2, pp. 55 - 73. Chicago: University of Chicago Press, 1903.

Ashley, Myron Lucius. "The Nature of Hypothesis." In *Studies in Logical Theory.* University of Chicago, The Decennial Publications, vol. 11, pp. 143 - 183. Chicago: University of Chicago Press, 1903.

Bosanquet, Bernard. *Logic; or, the Morphology of Knowledge*. Oxford: Clarendon Press, 1888.

Bradley, Francis Herbert. *Appearance and Reality: A Metaphysical Essay*. London: Swan Sonnenschein and Co., 1893.

433 Brownson, Orestes A. *The Works of Orestes A. Brownson*. Collected and arranged by Henry F. Brownson. Vol. 2. Detroit: Thorndike Nourse, 1883.

Dewey, John. *The Child and the Curriculum*. Chicago: University of Chicago Press, 1902. [*The Middle Works of John Dewey, 1899 – 1924*, edited by Jo Ann Boydston, 2:271 – 291. Carbondale: Southern Illinois University Press, 1976.]

——. "Evolution and Ethics." *Monist* 8(1898): 321 – 341. [*The Early Works of John Dewey*, 1882 – 1898, edited by Jo Ann Boydston, 5:34 – 53. Carbondale: Southern Illinois University Press, 1972.]

——. "The Evolutionary Method as Applied to Morality." *Philosophical Review* 11 (1902):107 – 124, 353 – 371. [*Middle Works* 2:3 – 38.]

——. "The Reflex Arc Concept in Psychology." *Psychological Review* 3(1896): 357 – 370. [*Early Works* 5:96 – 109.]

Erdmann, J. E. *A History of Philosophy*. Edited by W. S. Hough. 3 vols. New York: Macmillan Co., 1890.

Fichte, Johann Gottlieb. *Sämmtliche Werke*. 8 vols. Berlin: Veit and Co., 1845.

Grey, Sir George. *Journals of Two Expeditions of Discovery in North-West and Western Australia, during the Years 1837, 1838, and 1839*. 2 vols. London: T. and W. Boone, 1841.

Hamilton, Sir William. *Lectures on Metaphysics and Logic*. Edited by H. L. Mansel and John Veitch. 4 vols. Edinburgh: William Blackwood and Sons, 1870 – 1874.

Harper, William Rainey. "The Thirty-sixth Quarterly Statement of the President of the University." *University* [of Chicago] *Record* 5(1901): 370 – 379.

Hodgkinson, Clement. *Australia, from Port Macquarie to Moreton Bay*. London: T. and W. Boone, 1845.

The Horn Scientific Expedition to Central Australia, Report on the Work of. Edited by Baldwin Spencer. Pt. 4 London: Dulau and Co., 1896.

Huxley, Thomas H., and Youmans, William J. *The Elements of Physiology and Hygiene; a Text-Book for Educational Institutions*. Rev. ed. New York: American Book Co., 1873.

Jones, Henry. *A Critical Account of the Philosophy of Lotze*. Glasgow: James Maclehose and Sons, 1895.

Kant, Immanuel. *Immanuel Kant's Critique of Pure Reason*. Translated by F. Max Müller. London: Macmillan and Co., 1881.

Külpe, Oswald. *Introduction to Philosophy*. Translated by W. B. Pillsbury and E. B. Titchener. New York: Macmillan Co., 1897.

Lecky, William Edward Hartpole. *History of the Rise and Influence of the Spirit of Rationalism in Europe*. 2 vols. London: Longman, Green, Longman, Roberts, and Green, 1865.

Locke, John. *An Essay concerning Human Understanding*. New rev. ed. Edited by 434
Thaddeus O'Mahoney. London: Ward, Lock, and Co., 1881.

Lotze, Hermann. *Logic*. English translation, edited by Bernard Bosanquet. 2d ed. 2 vols. Oxford: Clarendon Press, 1888.

——. *Mikrokosmus*. Leipzig: G. Hirzel, 1884.

Lumholtz, Karl Sofus. *Among Cannibals*. Translated by Rasmus B. Anderson. New York: Charles Scribner's Sons, 1889.

Mead, George Herbert. "The Definition of Psychical." In *Investigations*

Representing the Departments. University of Chicago, The Decennial Publications, vol. 3, pt. 2, pp. 79 - 112. Chicago: University of Chicago Press, 1903.

Mill, John Stuart. *A System of Logic, Ratiocinative and Inductive: Being a Connected View of the Principles of Evidence and the Methods of Scientific Investigation*. People's Edition. London: Longmans, Green, and Co., 1889.

Moore, Addison Webster. "Existence, Meaning, and Reality in Locke's Essay and in the Present Epistemology." In *Investigations Representing the Departments*. University of Chicago, The Decennial Publications, vol. 3, pt. 2, pp. 29 - 51. Chicago: University of Chicago Press, 1903.

Peirce, Charles S. "Evolutionary Love." *Monist* 3(1893):176 - 200.

——. "The Law of Mind." *Monist* 2(1892):533 - 559.

Plato. *Timaeus.* In *The Dialogues of Plato*, edited by B. Jowett, 3d ed., 3:339 - 515. New York: Macmillan Co., 1892.

Royce, Josiah. *The World and the Individual.* First Series: The Four Historical Conceptions of Being. New York: Macmillan Co., 1900.

Schurman, Jacob Gould. *The Ethical Import of Darwinism*. New York: Charles Scribner's Sons, 1888.

Seth, Andrew. "Philosophy." *Encyclopæedia Britannica* (9th ed. [American Reprint]), 18:805 - 810.

Spencer, Herbert. *First Principles of a New System of Philosophy*. New York: D. Appleton and Co., 1864.

——. *The Principles of Psychology*. 2d ed. 2 vols. New York: D. Appleton and Co., 1877.

——. *The Principles of Sociology*. Vol. 1. New York: D. Appleton and Co., 1896.

Thomas, William I. "The Gaming Instinct." *American Journal of Sociology* 6 (1901):750 - 763.

——. "Der Ursprung der Exogamie." *Zeitschrift für Socialwissenschaft* 5 (1902):1 - 18.

Whewell, William. *The Philosophy of the Inductive Sciences, Founded upon Their History*. 2 vols. London: J. W. Parker, 1840.

Windelband, Wilhelm. *A History of Philosophy*. Translated by James H. Tufts. New York: Macmillan Co., 1893.

435 Witmer, Lightner. *Analytical Psychology*. Boston: Ginn and Co., 1902.

Youmans, William J., and Huxley, Thomas H. *The Elements of Physiology and Hygiene; a Text-Book for Educational Institutions*. Rev. ed. New York: American Book Co., 1873.

行末连字符的使用

1. 范本表

以下是编辑给出的一些在范本的行末使用了连字符的可能的复合词: 436

11.24	overlaid
23.20	pigeon-holing
50.21	war-like
56.31	standpoint
63.37 - 38	standstill
64.39	thorough-going
66.1 - 2	intercollegiate
70.17	schoolroom
85.38	metal-working
91.10	clearing-house
99.1	shortcomings
99.8	schoolroom
101.39	throughout
114.36	quasi-professional
126.29	fellow-creature
141.35	supernatural
144.11	preoccupation
150.37	quasi-mythical
156.38	*non-essere*
157.1	non-being
157.16	non-being
158.28	anti-positing
166.4	pre-established
166.11	coexistence
181.16	*panpsychisme*
183.27	quasi-emanistic
188.7	subject-matter
192.25	sub-science
192.40	subdivision
199.33	schoolmen
205.17	self-caused
207.20	self-assertion
208.14	non-technical
212.29	pre-established
218.18	self-contradictory
226.4	coexistence
227.38	self-contradictory
255.25	standpoint
255.37	post-office
258.26	supersensuous
261.7	name-giving
275.1	pigeon-holed
276.17	subject-matter
278.19	standpoint
279.24	self-explanatory
284.34	well-arranged
285.1	round-about
286.15	subject-matter

286.37 shorthand
287.34 ready-made
288.4 subject-matter
304.3－4 thought-provoking
310.20 standpoint
315.13 standpoints
317.35 ready-made
325.8 subject-matter
326.5 bookshelf
331.19 make-up
334.28 piecemeal
345.18 light-waves
352.34 self-evident

437 ## 2. 校勘文本表

在当前版本的副本中,被模棱两可地断开的可能的复合词中的行末连字符均未保留,除了以下这些:

15.26 self-explanatory
40.23 proof-texts
42.11 psycho-physic
60.7 self-conceit
71.9 subject-matter
83.5 pigeon-holed
91.35 dance-house
98.20 sub-title
99.6 text-book
99.15 old-fashioned
119.9 text-books
146.17 self-moved
148.35 dynamic-organic
154.1 quasi-technical
163.10 self-differentiating
168.36 three-sidedness
188.35 subject-matter
205.17 self-caused
208.14 non-technical
218.25 death-blow
227.35 self-related
230.5 corner-stone
236.2 go-between
241.19 so-called
266.27 hyper-phenomenal
268.1 all-receptive
275.37 self-centered
276.26 starting-point
325.32 subject-matter
327.16 ready-made
327.25 subject-matter
329.4 re-formation
330.5 re-relation
343.6 subject-matter
351.18 subject-matter
358.8 self-identical

索 引[①]

Abelard, Peter：阿波拉尔
Realism of, 221,阿波拉尔的实在论
Aborigine：原住民
of Australia, used as example of hunting psycholsis, 42—48,澳大利亚原住民,用作狩猎心理学的一个例子
ceremonial corroboree of, 48—49,原住民典礼上的狂欢会
totemism of, 49—50,原住民的图腾崇拜
attitude toward death, 50,原住民对待死亡的态度
attitude toward marriage, 50—51,原住民对待婚姻的态度
Absolute Being：绝对存有
Royce on, 128—131,罗伊斯论绝对存有
Dewey discusses Royce's view of, 134—137,杜威讨论罗伊斯有关绝对存有的观点
Abosolute experience：绝对经验
as defined by Royce, 123—137,罗伊斯所界定的绝对经验
Academic freedom：学术自由
Dewey's view of ethical dimensions of, xix,杜威有关学术自由之伦理维度的观点; difficulty in obtaining for certain subjects, 55—58,某些领域获得学术自由之困难; William Rainey Harper on, 60—61,哈珀论学术自由; freedom of "work" vital to, 61—62,为学术自由所必须的"工作"自由; academic materialism dangerous to, 62,有害于学术自由的学术唯物主义; as affected by specialization, 64,受到专业化影响的学术自由; as affected by centralization, 64—65,受到集权化影响的学术自由
Agnosticism：不可知论
See Nescience 参见:无知论
Albertus Magnus, Saint：大阿尔伯特
scholasticism of, 240,大阿尔伯特的经院主义
Alexander of Hales：亚历山大
scholasticism of, 237,亚历山大的经院主义
American Association of University Professors：美国大学教授协会
Dewey first president of, xix,杜威作为美国大学教授协会首任主席
Among Cannibals, 46n,《在食人族中间》
Analytical Psychology 《分析心理学》
reviewed, 118,《分析心理学》书评
Anaxagoras 阿那克萨戈拉
on nous, 161—162,阿那克萨戈拉论奴斯; on vacuum, 267,阿那克萨戈拉论虚空
Anaximenes：阿那克西米尼

① 本索引的每个条目后所附的页码均为英文原版页码,即本书边码。——译者

on pneuma，205，阿那克西米尼论普纽玛
Andronicus of Rhodes：安德罗尼柯
as peripatetic，186，安德罗尼柯作为逍遥学派人
Angelus Silesius：西勒修斯
on quietism，216，西勒修斯论静寂主义
Animism：万物有灵论
of primitive mind，43，原始人的万物有灵论；mentioned，181，提及万物有灵论
Anselm：安瑟伦
on ontological argument，168—169，安瑟伦论本体论证明
Anselmian argument，168，安瑟伦证明
Antecedent conditions：前情
as affecting moral validity，xii，影响道德有效性的前情；fallacy regarding，10—11，关于前件的谬误；positive aspects of，13，前件的积极方面；Dewey's view of，14—15，杜威有关前件的观点
Antigone：安提戈涅
on nature，145，安提戈涅论自然
Apuleius，Lucius：阿普列尤斯
on subject，249，阿普列尤斯论主体
Aristippus：亚里斯提卜
on sensationalism，245，亚里斯提卜论感觉主义
Aristo：阿里斯顿
as peripatetic，186，阿里斯顿作为逍遥学派人
Aristotelian metaphysics：亚里士多德形而上学
applied to evolutionary process，14—15，应用于进化过程的亚里士多德形而上学
Aristotle：亚里士多德
on nature，144—148，亚里士多德论自然；on necessity，151，亚里士多德论必然性；on noetic，156，亚里士多德论理智；on non-being，157，亚里士多德论非有；on opinion，173，亚里士多德论意见；on organism，178，亚里士多德论有机体；passion as category of，186，亚里士多德的遭受范畴；on realism，220—221，亚里士多德论实在主义；on subject，249，亚里士多德论主体；on unity，262—263，亚里士多德论统一性；on vacuum，268，亚里士多德论虚空
Arnold，Matthew：阿诺德
skepticism of，233，阿诺德的怀疑论
Art：艺术
and experience，ix，艺术与经验；of Australian aborigine，48—49，澳大利亚原住民艺术
Assimilation：同化
ability of school to bring about，84—86，学校在带来同化方面的能力
Associationalism，245，联想主义
Atomists：原子论者
on necessity，151，原子论者论必然性；on non-being，157，原子论者论非有；on vacuum，267，原子论者论虚空
Augustine，Saint：奥古斯丁
on ontological argument，168—169，奥古斯丁论本体论证明
Australia，from Port Macquarie to Moreton Bay，45n，《澳大利亚：从麦考里港到莫瑞顿湾》
Averroës：阿威罗伊
on nature，147，阿威罗伊论自然；pantheism of，242，阿威罗伊论泛神论
Averroism：阿威罗伊学说
pantheism of，183，阿威罗伊学说中的泛神论

Baldwin，James Mark，ix，鲍德温
Being：存有
Royce on theory of，120—137，罗伊斯的存有论
Beneke，Friedrich Eduard：贝内克
on psychologism，215，贝内克的心理主义
Bentham，Jeremy，36，边沁

Berkeley, George：贝克莱
on outness, 180,贝克莱论外在性
Bernard of Chartres：伯纳德
realism of, 221,伯纳德的实在主义
Blaine, Mrs. Emmons：布莱恩夫人
her endowment to Chicago Institute, 67,布莱恩夫人对于芝加哥学院的捐赠
Boehme, Jakob：波墨
as pantheistic, 183,波墨作为泛神论者
Boethius：波伊修斯
on subject, 250,波伊修斯论主体
Bossuet, Jacques Bénigne：波斯维特
on quietism, 216,波斯维特论静寂主义
Brownson, O. A.：布朗逊
influenced by Gioberti, 170,布朗逊受乔贝蒂影响
Bruno, Giordano：布鲁诺
on nature, 147,布鲁诺论自然；pantheism of, 183,布鲁诺的泛神论

Capella, Martianus：卡佩拉
on subject, 249,卡佩拉论主体
Capitalism：资本主义
Dewey's criticism of, xx—xxi,杜威对于资本主义的批判
Cartesian dualism, x,笛卡儿二元论
Causal nexus, 154,因果连结
Causation：因果关系
concept of, as relation of antecedent and consequent, 15—16,作为前后件关系的因果关系概念
Cause and effect：因果
misconception regarding, 12—14,有关因果的误解
Chicago Institute：芝加哥学院
incorporated into University of Chicago, 67,芝加哥学院并入芝加哥大学
Chicago, University of：芝加哥大学
coeducation at, 105—107, 108—116,芝加哥大学的男女同校制
— Department of Philosophy, 295,芝加哥大学哲学系
— School of Education：芝加哥大学教育学院；organization of, 67—71,芝加哥大学教育学院的组织机构；Chicago Manual Training School part of, 68,作为芝加哥大学教育学院一部分的芝加哥手艺培训学校；South Side Academy part of, 68,作为芝加哥大学教育学院一部分的南区学院；student fees, 72,芝加哥大学教育学院的学费；admission requirements, 72—75,芝加哥大学教育学院的入学资格；courses offered, 75—78,芝加哥大学教育学院所提供的课程；publications, 79,芝加哥大学教育学院的出版物；location of, 79,芝加哥大学教育学院的办公地
Chicago Manual Training School, 68,芝加哥手艺培训学校
Child：儿童
opposition of curriculum to, 273—278,课程与儿童的对立；attitude of different educational sects toward, 275—277,不同教育派别对待儿童的态度；use of subject-matter to interpret, 279—281,运用教材来解释儿童表现；guidance of, defined, 281—283,对儿童指导作界定
"Child and the Curriculum, The"："儿童与课程"
relevance of, today, xvii,"儿童与课程"对于今天的相关性
Child development：儿童发展
Dewey's interest in, xiii,杜威对于儿童发展的关注
Child study：儿童研究
Dewey on Theodore B. Noss's view of, 102—104,杜威论诺斯有关儿童研究的观点；improved curriculum indebted to, 379—382,课程改进受益于儿童研究

学派人
Diogenes of Apollonia：第欧根尼
on nous，162,第欧根尼论奴斯
Discipline：规训
Dewey's attitude toward，xviii,杜威对待规训的态度
Doctores scholastici，236,经院博士
Duns Scotus，Johannes：邓・司各脱
scholasticism of，241—243,邓・司各脱的经院主义；philosophic system (Scotism) of，244,邓・司各脱的哲学体系/司各脱主义；on subjective-objective，250,邓・司各脱论主观/客观

"Earlier"："早期"
in time，fallacy regarding，10—11,有关"早期"时间的谬误
Eckhart，Meister：艾克哈特
as pantheistic，183,艾克哈特作为泛神论者
Eleatic school：爱利亚学派
on non-being，157,爱利亚学派论非有；as forerunner of pantheism，183,爱利亚学派作为泛神论先驱
Elementary School Teacher：《小学教师》
published by University of Chicago，79,芝加哥大学出版的《小学教师》
Eliot，George：埃利奥特
on positivism，209,埃利奥特论实证主义
Emerson，Ralph Waldo：爱默生
on oversoul，180,爱默生论超灵
Empedocles：恩培多克勒
on vacuum，267,恩培多克勒论虚空
Empiricism：经验主义
compared to evolutionary method and intuitionalism，31—38,经验主义与进化论方法和直觉主义对比；attitude of，toward instinct，34—35,经验主义对待本能的态度；fundamental fallacy of，35,经验主义的根本错误；attitude of，toward the given，36,经验主义对待所与的态度；related to idealism，121,与唯心主义相关的经验主义；defined，245,对经验主义界定
Epicureanism：伊壁鸠鲁学派
its view of nature，145—146,伊壁鸠鲁学派的自然观；mentioned，81,提及伊壁鸠鲁学派
Erigena，John Scotus：斯科图斯・爱留根纳
realism of，220,斯科图斯・爱留根纳的实在主义；his importance for scholasticism，237,斯科图斯・爱留根纳对于经院主义的重要性
Essence，253,本质
Ethical Import of Darwinism，*The*，16—17,《达尔文主义的伦理意义》
Eudemus：欧德摩斯
as peripatetic，186,欧德摩斯作为逍遥学派人
Evil：恶
Royce on finite life as，130—131,罗伊斯论有穷生命作为恶
Evolution：进化
applied to morality，3,应用于道德之上的进化；opposition to teaching of，56,对于进化论教义的反对；Royce on doctrine of，125—127,罗伊斯论进化论学说
Evolutionary method：进化论方法
as experimental method，5,进化论方法作为实验法；applied to morality，16,进化论方法应用于道德领域；compared to intuitionalism，24—31,进化论方法与直觉主义对比；compared to empiricism，31—38,进化论方法与经验主义对比
Experience：经验
and art，ix,经验与艺术
Experimental method：实验方法
Dewey criticized for relying on，xii—xiii,杜威被批评依赖于实验方法；as genetic method in science，4,实验方法作为科学

中的发生学方法；as evolutionary method，5，实验方法作为进化论方法；supreme value of，8，实验方法的至上价值

Fact：事实
Dewey on Royce's interpretation of，121—123，杜威论罗伊斯对事实的解释
Fechner，Gustav Theodor，149，费希纳
Fénelon，François de Salignac de la Mothe：费奈隆
on quietism，216，费奈隆论静寂主义
Ferrier，James Frederick：费里尔
on ontology and epistemology，172，费里尔论本体论和认识论
Fichte，Johann Gottlieb：费希特
as nihilistic，155，费希特作为虚无主义者；on non-ego，158，费希特论非我；panthelism of，185，费希特的唯意志论；on posit，207，费希特论设定
Fiske，John，149，菲斯克
Food stimuli：食物刺激
priority of，in directing man's activity，43，食物刺激在指引人类活动时的优先性
Fries，Jakob Friedrich：弗里斯
on psychologism，215，弗里斯论心理主义
Functional method：功能性方法
same as historical method，xv，功能性方法与历史学方法等同

Galieo：伽利略
on nature，147，伽利略论自然
Garfield，Harry Augustus：加菲尔德
his conception of college，62，加菲尔德的大学观念
Generation：发生
process of，as aim of science，7，发生过程作为科学目标
Genetic method　发生学方法
See experimental method　参看实验方法
German School：德国学派
historic interpretations of，36，对于德国学派的历史解释
Gerson，John：盖尔森
on object，250，盖尔森论对象
Geulincx，Arnold：海林克斯
on occasionalism，165—166，海林克斯论机缘论；on rationalism，217，海林克斯论理性主义
Gilbert de la Porrée：吉尔伯特
realism of，221，吉尔伯特的实在主义
Gioberti，Vincenzo：乔贝蒂
as founder of school of ontologism，169—170，乔贝蒂作为存在学的学派创始人
Gnostics：诺斯替教
on pleroma，203，诺斯替教论充满性
Goethe，Johann Wolfgang von：歌德
on nature，148，歌德论自然；pantheism of，184，歌德的泛神论
Gorgias of Leontini：高尔吉亚
as first pure nihilist，154—155，高尔吉亚作为第一位虚无主义者
Grey，Sir George，45n，格雷

Haeckel，Ernst Heinrich，149，海克尔
Hamilton，Sir William：汉密尔顿
on nescience，154，汉密尔顿论无知；on noetic，156，汉密尔顿论理智；on ontology，171，汉密尔顿论本体论；on substantialism，254，汉密尔顿论实体论；on Unitarianism，261，汉密尔顿论一位论
Harper，William Rainey：哈珀
on academic freedom，60—61，哈珀论学术自由；Dewey's memo on coeducation to，105—107，杜威致哈珀有关男女同校的备忘录
Hartmann，Eduard von：哈特曼
on panpneumatism，181，哈特曼论泛灵论；pantheism of，184，哈特曼的泛神论；on

phenomenology, 189,哈特曼论现象学
Hegel, Georg Wilhelm Friedrich: 黑格尔
Dewey compared to, xv,杜威被与黑格尔对比;*Naturphilosophie* of, 148,黑格尔的《自然哲学》;on necessity, 152—153,黑格尔论必然性;nihilism derived from, 154,由黑格尔派生出的虚无主义;on non-being, 158,黑格尔论非有;on optimism, 176,黑格尔论乐观主义;pantheism of, 184,黑格尔的泛神论;on phenomenology, 189,黑格尔论现象学;on posit, 207,黑格尔论设定;on understanding and reason, 260,黑格尔论知性与理性
Hegelian philosophy: 黑格尔哲学
Dewey's repudiation of, x,杜威对于黑格尔哲学的批判
Heraclitus: 赫拉克利特
on necessity, 151,赫拉克利特论必然性;on noetic, 156,赫拉克利特论理智;mentioned, 144,提及赫拉克利特
Herder, Johann Gottfried von: 赫尔德
on organism, 179,赫尔德论有机体;pantheism of, 184,赫尔德的泛神论;mentioned, 148,提及赫尔德
Historical menthod: 历史学方法
Dewey's belief in, x—xv,杜威对于历史学方法的信念
Historical process: 历史过程
evolutionary method applied to, 16,进化论方法应用于历史过程; related to morality, 16, 20—21,与道德有关的历史过程
Historical series: 历史序列
uniqueness of, 5—6,历史序列的唯一性
History: 历史
Dewey's interest in nature of, x,杜威对于历史本性的兴趣;bearing of, on ethical judgment, x—xv,历史与伦理判断的关联;reveals origin of ideas, 9,历史揭示了观念的起源
History of philosophy: 哲学史
Dewey's contributions to, ix,杜威对于哲学史的贡献;neglect of, today, ix,今天对于哲学史的忽视
Hobbes, Thomas: 霍布斯
on nature, 147,霍布斯论自然;on opinion, 173,霍布斯论意见; as founder of modern sensationalism, 246,霍布斯作为现代感觉论的创始人;mentioned, viii,提及霍布斯
Hodgkinson, Clement, 45n,霍奇金森
Hodgson, Shadworth: 霍奇森
phenomenalism of, 188,霍奇森的现象主义
Horn Scientific Expedition to Central Australia, 50n,霍恩澳大利亚中部科学探险
Howison, George Holmes 豪威逊
on pluralism, 204,豪威逊论多元论
Hugo of St. Victor: 雨果
his successors called "Summists," 254,被称为雨果后继者的综合论家
Hull House: 赫尔大厦
labor museum at, 85,赫尔大厦的劳工博物馆;its function as social centre, 91,赫尔大厦作为社会中心的功能;specialized courses of, 92,赫尔大厦的专业课程
Hume, David: 休谟
opposed to ontologism, 169,休谟反对本体学;on outness, 180,休谟论外在性;scepticism of, 234,休谟的怀疑论;on sensationalism, 246—247,休谟论感觉主义;mentioned, 155,提及休谟
Hunting psychosis: 狩猎心理
Australian aborigine used as example of, 42—48,把澳大利亚原住民用作狩猎心理的例示
Huxley, Thomas Henry: 赫胥黎
on difference between moral and natural, 35,赫胥黎论道德与自然之间的差别;on

pure, discussed, 302,对于纯粹逻辑学讨论;applied, discussed, 303,对于应用逻辑学讨论;formal, discussed, 304,对于形式逻辑学讨论

Logic: The Theory of Inquiry, xvi,《逻辑学:探究理论》

Logical theory: 逻辑理论

as generalization of reflective process, 300—302,作为反省性过程一般化的逻辑理论;related to psychology, 309—313,与心理学相关的逻辑理论;ultimate value of, to mankind, 313—315,逻辑理论对于人类的最终价值;Mill's and Whewell's compared, 368—375,比较穆勒和惠威尔的逻辑理论

Lotze, Rudolf Hermann: 洛采

Dewey's criticism of, xvi—xvii,杜威对洛采的批判;on pure logic, 302—303,洛采论纯粹逻辑学;on antecedents of thought, 317—336,洛采论思想前情;on data of thought, 337—350,洛采论思想与料;on objects of thought, 351—367,洛采论思想对象;mentioned, 149,提及洛采

Lumholtz, Karl Sofus: 拉姆荷尔兹

on primitive man, 46n,拉姆荷尔兹论原始人

Mach, Ernst, 149,马赫

Malebranche, Nicolas: 马勒布朗什

on occasionalism, 165—166,马勒布朗什论机缘论

Mann, Horace, 97,贺拉斯·曼

Mansel, Henry Longueville: 曼塞尔

on nescience, 154,曼塞尔论无知

Materialism: 唯物主义

as outgrowth of worhip of "antecedent," 12—14,唯物主义作为"前提"崇拜的产物

Melissus, 144,墨利索斯

Method: 方法

problem of, related to evolutionary theory, 3,与进化理论有关的方法问题

Mill, James, 36,詹姆士·穆勒

Mill, John Stuart: 约翰·斯图亚特·穆勒

his opposition to intuitionalism, 27,约翰·斯图亚特·穆勒对于直觉主义的反对;on his habit of "inveterate analysis," 36,约翰·斯图亚特·穆勒论他的"分析癖"习惯;on different cultures' acceptance of new ideas, 58,约翰·斯图亚特·穆勒论不同文化对于新观念的接受性;on necessity, 150,约翰·斯图亚特·穆勒论必然性;on positivism, 209,约翰·斯图亚特·穆勒论实证主义;compared with Whewell on logical theory, 368—375,约翰·斯图亚特·穆勒与惠威尔对于逻辑理论的对比论述;mentioned, 295,提及约翰·斯图亚特·穆勒

Molinos, Miguel de: 莫利诺斯

on quietism, 216,莫利诺斯论静寂主义

Montaigne, Michel Eyquem: 蒙田

scepticism of, 233,蒙田的怀疑论

Morality: 道德

as affected by history, xi—xii,道德受历史的影响;evolution used to interpret, 3,进化被用于解释道德现象;spiritual nature of, 3,道德的精神性;evolutionary method appliled to, 16,进化论方法应用于道德;historical method applied to, 20—21,历史学方法应用于道德;can validity be applied to, 20—23,有效性可适用于道德;infanticide used as example of, 28—31,杀婴用作道德例示

More, Henry: 莫尔

on nullibrists, 163,莫尔论取消主义者;mentioned, 153,提及莫尔

Mysticism, 182,神秘主义

Mystics: 神秘主义者

on nature, 147,神秘主义者论自然

Pessimism，174—176，悲观主义
Peter of Spain：西班牙的彼得
realism of，222，西班牙的彼得的实在主义
Phase，188，相位
Phenomenalism，188，现象主义
Phenomenology，188—189，现象学
Phenomenon，189—190，现象
Philo：费罗
on pneuma，206，费罗论普纽玛
Philosophy：哲学
history of，Dewey's contributions to，ix，杜威对于哲学史的贡献；defined，190—202，对哲学进行界定；different schools of，193—194，不同的哲学学派；origin of the term，195，哲学一词的起源；Plato on，195—196，柏拉图论哲学；Aristotle on，196—197，亚里士多德论哲学；Cassiodorus's classification of，197—198，卡西奥多鲁斯的哲学划分法；Isidorus's classification of，198，伊西多罗的哲学划分法；influence of Christianity on，198—199，基督教对于哲学的影响；influence of Nominalism on，199—200，唯名论对于哲学的影响；as affected by Renaissance，200—201，哲学受到文艺复兴的影响；influence of Englightenment on，201，启蒙运动对于哲学的影响；influence of historical method on，201—202，历史学方法对于哲学的影响
Phoronomy，202—203，动学
Physical science：物理科学
interest of，in general laws，5，物理科学对于一般法则的兴趣
Pillon，François Thomas，153，毕雍
Plato：柏拉图
on necessity，151，柏拉图论必然性；on noetic，156，柏拉图论理智；on non-being，157，柏拉图论非有；on noumenon，160，柏拉图论本体；on nous，162，柏拉图论奴斯；on theory of One，166—167，柏拉图论太一理论；on opinion，172—173，柏拉图论意见；on optimism，174—175，柏拉图论乐观主义；on organism，178，柏拉图论有机体；on realism，219，柏拉图论实在主义；on subject，249，柏拉图论主体；on understanding and reason，260，柏拉图论知性与理性；on vacuum，268，柏拉图论虚空
Platonic philosophy，81，柏拉图哲学
Plenum，203，充实
Pleroma，203，充满性
Plexus，203，编结
Plotinus：普罗提诺
on natue，146，普罗提诺论自然；on theory of One，167，普罗提诺论太一理论；on opinion，173，普罗提诺论意见；on parousia，185，普罗提诺论再临
Pluralism，203—204，多元论
Plurality，205，多元性
Pneuma，205—206，普纽玛
Pneumatology，206，灵物学
Pomponatius：滂波那齐
as new peripatetic，187，滂波那齐作为新逍遥学派人
Port Royal *Logic* 波尔·罗亚尔《逻辑》
on rationalism，217，波尔·罗亚尔《逻辑》论理性主义
Posit，207—8，设定
Positive，208，实证
Positivism，142，208—209，实证主义
Possibility，210—212，可能性
Possible，210—212，可能
Pragmatism：实用主义
implied in Dewey's criticism of Lotze，xvi—xvii，杜威对洛采的批判中所隐含的实用主义
Praxagoras：普拉克萨哥拉斯
on pneuma，205，普拉克萨哥拉斯论普

compared with Mill on logical theory, 368—375,惠威尔和穆勒的逻辑理论对比;mentioned, 295,提及惠威尔
William of Champeaux:香浦的威廉
realism of, 221,香浦的威廉的实在主义
William of Occam:奥康的威廉
realism of, 222,奥康的威廉的实在主义; on subject, 250,奥康的威廉论主体; mentioned, 165,提及奥康的威廉
Witmer, Lightner:魏特默
his *Analytical Psychology* reviewed, 118,对魏特默《分析心理学》的书评
Wolff, Christian von:沃尔夫
on ontology, 170—171,沃尔夫论本体论; on optimism, 175,沃尔夫论乐观主义; on rationalism, 217,沃尔夫论理性主义
Woman:妇女
primitive, her role in society, 46,原始妇女的社会地位
World, 269,世界
World and the Individual, The 《世界与个体》
reviewed, 120—137,《世界与个体》书评
World of Appreciation:评价世界
Royce on, 122—125,罗伊斯论评价世界
World of Description:描述世界
Royce on, 122—125,罗伊斯论描述世界
Wundt, Wilhelm Max, 149,冯特

Xenocrates:色诺克拉底
on theory of One, 167,色诺克拉底论太一理论
Xenophanes, 144,塞诺芬尼

译后记

这是一部汇集不同学科众多研究主题的学术作品集。翻译这样的文集，对于译者通常具有不小的挑战：既要有在某一领域的专业训练，又要有像杜威那样的广博知识视野。好在我个人所从事的研究领域与本卷所主要涉及的知识论、逻辑学、方法论等论题具有重叠性。尽管如此，翻译本卷作品实在是花费了比预期多得多的时间和精力。从动手到最终完成，整整用了两年的时间。翻译过程中的困难，除了要重新认识杜威相关的思想体系，以求获得对于本卷作品更系统的理解；还包括要查阅并熟悉杜威该时段作品所涉及的几乎已属“尘封历史”的一些讨论话题及学术术语。

杜威生活和写作的那个年代，与今天的哲学界、科学界相比，在关注领域及兴趣点等方面有着诸多差异。然而，无疑那是一段值得大书特书的“学术历史”，因为当代知识界尤其是美国学术研究领域的许多主题和方法都发端于20世纪初期。其中虽然有社会时代背景及学术用语上的不同，杜威这些著作对于当今学术讨论的相关性却是不容忽视的。有关这些著作的学术价值及其当代意义，胡克在本卷导言中有过精彩的论述。作为译者，我希望结合国内学术界有关情况，向中文读者补充说明一点，即哲学与心理学的联系。

杜威哲学中的“自然主义”或“连续主义”主题已成为当今许多大哲学家的共识，他关于哲学改造的“实践转向”更是被罗蒂等人奉为圭臬。但是，在认识论或逻辑理论方面，杜威的工作由于包含许多心理学术语或过多涉及心理学方面的内容，往往被以语言研究为路径的分析哲学家们视为某种心理主义。众所周知，心理主义名声在弗雷格、胡塞尔之后坏到了极点。当时的布伦坦诺曾感慨道：

“心理主义的罪状已被加在我的知识理论之上。这个词……许多虔诚的哲学家一听到它——像许多正统天主教徒听到现代主义这个词一样——就在自己胸前划十字,仿佛恶魔就在其中。”很长一段时期,哲学家或逻辑学家凡是在论证中谈及心理问题就有可能被指责为“心理主义”。但是,“心理主义”其实是一个较为含糊甚至不可靠的立场。在新近出版的《哲学、心理学及心理主义》一书中,众多学者在详细考察哲学中所谓心理学转向的种种复杂情形之后指出:心理主义与反心理主义之争本身就源于心理学既研究主观心理现象又演变成为实验科学这一特殊的学科地位,不少习惯上被归为心理主义阵营的哲学家实际上并非批评者所假想的那种激进类型,不少被尊称为反心理主义英雄的哲学家实际上也并非完全避免了心理主义的嫌疑;而且,即便在反心理主义占上风之时,许多心理主义乔装为直觉主义逻辑和数学、认知主义、自然主义认识论后又能重新得到承认;因此,笼统意义上的心理主义与反心理主义之争仍是无定论的。①

应该承认,哲学与心理学的联系在杜威的时代比在今天更为显著和密切。关于这一点,最直接的一个例证莫过于当时的一部经典学术辞典《哲学与心理学辞典》。该辞典是美国普林斯顿大学哲学家、心理学家鲍德温聚集世界上六十余位知名学者共同参与编撰的一套大型的权威辞书,其中定义的词条涉及伦理学、逻辑学、美学、宗教哲学、精神病理学、人类学、生物学、神经学、生理学、经济学、政治和社会哲学、语言学、物理学、教育学等各门学科的基本概念。与鲍德温一样,参与词条撰写的大多数学者,如皮尔士、詹姆斯、杜威、罗伊斯、摩尔、鲍桑奎等人,他们都既是哲学家又是心理学家。这并非偶然现象,它所折射出的一般事实是:当时,心理科学兴盛和流行几乎达到与哲学相并立或融合的程度,可谓是心理主义之风正当时。但是,同时也应该看到,皮尔士、杜威等人看似心理主义的著作并不完全是在现代实验心理学或“生理心理学”(physiological psychology)的意义上谈论心灵或思维问题的。对于后者所谓的狭义“心理学”,他们明确反对直接将其作为哲学思考的依据。很多时候,毋宁说,他们眼中的“心理学”属于今天所谓“哲学心理学”的范畴。他们的逻辑或认识论虽然涉及

① 参阅:*Philosophy, Psychology, and Psychologism: Critical and Historical Readings on the Psychological Turn in Philosophy*, Edited by Dale Jacquette, Kluwer Academic Publishers, 2003。

“心理”词汇，但都是哲学家眼中有关“心灵”或“精神”的概念。经过如此辨析之后，我们再来看杜威在本卷中所撰写的逻辑著作，将会发现：杜威所谓的“科学探究的逻辑”绝非一种个体主观心理描述，而是基于客观的人类一般现象而建构起来的一种规范，其中所关乎的正是“心灵”与“世界”关系这一个根本的认识难题。至于杜威的此种“经验逻辑”，能否称为真正的或合法的“现代逻辑”，这在当代逻辑研究中争议很大。这里，我只想说的是：逻辑学自古就是一种关乎从经验中获得真理之方法的科学。如果我们能承认逻辑理论的核心问题是推理，而且如果我们不必限于唯名论从而把推理仅仅看作语词符号之变，那么，从一种实在主义的本体论出发，逻辑推理所反映的“思想过程”正是一种普遍存在的人类经验类型或生活形式。这种“思想过程”虽然不是个体的某种特殊经验活动，但它的确是一种“自然史”，是包括人在内的生活世界进化的一部分。对于这样以追求客观真理、规范探究过程为宗旨的“逻辑”（显然，这里的逻辑不仅是数学的逻辑或自然科学的逻辑，而且是社会科学或人文科学的逻辑），不论多么激进的心理主义者都应该谨慎待之，并最终有理由对其中不得不涉及的“心理成分”作出让步。

本书的翻译占用了很多本该属于家人的时间，为此我要特别感谢妻子与儿子的理解。在翻译过程中，复旦大学哲学系邵强进副教授给予了各种支持，芬兰赫尔辛基大学皮尔塔瑞南博士（Ahti-Veikko Pietarinen）为书中部分拉丁语句的翻译提供了帮助，在此一并表示谢意。虽然本人已竭尽全力，仍恐有所疏漏。不足之处，恳请学界朋友和广大读者不吝指正。

张留华

2012 年 3 月于浦东

图书在版编目(CIP)数据

杜威全集. 中期著作. 第2卷:1902～1903/(美)杜威(Dewey, J.)著;张留华译. —上海:华东师范大学出版社,2011.5
ISBN 978-7-5617-8623-9

Ⅰ.①杜… Ⅱ.①杜…②张… Ⅲ.①威,J(1859～1952)-全集 Ⅳ.①B712.51-52

中国版本图书馆 CIP 数据核字(2011)第086969号

杜威全集·中期著作(1899—1924)
第二卷(1902—1903)

著　者　[美]约翰·杜威
译　者　张留华
校　者　周水涛
策划编辑　朱杰人
项目编辑　王　焰　曹利群
审读编辑　朱华华
责任校对　王丽平
装帧设计　高　山

出版发行　华东师范大学出版社
社　址　上海市中山北路3663号　邮编 200062
网　址　www.ecnupress.com.cn
电　话　021-60821666　行政传真 021-62572105
客服电话　021-62865537　门市(邮购)电话 021-62869887
地　址　上海市中山北路3663号华东师范大学校内先锋路口
网　店　http://hdsdcbs.tmall.com

印刷者　常熟华通印刷有限公司
开　本　787×1092　16开
印　张　24.75
字　数　407千字
版　次　2012年9月第1版
印　次　2012年9月第1次
印　数　1—2100
书　号　ISBN 978-7-5617-8623-9/B·643
定　价　88.00元(精)

出版人　朱杰人

(如发现本版图书有印订质量问题,请寄回本社客服中心调换或电话 021-62865537 联系)